邮政行业标准汇编

YOUZHENG HANGYE BIAOZHUN HUIBIAN

（2012～2016年）

国家邮政局政策法规司　编

人民交通出版社股份有限公司

China Communications Press Co.,Ltd.

图书在版编目(CIP)数据

邮政行业标准汇编. 2012～2016年 / 国家邮政局政策法规司编. — 北京 : 人民交通出版社股份有限公司, 2016.12
ISBN 978-7-114-13539-2

Ⅰ. ①邮… Ⅱ. ①国… Ⅲ. ①邮政业务—行业标准—汇编—中国—2012－2016 Ⅳ. ①F632-65

中国版本图书馆CIP数据核字(2016)第295588号

书　　名:邮政行业标准汇编(2012～2016年)
著 作 者:国家邮政局政策法规司
责任编辑:张　鑫
出版发行:人民交通出版社股份有限公司
地　　址:(100011)北京市朝阳区安定门外外馆斜街3号
网　　址:http://www.ccpress.com.cn
销售电话:(010)59757973
总 经 销:人民交通出版社股份有限公司发行部
经　　销:各地新华书店
印　　刷:北京市密东印刷有限公司
开　　本:880×1230　1/16
印　　张:32.5
字　　数:983千
版　　次:2016年12月　第1版
印　　次:2016年12月　第1次印刷
书　　号:ISBN 978-7-114-13539-2
定　　价:120.00元
(有印刷、装订质量问题的图书由本公司负责调换)

出版说明

标准是经济和社会活动的技术依据。邮政政企分开以来，国家邮政局切实履行行业标准化管理职责和国务院相关决策部署，认真贯彻落实《中华人民共和国邮政法》、《国务院深化标准化工作改革方案》，加大标准制修订力度，着力构建定位明确、结构合理、内容先进的标准体系，为推动邮政业健康发展提供支撑保障。

《邮政行业标准汇编(2012～2016年)》收录了2012年至2016年间国家邮政局组织制定并发布实施的24项邮政行业标准。这些标准涉及邮政业生产、服务和管理的相关领域，是各级邮政管理部门、业内外专家和相关标准起草单位的智慧结晶，是行业标准化工作的重要成果。这些标准的发布和实施对于规范市场秩序、提升服务质量、促进行业转型升级具有重要意义。为便于有关方面系统学习、全面掌握这些标准，进一步推动标准实施，现予以汇编出版。

随着邮政业标准化工作持续推进，邮政业标准体系还将不断完善和发展，本书将适时增录新发布的各项邮政行业标准。由于时间仓促，疏漏在所难免，请读者见谅、指正。

国家邮政局政策法规司

2016年12月

总 目 次

ICS 03.240
备案号:36907—2012

中华人民共和国邮政行业标准

YZ/T 0130—2012

快递服务与电子商务信息交换标准化指南

Guidelines for Standardization of Express Service and E-commerce Information Exchange

2012-07-10 发布　　　　2012-10-01 实施

国家邮政局　发布

目　　次

前　　言

本标准按照 GB/T 1.1—2009 给出的规则起草。

本标准由国家邮政局提出。

本标准由全国邮政业标准化技术委员会(SAC/TC 462)归口。

本标准起草单位:中国快递协会、邮政科学研究规划院。

本标准主要起草人:孙举恒、阮守斌、夏建华、黎达云、安虎生、陈元星。

本标准为首次发布。

快递服务与电子商务信息交换标准化指南

1 范围

本标准规定了快递服务组织与电子商务企业之间信息交换的内容要求、通信接口、报文种类、报文结构、报文格式、交易流程、数据安全控制、数据交换频次要求等内容。

本标准适用于快递服务组织与电子商务企业之间为完成电子商务交易及其快递服务而开展的信息交换。

2 规范性引用文件

下列文件对于本文件的应用是必不可少的。凡是注日期的引用文件,仅注日期的版本适用于本文件。凡是不注日期的引用文件,其最新版本(包括所有的修改单)适用于本文件。

GB/T 10757 邮政业术语

GB/T 27917.1 快递服务 第1部分:基本术语

3 术语和定义

下列术语和定义适用于本文件。

3.1

快递服务 express service;courier service

在承诺的时限内快速完成的寄递服务。

[选自 GB/T 10757—2011,定义2.6]

3.2

快递服务组织 express service organization

在中国境内依法注册的,提供快递服务的企业及其加盟企业、代理企业。

注:快递服务组织包括快递企业和邮政企业提供快递服务的机构。

[选自 GB/T 27917.1—2011,定义2.2]

3.3

快件编号 tracking number of express item

由一组阿拉伯数字和英文字母组成,印制在快递运单上用于标识快件的唯一代码。

[选自 GB/T 27917.1—2011,定义5.2.1]

3.4

电商物流订单号 number of e-commerce logistics business order

由电子商务企业物流平台生成,用于标识不同物流订单的唯一代码。

注:电子商务企业在进行货物配发时,可根据质量、体积等条件对同一客户的订单进行拆分或整合处理,将一个客户订单拆分成多个物流订单,或将多个订单合并成一个物流订单。

4 缩略语

以下缩略语适用于本文件,见表1。

表1 缩 略 语

编号	缩略语	中文名称	英文名称
1	HTTP	超文件传输协议	Hypertext Transmission Protocol
2	HTTPS	安全超文本传输协议	Hypertext Transfer Protocol over Secure Socket Layer
3	XML	可扩展标记语言	Extensible Markup Language
4	EDI	电子数据交换	Electronic Data Interchange
5	MD5	消息摘要算法第五版	Message Digest Algorithm 5
6	URL	统一资源定位符	Uniform Resource Locator

5 信息交换需求

5.1 概述

快递服务与电子商务信息交换涉及电子商务系统和快递业务系统。快递业务系统泛指快递服务组织开展快递业务和仓储业务所用的应用系统及其对外信息交换应用系统。电子商务系统泛指电子商务企业开展电子商务业务和仓储业务所用的应用系统及其对外信息交换应用系统。

快递服务组织与电子商务企业之间的信息交换需求可分为必选信息和可选信息两类。必选信息是指快递服务组织与电子商务企业之间必须交换的信息内容,可选信息是指快递服务组织与电子商务企业之间可双方协商确定交换的信息内容。

5.2 必选信息

快递服务组织与电子商务企业之间信息交换应包含以下必选信息,见表2。

表2 快递服务组织与电子商务企业之间信息交换必选信息

必选信息	信息说明	发送方	接收方
订单信息	电子商务企业在客户提交商品订单后,根据客户选择的快递服务组织对订单进行分类汇总,将创建订单的详细信息发送给相关的快递服务组织,包括收件人信息、发件人信息、商品信息、上门取件时间等。如果快递服务组织与电子商务企业签订了代收货款合作协议,则订单信息中还应包括商品金额、代收金额、商品单价等信息	电子商务系统	快递业务系统
修改订单信息	电子商务企业的客户在规定时限内修改网上订购商品的发货信息和收货信息,电子商务企业及时将订单修改信息发送给快递服务组织,以便快递服务组织及时调整该订单的后续处理	电子商务系统	快递业务系统
取消订单信息	电子商务企业的客户在规定时限内取消网上所订购的商品,电子商务企业及时将订单取消信息发送给快递服务组织,以便快递服务组织停止该订单的后续处理	电子商务系统	快递业务系统
运单关联信息	将运单快件编号与电商物流订单号进行关联绑定,以方便电子商务订单的后续查询和账务结算。运单关联可以在电子商务系统或快递业务系统中实现	电子商务系统/快递业务系统	快递业务系统/电子商务系统

表2 （续）

必选信息	信息说明	发送方	接收方
取件成功/失败信息	快递服务组织在取件完成后，应将取件成功或取件失败信息发送给电子商务企业，以便客户对订单状态信息进行查询	快递业务系统	电子商务系统
签收成功/失败信息	快递服务组织在订单递送完成后，应将签收成功或失败信息发送给电子商务企业，以便客户对订单状态信息进行查询	快递业务系统	电子商务系统
订单查询请求	电子商务企业将快件编号或订单号发送给快递服务组织，要求快递服务组织返回订单的接单、取件、内部处理、运输、签收等环节的详细跟踪信息	电子商务系统	快递业务系统
订单查询结果	快递服务组织接收到电子商务企业的订单查询请求后，根据快件编号或订单号将订单的接单、取件、内部处理、运输、签收等环节的详细跟踪信息发送给电子商务企业	快递业务系统	电子商务系统

5.3 可选信息

快递服务组织与电子商务企业之间信息交换可包含以下可选信息，见表3。

表3 快递服务组织与电子商务企业之间信息交换可选信息

可选信息	信息说明	发送方	接收方
接单/不接单信息	快递服务组织在接收到电子商务企业发送的订单信息后，根据其业务覆盖范围、处理能力以及订单信息的有效性对每个订单做出接单或不接单的处理，并将接单处理结果反馈到电子商务企业	快递业务系统	电子商务系统
内部处理状态信息	订单在快递服务组织的内部处理状态信息。如：到达/离开快件处理（分拨）中心、到达快件投递网点等	快递业务系统	电子商务系统
派件信息	快递公司进行派件扫描时应将派件信息发送给电子商务企业，以便及时将信息披露给用户	快递业务系统	电子商务系统
转单信息	快递服务组织运送过程中发现超出配送范围时，可将快件转发其他快递服务组织进行配送，并将新的快递服务组织代码和快件编号发送给电子商务企业	快递业务系统	电子商务系统
投诉请求	电子商务企业将订单涉及快递环节的投诉信息发送到快递服务组织，要求快递服务组织进行处理并返回投诉处理结果	电子商务系统	快递业务系统
投诉处理结果	快递服务组织在接收到电子商务企业发送的投诉信息后进行相应处理，并将投诉处理结果返回电子商务企业	快递业务系统	电子商务系统
异常快件信息	快递服务组织将状态异常的快件信息（如不接单、取件失败、签收失败等）主动通知电子商务企业	快递业务系统	电子商务系统
代收货款对账请求	电子商务企业定期将代收货款类订单的应收货款信息发送给快递服务组织进行对账	电子商务系统	快递业务系统

表3 （续）

可选信息	信息说明	发送方	接收方
代收货款对账结果	快递服务组织接收代收货款对账请求，并将订单的实收货款等信息返回电子商务企业	快递业务系统	电子商务系统
签收失败快件处理请求	快递服务组织将签收失败的快件信息发送给电子商务企业，要求电子商务企业处理并返回处理意见	快递业务系统	电子商务系统
签收失败快件处理意见	电子商务企业接收签收失败快件处理请求，并向快递服务组织返回处理意见（如继续投递、退回、N日后退回等）	电子商务系统	快递业务系统
快递费账单核对请求	快递服务组织定期将快递服务费及相关费用信息发送给电子商务企业进行对账	快递业务系统	电子商务系统
快递费账单核对结果	电子商务企业接收快递费账单核对请求，并将确认过的快递服务费及相关费用信息返回快递服务组织	电子商务系统	快递业务系统

6 信息交换业务流程

6.1 总体业务流程图

根据运单关联可以在快递或电子商务分别实现的情况，快递服务与电子商务信息交换业务流程有两种方式，如图1、图2所示（图中的实线表示必选信息，虚线表示可选信息）。

6.2 业务流程说明

电子商务系统涉及的处理流程主要包括：订单发送、订单修改、订单取消、运单关联、订单查询、签收失败快件处理、快递费账单核对、投诉反馈、代收货款账单管理、反馈处理等。

快递业务系统涉及的处理流程主要包括：接收订单、订单筛选、接收运单关联信息、取件、运单关联、内部处理、运输、派件、上门递送、异常快件反馈、转单信息反馈、查询处理、签收失败快件反馈、快递费账单管理、投诉处理、代收货款账单处理等。

各流程说明如下：

订单发送：电子商务企业在创建订单后将订单信息以批量方式发送给快递服务组织。

订单筛选：快递服务组织在接收到电子商务企业发送的订单信息后，根据其业务覆盖范围、处理能力以及订单信息的有效性对每个订单做出接单或不接单的处理，并将订单筛选处理结果消息（接单通知或不接单通知）反馈到电子商务企业，对于接单的订单信息要生成相应的派工单以安排上门取件。

修改订单：电子商务企业的客户在规定时限内可以修改网上订购商品的发货信息和收货信息，电子商务企业及时将订单修改信息发送给快递服务组织，以便快递服务组织及时调整该订单的后续处理。

取消订单：电子商务企业的客户在规定时限内可以取消订单，电子商务企业会及时将订单取消信息发送给快递服务组织。快递服务组织会定期接收订单取消信息，如果某个订单在收到订单取消信息时尚未安排上门取件，则快递服务组织直接取消该订单的派工单信息。

运单关联：将运单快件编号与电商物流订单号进行关联绑定，以便电子商务订单的后续查询和账务结算。运单关联可以由电子商务系统或快递业务系统完成。

快递服务组织在取件完成后应将取件成功或取件失败通知发送给电子商务企业。

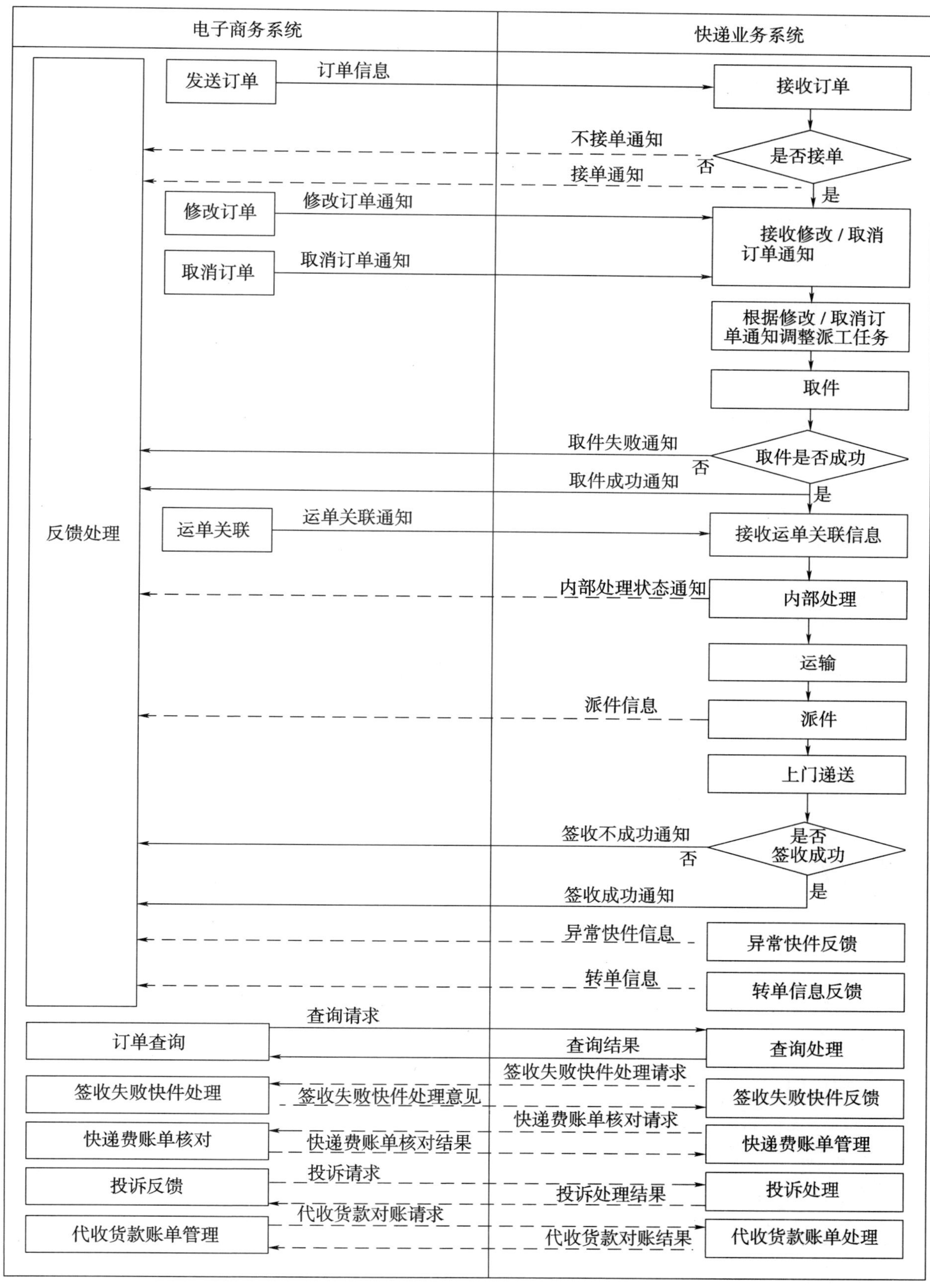

图1　电子商务端实现运单关联时的信息交换业务流程

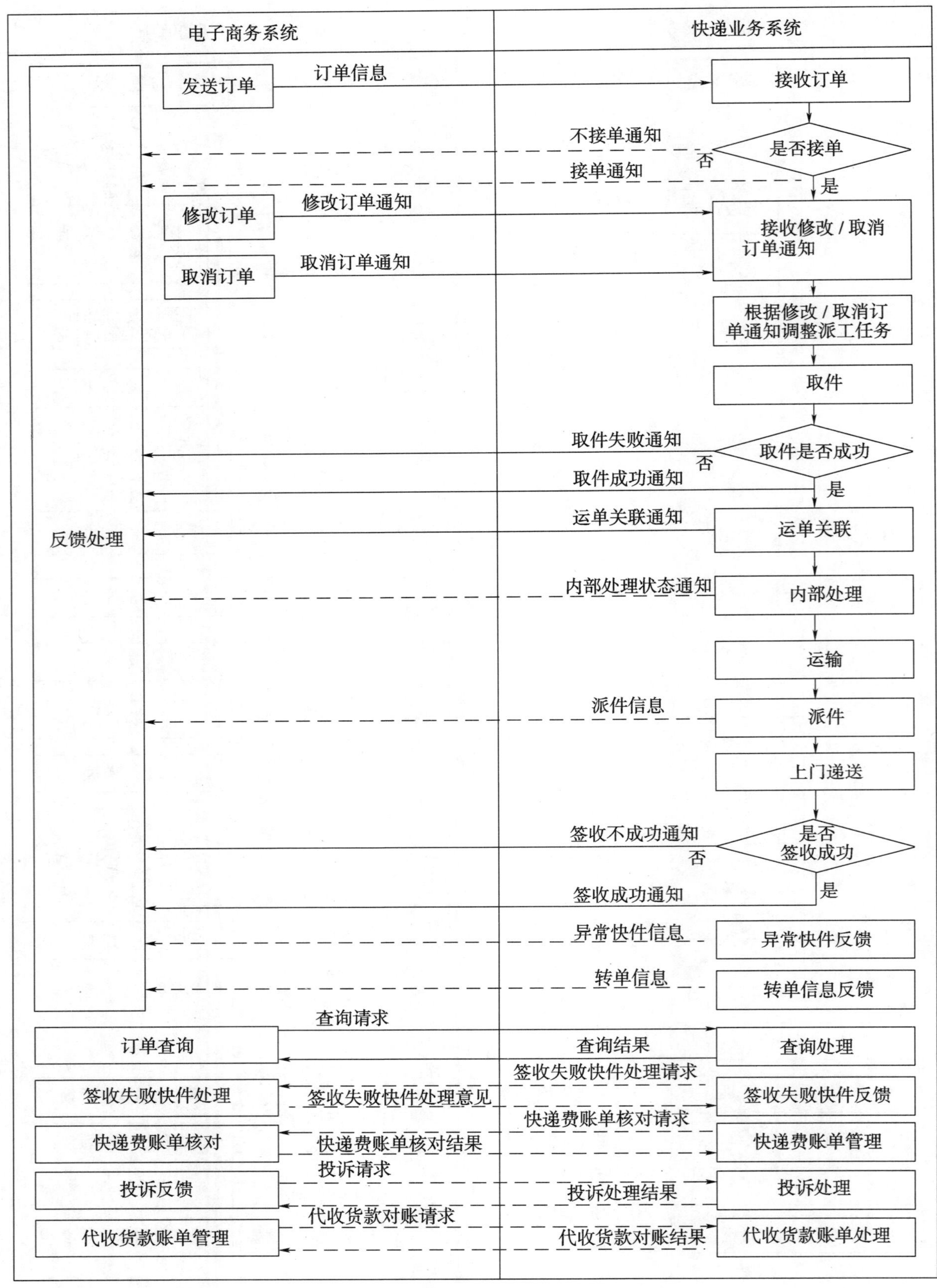

图 2　快递端实现运单关联时的信息交换业务流程

快递服务组织完成取件后进行内部处理、运输、派件环节后,安排上门递送。在完成递送时,应将递送结果(成功/不成功)发送给电子商务企业。在快递服务组织的内部处理环节会产生相应的快件内部处理状态及派件信息,此类信息数据量较大,不同电子商务企业可根据自身需要与快递服务组织协商是否交换此类数据。

异常快件反馈:快递服务组织将状态异常的快件信息(如不接单、取件失败、签收失败等)主动通知电子商务企业。

转单信息反馈:快递服务组织运送过程中发现超出配送范围时,可将快件转发其他快递服务组织进行配送,并将新的快递服务组织代码和快件编号发送给电子商务企业。

订单查询:电子商务企业将快件编号或订单号发送给快递服务组织,要求快递服务组织返回快件的跟踪状态信息(包括接单、取件、递送等)。

查询处理:快递服务组织接收到电子商务企业的订单查询请求后,将快件的跟踪状态信息(包括接单、取件、递送等)发送给电子商务企业。

签收失败快件反馈:快递服务组织将签收失败的快件信息发送给电子商务企业,要求电子商务企业处理并返回处理意见。

签收失败快件处理:电子商务企业接收签收失败快件处理请求,并向快递服务组织返回处理意见(如继续投递、退回、N 日后退回等)。

快递费账单管理:快递服务组织定期将快递服务费及相关费用信息发送给电子商务企业进行对账。

快递费账单核对:电子商务企业接收快递费账单核对请求,并将确认过的快递服务费及相关费用信息返回快递服务组织。

投诉反馈:电子商务企业将订单涉及快递环节的投诉信息发送到相关快递服务组织,要求快递服务组织进行处理并返回投诉处理结果。

投诉处理:快递服务组织在接收到电子商务企业发送的订单快递环节投诉信息后进行相应处理,并将投诉处理结果返回电子商务企业。

代收货款账单管理:电子商务企业定期将代收货款类订单的应收货款信息发送给快递服务组织进行代收货款业务的对账。

代收货款账单处理:快递服务组织根据接收到的代收货款类订单应收货款信息进行对账,并将订单的实收货款返回电子商务企业。

反馈处理:电子商务企业用于处理快递服务组织反馈的快件状态通知。

7 通信接口

7.1 通信协议

快递服务组织与电子商务企业之间的报文传输采用 HTTP 协议,数据发送采用 POST 方式。对于涉及账务类信息的报文,可选用安全性更高的 HTTPS 协议。

7.2 报文协议

快递服务组织与电子商务企业之间信息交换报文采用 XML 协议。

8 报文规范

8.1 报文种类

快递服务组织与电子商务企业之间信息交换主要包含以下报文,见表 4。

表4 快递服务组织与电子商务企业之间信息交换报文种类

序号	报文交易代码	报文名称	发送方	接收方	类型	备注
1	1001	订单发送	电子商务系统	快递业务系统	订单通知类	
2	1002	修改订单	电子商务系统	快递业务系统	订单通知类	
3	1003	取消订单	电子商务系统	快递业务系统	订单通知类	
4	1004	运单关联	电子商务系统/快递业务系统	快递业务系统/电子商务系统	订单通知类	
5	1005	订单状态通知	快递业务系统	电子商务系统	状态通知类	包括:接单/不接单信息、取件成功/失败信息、签收成功/失败信息、内部处理状态信息、派件信息
6	1006	异常快件通知	快递业务系统	电子商务系统	状态通知类	
7	1007	转单信息	快递业务系统	电子商务系统	状态通知类	
8	1008	订单查询请求	电子商务系统	快递业务系统	查询类	
9	1009	订单查询结果	快递业务系统	电子商务系统	查询类	
10	1010	签收失败快件处理请求	快递业务系统	电子商务系统	状态通知类	可选
11	1011	签收失败后快件处理信息	电子商务系统	快递业务系统	状态通知类	可选
12	1012	快递费账单核对请求	快递业务系统	电子商务系统	账务类	可选
13	1013	快递费账单核对结果	电子商务系统	快递业务系统	账务类	可选
14	1014	投诉请求	电子商务系统	快递业务系统	投诉类	可选
15	1015	投诉处理结果	快递业务系统	电子商务系统	投诉类	可选
16	1016	代收货款对账请求	电子商务系统	快递业务系统	账务类	可选
17	1017	代收货款对账结果	快递业务系统	电子商务系统	账务类	可选

8.2 报文规范说明

8.2.1 报文结构说明

为直观展现每个报文的组成,报文结构采用分层结构表示。每个组成元素使用以下结构表示:

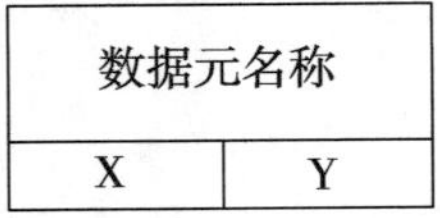

其中,X表示该数据元的类型,其取值可以为M或C,M表示必备型数据元,C表示条件型数据元;Y表示该数据元在报文中的最大可重复次数。

8.2.2 数据类型说明

数据类型见表5。

表5 数据类型

数据类型	说明
char	字符
string	字符串
int	整型数
double	双浮点数,本文件中的 double 型数据若未特殊说明均精确到小数点后 2 位数
boolean	布尔型,取值为 true 或 false

8.2.3 信息交换用企业代码说明

为保证信息交换的唯一性和准确性,企业之间进行信息交换应采用统一的企业代码,因此,建议国家邮政局对信息交换所涉及的快递服务组织与电子商务企业进行统一的编码管理。目前,在企业代码尚未统一的情况下,可暂时采用全国组织机构代码作为信息交换使用。

8.3 报文接口

8.3.1 订单发送

8.3.1.1 交易描述

订单发送是指电子商务企业在客户提交商品订单后,根据客户选择的快递服务组织对订单进行分类汇总,将创建订单的详细信息发送给相关的快递服务组织,包括收件人信息、发件人信息、商品信息、上门取件时间等,快递服务组织根据接收到的订单信息安排后续处理工作。

8.3.1.2 信息项说明

该交易涉及的业务数据元说明见表6。

表6 订单发送业务数据元

序号	字段名	中文名称	数据类型	最大长度	可否为空	说明
1	tradeNo	报文交易流水号	string	20	N	
2	processCode	报文交易代码	string	10	N	
3	expressCompanyCode	快递服务组织代码	string	20	N	
4	ecCompanyCode	电子商务企业代码	string	20	N	
5	ecOrderID	电商物流订单号	string	30	N	
6	senderName	发货方姓名	string	40	N	
7	senderPostCode	发货方邮编	string	20	N	
8	senderPhone	发货方电话	string	50	Y	包括区号、电话号码及分机号,中间用“-”分隔
9	senderMobile	发货方移动电话	string	50	Y	发货方电话、移动电话不能同时为空
10	senderNation	发货方所在国家	string	50	N	
11	senderProvince	发货方所在省	string	20	N	
12	senderCity	发货方所在市	string	30	N	指地级市

表6 （续）

序号	字 段 名	中文名称	数据类型	最大长度	可否为空	说　明
13	senderCounty	发货方所在区县	string	30	N	
14	senderAddress	发货方详细地址	string	256	N	
15	receiverName	收货方姓名	string	40	N	
16	receiverPostCode	收货方邮编	string	20	Y	
17	receiverPhone	收货方电话	string	50	Y	包括区号、电话号码及分机号，中间用“-”分隔
18	receiverMobile	收货方移动电话	string	50	Y	收货方电话、移动电话不能同时为空
19	receiverNation	收货方所在国家	string	50	N	
20	receiverProvince	收货方所在省	string	20	N	
21	receiverCity	收货方所在市	string	30	N	指地级市
22	receiverCounty	收货方所在区县	string	30	N	
23	receiverAddress	收货方详细地址	string	256	N	
24	sendStartTime	快递上门取件开始时间	string	30	Y	文中所有时间以“yyyy-mm-dd hh24:mm:ss”格式存储
25	sendEndTime	快递上门取件结束时间	string	30	Y	
26	mailType	订单业务种类	int		Y	0表示普通业务，1表示代收货款
27	AmountReceivable	应收货款	double		Y	代收货款总金额，代收货款业务时不能为0
28	currency	货款币种	string	3	N	缺省为CNY（人民币），货币种类详见表7
29	itemName	商品名称	string	256	N	
30	itemType	商品类型	int		Y	商品类型详见表8
31	itemQuantity	商品数目	int		Y	
32	itemValue	商品单价	double		Y	
33	totalWeight	商品总质量	double		Y	质量单位为千克
34	insuranceValue	保值金额	double		Y	
35	packageFlag	打包标志	boolean		Y	TRUE表示打包，FALSE表示不打包
36	inspectFlag	开箱验货标志	boolean		Y	TRUE表示先开箱验货后签收，FALSE表示先签收后验货
37	remark	备注	string	512	Y	用于商品描述
38	other	其他信息	string	512	Y	

表7 货币种类

货币种类代码	说明	货币种类代码	说明
CNY	人民币	CAD	加拿大元
HKD	港元	NLG	荷兰盾
USD	美元	DEM	德国马克
JPY	日元	BEF	比利时法郎
GBP	英镑	AUD	澳大利亚元
FRF	法国法郎	EUR	欧元
CHF	瑞士法郎	RUB	俄罗斯卢布

表8 商品种类

商品种类代码	说明	商品种类代码	说明
0	文件类	5	珠宝、手表、眼镜、贵重饰品类
1	电子产品类	6	食品、保健药品类
2	办公用品类	7	工艺品类(包括瓷器、茶具、烹饪用品)
3	服装鞋帽、箱包类	8	玩具乐器类
4	化妆品、美容产品类	9	其他类

8.3.1.3 报文结构

该报文的组成结构见图3。

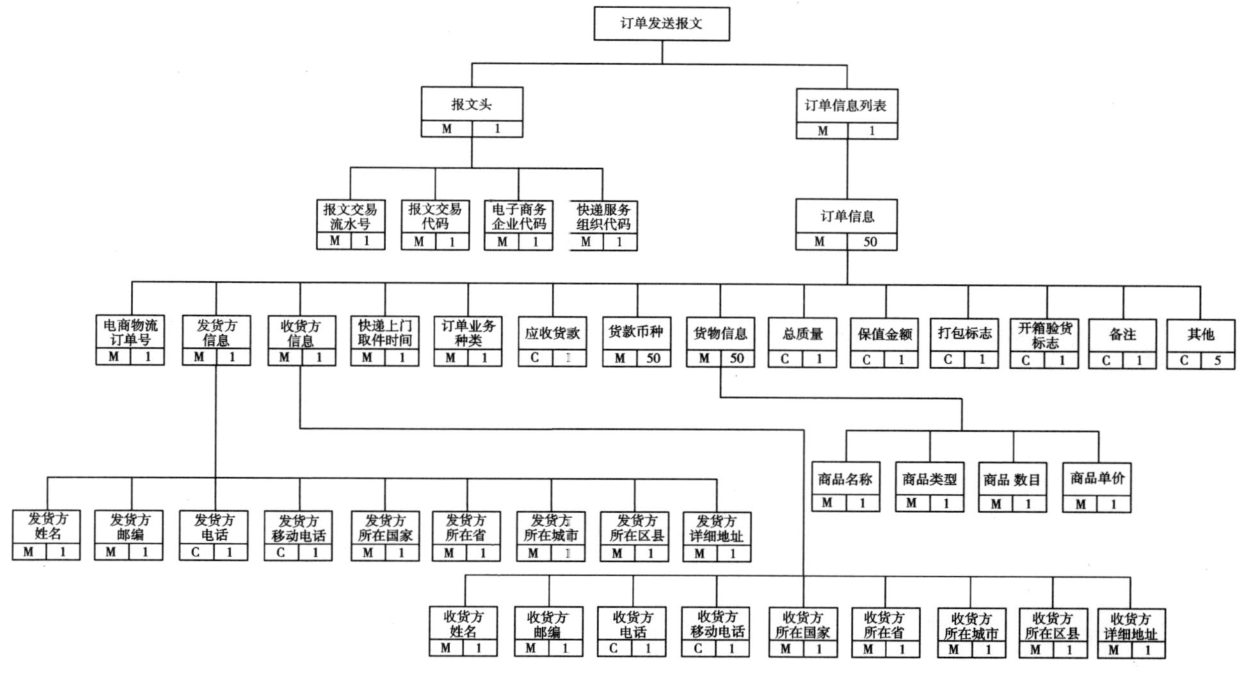

图3 订单发送报文结构

8.3.1.4 报文示例

```
<? xml version = "1.0" encoding = "UTF-8"? >
<OrderInfo>
  <msgHead>
```

```
    <tradeNo>10010000000001</tradeNo>
    <processCode>1001</processCode>
    <！--751743438 为浙江淘宝网有限公司的组织机构代码,758203450 为宅急送北京分公司的组
    织机构代码-->
    <ecCompanyCode>751743438</ecCompanyCode>
    <expressCompanyCode>758203450</expressCompanyCode>
  </msgHead>
  <orders>
    <order>
      <ecOrderID>100123456789001</ecOrderID>
      <sender>
        <senderName>张三</senderName>
        <senderPostCode>100096</senderPostCode>
        <senderPhone>82901234</senderPhone>
        <senderMobile>13812345678</senderMobile>
        <senderNation>中国</senderNation>
        <senderProvince>北京</senderProvince>
        <senderCity>北京</senderCity>
        <senderCounty>海淀区</senderCounty>
        <senderAddress>西三旗建材城西路××商贸公司</senderAddress>
      </sender>
      <receiver>
        <receiverName>李四</receiverName>
        <receiverPostCode>100084</receiverPostCode>
        <receiverPhone>62901234</receiverPhone>
        <receiverMobile>13012345678</receiverMobile>
        <receiverNation>中国</receiverNation>
        <receiverProvince>北京</receiverProvince>
        <receiverCity>北京</receiverCity>
        <receiverCounty>海淀区</receiverCounty>
        <receiverAddress>学院南路××小区××号楼××单元××室</receiverAddress>
      </receiver>
      <items>
        <item>
          <itemName>htc G7</itemName>
          <itemType>1</itemType>
          <itemQuantity>1</itemQuantity>
          <itemValue>2500.00</itemValue>
        </item>
        <item>
          <itemName> htc G7 电池</itemName>
          <itemType>1</itemType>
          <itemQuantity>1</itemQuantity>
```

```
          <itemValue>100.00</itemValue>
        </item>
      </items>
      <sendStartTime>2010-08-24 08:00:00</sendStartTime>
      <sendEndTime>2010-08-24 12:00:00</sendEndTime>
      <mailType>0</mailType>
      <AmountReceivable>0.00</AmountReceivable>
      <currency>CNY</currency>
      <insuranceValue>2600.00</insuranceValue>
      <totalWeight>0.50</totalWeight>
      <packageFlag>false</packageFlag>
      <inspectFlag>false</inspectFlag>
      <remark></remark>
      <other></other>
    </order>
    …
  </orders>
</OrderInfo>
```

8.3.2 修改订单

8.3.2.1 交易描述

电子商务企业的客户在规定时限内可以修改网上所订购的商品发货信息和收货信息，电子商务企业及时将订单修改信息发送给快递服务组织，以便快递服务组织及时调整该订单的后续处理。

8.3.2.2 信息项说明

该交易涉及的业务数据元与订单发送信息相同，详见表6。

8.3.2.3 报文结构

该报文的组成结构见图4。

8.3.2.4 报文示例

修改订单报文采用与订单发送报文相同的数据元集。修改订单报文除订单号为必填项外，只需要包含修改的数据元，数据元的值根据需要重新进行设置。如果某个数据元需要置空值，则仍需提供数据元名称，但其数据内容为空。以下是修改订单号为100123456789001订单中的收件人地址，并将收件人邮编置空的示例。

```
<?xml version="1.0" encoding="UTF-8"?>
<OrderInfo>
  <msgHead>
    <tradeNo>10020000000001</tradeNo>
    <processCode>1002</processCode>
    <ecCompanyCode>751743438</ecCompanyCode>
    <expressCompanyCode>758203450</expressCompanyCode>
  </msgHead>
  <orders>
    <order>
      <ecOrderID>100123456789001</ecOrderID>
```

<receiver>
<receiverPostCode></receiverPostCode>
<receiverAddress>清华西路××小区××号楼××单元××室</receiverAddress>
</receiver>
</order>
…
</orders>
</OrderInfo>

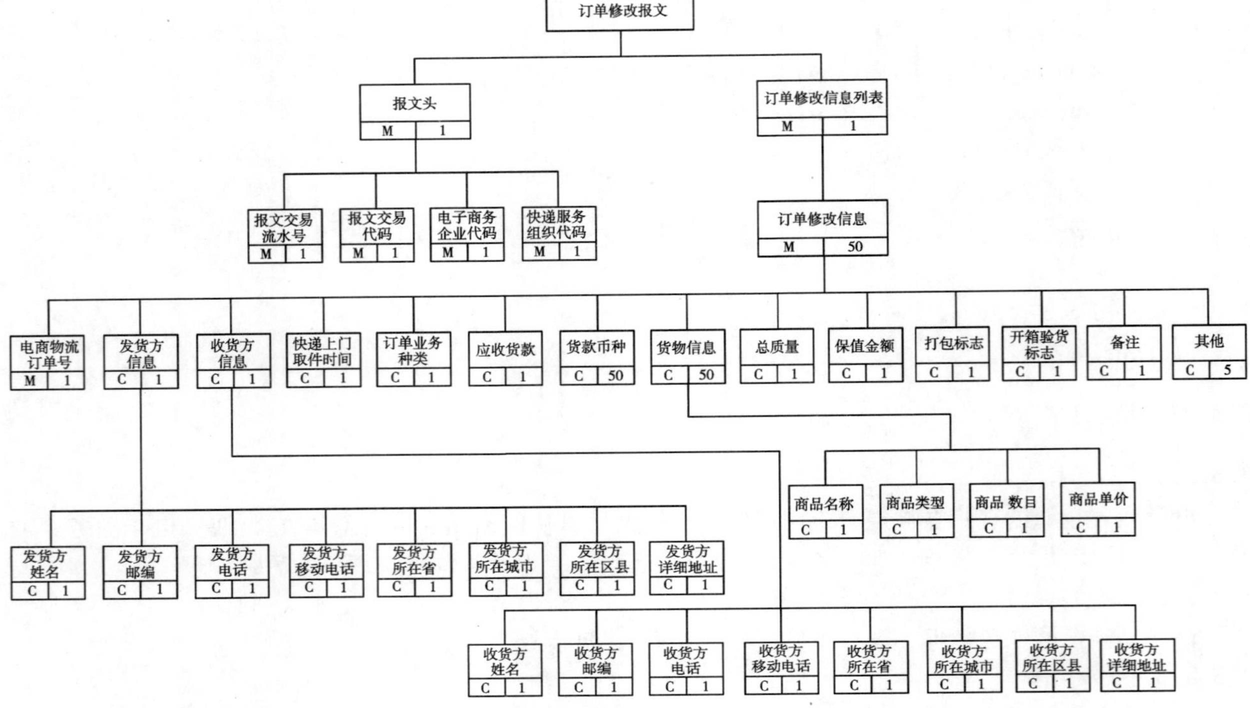

图4 订单修改报文结构

8.3.3 取消订单

8.3.3.1 交易描述

电子商务企业的客户在规定时限内可以取消网上所订购的商品，电子商务企业及时将订单取消信息发送给快递服务组织，以便快递服务组织停止该订单的后续处理。

8.3.3.2 信息项说明

该交易涉及的业务数据元说明见表9。

表9 取消订单业务数据元

序号	字段名	中文名称	数据类型	最大长度	可否为空	说明
1	tradeNo	报文交易流水号	string	20	N	
2	processCode	报文交易代码	string	10	N	
3	expressCompanyCode	快递服务组织代码	string	20	N	
4	ecCompanyCode	电子商务企业代码	string	20	N	
5	ecOrderID	电商物流订单号	string	30	N	

8.3.3.3　报文结构

该报文的组成结构见图5。

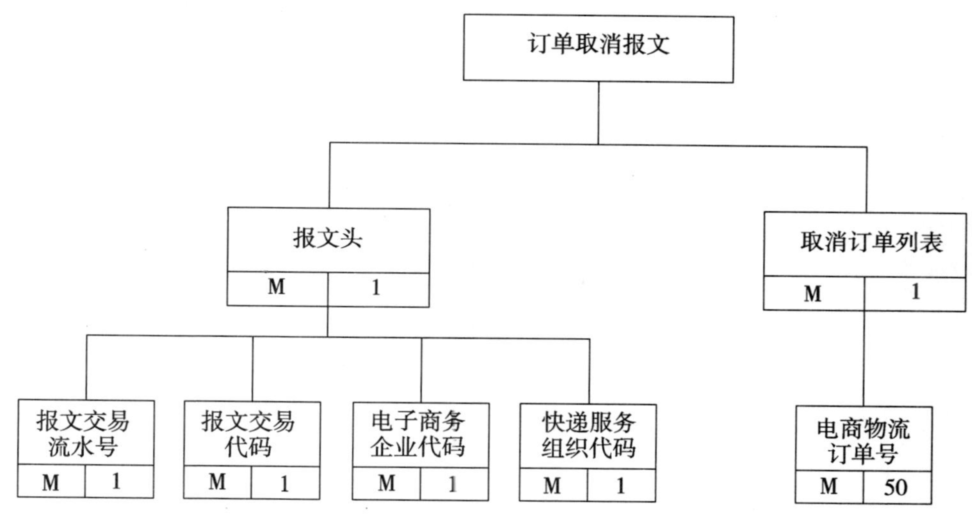

图5　取消订单报文结构

8.3.3.4　报文示例

```
<? xml version="1.0" encoding="UTF-8"? >
<OrderCancelInfo>
  <msgHead>
    <tradeNo>10030000000001</tradeNo>
    <processCode>1003</processCode>
    <ecCompanyCode>751743438</ecCompanyCode >
    <expressCompanyCode>758203450</expressCompanyCode >
  </msgHead>
  <canceledOrders>
    <ecOrderID>100123456789004</ecOrderID>
    <ecOrderID>100123456789006</ecOrderID>
    …
  </canceledOrders>
</ OrderCancelInfo>
```

8.3.4　运单关联

8.3.4.1　交易描述

运单关联是将运单快件编号与电商物流订单号进行关联绑定,以方便电子商务订单的后续查询和账务结算。运单关联可以在电子商务系统或快递业务系统中实现。

为降低数据接口以及数据查询的复杂度,运单关联只考虑一个运单快件编号对应一个电商物流订单号和一个运单快件编号对应多个电商物流订单号的情况。

8.3.4.2　信息项说明

该交易涉及的业务数据元说明见表10。

8.3.4.3　报文结构

该报文的组成结构见图6。

表 10　运单关联业务数据元

序号	字段名	中文名称	数据类型	最大长度	可否为空	说明
1	tradeNo	报文交易流水号	string	20	N	
2	processCode	报文交易代码	string	10	N	
3	expressCompanyCode	快递服务组织代码	string	20	N	
4	ecCompanyCode	电子商务企业代码	string	20	N	
5	ecOrderID	电商物流订单号	string	30	N	
6	expressNo	快件编号	string	20	N	

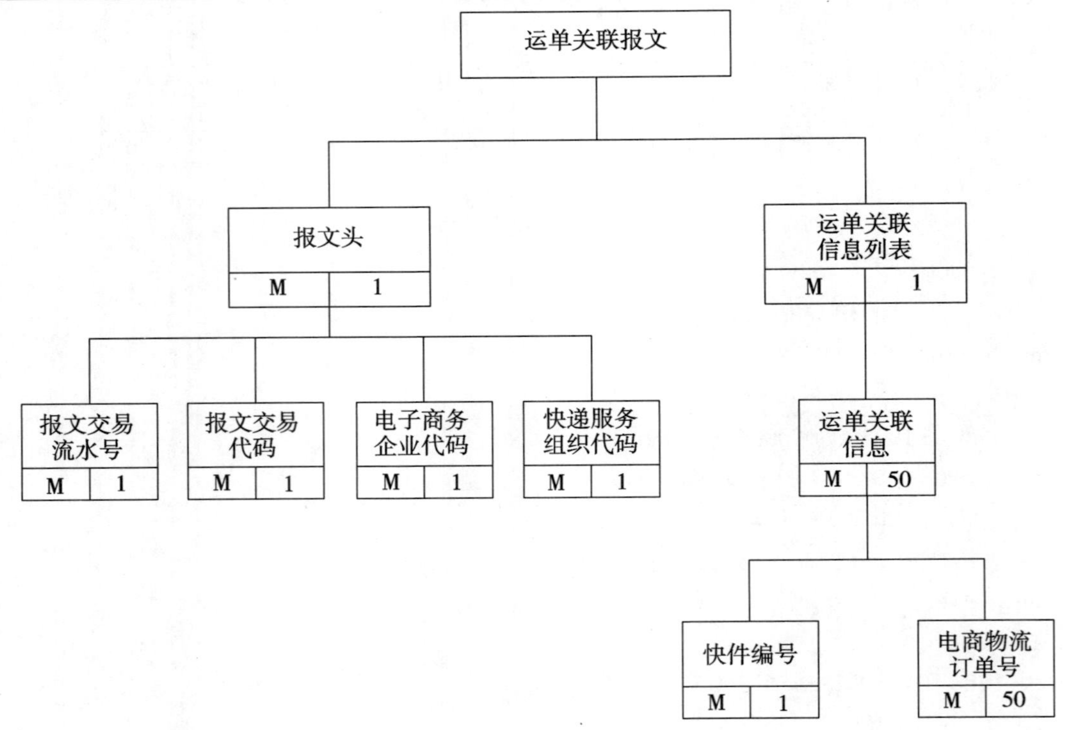

图 6　运单关联报文结构

8.3.4.4　报文示例

```
<? xml version="1.0" encoding="UTF-8"? >
<ExpressNoMatchInfo>
  <msgHead>
    <tradeNo>10040000000001</tradeNo>
    <processCode>1004</processCode>
    <ecCompanyCode>751743438</ecCompanyCode >
    <expressCompanyCode>758203450</expressCompanyCode >
  </msgHead>
  <matchInfoList>
    <matchInfo>
      <expressNo>1001234500001<expressNo>
      <ecOrderID>100123456789004</ecOrderID>
```

```
      </matchInfo>
      <matchInfo>
        <expressNo>1001234500003<expressNo>
        <ecOrderID>100123456789011</ecOrderID>
        <ecOrderID>100123456789012</ecOrderID>
      </matchInfo>
      …
    </matchInfoList>
  </ExpressNoMatchInfo>
```

8.3.5 订单状态通知

8.3.5.1 交易描述

订单状态通知是指快递服务组织在接收到电子商务企业发送的订单信息后，根据提供的快件编号对订单的接单、取件、内部处理、派件以及签收等环节的状态信息进行汇总，并以接口报文形式发送给电子商务企业。

所有订单状态通知（包括接单状态、取件状态、内部处理状态、派件信息、签收状态等）都采用统一的报文格式，但其中的填写内容会根据订单状态不同而有所不同。

取件成功时，应返回快件的取件成功时间及快件编号。

签收成功时，应返回快件的签收人姓名及签收时间。

不接单、取件失败及签收失败，必须返回失败原因。

快递服务组织应在规定时间内（具体天数由快递服务组织和电子商务企业双方共同协商）完成相关订单快件状态通知的发送。

内部处理状态、派件信息属于更详细的跟踪信息，快递服务组织可根据实际情况与电子商务企业协商是否传输此类信息。

8.3.5.2 信息项说明

该交易涉及的业务数据元说明见表11。

表11 订单状态通知业务数据元

序号	字段名	中文名称	数据类型	最大长度	可否为空	说明
1	tradeNo	报文交易流水号	string	20	N	
2	processCode	报文交易代码	string	10	N	
3	ecCompanyCode	电子商务企业代码	string	20	N	
4	expressCompanyCode	快递服务组织代码	string	20	N	
5	ecOrderID	电商物流订单号	string	30	N	
6	expressNo	快件编号	string	20	Y	
7	orderStatus	订单状态	string	20	N	用于说明订单所处的状态，详见表12
8	eventTime	事件时间	string	20	N	
9	signedName	签收人	string	20	Y	仅用于填写签收状态对应的签收人信息，签收失败时，签收人信息可能为空

表11 （续）

序号	字段名	中文名称	数据类型	最大长度	可否为空	说明
10	weight	快件质量	double		Y	仅在取件成功时应提供质量信息，质量单位为千克
11	size	快件尺寸	string	32	Y	仅在取件成功时应提供体积信息。快件尺寸使用半角逗号分隔的长宽高（单位为米）表示，如：0.20,0.35,0.30表示快件的长为0.20米、宽为0.35米、高为0.30米
12	operator	操作人员	string	20	Y	当前事件的快递操作人员，如：揽件员、派件员、处理人员等
13	eventVenues	事件场所	string	50	Y	当前事件处理场所的名称，状态为到达/离开快件处理（分拨）中心、到达快件投递网点、派件时填写，可以是具体的快件处理（分拨）中心或投递网点名称
14	venuesPhone	场所电话	string	50	Y	当前事件处理场所的联系电话，状态为到达/离开快件处理（分拨）中心、到达快件投递网点、派件时填写
15	currentCity	当前城市	string	30	Y	快件当前所在城市，状态为到达/离开快件处理（分拨）中心、到达快件投递网点时填写
16	destinationCity	目的地城市	string	30	Y	快件要到达的下一个城市，状态为离开快件处理（分拨）中心时填写
17	remark	备注	string	100	Y	用于说明事件的备注或失败原因代码，失败原因详见表13，当失败原因为“其他原因”时，可同时填写直接使用文字描述的具体原因。签收成功时应填写签收方式（包括本人签收、他人代签等）

表 12　订单状态

订单状态代码	说　明	订单状态代码	说　明
ACCEPT	接单	CANCELED	订单已取消
UNACCEPT	不接单	ARRIVAL_CENTER	到达快件处理(分拨)中心
GOT	取件成功	DEPARTURE_CENTER	离开快件处理(分拨)中心
NOT_SEND	取件失败	ARRIVAL_BRANCH	到达快件投递网点
SIGNED	签收成功	DEPARTURE_BRANCH	离开快件投递网点
FAILED	签收失败	SENT_SCAN	派件

表 13　订单状态原因

订单状态	原因代码	说　明
不接单	A01	取件地超服务范围
	A02	派送地超服务范围
	A03	取件预约时间超范围,无法协商
	A04	虚假揽货电话(客户电话与联系人不符)
	A05	用户取消投递
	A06	托寄物品为禁限寄品
	A07	用户恶意下单
	A08	黑名单客户
	A99	其他原因
取件失败	B01	取件地超服务范围
	B02	派送地超服务范围
	B03	取件地址错误
	B04	虚假揽货电话(客户电话与联系人不符)
	B05	上门后用户不接受价格
	B06	托寄物品为禁限寄品
	B07	用户取消投递(非包装问题)
	B08	托寄物品超规格
	B09	用户拒绝开箱验货
	B10	多次联系,无法联系上发货方
	B11	用户要求延时取件(需用户网上重新发货)
	B12	用户恶意下单
	B13	用户包装问题,取消投送
	B99	其他原因

表 13 （续）

订单状态	原因代码	说　　明
签收失败	C01	收件人拒收(未验货)
	C02	收件人拒收(验货,货不对款)
	C03	收件人拒收(因托寄物品破损)
	C04	收件人拒收(代收货款价格不对)
	C05	收件人拒付或仅愿意部分支付
	C06	超时无法投递
	C07	快件丢失
	C08	无法联系上收件人
	C09	收件人联系方式及地址有误
	C10	因不可抗力原因,快件未投出
	C11	收件人要求延迟投递
	C12	收件人要求自取
	C99	其他原因
派送异常	D01	派送超时
	D02	派送地超服务范围,用户已签收
	D99	其他原因

8.3.5.3　报文结构

该报文的组成结构见图 7。

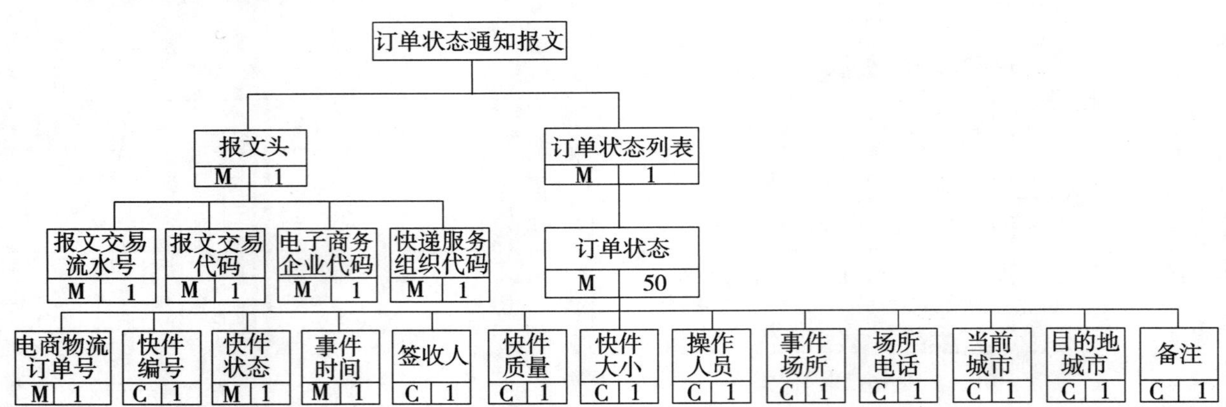

图 7　订单状态通知报文结构

8.3.5.4　报文示例

```
<? xml version = "1.0" encoding = "UTF-8"?  >
<OrderStatusInfo>
    <msgHead>
      <tradeNo>10050000000001</tradeNo>
      <processCode>1005</processCode>
      <ecCompanyCode>751743438</ecCompanyCode  >
```

```
  <expressCompanyCode>758203450</expressCompanyCode>
</msgHead>
<orderStatusList>
  <!--接单信息-->
<orderStatus>
  <ecOrderID>100123456789001</ecOrderID>
  <expressNo></expressNo>
  <orderStatus>ACCEPT</orderStatus>
  <eventTime>2007-08-24 08:00:00</eventTime>
  <signedName></signedName>
  <weight></weight>
  <size></size>
  <operator></operator>
  <eventVenues></eventVenues>
  <venuesPhone></venuesPhone>
  <currentCity></currentCity>
  <destinationCity></destinationCity>
  <remark></remark>
</orderStatus>
<!—不接单信息-->
<orderStatus>
  <ecOrderID>100123456789002</ecOrderID>
  <expressNo></expressNo>
  <orderStatus>UNACCEPT</orderStatus>
  <eventTime>2007-08-24 08:00:00</eventTime>
  <signedName></signedName>
  <weight></weight>
  <size></size>
  <operator></operator>
  <eventVenues></eventVenues>
  <venuesPhone></venuesPhone>
  <currentCity></currentCity>
  <destinationCity></destinationCity>
  <!--不接单原因-->
  <remark>A01</remark>
</orderStatus>
<!—取件成功信息-->
<orderStatus>
  <ecOrderID>100123456789003</ecOrderID>
  <expressNo>1001234500003</expressNo>
  <orderStatus>GOT</orderStatus>
  <!--取件成功时间及快件编号,不能为空-->
  <eventTime>2007-08-24 08:00:00</eventTime>
```

```
        < signedName > < /signedName >
        < weight >0. 20 < /weight >
        < size >0. 20,0. 35,0. 30 < /size >
        < operator > < /operator >
        < eventVenues > < /eventVenues >
        < venuesPhone > < /venuesPhone >
        < currentCity > < /currentCity >
        < destinationCity > < /destinationCity >
        < remark > < /remark >
    < /orderStatus >
    < ! —取件失败信息-- >
    < orderStatus >
        < ecOrderID >100123456789004 < /ecOrderID  >
        < expressNo > < /expressNo >
        < orderStatus > NOT_SEND < /orderStatus >
        < eventTime >2007-08-24 08:00:00 < /eventTime >
        < signedName > < /signedName >
        < weight > < /weight >
        < size > < /size >
        < operator > < /operator >
        < eventVenues > < /eventVenues >
        < venuesPhone > < /venuesPhone >
        < currentCity > < /currentCity >
        < destinationCity > < /destinationCity >
        < ! --取件失败原因-- >
        < remark > B02 < /remark >
    < /orderStatus >
    < ! —签收成功信息-- >
    < orderStatus >
        < ecOrderID >100123456789005 < /ecOrderID  >
        < expressNo >1001234500005 < /expressNo >
        < orderStatus > SIGNED < /orderStatus >
        < ! --签收人姓名及签收时间,不能为空-- >
        < eventTime >2007-08-24 08:00:00 < /eventTime >
        < signedName >李四 < /signedName >
        < weight > < /weight >
        < size > < /size >
        < operator > < /operator >
        < eventVenues > < /eventVenues >
        < venuesPhone > < /venuesPhone >
        < currentCity > < /currentCity >
        < destinationCity > < /destinationCity >
        < remark >他人代签 < /remark >
```

```
</orderStatus>
<! —签收失败信息-->
<orderStatus>
  <ecOrderID>100123456789006</ecOrderID>
  <expressNo>1001234500006</expressNo>
  <orderStatus>FAILED</orderStatus>
  <eventTime>2007-08-24 08:00:00</eventTime>
  <signedName></signedName>
  <! --签收失败原因-->
  <weight></weight>
  <size></size>
  <operator></operator>
  <eventVenues></eventVenues>
  <venuesPhone></venuesPhone>
  <currentCity></currentCity>
  <destinationCity></destinationCity>
  <remark>C08</remark>
</orderStatus>
<! —到达快件处理(分拨)中心信息-->
<orderStatus>
  <ecOrderID>100123456789007</ecOrderID>
  <expressNo>1001234500007</expressNo>
  <orderStatus>ARRIVAL_CENTER</orderStatus>
  <eventTime>2007-08-24 08:00:00</eventTime>
  <signedName></signedName>
  <weight></weight>
  <size></size>
  <operator>张三</operator>
  <eventVenues>北京分拨中心</eventVenues>
  <venuesPhone>010-12345678</venuesPhone>
  <currentCity>北京</currentCity>
  <destinationCity></destinationCity>
  <remark></remark>
</orderStatus>
<! —离开快件处理(分拨)中心信息-->
<orderStatus>
  <ecOrderID>100123456789008</ecOrderID>
  <expressNo>1001234500008</expressNo>
  <orderStatus>DEPARTURE_CENTER</orderStatus>
  <eventTime>2007-08-24 08:00:00</eventTime>
  <signedName></signedName>
  <weight></weight>
  <size></size>
```

```
        < operator >张三 </operator >
        < eventVenues >北京分拨中心 </eventVenues >
        < venuesPhone >010-12345678 </venuesPhone >
        < currentCity >北京 </currentCity >
        < destinationCity >上海 </destinationCity >
        < remark > </remark >
      </orderStatus >
      <! —到达快件投递网点信息-- >
      < orderStatus >
        < ecOrderID >100123456789009 </ecOrderID  >
        < expressNo >1001234500009 </expressNo >
        < orderStatus >ARRIVAL_BRANCH </orderStatus >
        < eventTime >2007-08-24 08:00:00 </eventTime >
        < signedName > </signedName >
        < weight > </weight >
        < size > </size >
        < operator >李四 </operator >
        < eventVenues >北京××大街投递站 </eventVenues >
        < venuesPhone >010-22345678 </venuesPhone >
        < currentCity >北京 </currentCity >
        < destinationCity > </destinationCity >
        < remark > </remark >
      </orderStatus >
      <! —快件派件信息-- >
      < orderStatus >
        < ecOrderID >100123456789011 </ecOrderID  >
        < expressNo >1001234500011 </expressNo >
        < orderStatus >SENT_SCAN </orderStatus >
        < eventTime >2007-08-24 08:00:00 </eventTime >
        < signedName > </signedName >
        < weight > </weight >
        < size > </size >
        < operator >张三 </operator >
        < eventVenues >北京××大街投递站 </eventVenues >
        < venuesPhone >010-22345678 </venuesPhone >
        < currentCity > </currentCity >
        < destinationCity > </destinationCity >
        < remark > </remark >
      </orderStatus >
      ……
    </orderStatusList >
  </OrderStatusInfo >
```

8.3.6 异常快件通知

8.3.6.1 交易描述

异常快件通知是指快递服务组织将电子商务订单类快件中存在不接单、取件失败、签收失败等异常问题的快件信息汇总发送到相关电子商务企业。该类信息为可选信息,可根据电子商务企业与快递服务组织的约定进行发送。

8.3.6.2 信息项说明

该交易涉及的业务数据元说明见表14。

表14 异常快件通知业务数据元

序号	字 段 名	中 文 名 称	数据类型	最 大 长 度	可否为空	说 明
1	tradeNo	报文交易流水号	string	20	N	
2	processCode	报文交易代码	string	10	N	
3	ecCompanyCode	电子商务企业代码	string	20	N	
4	expressCompanyCode	快递服务组织代码	string	20	N	
5	ecOrderID	电商物流订单号	string	30	N	
6	expressNo	快件编号	string	20	N	
7	exceptionType	异常类型	string	20	N	包括:不接单、取件失败、签收失败等
8	exceptionReasonCode	异常原因代码	string	20	N	异常原因代码与订单状态原因代码相同,详见表13
9	customerName	顾客姓名	string	20	Y	
10	phone	联系电话	string	20	Y	
11	eventTime	异常登记时间	string	20	N	
12	remark	备注	string	512	Y	

8.3.6.3 报文结构

该报文的组成结构见图8。

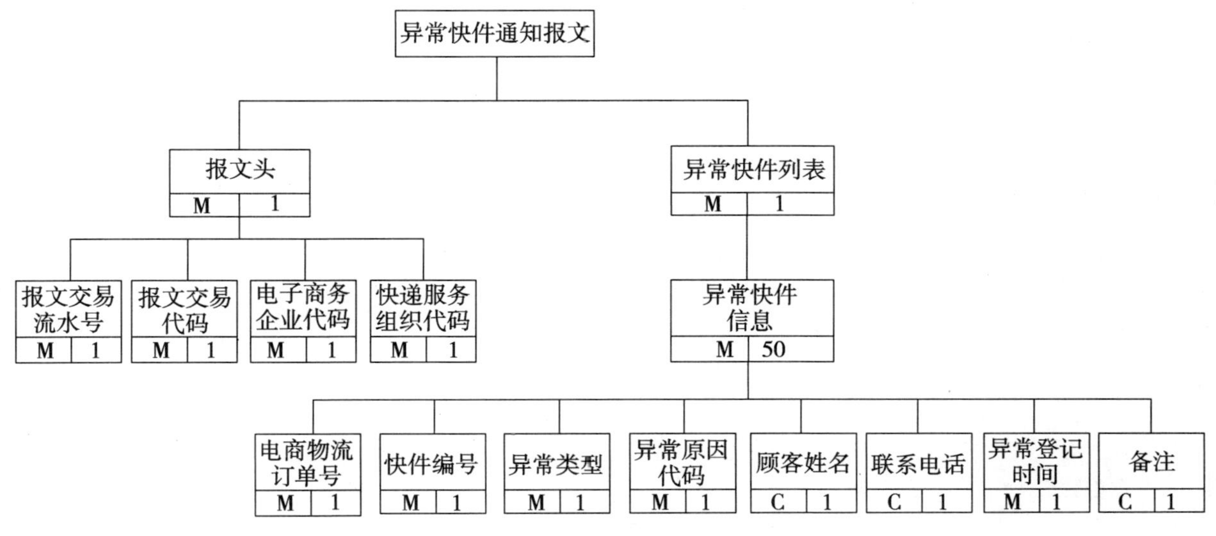

图8 异常快件通知报文结构

8.3.6.4　报文示例


```xml
<?xml version="1.0" encoding="UTF-8"?>
<ExceptionExpressInfo>
  <msgHead>
    <tradeNo>1006000000001</tradeNo>
    <processCode>1006</processCode>
    <ecCompanyCode>751743438</ecCompanyCode>
    <expressCompanyCode>758203450</expressCompanyCode>
  </msgHead>
  <exceptionExpresses>
    <exceptionExpress>
      <ecOrderID>100123456789001</ecOrderID>
      <expressNo>1001234500008</expressNo>
      <exceptionType>签收失败</exceptionType>
      <exceptionReasonCode>C03</exceptionReasonCode>
      <customerName>张三</customerName>
      <phone>13501231234</phone>
      <eventTime>2007-08-24 08:00:00</eventTime>
      <remark></remark>
    </exceptionExpress>
    ……
  </exceptionExpresses>
</ExceptionExpressInfo>
```


8.3.7　转单信息

8.3.7.1　交易描述

快递服务组织运送过程中发现超出配送范围时，可将快件转发其他快递服务组织进行配送，并将新的快递服务组织代码和快件编号发送给电子商务企业。该类信息为可选信息，可根据电子商务企业与快递服务组织的约定进行发送。

8.3.7.2　信息项说明

该交易涉及的业务数据元说明见表 15。

表 15　转单信息业务数据元

序号	字　段　名	中 文 名 称	数据类型	最 大 长 度	可否为空	说　　明
1	tradeNo	报文交易流水号	string	20	N	
2	processCode	报文交易代码	string	10	N	
3	ecCompanyCode	电子商务企业代码	string	20	N	
4	expressCompanyCode	快递服务组织代码	string	20	N	
5	ecOrderID	电商物流订单号	string	30	N	
6	oldExpressNo	旧快件编号	string	20	N	
7	newExpressNo	新快件编号	string	20	N	
8	newExpressCompanyCode	新快递服务组织代码	string	20	N	
9	shiftTime	转单时间	string	20	N	
10	remark	备注	string	512	Y	

8.3.7.3 报文结构

该报文的组成结构见图9。

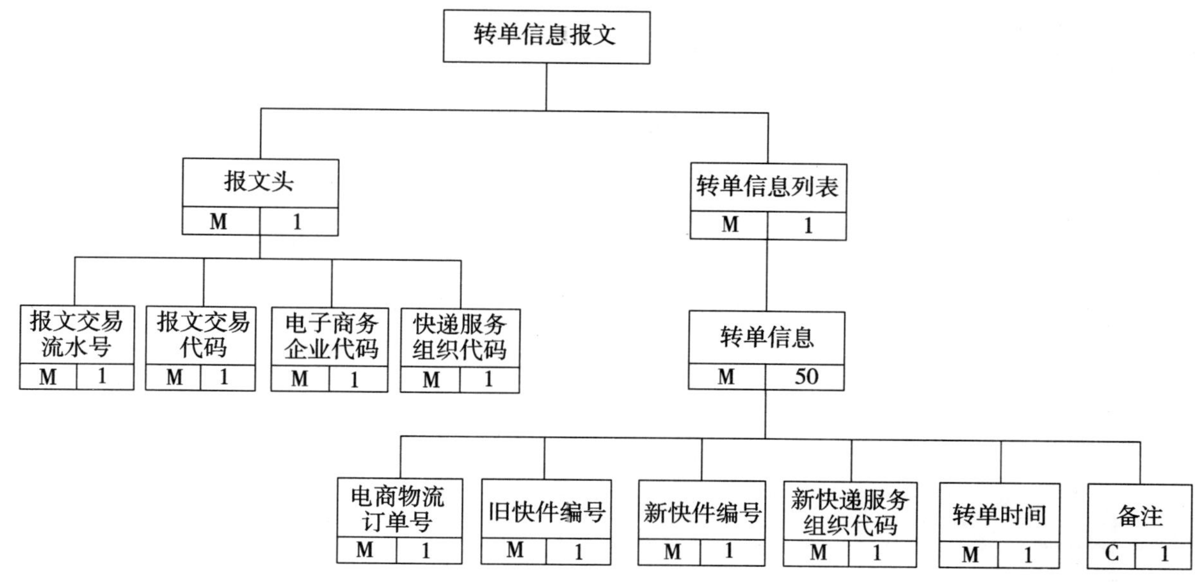

图9 转单信息报文结构

8.3.7.4 报文示例

```
<? xml version = "1.0" encoding = "UTF-8"? >
<ShiftExpressInfo >
  <msgHead >
    <tradeNo >1007000000001 </tradeNo >
    <processCode >1007 </processCode >
    <ecCompanyCode >751743438 </ecCompanyCode >
    <expressCompanyCode >758203450 </expressCompanyCode >
  </msgHead >
  <shiftExpresses >
    < shiftExpress >
      <ecOrderID >100123456789001 </ecOrderID >
      <oldExpressNo >1001234500001 </ oldExpressNo >
      <newExpressNo >2001234500001 </ newExpressNo >
      <newExpressCompanyCode >558542036 </newExpressCompanyCode >
      <! --558542036 为北京申通快递服务有限公司的组织机构代码-- >
      <shiftTime >2007-08-24 08:00:00 </shiftTime >
      <remark > </remark >
    </shiftExpress >
    ……
  </shiftExpresses >
</ShiftExpressInfo >
```

8.3.8 订单查询请求

8.3.8.1 交易描述

订单查询是指电子商务企业将快件编号或订单号发送给快递服务组织，要求快递服务组织返回订单的接单、取件、内部处理、运输、签收等环节的详细跟踪信息。如果同时提供了订单号和快件编号,优先以快件编号进行查询。

8.3.8.2 信息项说明

该交易涉及的业务数据元说明见表16。

表16 订单查询请求业务数据元

序号	字段名	中文名称	数据类型	最大长度	可否为空	说明
1	tradeNo	报文交易流水号	string	20	N	
2	processCode	报文交易代码	string	10	N	
3	expressCompanyCode	快递服务组织代码	string	20	N	
4	ecCompanyCode	电子商务企业代码	string	20	N	
5	expressNo	快件编号	string	20	Y	快件编号和订单号不能同时为空
6	ecOrderID	电商物流订单号	string	30	Y	快件编号和订单号不能同时为空

8.3.8.3 报文结构

该报文的组成结构见图10。

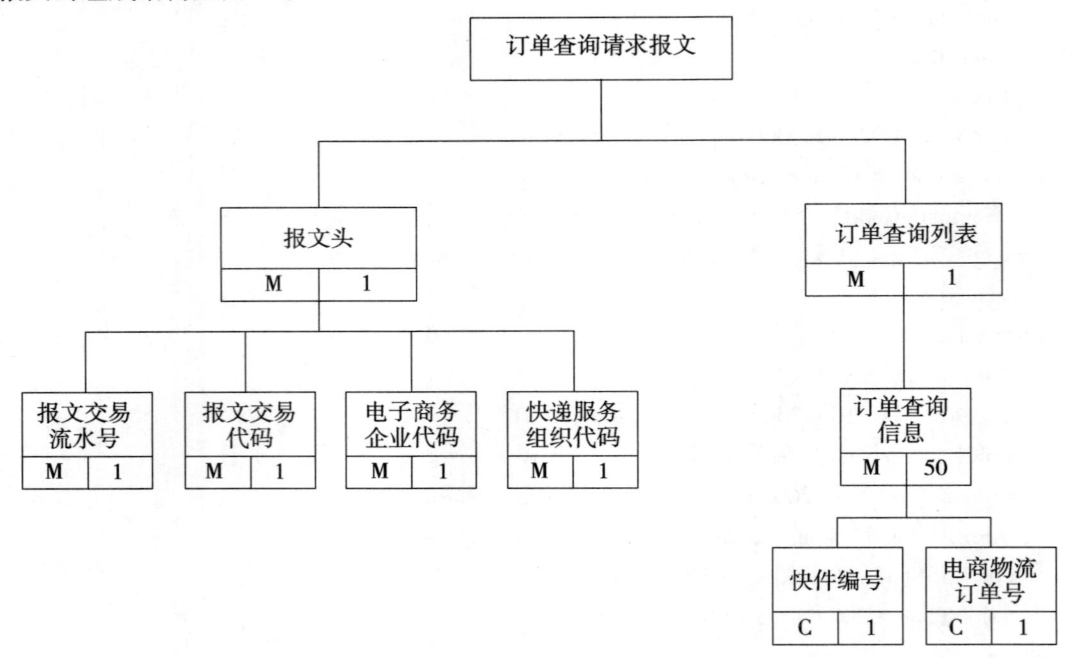

图10 订单查询请求报文结构

8.3.8.4 报文示例

```
<? xml version = "1.0" encoding = "UTF-8"? >
<OrderQueryRequest>
  <msgHead>
    <tradeNo>10080000000001</tradeNo>
    <processCode>1008</processCode>
    <ecCompanyCode>751743438</ecCompanyCode>
```

```
        <expressCompanyCode>758203450</expressCompanyCode>
    </msgHead>
    <orders>
        <order>
            <expressNo>1001234500001<expressNo>
            <ecOrderID>100123456789006</ecOrderID>
        </order>
        …
    </orders>
</OrderQueryRequest>
```

8.3.9 订单查询结果

8.3.9.1 交易描述

订单查询结果是指快递服务组织接收到电子商务企业的订单查询请求后，根据快件编号将订单的接单、取件、内部处理、派件、签收等环节的详细跟踪信息发送给电子商务企业。

8.3.9.2 信息项说明

该交易涉及的业务数据元说明见表17。

表17 订单查询结果业务数据元

序号	字 段 名	中 文 名 称	数据类型	最 大 长 度	可否为空	说　明
1	tradeNo	报文交易流水号	string	20	N	
2	processCode	报文交易代码	string	10	N	
3	expressCompanyCode	快递服务组织代码	string	20	N	
4	ecCompanyCode	电子商务企业代码	string	20	N	
5	ecOrderID	电商物流订单号	string	30	Y	
6	expressNo	快件编号	string	20	N	
7	orderStatus	订单状态			N	用于说明订单当前所处的状态，详见表12
8	event	事件	string	50	N	用于说明订单的各状态跟踪事件，详见表12
9	eventTime	事件时间	string	30	N	文中所有时间以“yyyy-mm-dd hh24:mm:ss”格式存储
10	signedName	签收人	string	20	Y	仅用于填写签收状态对应的签收人信息，签收失败时，签收人信息可能为空
11	operator	操作人员	string	20	Y	当前事件的快递操作人员，如：揽件员、派件员、处理人员等

表 17 （续）

序号	字 段 名	中 文 名 称	数据类型	最 大 长 度	可否为空	说 明
12	eventVenues	事件场所	string	50	Y	当前事件处理场所的名称，状态为到达/离开快件处理（分拨）中心、到达快件投递网点、派件时填写，可以是具体的快件处理（分拨）中心或投递网点名称
13	venuesPhone	场所电话	string	50	Y	当前事件处理场所的联系电话，状态为到达/离开快件处理（分拨）中心、到达快件投递网点、派件时填写
14	currentCity	当前城市	string	30	Y	快件当前所在城市，状态为到达/离开快件处理（分拨）中心、到达快件投递网点时填写
15	destinationCity	目的地城市	string	30	Y	快件要到达的下一个城市，状态为离开快件处理（分拨）中心、离开快件投递网点时填写
16	remark	备注	string	512	Y	用于说明事件的备注或失败原因代码，失败原因详见表 13，当失败原因为“其他原因”时，可同时填写直接使用文字描述的具体原因。签收成功时应填写签收方式（包括本人签收、他人代签等）

8.3.9.3 报文结构

该报文的组成结构见图 11。

8.3.9.4 报文示例

```
<? xml version = "1.0" encoding = "UTF-8"? >
<OrderQueryResponse >
  <msgHead >
    <tradeNo >10090000000001 </tradeNo >
    <processCode >1009 </processCode >
    <ecCompanyCode >751743438 </ecCompanyCode >
```

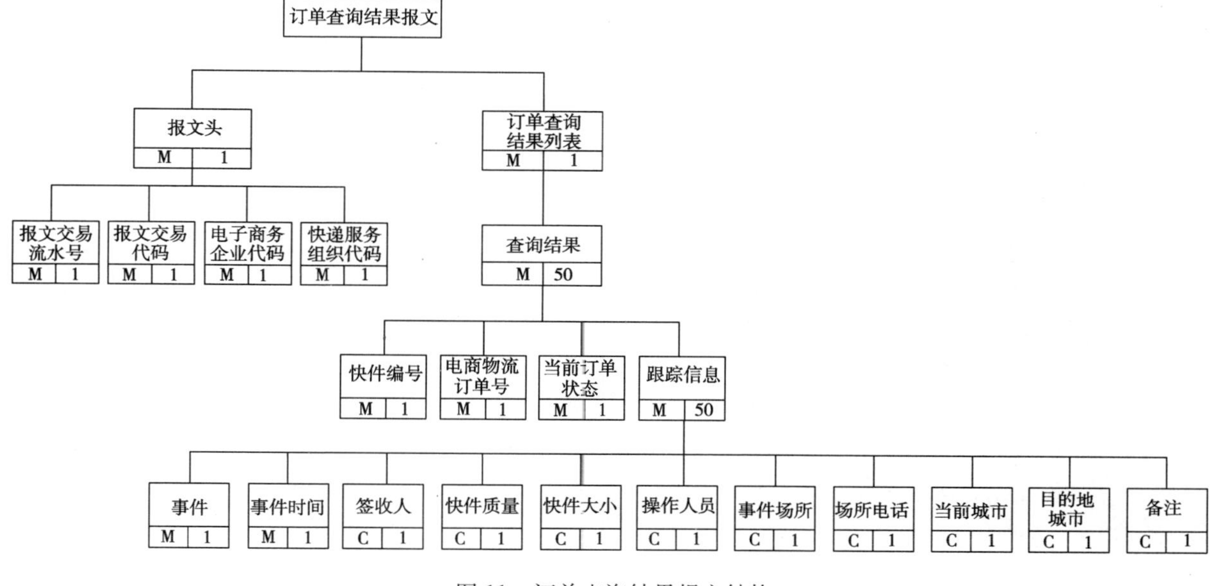

图 **11**　订单查询结果报文结构


```
        <expressCompanyCode>758203450</expressCompanyCode>
    </msgHead>
    <orders>
        <order>
            <expressNo>1001234500015</expressNo>
            <ecOrderID> 100123456789015</ecOrderID>
            <! -- 当前订单状态-- >
            <orderStatus>SIGNED</orderStatus>
            <tracks>
                <track>
                    <event>ACCEPT</event>
                    <eventTime>2010-05-24 08:00:00 </eventTime>
                    <signedName> </signedName>
                    <operator> </operator>
                    <eventVenues> </eventVenues>
                    <venuesPhone> </venuesPhone>
                    <currentCity> </currentCity>
                    <destinationCity> </destinationCity>
                    <remark> </remark>
                </track>
                <track>
                    <event>GOT</event>
                    <eventTime>2010-05-24 16:00:00 </eventTime>
                    <signedName> </signedName>
                    <operator> </operator>
                    <eventVenues> </eventVenues>
                    <venuesPhone> </venuesPhone>
```

```
    <currentCity> </currentCity>
    <destinationCity> </destinationCity>
    <remark> </remark>
  </track>
  <track>
    <event>ARRIVAL_CENTER</event>
    <eventTime>2010-05-24 19:00:00 </eventTime>
    <signedName> </signedName>
    <operator>张三</operator>
    <eventVenues>北京分拨中心</eventVenues>
    <venuesPhone>010-12345678</venuesPhone>
    <currentCity>北京</currentCity>
    <destinationCity> </destinationCity>
    <remark> </remark>
  </track>
  <track>
    <event>ARRIVAL_BRANCH</event>
    <eventTime>2010-05-25 7:00:00 </eventTime>
    <signedName> </signedName>
    <operator>李四</operator>
    <eventVenues>北京××大街投递站</eventVenues>
    <venuesPhone>010-22345678</venuesPhone>
    <currentCity>北京</currentCity>
    <destinationCity> </destinationCity>
    <remark> </remark>
  </track>
  <track>
    <event>SENT_SCAN</event>
    <eventTime>2010-05-25 8:00:00 </eventTime>
    <signedName> </signedName>
    <operator>张三</operator>
    <eventVenues>北京××大街投递站</eventVenues>
    <venuesPhone>010-22345678</venuesPhone>
    <currentCity> </currentCity>
    <destinationCity> </destinationCity>
    <remark> </remark>
  </track>
  ...
  <track>
    <event>SIGNED</event>
    <eventTime>2010-05-25 12:00:00 </eventTime>
    <signedName>李四</signedName>
    <operator> </operator>
```

```
        <eventVenues> </eventVenues>
        <venuesPhone> </venuesPhone>
        <currentCity> </currentCity>
        <destinationCity> </destinationCity>
        <remark>他人代签</remark>
      </track>
    </tracks>
  </order>
  …
</orders>
</OrderQueryResponse>
```

8.3.10 签收失败快件处理请求

8.3.10.1 交易描述

签收失败快件处理请求是快递服务组织将签收失败的快件信息发送给电子商务企业,要求电子商务企业处理并返回处理意见。该类信息为可选信息,可根据电子商务企业与快递服务组织的约定进行发送。

8.3.10.2 信息项说明

该交易涉及的业务数据元说明见表18。

表18 签收失败快件处理请求业务数据元

序号	字段名	中文名称	数据类型	最大长度	可否为空	说明
1	tradeNo	报文交易流水号	string	20	N	
2	processCode	报文交易代码	string	10	N	
3	ecCompanyCode	电子商务企业代码	string	20	N	
4	expressCompanyCode	快递服务组织代码	string	20	N	
5	ecOrderID	电商物流订单号	string	30	N	
6	expressNo	快件编号	string	20	N	
7	exceptionReasonCode	签收失败原因代码	string	20	N	签收失败原因代码详见表13
8	customerName	顾客姓名	string	20	Y	
9	phone	联系电话	string	20	Y	
10	eventTime	签收失败登记时间	string	20	N	
11	remark	备注	string	512	Y	

8.3.10.3 报文结构

该报文的组成结构见图12。

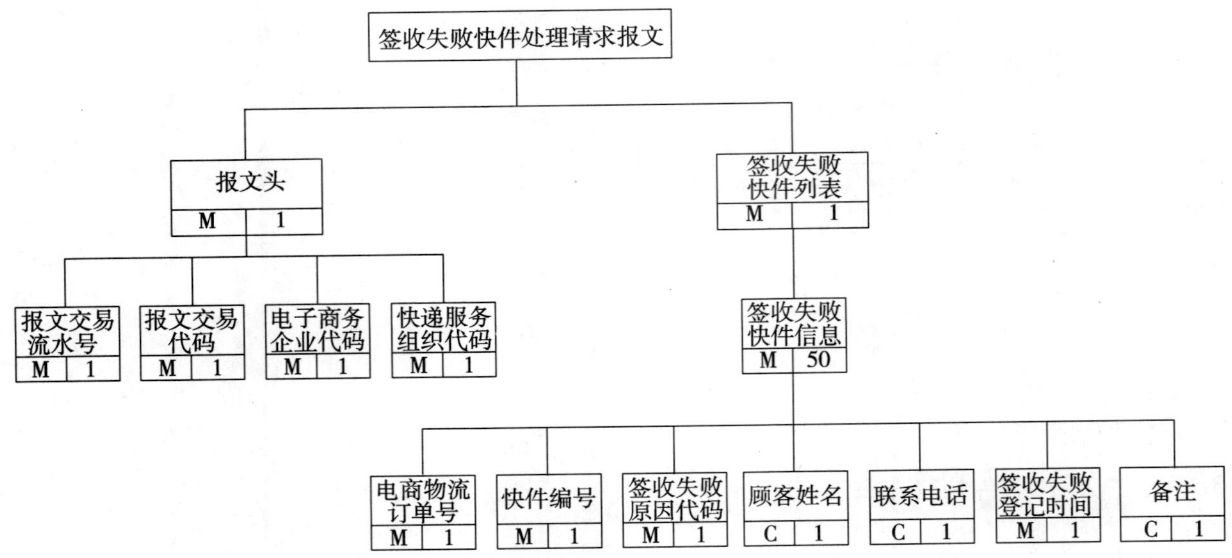

图12　签收失败快件处理请求报文结构

8.3.10.4　报文示例

```
<? xml version = "1.0" encoding = "UTF-8"? >
<FailedExpressRequest>
  <msgHead>
    <tradeNo>1010000000001</tradeNo>
    <processCode>1010</processCode>
    <ecCompanyCode>751743438</ecCompanyCode>
    <expressCompanyCode>758203450</expressCompanyCode>
  </msgHead>
  <failedExpresses>
    <failedExpress>
      <ecOrderID>100123456789001</ecOrderID>
      <expressNo>1001234500008</expressNo>
      <exceptionReasonCode>C03</exceptionReasonCode>
      <customerName>张三</customerName>
      <phone>13501231234</phone>
      <eventTime>2007-08-24 08:00:00</eventTime>
      <remark></remark>
    </failedExpress>
    ……
  </failedExpresses>
</FailedExpressRequest>
```

8.3.11　签收失败快件处理意见

8.3.11.1　交易描述

签收失败快件处理意见是指电子商务企业接收签收失败快件处理请求，并向快递服务组织返回处理意见（如继续投递、退回、N 日后退回等）。该类信息为可选信息，可根据电子商务企业与快递服务组织的约定进行发送。

8.3.11.2 信息项说明

该交易涉及的业务数据元说明见表19。

表19 签收失败快件处理信息业务数据元

序号	字 段 名	中 文 名 称	数据类型	最 大 长 度	可否为空	说 明
1	tradeNo	报文交易流水号	string	20	N	
2	processCode	报文交易代码	string	10	N	
3	ecCompanyCode	电子商务企业代码	string	20	N	
4	expressCompanyCode	快递服务组织代码	string	20	N	
5	ecOrderID	电商物流订单号	string	30	N	
6	expressNo	快件编号	string	20	N	
7	processAdvice	处理意见	string	50	N	处理意见代码如下： 0表示继续投递， 1表示退回， 2表示*N*日后退回（*N*的具体值由电子商务企业与快递服务组织双方商定）
8	processTime	处理时间	string	20	N	
9	remark	备注	string	512	Y	

8.3.11.3 报文结构

该报文的组成结构见图13。

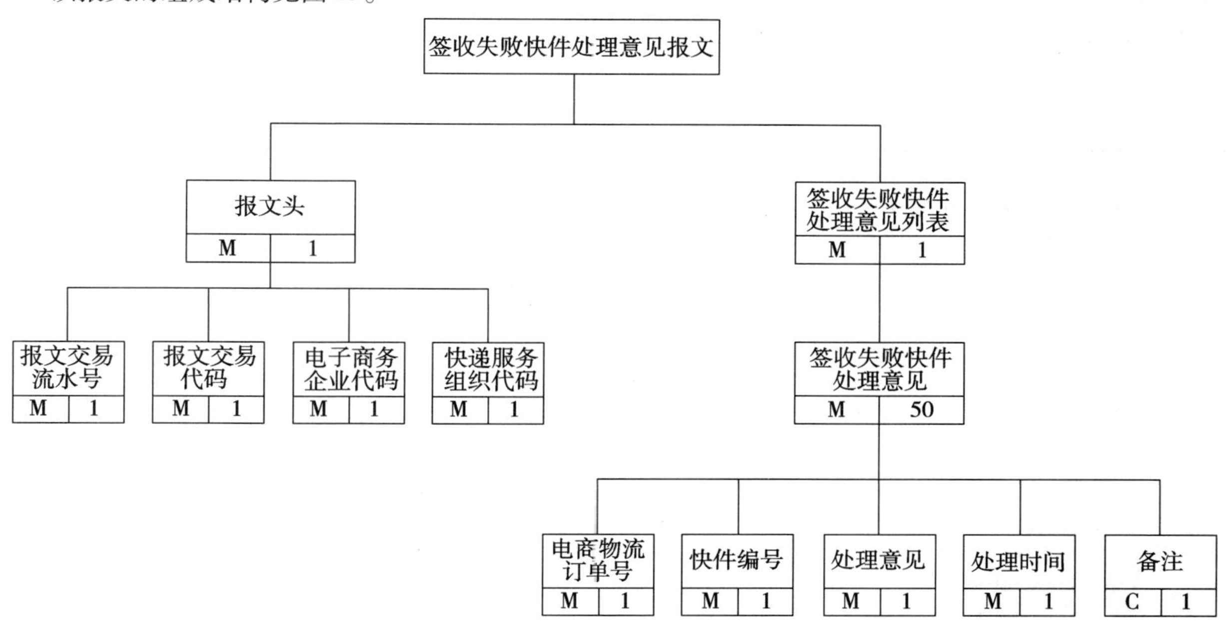

图13 签收失败快件处理意见报文结构

8.3.11.4 报文示例

```
<? xml version = "1.0" encoding = "UTF-8"? >
< FailedExpressResponse >
```

```
    <msgHead>
      <tradeNo>1011000000001</tradeNo>
      <processCode>1011</processCode>
      <ecCompanyCode>751743438</ecCompanyCode>
      <expressCompanyCode>758203450</expressCompanyCode>
    </msgHead>
    <failedExpresses>
      <failedExpress>
        <ecOrderID>100123456789001</ecOrderID>
        <expressNo>1001234500008</expressNo>
        <processAdvice>1</processAdvice>
        <processTime>2007-08-24 08:00:00</processTime>
        <remark></remark>
      </failedExpress>
      ……
    </failedExpresses>
</FailedExpressResponse>
```


8.3.12 快递费账单核对请求

8.3.12.1 交易描述

快递费账单核对请求是指快递服务组织定期将快递服务费及相关费用信息发送给电子商务企业进行对账。该类信息为可选信息,可根据电子商务企业与快递服务组织的约定进行发送。

8.3.12.2 信息项说明

该交易涉及的业务数据元说明见表20。

表20 快递费账单核对请求业务数据元

序号	字 段 名	中 文 名 称	数据类型	最 大 长 度	可否为空	说 明
1	tradeNo	报文交易流水号	string	20	N	
2	processCode	报文交易代码	string	10	N	
3	ecCompanyCode	电子商务企业代码	string	20	N	
4	expressCompanyCode	快递服务组织代码	string	20	N	
5	ecOrderID	电商物流订单号	string	30	N	
6	expressNo	快件编号	string	20	N	
7	expressServiceFee	快递服务费	double		N	单位为元
8	totalFee	总费用	double		N	单位为元
9	remark	备注	string	512	Y	

8.3.12.3 报文结构

该报文的组成结构见图14。

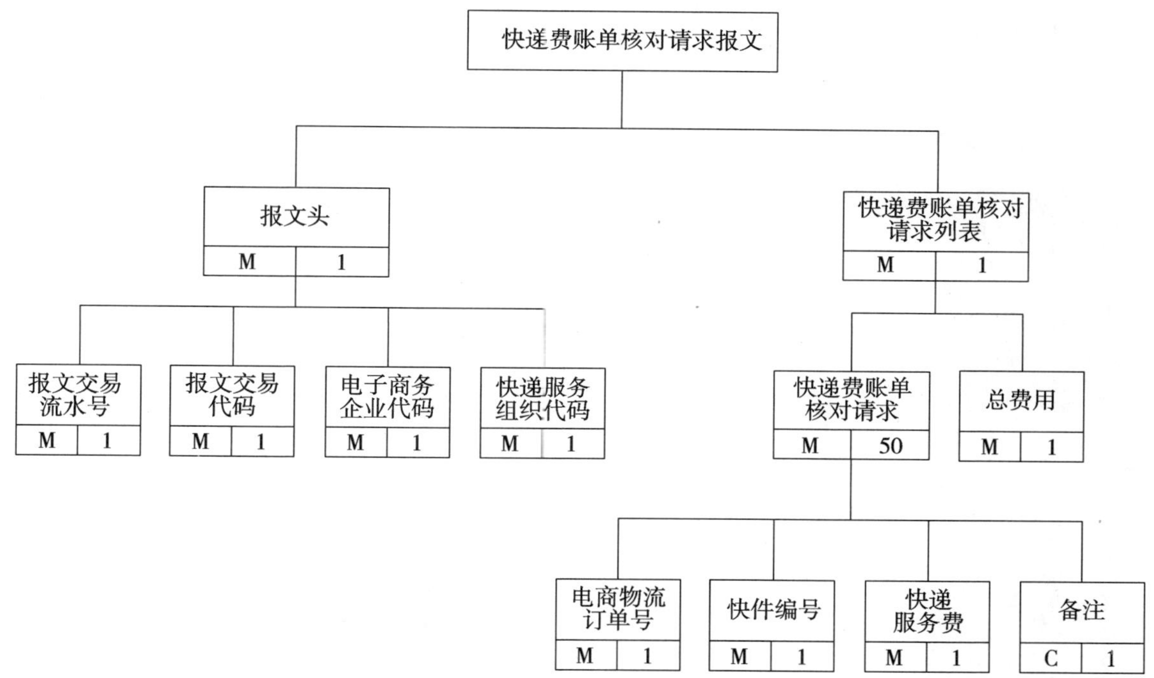

图 14 快递费账单核对请求报文结构

8.3.12.4 报文示例

```
<? xml version = "1.0" encoding = "UTF-8"? >
<ExpressServiceFeeBillRequest>
  <msgHead>
    <tradeNo>1012000000001</tradeNo>
    <processCode>1012</processCode>
    <ecCompanyCode>751743438</ecCompanyCode>
    <expressCompanyCode>758203450</expressCompanyCode>
  </msgHead>
  <bills>
    <bill>
      <ecOrderID>100123456789101</ecOrderID>
      <expressNo>1001234500108</expressNo>
      <expressServiceFee>10.00</expressServiceFee>
      <remark></remark>
    </bill>
    <bill>
      <ecOrderID>100123456789102</ecOrderID>
      <expressNo>1001234500109</expressNo>
      <expressServiceFee>20.00</expressServiceFee>
      <remark></remark>
    </bill>
   ……
  </bills>
  <totalFee>30.00</totalFee>
```

</ExpressServiceFeeBillRequest >

8.3.13 快递费账单核对结果

8.3.13.1 交易描述

快递费账单核对结果是指电子商务企业接收快递费账单核对请求,并将确认过的快递服务费及相关费用信息返回快递服务组织。该类信息为可选信息,可根据电子商务企业与快递服务组织的约定进行发送。

8.3.13.2 信息项说明

该交易涉及的业务数据元说明见表21。

表21 快递费账单核对结果业务数据元

序号	字 段 名	中 文 名 称	数据类型	最 大 长 度	可否为空	说 明
1	tradeNo	报文交易流水号	string	20	N	
2	processCode	报文交易代码	string	10	N	
3	ecCompanyCode	电子商务企业代码	string	20	N	
4	expressCompanyCode	快递服务组织代码	string	20	N	
5	ecOrderID	电商物流订单号	string	30	N	
6	expressNo	快件编号	string	20	N	
7	expressServiceFee	快递服务费	double		N	单位为元
8	acceptedExpressServiceFee	认可快递服务费	double		N	单位为元
9	totalFee	总费用	double		N	单位为元
10	totalAcceptedFee	总认可费用	double		N	单位为元
11	remark	备注	string	512	Y	

8.3.13.3 报文结构

该报文的组成结构见图15。

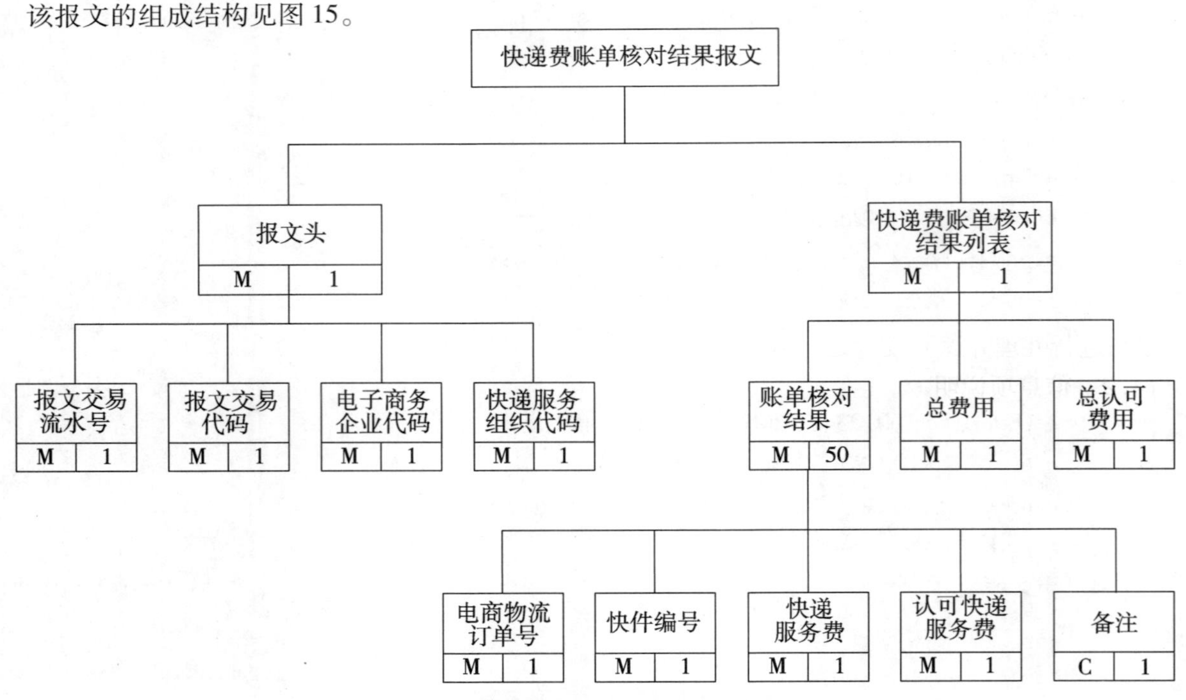

图15 快递费账单核对结果报文结构

8.3.13.4 报文示例


```
<? xml version = "1.0" encoding = "UTF-8"? >
<ExpressServiceFeeBillResponse >
  <msgHead >
    <tradeNo >1013000000001 </tradeNo >
    <processCode >1013 </processCode >
    <ecCompanyCode >751743438 </ecCompanyCode >
    <expressCompanyCode >758203450 </expressCompanyCode >
  </msgHead >
  <bills >
    <bill >
      <ecOrderID >100123456789101 </ecOrderID >
      <expressNo >1001234500108 </expressNo >
      <expressServiceFee >10.00 </expressServiceFee >
      <acceptedExpressServiceFee >10.00 </acceptedExpressServiceFee >
      <remark > </remark >
    </bill >
    <bill >
      <ecOrderID >100123456789102 </ecOrderID >
      <expressNo >1001234500109 </expressNo >
      <expressServiceFee >20.00 </expressServiceFee >
      <acceptedExpressServiceFee >20.00 </acceptedExpressServiceFee >
      <remark > </remark >
    </bill >
    ……
  </bills >
  <totalFee >30.00 </totalFee >
  <totalAcceptedFee >30.00 </totalAcceptedFee >
</ExpressServiceFeeBillResponse >
```


8.3.14 投诉请求

8.3.14.1 交易描述

投诉请求是指电子商务企业将订单涉及快递环节的投诉信息发送到相关快递服务组织,并要求快递服务组织进行处理并返回投诉处理结果。

8.3.14.2 信息项说明

该交易涉及的业务数据元说明见表22。

表22 投诉请求业务数据元

序号	字段名	中文名称	数据类型	最大长度	可否为空	说明
1	tradeNo	报文交易流水号	string	20	N	
2	processCode	报文交易代码	string	10	N	
3	ecCompanyCode	电子商务企业代码	string	20	N	

表 22 （续）

序号	字 段 名	中 文 名 称	数据类型	最 大 长 度	可否为空	说 明
4	expressCompanyCode	快递服务组织代码	string	20	N	
5	complaintNo	投诉编号	string	20	N	
6	ecOrderID	电商物流订单号	string	30	N	
7	expressNo	快件编号	string	20	N	
8	complaintType	投诉类型	string	20	N	投诉类型一般可分为：索赔投诉、一般投诉
9	claimAmount	索赔金额	string	20	Y	
10	complaintReason	投诉原因	string	20	N	投诉原因可分为：快件丢失、快件破损、逾期递送、要求赔偿、服务态度、违规收费等
11	customerName	顾客姓名	string	20	N	
12	phone	联系电话	string	20	N	
13	eventTime	投诉时间	string	20	N	
14	remark	备注	string	512	Y	

8.3.14.3 报文结构

该报文的组成结构见图 16。

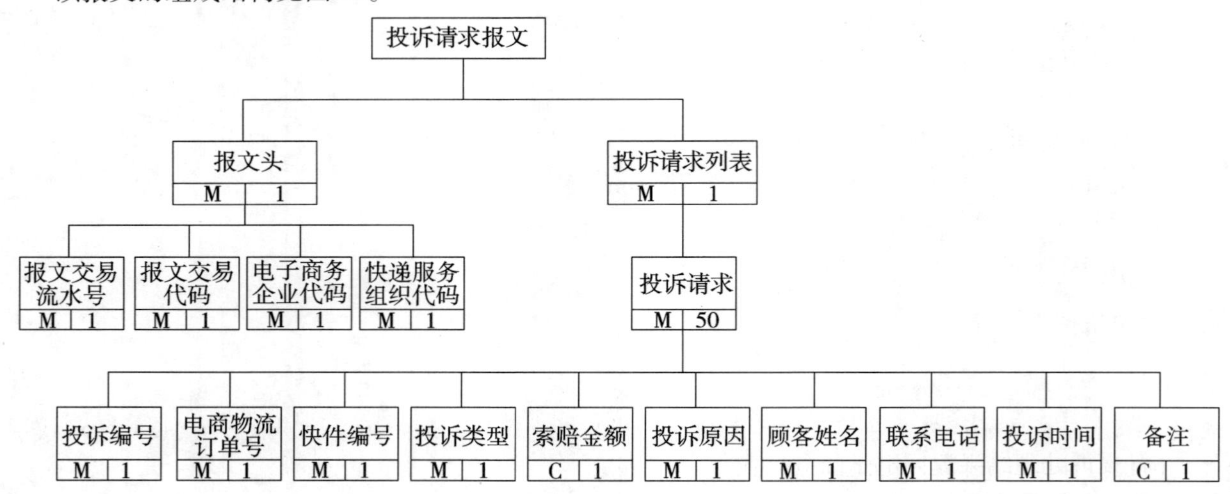

图 16 投诉请求报文结构

8.3.14.4 报文示例

```
<? xml version = "1.0" encoding = "UTF-8"? >
<ComplaintRequest >
  <msgHead >
    <tradeNo >1014000000001 </tradeNo >
    <processCode >1014 </processCode >
    <ecCompanyCode >751743438 </ecCompanyCode >
    <expressCompanyCode >758203450 </expressCompanyCode >
```

```
    </msgHead>
    <complaints>
      <complaint>
        <complaintNo>100000001</complaintNo>
        <ecOrderID>100123456789001</ecOrderID>
        <expressNo>1001234500008</expressNo>
        <complaintType>索赔投诉</complaintType>
        <complaintAmount>200.00</complaintAmount>
        <complaintReason>快件丢失</complaintReason>
        <customerName>张三</customerName>
        <phone>13501231234</phone>
        <eventTime>2007-08-24 08:00:00</eventTime>
        <remark></remark>
      </complaint>
      <complaint>
        <complaintNo>100000002</complaintNo>
        <ecOrderID>100123456789002</ecOrderID>
        <expressNo>1001234500009</expressNo>
        <complaintType>一般投诉</complaintType>
        <complaintAmount>0.00</complaintAmount>
        <complaintReason>逾期递送</complaintReason>
        <customerName>李四</customerName>
        <phone>13601231234</phone>
        <eventTime>2007-08-24 08:00:00</eventTime>
        <remark></remark>
      </complaint>
      ……
    </complaints>
  </ComplaintRequest>
```


8.3.15 投诉处理结果

8.3.15.1 交易描述

投诉处理结果是指快递服务组织在接收到电子商务企业发送的订单快递环节投诉信息后进行相应处理，并将投诉处理结果返回电子商务企业。

8.3.15.2 信息项说明

该交易涉及的业务数据元说明见表23。

表23 投诉处理结果业务数据元

序号	字段名	中文名称	数据类型	最大长度	可否为空	说明
1	tradeNo	报文交易流水号	string	20	N	
2	processCode	报文交易代码	string	10	N	
3	ecCompanyCode	电子商务企业代码	string	20	N	

表 23 （续）

序号	字 段 名	中 文 名 称	数据类型	最 大 长 度	可否为空	说 明
4	expressCompanyCode	快递服务组织代码	string	20	N	
5	complaintNo	投诉编号	string	20	N	
6	ecOrderID	电商物流订单号	string	30	N	
7	expressNo	快件编号	string	20	N	
8	customerName	顾客姓名	string	20	N	
9	phone	联系电话	string	20	N	
10	processTime	处理时间	string	20	N	
11	processResult	处理结果	string	512	N	
12	compensation	补偿金额	string	20	Y	
13	remark	备注	string	512	Y	

8.3.15.3 报文结构

该报文的组成结构见图 17。

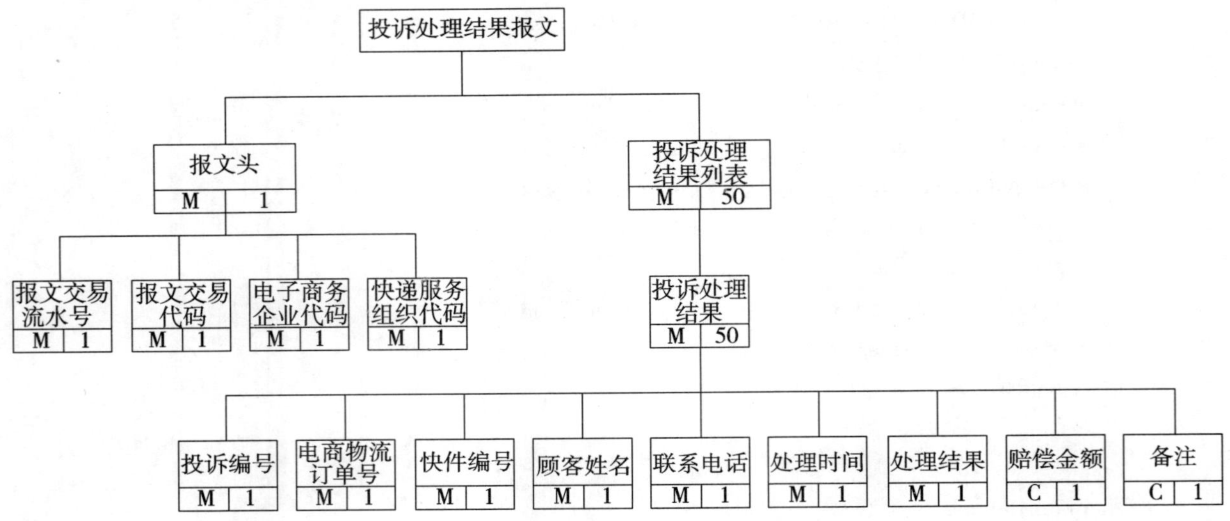

图 17 投诉处理结果报文结构

8.3.15.4 报文示例

```
<?xml version="1.0" encoding="UTF-8"?>
<ComplaintResponse>
  <msgHead>
    <tradeNo>1015000000001</tradeNo>
    <processCode>1015</processCode>
    <ecCompanyCode>751743438</ecCompanyCode>
    <expressCompanyCode>758203450</expressCompanyCode>
  </msgHead>
  <complaints>
    <complaint>
      <complaintNo>100000001</complaintNo>
      <ecOrderID>100123456789001</ecOrderID>
```

```
            <expressNo>1001234500008</expressNo>
            <customerName>张三</customerName>
            <phone>13501231234</phone>
            <processTime>2007-08-24 08:00:00</processTime>
            <processResult>快件丢失,已向顾客赔偿</processResult>
            <compensation>200.00</compensation>
            <remark></remark>
        </complaint>
        <complaint>
            <complaintNo>100000002</complaintNo>
            <ecOrderID>100123456789002</ecOrderID>
            <expressNo>1001234500009</expressNo>
            <customerName>李四</customerName>
            <phone>13601231234</phone>
            <processTime>2007-08-24 08:00:00</processTime>
            <processResult>已向顾客解释递送逾期原因</processResult>
            <compensation>0.00</compensation>
            <remark></remark>
        </complaint>
        ……
    </complaints>
</ComplaintResponse>
```


8.3.16 代收货款对账请求

8.3.16.1 交易描述

代收货款对账请求是指电子商务企业定期将代收货款类订单的应收货款信息发送给快递服务组织进行代收货款业务的对账。

8.3.16.2 信息项说明

该交易涉及的业务数据元说明见表 24。

表 24 代收货款对账请求业务数据元

序号	字 段 名	中 文 名 称	数据类型	最 大 长 度	可否为空	说 明
1	tradeNo	报文交易流水号	string	20	N	
2	processCode	报文交易代码	string	10	N	
3	ecCompanyCode	电子商务企业代码	string	20	N	
4	expressCompanyCode	快递服务组织代码	string	20	N	
5	ecOrderID	电商物流订单号	string	30	N	
6	expressNo	快件编号	string	20	N	
7	amountReceivable	应收货款	double		N	
8	remark	备注	string	512	Y	
9	totalAmountReceivable	总应收货款	double		N	
10	currency	货款币种	string	3	N	缺省为 CNY(人民币),货币种类详见表 7

8.3.16.3　报文结构

该报文的组成结构见图 18。

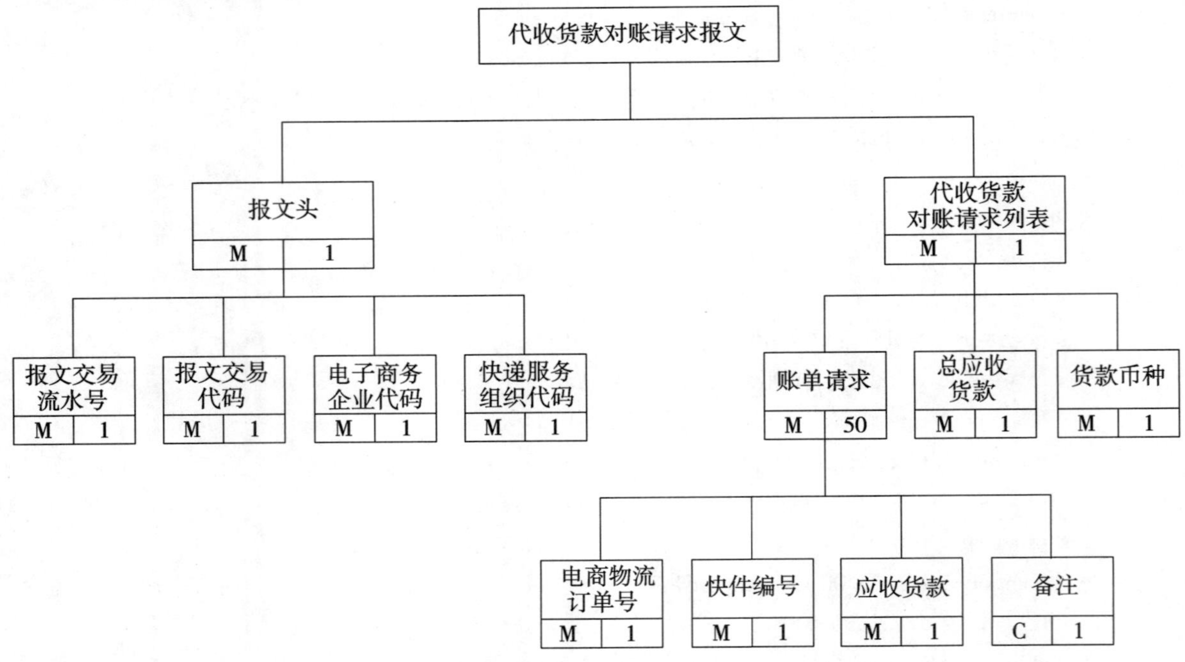

图 18　代收货款对账请求报文结构

8.3.16.4　报文示例

```
<? xml version = "1.0" encoding = "UTF-8"? >
<BillRequest >
  < msgHead >
    < tradeNo >1016000000001 </tradeNo >
    < processCode >1016 </processCode >
    < ecCompanyCode >751743438 </ecCompanyCode  >
    < expressCompanyCode >758203450 </expressCompanyCode  >
  </msgHead >
  < bills >
    < bill >
      < ecOrderID >100123456789001 </ecOrderID  >
      < expressNo >1001234500008 </expressNo >
      < amountReceivable >120.00 </amountReceivable >
      < remark > </remark >
    </bill >
    < bill >
      < ecOrderID >100123456789002 </ecOrderID  >
      < expressNo >1001234500009 </expressNo >
      < amountReceivable >50.00 </amountReceivable >
  < remark > </remark >
    </bill >
  ……
```

</bills>
<totalAmountReceivable>170.00</totalAmountReceivable>
<currency>CNY</currency>
</BillRequest>

8.3.17 代收货款对账结果

8.3.17.1 交易描述

代收货款对账处理结果是指快递服务组织根据接收到的代收货款类订单应收货款信息进行对账，并将订单的实收货款返回电子商务企业。

8.3.17.2 信息项说明

该交易涉及的业务数据元说明见表25。

表25 代收货款对账结果业务数据元

序号	字段名	中文名称	数据类型	最大长度	可否为空	说明
1	tradeNo	报文交易流水号	string	20	N	
2	processCode	报文交易代码	string	10	N	
3	ecCompanyCode	电子商务企业代码	string	20	N	
4	expressCompanyCode	快递服务组织代码	string	20	N	
5	ecOrderID	电商物流订单号	string	30	N	
6	expressNo	快件编号	string	20	N	
7	amountReceivable	应收货款	double		N	
8	amountReceived	实收货款	double		N	
9	payTime	收款时间	string	20	N	
10	payWay	客户付款方式	int		N	客户付款方式如下：0表示其他，1表示现金支付，2表示银行卡支付，3表示储值卡支付，4表示支票支付，5表示优惠券支付
11	remark	备注	string	512	Y	
12	totalAmountReceivable	总应收货款	double		N	
13	totalAmountReceived	总实收货款	double		N	
14	currency	货款币种	string	3	N	缺省为CNY（人民币），货币种类详见表7

8.3.17.3 报文结构

该报文的组成结构见图19。

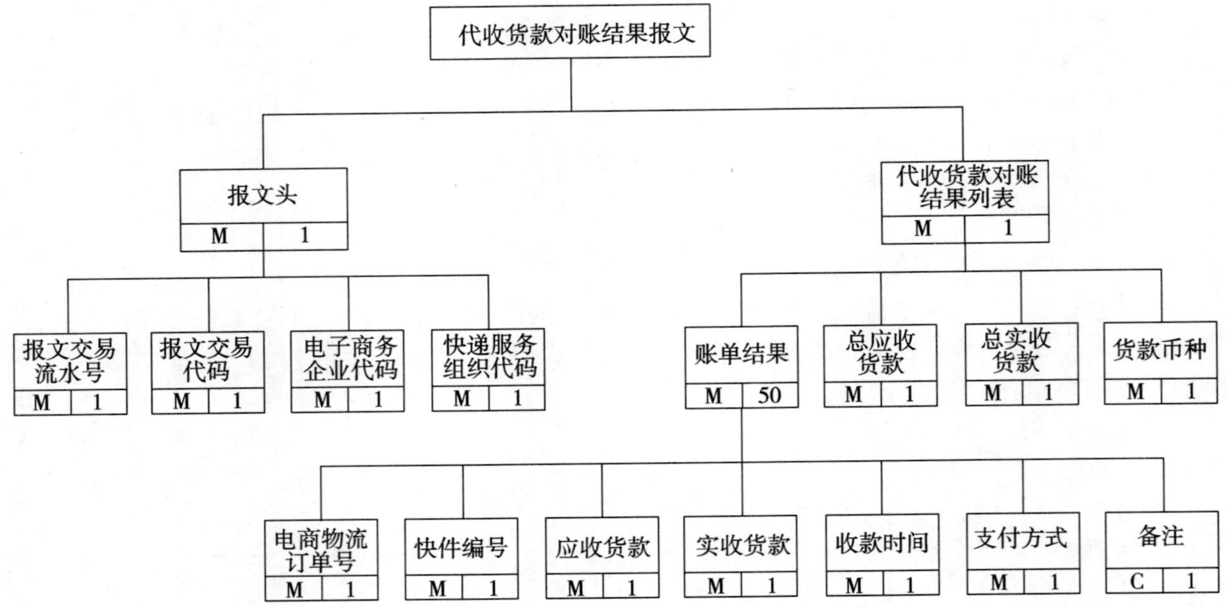

图 19 代收货款对账结果报文结构

8.3.17.4 报文示例

```
<? xml version="1.0" encoding="UTF-8"? >
<BillResponse>
  <msgHead>
    <tradeNo>1017000000001</tradeNo>
    <processCode>1017</processCode>
    <ecCompanyCode>751743438</ecCompanyCode>
    <expressCompanyCode>758203450</expressCompanyCode>
  </msgHead>
  <bills>
    <bill>
      <ecOrderID>100123456789001</ecOrderID>
      <expressNo>1001234500008</expressNo>
      <amountReceivable>120.00</amountReceivable>
      <amountReceived>120.00</amountReceived>
      <remark></remark>
    </bill>
    <bill>
      <ecOrderID>100123456789002</ecOrderID>
      <expressNo>1001234500009</expressNo>
      <amountReceivable>50.00</amountReceivable>
      <amountReceived>40.00</amountReceived>
      <payTime>2007-08-24 08:00:00</payTime>
      <payWay>1</payWay>
      <remark>货物存在瑕疵,与卖家联系后优惠10元</remark>
    </bill>
```

```
……
<bills>
<totalAmountReceivable>170.00</totalAmountReceivable>
< totalAmountReceived >160.00</ totalAmountReceived >
<currency>CNY</currency>
</BillResponse>
```

8.4 交易流程

在快递服务组织与电子商务企业进行信息交换的过程中,不论电子商务系统发送订单信息到快递业务系统,还是快递业务系统发送订单状态通知到电子商务系统,都是一次系统交互的过程,都需要有发送和响应。发送是指发送方向接收方发送数据报文,响应是接收方向发送方返回报文接收结果或者报文处理结果。根据响应内容的不同,快递服务组织与电子商务企业之间信息交换流程可分为通知处理流程和请求处理流程两大类。为应对报文传输过程中由于网络延时、系统故障等原因造成报文传输失败的问题,快递服务组织与电子商务企业信息交换过程还应设置相应的异常处理流程。

8.4.1 通知处理流程

通知处理流程只需要接收方告知发送方是否已成功接收到正确报文,如:订单发送、订单修改、订单取消、运单关联、订单状态通知、异常快件通知、转单信息等,都属于通知处理流程。

通知处理流程的信息发送和接收过程如图20所示。

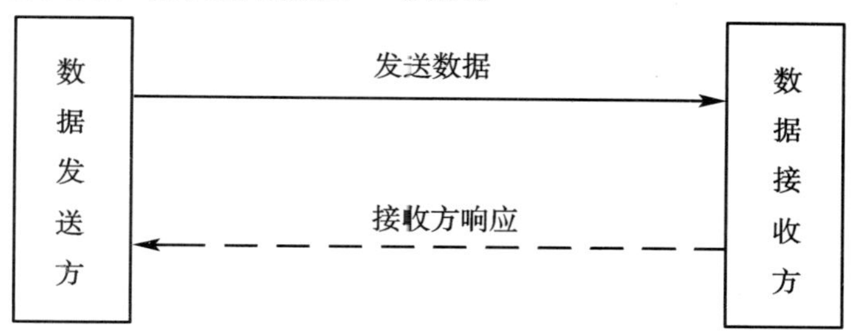

图20 通知处理流程

根据接收方能否接收到正确报文,以及接收方的不同,通知处理流程的响应报文可以分为快递业务系统成功响应报文、快递业务系统失败响应报文、电子商务系统成功响应报文、电子商务系统失败响应报文。对于失败响应报文,应在报文中说明造成失败响应的系统错误信息,系统错误信息详见表26。

表26 系统错误信息

系统错误代码	说　明
E01	非法的XML格式
E02	非法的数字签名
E03	非法的企业代码
E04	非法的交易类型
E05	非法的报文内容
E00	其他原因

通知处理流程的各类响应报文示例如下:

a) 快递业务系统成功响应报文

```
<? xml version="1.0" encoding="UTF-8"? >
```

```
<ExpressSysResponse>
    <tradeNo>10010000000001</tradeNo>
    <ecCompanyCode>751743438</ecCompanyCode>
    <expressCompanyCode>758203450</expressCompanyCode>
    <success>true</success>
</ExpressSysResponse>
```

b） 快递业务系统失败响应报文

```
<?xml version="1.0" encoding="UTF-8"?>
<ExpressSysResponse>
    <tradeNo>10010000000001</tradeNo>
    <ecCompanyCode>751743438</ecCompanyCode>
    <expressCompanyCode>758203450</expressCompanyCode>
    <success>false</success>
    <reason>E01</reason>
    <remark></remark>
</ExpressSysResponse>
```

c） 电子商务系统成功响应报文

```
<?xml version="1.0" encoding="UTF-8"?>
<ecSysResponse>
    <tradeNo>10050000000001</tradeNo>
    <ecCompanyCode>751743438</ecCompanyCode>
    <expressCompanyCode>758203450</expressCompanyCode>
    <success>true</success>
</ecSysResponse>
```

d） 电子商务系统失败响应报文

```
<?xml version="1.0" encoding="UTF-8"?>
<ecSysResponse>
    <tradeNo>10050000000001</tradeNo>
    <ecCompanyCode>751743438</ecCompanyCode>
    <expressCompanyCode>758203450</expressCompanyCode>
    <success>false</success>
    <reason>E00</reason>
    <remark>系统错误信息表外的其他信息描述</remark>
</ecSysResponse>
```

通知处理流程的响应必须同步，即数据发送方发送数据后接收方应立即返回报文是否已接收成功的结果。如果系统不能成功接收发送方数据报文，应返回失败接收响应报文，并在报文中说明相应的系统错误信息。

为了保证数据报文能够准确接收，报文传输应有重发机制，重发机制详见异常处理流程。

8.4.2 请求处理流程

请求处理流程则需要接收方对接收到的报文请求进行处理并返回明确的结果，如：订单查询、签收失败快件处理、快递费账单核对处理、投诉处理、代收货款对账处理等，都属于请求处理流程。

8.4.2.1 订单查询

订单查询交易流程如图 21 所示。

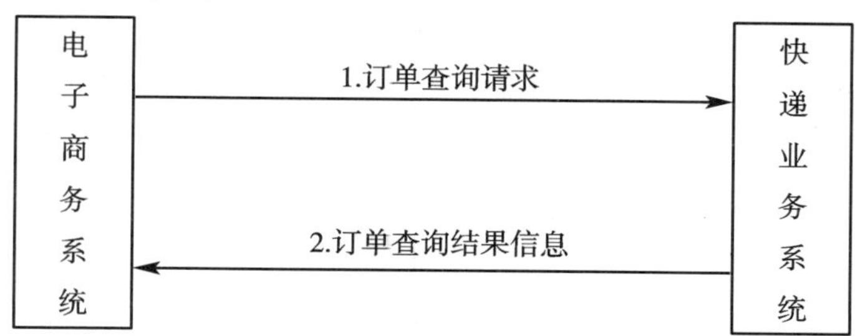

图 21 订单查询流程

该交易具体流程如下：

a) 电子商务系统向快递业务系统发送订单查询请求；

b) 快递业务系统根据订单查询请求返回查询结果。

8.4.2.2 签收失败快件处理

签收失败快件处理交易流程如图 22 所示。

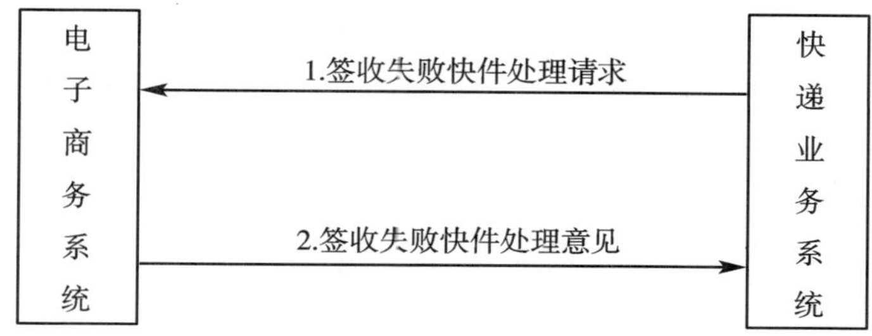

图 22 签收失败快件处理流程

该交易具体流程如下：

a) 快递业务系统向电子商务系统发送签收失败快件处理请求；

b) 电子商务系统根据请求返回签收失败后快件处理信息。

8.4.2.3 快递费账单核对处理

快递费账单核对处理交易流程如图 23 所示。

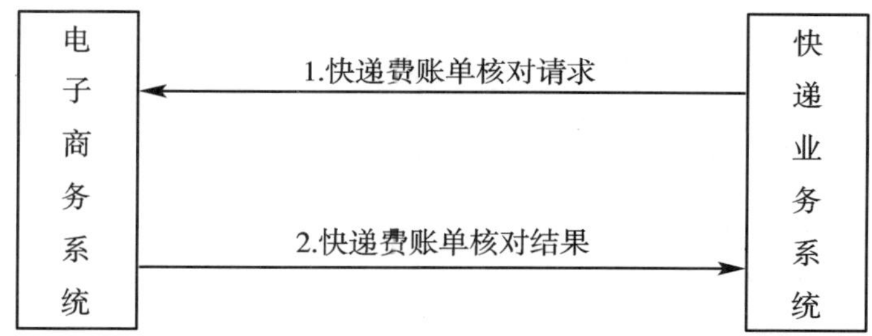

图 23 快递费账单核对处理流程

该交易具体流程如下：

a) 快递业务系统向电子商务系统发送快递费账单核对请求；

b) 电子商务系统根据请求返回快递费账单核对结果。

8.4.2.4 投诉处理

投诉处理交易流程如图 24 所示。

该交易具体流程如下：

a) 电子商务系统向快递业务系统发送投诉请求；

b) 快递业务系统根据投诉请求返回投诉处理结果。

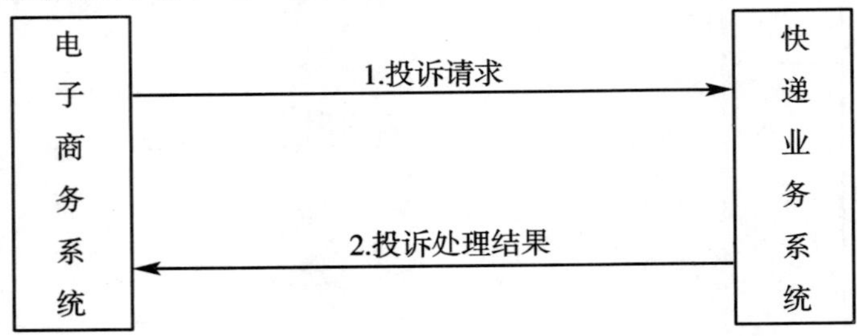

图 24 投诉处理流程

8.4.2.5 代收货款对账处理

代收货款对账处理交易流程如图 25 所示。

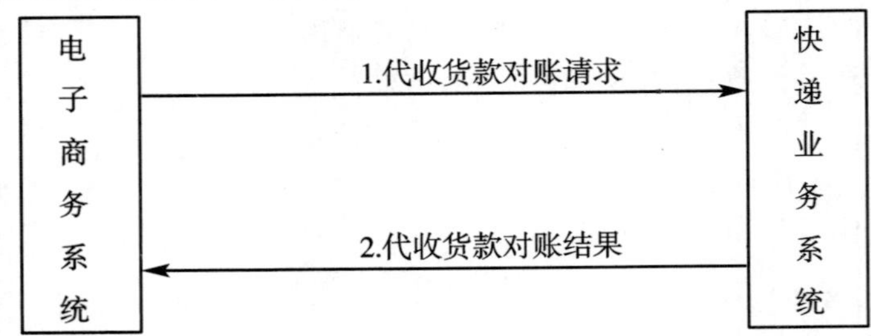

图 25 代收货款对账处理流程

该交易具体流程如下：

a) 电子商务系统向快递业务系统发送代收货款对账请求；

b) 快递业务系统根据代收货款对账请求返回对账结果。

8.4.3 异常处理流程

在报文传输过程中可能会由于网络延时、系统故障等原因造成数据丢包、传输失败等现象，为了确保报文能被接收方正确接收，当发送方未能在规定时间内收到接收方的响应时，发送方应有报文重发机制。

在快递服务组织与电子商务企业进行数据交换过程中，数据发送方和接收方的异常处理流程如图 26所示。

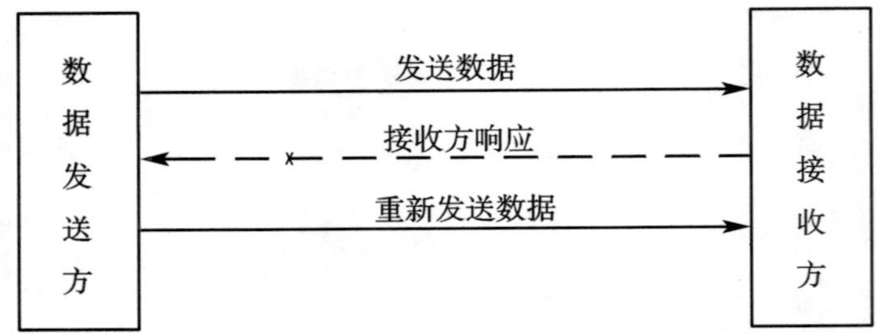

图 26 异常处理流程

该流程具体要求如下：

a) 电子商务系统或快递业务系统在向对方发送交易报文后，数据接收方在接收到数据后应及时返回响应；

b) 数据发送方若未在超时时间内收到接收方的响应，应重发该报文。超时时间及重发频次由数据交换双方约定，一般超时时间可设置为 10 分钟，30 分钟重发一次数据；

c) 为避免报文重发给网络传输和应用系统造成过大压力，建议对于未能收到响应的报文应限制其每日最大重发次数（一般可设置为 50 次，具体可由数据交换双方约定）。

9 数据安全控制

9.1 数据完整性要求

交易报文在传输过程中,可能会由于网络的原因造成收到的交易报文不完整,或者由于黑客等其他恶意性的攻击导致传输报文中的信息被篡改,造成报文的完整性受到破坏,给个人和企业造成损失。因此,快递服务组织与电子商务企业之间的信息交换应采用数字签名技术进行数据完整性控制,以确保交易发起方发出的报文和接收方收到的报文的一致性。

9.2 数据兼容性要求

为保证快递业务系统与电子商务系统之间信息编码的兼容性,数据发送方 Http Post 请求的编码格式应与数据接收方的编码方式保持一致。例如:如果接受请求的电子商务系统是 UTF-8 编码,则快递服务组织作为数据请求方,其 Http Post 请求的编码格式应设置为:"application/x-www-form-urlencoded; charset = UTF-8"。

为保证数据在 POST 传递过程中具有良好的容错性,应对交换的 XML 数据进行 BASE64 编码,然后再进行 URL 编码。

9.3 数据完整性加密验证

为实现报文的数据完整性验证,在数据传输时应同时传输相应的数字签名信息。数字签名可通过 MD5 算法生成,具体方式如下:先对待发送 XML 报文进行 BASE64 编码,数据发送方选定一个字符串作为加密因子,与 BASE64 编码后的待发送 XML 报文组成一个字符串,对该字符串进行 MD5 加密运算生成数据签名信息。加密因子专门用于数字签名的加密运算,在具体开发过程中由快递服务组织与电子商务企业相互约定,但不能对外公开。

数据接收方在收到报文后,需要按照以上算法重新计算数字签名信息,并与接收到的数据签名信息比较,若这两个值相同,则可确定报文在传输过程中未被篡改。

10 数据交换频次要求

快递业务系统与电子商务系统之间的信息交换既要保证双方都能较及时接收到所需的订单通知、状态通知等信息,又要考虑数据频繁交换不应对网络传输和应用系统造成过大压力,因此应针对不同类别的信息交换,分别设置数据交换频次。

各企业之间的具体数据交换频次要求可根据双方实际情况协商制定,一般情况下可采用表 27 所示的数据交换频次。

表 27 数据交换频次

序号	报文交易代码	报文名称	发送方	接收方	数据交换频次
1	1001	订单发送	电子商务系统	快递业务系统	每 10 分钟 1 次
2	1002	修改订单	电子商务系统	快递业务系统	每 10 分钟 1 次
3	1003	取消订单	电子商务系统	快递业务系统	每 10 分钟 1 次
4	1004	运单关联	电子商务系统/快递业务系统	快递业务系统/电子商务系统	每 30 分钟 1 次

表 27 （续）

序号	报文交易代码	报文名称	发送方	接收方	数据交换频次
5	1005	订单状态通知	快递业务系统	电子商务系统	每 30 分钟 1 次
6	1006	异常快件通知	快递业务系统	电子商务系统	每天 1 次
7	1007	转单信息	快递业务系统	电子商务系统	每天 1 次
8	1008	订单查询请求	电子商务系统	快递业务系统	实时
9	1009	订单查询结果	快递业务系统	电子商务系统	实时
10	1010	签收失败快件处理请求	快递业务系统	电子商务系统	每天 1 次
11	1011	签收失败快件处理意见	电子商务系统	快递业务系统	每天 1 次
12	1012	快递费账单核对请求	快递业务系统	电子商务系统	每天 1 次
13	1013	快递费账单核对结果	电子商务系统	快递业务系统	每天 1 次
14	1014	投诉请求	电子商务系统	快递业务系统	每天 1 次
15	1015	投诉处理结果	快递业务系统	电子商务系统	每天 1 次
16	1016	代收货款对账请求	电子商务系统	快递业务系统	每天 1 次
17	1017	代收货款对账结果	快递业务系统	电子商务系统	每天 1 次

ICS 03.240
备案号:39881—2013

中华人民共和国邮政行业标准

YZ/T 0131—2013

快件跟踪查询信息服务规范

Express Item Tracking Information Service Specification

2013-03-13 发布

2013-09-01 实施

国家邮政局 发布

目　　次

前　　言

本标准按照 GB/T 1.1—2009 给出的规则起草。

本标准由国家邮政局提出。

本标准由全国邮政业标准化技术委员会(SAC/TC 462)归口。

本标准起草单位:中国快递协会、邮政科学研究规划院。

本标准主要起草人:王晓娜、沙迪、周立宏、阮守斌、史林、夏建华、刘佛、陈集华。

本标准为首次发布。

快件跟踪查询信息服务规范

1 范围

本标准规定了快件跟踪查询信息服务的总则、信息采集、信息内容和信息上网时限等内容。

本标准适用于快递服务组织面向用户所提供的国内快件、国际快件和港澳台快件跟踪查询信息服务。

2 规范性引用文件

下列文件对于本文件的应用是必不可少的。凡是注日期的引用文件,仅注日期的版本适用于本文件。凡是不注日期的引用文件,其最新版本(包括所有的修改单)适用于本文件。

GB/T 27917.1—2011 快递服务 第1部分:基本术语

GB/T 27917.3—2011 快递服务 第3部分:服务环节

3 术语和定义

下列术语和定义适用于本文件。

3.1

快递服务组织 express service organization

在中国境内依法注册的,提供快递服务的企业及其加盟企业、代理企业。

注:快递服务组织包括快递企业和邮政企业提供快递服务的机构。

[选自 GB/T 27917.1—2011,定义2.2]

3.2

快件 express item

快递服务组织依法递送的信件、包裹、印刷品等的统称。

[选自 GB/T 27917.1—2011,定义2.3]

3.3

快件编号 tracking number of express item

由一组阿拉伯数字和英文字母组成,印制在快递运单上用于标识快件的唯一代码。

[选自 GB/T 27917.1—2011,定义5.2.1]

3.4

跟踪查询信息 tracking information

快递服务组织记录快件在寄递主要环节的处理信息,并据此向用户提供的快件查询信息,包括处理时间、处理场所、处理状态和处理结果等。

3.5

信息上网时限 time limit on uploading tracking information

快件在某寄递环节完成处理后,快递服务组织将其跟踪查询信息上传网络,供用户查询的时间间隔。

4 总则

4.1 准确性

快递服务组织向用户提供的快件跟踪查询信息应与快件的实际处理情况一致。

4.2 及时性

快递服务组织应及时向用户提供快件处理信息。

4.3 完整性

快递服务组织应提供快件从收寄到投递各主要环节的处理信息。

4.4 安全性

快递服务组织在提供跟踪查询服务过程中,应保证用户信息和快件信息的安全,确保信息不被泄露。

4.5 方便性

快递服务组织应为用户提供方便、快捷的跟踪查询信息服务。

5 信息采集

5.1 国内快件

5.1.1 国内快件跟踪查询信息在收寄、到达快件处理场所、离开快件处理场所、运输、安排投递和投递等环节采集,见图1。

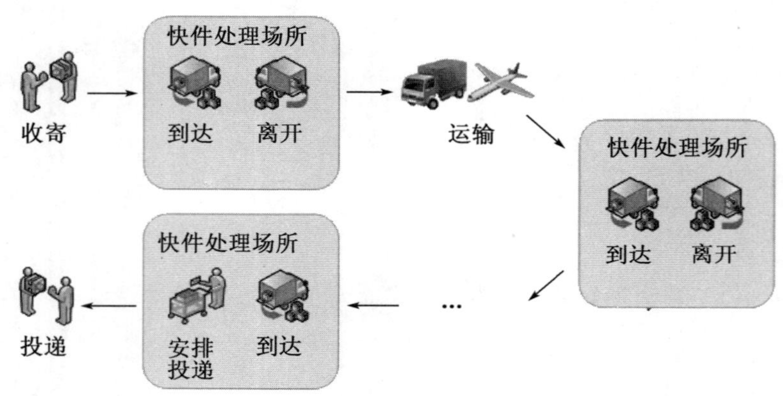

图1 国内快件处理流程图

5.1.2 快递服务组织应采集的国内快件处理信息见表1。

表1 国内快件信息采集说明

处理环节	采集信息	必备/可选
收寄	在收寄国内快件时,应采集快件基本信息和收寄状态信息,其中收寄状态信息供用户查询使用	必备
到达快件处理场所	在国内快件到达快件处理场所时,应采集到达快件处理场所信息	必备
离开快件处理场所	在国内快件离开快件处理场所时,应采集离开快件处理场所信息	必备
运输	在国内快件运输过程中,应采集运输信息	可选
安排投递	按国内快件投递线路分派投递任务时,应采集安排投递信息	必备
投递	在投递国内快件时,应采集签收信息或签收失败信息	必备
注:收派员上门收寄或投递时,可使用手持终端等无线设备在收寄或投递地点及时录入快件收寄或投递信息,也可事后在规定的时间内进行收寄或投递信息的补录。		

5.1.3 国内快件基本信息主要包括快件编号、重量，收件人姓名、地址、联系电话，寄件人姓名、地址、联系电话，内件物品名称、类型和服务产品类型等。

5.1.4 国内快件在寄递过程中，如经过多个快件处理场所进行中转，快递服务组织应向用户提供快件到达每个快件处理场所和离开每个快件处理场所的处理信息。

5.1.5 国内快件在寄递过程中，如出现撤回、改寄或退回等情况，快递服务组织应向用户提供相应的处理信息。该信息主要在到达快件处理场所、离开快件处理场所、安排投递和投递环节采集。

5.1.6 国内快件在寄递过程中，如发生多次投递，快递服务组织应向用户提供每次投递快件的处理信息。

5.2 国际快件和港澳台快件

5.2.1 国际快件和港澳台快件跟踪查询信息主要在收寄、到达快件处理场所、通关、离开快件处理场所、运输、安排投递和投递等环节采集，见图2。

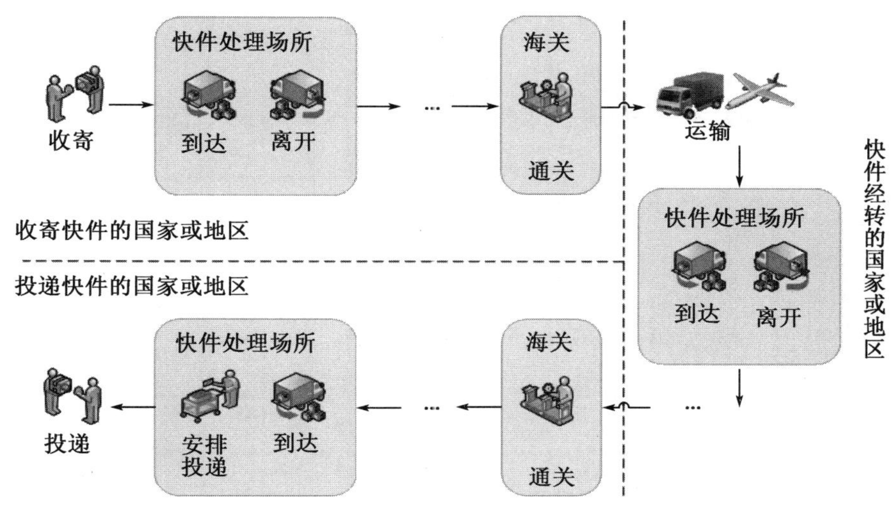

图2 国际快件和港澳台快件处理流程图

5.2.2 快递服务组织应采集的国际快件和港澳台快件处理信息见表2。

表2 国际快件和港澳台快件信息采集说明

<table>
<tr><th colspan="2">处理环节</th><th rowspan="2">采集信息</th><th colspan="2">必备/可选</th></tr>
<tr><th>场所</th><th>具体环节</th><th>出境</th><th>进境</th></tr>
<tr><td rowspan="4">收寄快件的国家或地区</td><td>收寄</td><td>在收寄国际快件和港澳台快件时，应采集快件基本信息和收寄状态信息，其中收寄状态信息供用户查询使用</td><td>必备</td><td>可选</td></tr>
<tr><td>到达快件处理场所</td><td>在国际快件和港澳台快件到达收寄国家或地区的快件处理场所时，应采集到达快件处理场所信息</td><td>必备</td><td>可选</td></tr>
<tr><td>通关</td><td>在海关扣留快件或海关放行暂扣快件时，应采集海关扣留信息和海关放行信息</td><td>必备</td><td>可选</td></tr>
<tr><td>离开快件处理场所</td><td>在国际快件和港澳台快件离开收寄国家或地区的快件处理场所时，应采集离开快件处理场所信息</td><td>必备</td><td>可选</td></tr>
<tr><td>—</td><td>运输</td><td>在国际快件和港澳台快件的运输过程中，应采集快件运输信息</td><td>可选</td><td>可选</td></tr>
</table>

表2 （续）

处理环节		采集信息	必备/可选	
场所	具体环节		出境	进境
快件经转的国家或地区	到达快件处理场所	在国际快件和港澳台快件到达经转国家或地区的快件处理场所时，应采集到达快件处理场所信息	可选	可选
	离开快件处理场所	在国际快件和港澳台快件离开经转国家或地区的快件处理场所时，应采集离开快件处理场所信息	可选	可选
投递快件的国家或地区	到达快件处理场所	在国际快件和港澳台快件到达投递国家或地区的快件处理场所时，应采集到达快件处理场所信息	可选	必备
	通关	在海关扣留快件或海关放行暂扣快件时，应采集海关扣留信息和海关放行信息	可选	必备
	离开快件处理场所	在国际快件和港澳台快件离开投递国家或地区的快件处理场所时，应采集离开快件处理场所信息	可选	必备
	安排投递	按国际快件和港澳台快件投递线路分派投递任务时，应采集安排投递信息	可选	必备
	投递	在投递国际快件和港澳台快件时，应采集签收信息或签收失败信息	必备	必备

5.2.3 国际快件和港澳台快件的基本信息主要包括快件编号、重量，收件人姓名、地址、联系电话，寄件人姓名、地址、联系电话，内件物品名称、类型和服务产品类型等。

5.2.4 国际快件和港澳台快件在寄递过程中，如经过多个快件处理场所进行中转处理，快递服务组织应向用户提供快件到达每个快件处理场所和离开每个快件处理场所的处理信息。

5.2.5 国际快件和港澳台快件在寄递过程中，如出现撤回、改寄或退回等情况，快递服务组织应向用户提供相应的处理信息，该信息主要在到达快件处理场所、离开快件处理场所、安排投递和投递环节采集。

5.2.6 国际快件和港澳台快件在寄递过程中，如发生多次投递的情况，快递服务组织应向用户提供每次投递快件的处理信息。

5.2.7 国际快件和港澳台快件在寄递过程中，如发生海关扣留的情况，快递服务组织应向用户提供海关扣留快件和海关放行暂扣快件的处理信息。

6 信息内容

6.1 跟踪查询信息

快递服务组织应向用户提供的跟踪查询信息内容见6.2～6.10。

6.2 收寄状态信息

收寄状态信息包括以下内容：

a） 快件编号；

b） 快件状态：收寄；

c） 处理时间：指快件收寄时的日期和时间，精确到分；

d） 处理场所：指收寄快件的快递营业场所的名称；

e） 收派员：指收寄快件的收派员姓名及联系电话；

f) 目的地:指快件寄达区域信息,国内快件的目的地为省、自治区、直辖市信息,国际快件和港澳台快件的目的地为国家或地区信息。

6.3 到达快件处理场所信息

到达快件处理场所信息包括以下内容:

a) 快件编号;
b) 快件状态:到达快件处理场所;
c) 处理时间:指快件到达快件处理场所的日期和时间,精确到分;
d) 处理场所:指快件到达的快件处理场所的名称;
e) 上一处理场所:指快件经过的上一个快件处理场所的名称;
f) 备注:简要说明需要说明的问题,如快件破损等,本项为可选项。

6.4 离开快件处理场所信息

离开快件处理场所信息包括以下内容:

a) 快件编号;
b) 快件状态:离开快件处理场所;
c) 处理时间:指快件离开快件处理场所的日期和时间,精确到分;
d) 处理场所:指快件将离开的快件处理场所的名称;
e) 下一处理场所:指快件将被送达的下一个快件处理场所的名称;
f) 备注:简要说明需要说明的问题,如快件撤回等,本项为可选项。

6.5 运输信息

运输信息包括以下内容:

a) 快件编号;
b) 快件状态:运输;
c) 处理时间:指运输工具实际发运的日期和时间,精确到分;
d) 下一处理场所:指快件将被送达的下一个快件处理场所的名称;
e) 在途信息:指快件当前时间的运输状态及地理位置等信息,本项为可选项;
f) 预计到达时间:指运输工具预计到达下一处理场所的日期和时间,精确到分,本项为可选项;
g) 运输工具定位:指在地图上显示的运输工具的位置信息,本项为可选项。

6.6 安排投递信息

安排投递信息包括以下内容:

a) 快件编号;
b) 快件状态:安排投递;
c) 处理时间:指按快件投递线路分派投递任务的日期和时间,精确到分;
d) 处理场所:指快件所在的快件处理场所的名称;
e) 收派员:指被安排进行快件投递的收派员的姓名及联系电话。

6.7 签收信息

签收信息包括以下内容:

a) 快件编号;
b) 快件状态:投递成功;

c) 处理时间:指用户签收快件的日期和时间,精确到分;
d) 处理场所:指收派员所属的快件处理场所的名称;
e) 签名信息:指收件人或代收人实际签署的名称和时间等内容,如收件人本人签收,可用“本人收”代替实际签署的名称;
f) 签收图像:指签名信息的扫描图像,本项为可选项。

6.8 签收失败信息

签收失败信息包括以下内容:

a) 快件编号;
b) 快件状态:投递未成功/签收失败;
c) 处理时间:指快件投递的日期和时间,精确到分;
d) 处理场所:指收派员所属的快件处理场所的名称;
e) 签收失败原因:指快件投递签收失败的原因;
f) 下一步处理安排:指快件签收失败后的后续处理安排,如再投、退回等。

6.9 海关扣留信息

海关扣留信息包括以下内容:

a) 快件编号;
b) 快件状态:移交海关;
c) 处理时间:指快件被海关扣留的日期和时间,精确到分;
d) 处理场所:将快件移交海关的快件处理场所的名称;
e) 扣留原因:指海关扣留快件的原因,本项为可选项。

6.10 海关放行信息

海关放行信息包括以下内容:

a) 快件编号;
b) 快件状态:海关放行;
c) 处理时间:指快递服务组织从海关获得放行快件或放行通知的日期和时间,精确到分;
d) 处理场所:指从海关获得放行快件或放行通知的快件处理场所的名称。

注:本章中,未标注可选项的内容为必备项。

7 信息上网时限

7.1 国内快件跟踪查询信息宜实时上网。如有延时,信息上网时限应符合下列要求:

a) 在城市城区采集的收寄状态信息、签收信息和签收失败信息的信息上网时限不应超过 6h;在其他地区采集的以上信息,信息上网时限不应超过 10h。
b) 到达快件处理场所信息、离开快件处理场所信息和安排投递信息的信息上网时限不应超过 1h。

7.2 国际快件和港澳台快件跟踪查询信息宜实时上网。如有延时,信息上网时限应符合下列要求:

a) 在中国境内城市城区采集的收寄状态信息、签收信息和签收失败信息的信息上网时限不应超过 6h;在中国境内其他地区采集的以上信息,信息上网时限不应超过 10h。
b) 在其他国家或地区采集的收寄状态信息、签收信息和签收失败信息,应能在收寄快件或投递快件的当地时间次日 12 点前被用户查询到。
c) 在中国境内采集的到达快件处理场所信息、离开快件处理场所信息和安排投递信息的信息上网时限不应超过 1h。

d) 在中国境内采集的海关扣留信息和海关放行信息的信息上网时限不应超过 10h。

注：除与用户有特殊约定或不可抗力外，快件信息上网时限应符合本章提出的要求。

8 其他

8.1 国内快件跟踪查询信息服务的查询渠道、查询受理时间、查询信息有效期等应符合 GB/T 27917.3—2011 中 5.5 的规定。

8.2 国际快件和港澳台快件跟踪查询信息服务的查询渠道、查询受理时间、查询信息有效期等应符合 GB/T 27917.3—2011 中 6.2.4 的规定。

ICS 03.240
备案号:41190—2013

YZ

中华人民共和国邮政行业标准

YZ/T 0132—2013

邮政业机构代码编制规则

Postal Industry Organization Coding Rules

2013-07-05 发布　　　　2014-01-01 实施

国家邮政局　发布

目　　次

前　言

本标准按照 GB/T 1.1—2009 给出的规则起草。

本标准由国家邮政局提出。

本标准由全国邮政业标准化技术委员会(SAC/TC 462)归口。

本标准起草单位:国家邮政局发展研究中心。

本标准主要起草人:冯力虎、张辉鹏、段磊、朱晓磊。

引　言

对邮政业各类机构实行代码标识制度，使之成为机构身份确认的唯一手段，有利于保障邮政市场秩序，建立行业信用体系，提高科学管理水平；有利于建立统一开放的行业信息交换和共享平台，实现信息的互联互通。

本标准主要规定了邮政业机构代码的编码对象、代码结构和表示形式。编制规则的制定充分考虑了代码的唯一性、稳定性、充足性和统一性等原则要求。经与有意义码优缺点对比分析后，慎重采用了十位无意义码。由于无意义码本身只具有唯一的标识作用，机构所对应的名称、类型、注册地等基本信息都将以属性的方式保存在数据库中，用于统计分析等管理使用。鉴于机构属性的重要性和用户对此的关注度，本标准在附录中列出机构属性设置示例，作为数据库设计的参考。

在本规则的指导下，依据机构的不同类型，兼顾全国组织机构代码等现有情况，有序开展邮政业机构的赋码工作。具体的赋码程序和管理办法将在后续工作中予以规定。

邮政业机构代码编制规则

1 范围

本标准规定了邮政业机构代码的编码对象、代码结构和表示形式。
本标准适用于邮政业机构代码的编制、信息处理和信息交换。

2 术语和定义

下列术语和定义适用于本文件。

2.1

邮政业 postal industry
邮政行业
为社会提供寄递服务以及国家规定的其他服务的行业。
[GB/T 10757—2011,定义 2.1]

3 编码对象

编码对象应包括各级邮政管理部门及其直属单位、邮政企业及其分支机构、快递企业及其分支机构、邮政用品用具生产企业、邮资票品印制企业、集邮票品集中交易市场等机构。

4 代码结构和表示形式

4.1 邮政业机构代码应由九位本体码和一位校验码组成,共十位。本体码和校验码都应采用阿拉伯数字表示,表示形式为:

```
××××××××× ×
          └── 校验码
         └──── 本体码
```

4.2 本体码应采用顺序编码方法。

4.3 本体码取值范围应为:000000001~999999999。校验码取值范围应为:0~9。

4.4 校验码计算方法见式(1)。

$$A = 10 - \mathrm{MOD}\left(\sum_{i=1}^{9}\left(\mathrm{MOD}(C_i \times W_i, 9)\right), 10\right) \qquad A = 10 \text{ 时}, C_{10} = 0; A \neq 10 \text{ 时}, C_{10} = A \qquad (1)$$

式中:MOD——求余函数;
i——代码字符从左至右的位置序号;
C_i——第 i 位置上的代码字符的值;
C_{10}——校验码;
W_i——第 i 位置上的加权因子,其数值见表 1。

表 1

i	1	2	3	4	5	6	7	8	9
W_i	1	1	2	1	2	1	2	1	2

校验码的计算方法示例见附录 A。

5 其他

与机构代码所对应的机构名称、类型、注册地等基本信息，以属性方式另行设置。机构属性设置示例见附录 B。

附 录 A
（资料性附录）
校验码的计算方法示例

计算步骤	计算方法	
	说明	举例
1	取邮政业机构代码的九位本体码	1 2 3 4 5 6 7 8 9
2	取 W_i 加权因子数值	1 1 2 1 2 1 2 1 2
3	本体码与加权因子对应各位相乘	1×1 2×1 3×2 4×1 5×2 6×1 7×2 8×1 9×2
4	各位乘积分别模 9，求余数	1 2 6 4 1 6 5 8 0
5	模 9 后的值相加求和数	1+2+6+4+1+6+5+8+0=33
6	和数模 10，求余数	33÷10=3 余 3
7	10 减余数，求得校验码数值	10-3=7，校验码为 7
8	将所得校验码置于九位本体码之后即构成完整的邮政业机构代码	123456789 7 校验码（7） 本体码（123456789）

附　录　B
（资料性附录）
机构属性设置示例

序号	属　　性	详 细 描 述
1	机构名称	本机构的全称
2	机构类型	本机构的所属类别，包含邮政管理部门、邮政企业、快递企业及其他等
3	全国组织机构代码	本机构所对应的全国组织机构代码
4	注册地	本机构工商登记注册的所在地
5	负责人	本机构的法人或主要负责人
6	快递业务经营范围	本机构依法获得的快递业务经营许可证中指定的业务经营范围
7	快递业务经营许可证状态	本机构快递业务经营许可证的有效期
8	品牌名称	本机构经营快递业务时所采用的品牌名称
9	隶属关系	本机构所属上级机构的名称和代码
注：属性项可根据发展需要进行扩展。		

ICS 03.240
备案号:41934—2013

YZ

中华人民共和国邮政行业标准

YZ/T 0133—2013

智能快件箱

Intelligent self-express service machine

2013-10-31 发布　　　　2014-05-01 实施

国家邮政局　发布

目　次

前　　言

本标准按照 GB/T 1.1—2009 给出的规则起草。

本标准由国家邮政局提出。

本标准由全国邮政业标准化技术委员会(SAC/TC 462)归口。

本标准起草单位:邮政科学研究规划院、国家邮政局发展研究中心。

本标准主要起草人:甄青坡、王复青、滕飞、刘海芳、张巍、王家飞、方玺、耿艳、朱晓磊。

智能收件箱

1 范围

本标准规定了智能快件箱的总体功能、系统结构、硬件要求、控制系统、操作流程、系统接口、代码、安全要求和环境要求等内容。

本标准适用于安装于室内的智能快件箱的研发、生产和使用。安装于其他场所的智能快件箱可参照使用。

2 规范性引用文件

下列文件对于本文件的应用是必不可少的。凡是注日期的引用文件，仅所注日期的版本适用于本文件。凡是不注日期的引用文件，其最新版本（包括所有的修改单）适用于本文件。

GB/T 3280—2007 不锈钢冷轧钢板和钢带

GB 4943.1—2011 信息技术设备 安全 第1部分：通用要求

GB/T 6807—2001 钢铁工件涂装前磷化处理技术条件

GB/T 9286—1998 色漆和清漆 漆膜的划格试验

GB 13237—1991 优质碳素结构钢冷轧薄钢板和钢带

GB/T 13668—2003 钢制书柜、资料柜通用技术条件

YZ/T 0132—2013 邮政业机构代码编制规则

3 术语和定义

下列术语和定义适用于本文件。

3.1

智能快件箱 intelligent self-express service machine

设立在公共场合，可供寄递企业投递和用户提取快件的自助服务设备。以下简称快件箱。

3.2

格口 box

快件箱内存放快件的独立最小单元。

3.3

格口箱 box-group

由一列或多列格口组成的一组箱体。快件箱可包含多组格口箱。

3.4

控制柜 control cabinet

快件箱中安装操控显示屏、条码扫描器、键盘等人机交互模块以及控制系统的箱体。

3.5

逾期件 expired item

快件箱内超过约定时间尚未提取的快件。

4 缩略语

下列缩略语适用于本文件,见表1。

表1 缩略语

序号	缩略语	中文名称	英文名称
1	SOAP	简单对象访问协议	Simple Object Access Protocol
2	HTTP	超文本传输协议	Hypertext Transmission Protocol
3	HTTPS	安全超文本传输协议	Hypertext Transfer Protocol over Secure Socket Layer

5 总体功能

5.1 业务功能

5.1.1 投放快件

快递业务员将快件投放到快件箱内。

5.1.2 用户取件

用户从快件箱内取出快件。

5.1.3 取回逾期件

快递业务员将逾期件从快件箱取回。

5.1.4 扩展功能

快件箱可以扩展支付、退件和查询等功能。

5.2 内部管理功能

5.2.1 快递业务员管理

实现对快递业务员的注册、查询和识别等管理。

5.2.2 快递企业管理

实现对快递企业的注册、查询和识别等管理。

5.2.3 快件信息查询

实现快件从投放至快件箱内到用户提取全过程的信息查询服务。

5.2.4 快件箱管理

实现快件箱运行状态监控以及快件箱布放位置和数量等信息查询功能。

5.2.5 数据统计

实现对快件箱内投放快件数量和种类及对格口使用情况等数据进行统计分析功能。

5.2.6 其他管理功能

可包括协议用户管理、快件箱操作日志管理、远程控制维护和安全监管等功能。

6 系统结构

6.1 快件箱组成

快件箱主要由格口箱、控制柜和信息系统三部分组成。系统结构示意图见图1,外形示意图参见附录A图A.2。

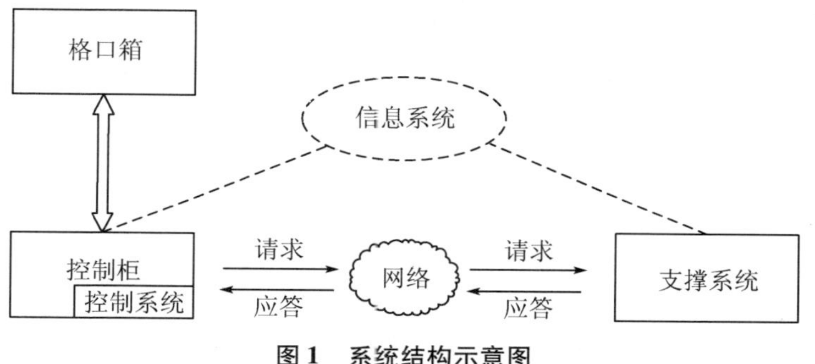

图1 系统结构示意图

6.2 格口箱

格口箱箱体可由框架、顶板、底板、侧板、后板和格口等组成。

6.3 控制柜

6.3.1 控制柜应安装操控显示屏、条码扫描器、键盘、电源、控制系统和其他扩展功能模块。

6.3.2 控制柜可根据需要加装其他模块,如:支付模块、身份证等RFID卡识读模块和凭证打印模块等。

6.4 信息系统

6.4.1 信息系统由控制系统与支撑系统两部分组成。

6.4.2 控制系统实现用户界面交互、硬件控制和与支撑系统的内部通信等功能。

6.4.3 支撑系统实现与控制系统的内部通信以及与快递业务系统等外部系统的信息交互。

7 硬件要求

7.1 规格尺寸

7.1.1 快件箱最上层格口顶部与地面距离不应大于1 800mm,底部与地面距离不应大于1 600mm。快件箱最下层格口底部与地面距离不宜小于150mm。

7.1.2　格口箱可安装底座，底座高度宜为150mm，底座上可配有叉车孔。

7.1.3　快件箱的外形尺寸公差和形状位置公差应符合GB/T 13668—2003中4.3的规定。其外形和尺寸示例参见附录A。

7.1.4　格口内空间尺寸应符合表2的要求，尺寸示意图见图2。

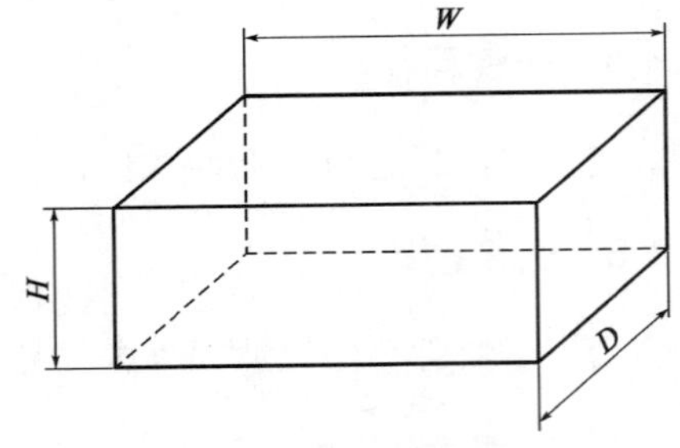

图2　格口内空间尺寸示意图

表2　格口内空间尺寸

单位为毫米

规　　格	W(宽)	D(深)	H(高)
小型格口	300～450	400～600	80～110
中型格口	300～450	500～600	110～250
大型格口	300～450	500～600	>250

7.1.5　各类格口可按需调整，格口尺寸高度之间宜形成一定的倍数关系。

7.1.6　格口箱和控制柜箱体框架厚度和门框间隙尺寸见表3。

表3　格口箱和控制柜箱体框架厚度和门框间隙尺寸

单位为毫米

箱体框架厚度	门框间隙
20～30	1.5～2.0

7.2　材料

7.2.1　格口箱宜采用冷轧钢板、不锈钢板等材料。格口箱和配件可为同种材料或由两种以上的不同材料组合而成。材料性能指标要求见表4。

表4　快件箱材料表

零部件名称	材　　料	厚度(mm)	材料标准号
框架	冷轧钢板	≥1.5	GB 13237—1991
	不锈钢板	≥1.5	GB/T 3280—2007
底座	冷轧钢板	≥3.0	GB 13237—1991
	不锈钢板	≥3.0	GB/T 3280—2007
格口底板	不锈钢板	≥1.2	GB 13237—1991
	冷轧钢板	≥1.2	GB/T 3280—2007
格口侧板	不锈钢板	≥0.8	GB 13237—1991
	冷轧钢板	≥0.8	GB/T 3280—2007
格口箱箱体顶板、底板、侧板、后板、格口门板	不锈钢板	≥1.2	GB 13237—1991
	冷轧钢板	≥1.2	GB/T 3280—2007

7.2.2　采用非金属合成材料的格口箱应具有阻燃性，底座抗弯曲强度应大于3.92kPa，其余部分抗弯曲强度应大于1.96kPa。

7.3 表面涂层

7.3.1 不锈钢板

快件箱的不锈钢钢板表面应光洁,色泽均匀,无明显焊接痕迹。

7.3.2 冷轧钢板

7.3.2.1 涂层要求

快件箱冷轧钢板的表面涂层厚度应大于0.2mm。涂层应色泽均匀,不允许有露底、流挂、起泡、皱纹等缺陷。

7.3.2.2 材料要求

快件箱冷轧钢板材料应进行磷化处理,并符合GB/T 6807—2001中第4章的规定。

7.3.2.3 涂层理化性能

快件箱冷轧钢板涂层的理化性能应符合以下要求:

a) 涂层应具有耐腐蚀性,并符合GB/T 6807—2001中6.4的规定;

b) 涂层从底层脱离的抗性应符合GB/T 9286—1998中表1试验结果分级的2级以上的规定。

7.4 装配质量

7.4.1 快件箱框架的顶板、底板、侧板、后板之间可采用焊接或其他方式连接,连接处应牢固、可靠,外表平整,无焊瘤、夹渣,外观无明显可进行拆卸的零部件。

7.4.2 快件箱内外各处应平整光滑,无开裂、划痕、毛刺和明显变形。

7.4.3 快件箱内布线应清楚并扎好固定。

7.5 门和锁

7.5.1 格口门和锁开闭应灵活,无卡碰、刮擦、滞停现象,各轴孔和机构应配合良好。

7.5.2 格口门应安装在箱体正面,格口门的开启方向宜一致,门间隙应均匀。

7.5.3 快件箱任一格口无故障工作开门次数不应小于20 000次。

7.5.4 锁闭的格口门在受到不大于500N拉力时,不应有开启或损坏现象。

8 控制系统

8.1 系统功能

快件箱控制系统的软件应实现以下功能:

a) 运行控制;

b) 参数配置;

c) 网络通信;

d) 故障诊断;

e) 维护、测试。

8.2 系统配置

8.2.1 快件箱控制系统应配置以下软件:

a) 操作系统,管理和控制计算机硬件与软件资源的计算机程序;

b) 设备驱动程序,控制外围设备工作的程序;

c) 应用软件,提供用户界面,实现快件箱内部控制和与支撑系统交互通信的软件。

8.2.2 快件箱控制系统可选择性地配置以下软件:

a) 二次开发平台,定制、扩展控制系统功能的软件;

b) 辅助工具软件,帮助设备维护人员诊断、调试快件箱的应用软件。

8.3 其他要求

控制系统应满足以下要求:

a) 支持快递业务员多种登录方式,包括输入快递业务员的个人识别码,扫描快递业务员员工卡等;

b) 应具备自检功能,当检测到故障时应及时提醒快递业务员或用户并停止提供服务;

c) 当快件箱配备的不间断电源电力不足时,应及时提醒快递业务员或用户完成当前操作,并在操作完成后停止服务;

d) 系统的响应时间应限定在10s以内;

e) 应采用国家标准规定的字符集,字符集应有汉文,宜有英文、少数民族文字。

9 操作流程

9.1 基本原则

9.1.1 快递企业或快递业务员将快件投放到快件箱前应征得收件人的同意。

9.1.2 快递业务员投放快件前应检查快件外包装,外包装破损的快件不应投放到快件箱内。

9.1.3 快件箱的每个格口应只投放一件快件。

9.1.4 用户取件时如果发现以下情况,应及时联系快递企业或快件箱运营商:

a) 格口内没有快件;

b) 所取快件非本人快件;

c) 快件外包装破损;

d) 快件内件破损;

e) 内件与实际物品不符;

f) 其他异常情况。

9.2 投放快件流程

快递业务员投放快件流程见图3。投放流程应包括以下步骤:

a) 快递业务员登录;

b) 快递业务员录入或扫描快件编号;

c) 快递业务员录入收件人手机号码等联络信息,或通过支撑系统从快递业务系统获取收件人手机号码等联络信息;

d) 快件箱打开格口门;

e) 快递业务员将快件投放到格口中;

f) 快递业务员关闭格口门;

g) 投放完成,快件箱向收件人发送取件通知;

h) 快递业务员继续投放新的快件,重复b)~g)的操作;

i) 投放快件结束,快递业务员退出登录。

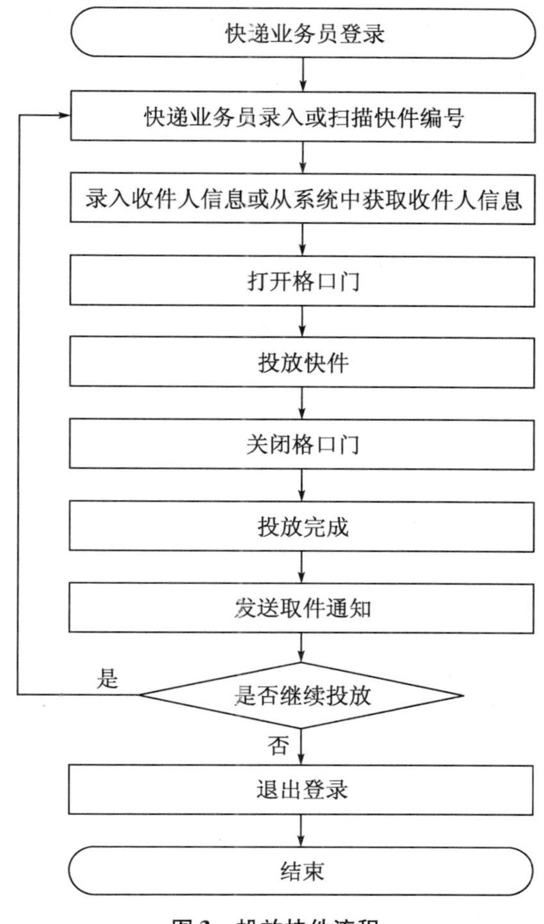

图3　投放快件流程

9.3　用户取件流程

用户取件流程见图4。取件流程应包括以下步骤：

a）用户凭取件通知输入身份验证信息；

b）快件箱打开快件所在格口门；

c）用户取走快件；

d）用户关闭格口门；

e）取件完成后，快件箱可向收件人发送取件确认通知。

9.4　取回逾期件流程

快递业务员取回逾期件流程见图5。取回逾期件流程应包括以下步骤：

a）快递业务员登录；

b）查询快件箱内是否有逾期件，没有逾期件退出登录，有逾期件进行以下操作；

c）快件箱打开逾期件格口门；

d）快递业务员将逾期件取出；

e）快递业务员关闭格口门；

f）快件箱向收件人发送逾期件已被取回通知；

g）快递业务员继续取回其他逾期件，重复b）~f）的操作；

h）逾期件取完后，退出登录。

用户凭取件通知输入身份验证信息
打开格口门
取走快件
关闭格口门
发送取件确认通知
结束

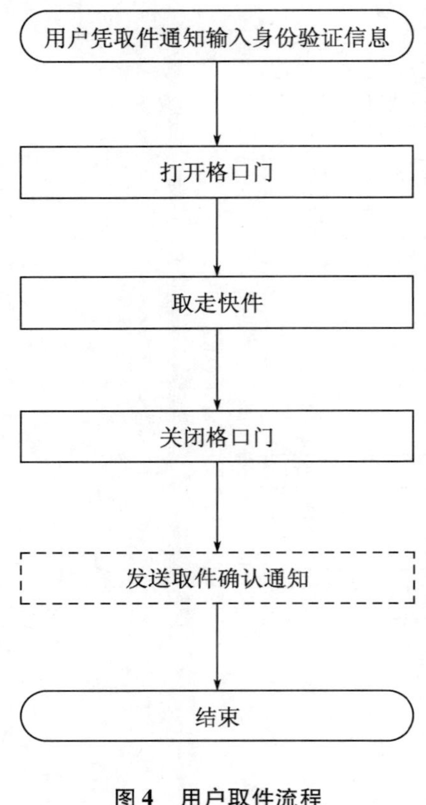

图4　用户取件流程

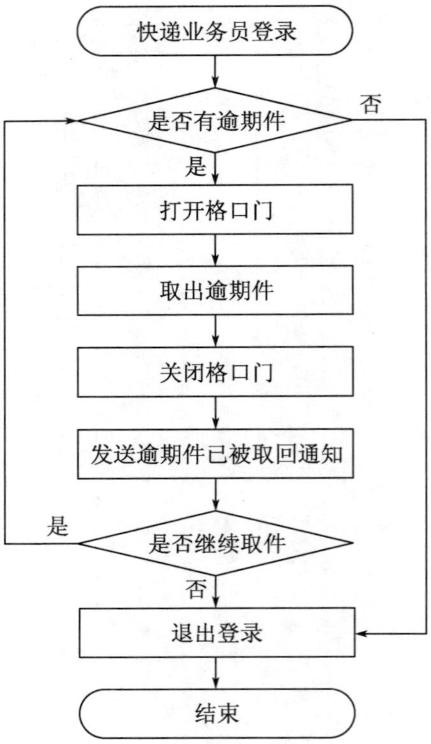

快递业务员登录
是否有逾期件
否
是
打开格口门
取出逾期件
关闭格口门
发送逾期件已被取回通知
是
是否继续取件
否
退出登录
结束

图5　取回逾期件流程

10　系统接口

10.1　概述

10.1.1　系统接口包括快件箱控制系统与支撑系统之间、支撑系统与快递业务系统、支撑系统与其他相关系统之间的数据交换内容和格式。

注:快递业务系统泛指快递企业开展快递业务所用的应用系统及对外信息交换应用系统。

10.1.2　各系统之间的数据接口可分为必选信息与可选信息两类。必选信息是为完成基本业务处理的各系统间应交换的信息内容。可选信息是各系统间可协商确定交换的信息内容。

10.2　接口信息交换流程

10.2.1　业务流程图

各系统间接口业务流程见图6。

10.2.2　业务流程说明

10.2.2.1　投递预处理

快递业务员可提前获取本公司可用的快件箱信息,提前占用相应格口。

10.2.2.2　快递业务员身份验证

快递业务员应进行身份验证,验证成功后才可进行取回逾期件和投放快件操作。

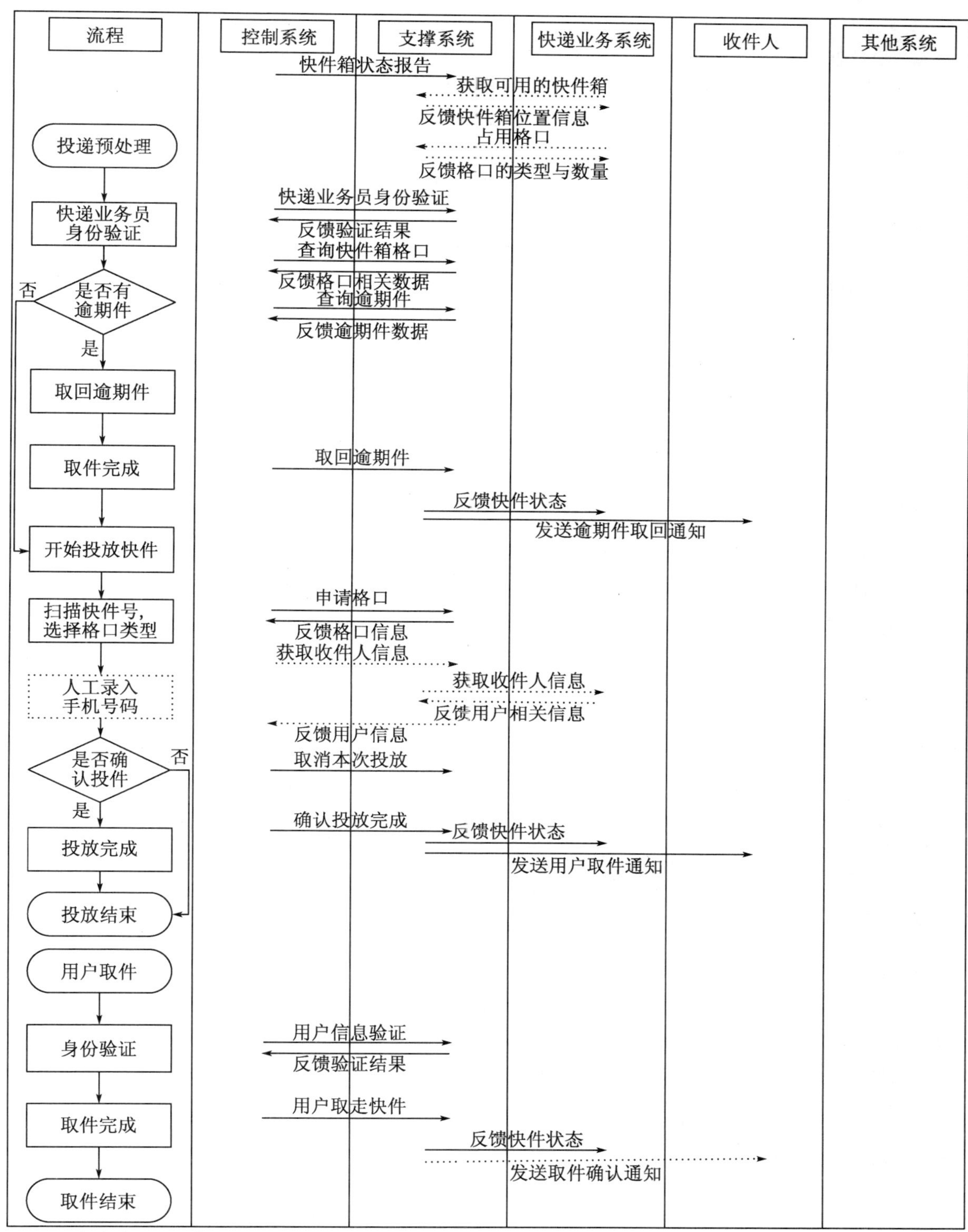

注:图中实线为必选信息,虚线为可选信息

图6　业务流程

10.2.2.3　取回逾期件

快递业务员身份验证成功后,可进行取回逾期件操作。控制系统通过“查询逾期件”接口获取逾期件相关数据。如果有逾期件,快递业务员可将其取出,控制系统将取件信息通过“取回逾期件”接口传至支撑系统,支撑系统接收到信息后将快件取回状态通过“反馈快件状态”接口传至快递业务系统,同时将逾期件取回通知发送给收件人。

10.2.2.4 投放快件

快递业务员身份验证成功后,可进行投放快件操作。控制系统通过“申请格口”接口获取一个可用格口。如果支撑系统与快递业务系统间有信息接口,可通过“获取收件人信息”接口得到收件人手机号码等联络信息;如果双方系统间没有信息接口,快递业务员需在快件箱界面中录入收件人信息。投放过程中,如果快件与打开的格口大小不符,快递业务员可取消投放,快件箱通过“取消本次投放”接口取消投放。

10.2.2.5 投放完成

投放完成后,控制系统通过“确认投放完成”接口将投放信息传至支撑系统;支撑系统接收到信息后,将快件状态通过“反馈快件状态”接口传至快递业务系统。

10.2.2.6 用户身份验证

用户取件时应进行身份验证,通过“用户信息验证”接口验证用户身份。

10.2.2.7 用户取件完成

用户取件完成后,控制系统通过“用户取走快件”接口将取件信息传至支撑系统;支撑系统接收到信息后,将快件取走状态通过“反馈快件状态”接口传至快递业务系统。

10.3 通信协议

系统间接口采用 WebService 进行通信,报文格式遵循 SOAP 规范,传输协议采用 HTTP 协议,涉及用户个人信息及账号、密码等敏感信息传输协议采用 HTTPS。

10.4 报文接口

报文接口内容和格式见附录 B。

11 代码

11.1 快件箱代码

快件箱应具有唯一标识代码。快件箱代码编制规则应符合 YZ/T 0132—2013,由邮政管理部门统一编制。

11.2 格口代码

11.2.1 代码结构

格口应具有唯一标识代码。格口代码由四部分组成,为七位字母数字混合码,其结构见图 7。格口代码由企业自行编制。

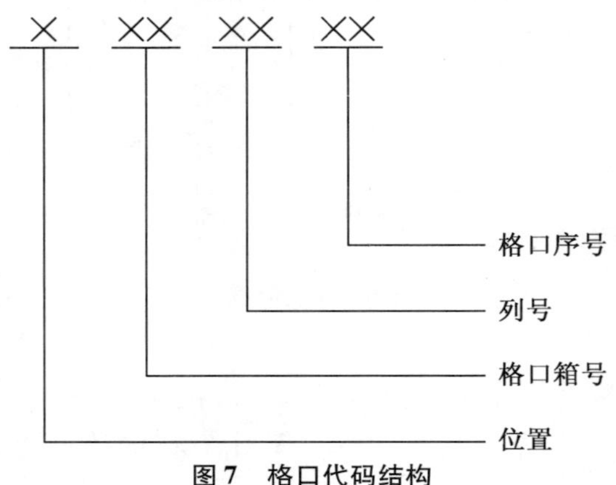

图 7 格口代码结构

11.2.2 编码方法

11.2.2.1 第1位表示格口箱相对于控制柜的位置,用字母表示。格口箱在控制柜左侧为L,在控制柜右侧为R,和控制柜同一列为M。

11.2.2.2 第2、3位表示格口箱编号,用数字表示。格口箱在控制柜左侧,编号从右向左依次为01、02到99;格口箱在控制柜右侧,编号从左向右依次为01、02到99。

11.2.2.3 第4、5位表示格口所在格口箱的列号,用数字表示。格口箱在控制柜左侧,编号从右向左依次为01、02到99;格口箱在控制柜右侧,编号从左向右依次为01、02到99。如果格口箱由一列格口组成,编号为00。

11.2.2.4 第6、7位表示同一列格口的序号,用数字表示。从上至下依次为01、02到99。

11.2.2.5 格口编码示例见图8。

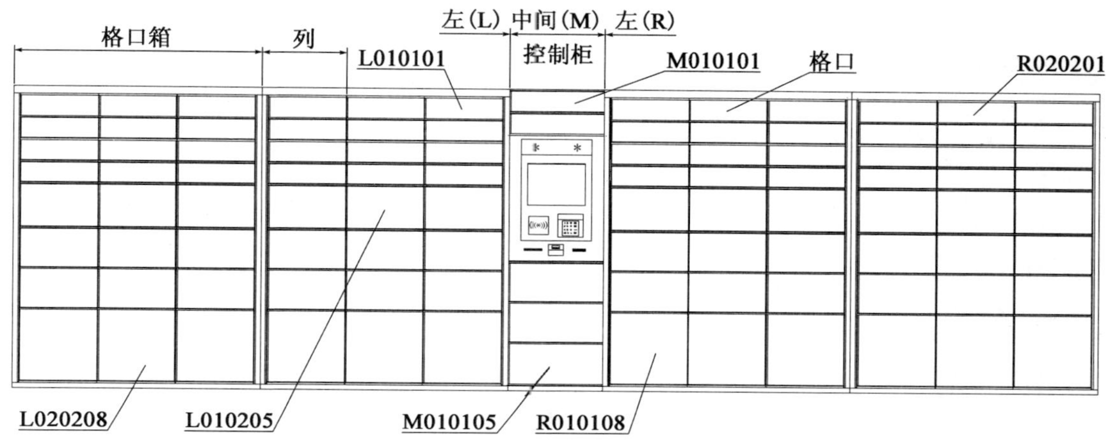

图8 格口代码示意图

12 安全要求

12.1 快件安全

12.1.1 快件箱应安装视频监控设备,对快递业务员和收件人的操作过程以及快件箱周围环境进行全方位监控。

12.1.2 视频或图像数据应至少保留3个月。

12.1.3 在发生快件丢失、破损等情况时,可通过监控视频进行查证。

12.1.4 快件箱信息系统应对快件从快递业务员投放到快件箱到用户取件全过程进行跟踪记录。

12.1.5 格口内可配备夜间照明和快件探测部件。

12.2 信息安全

12.2.1 信息系统应采取适当的防范措施保护快件和用户信息,避免信息泄漏。

12.2.2 各系统间传输的数据应选用安全可靠的密码算法进行加密传输,保证传输过程中数据的保密性、完整性和一致性。

12.3 设备安全

快件箱设备的安全应符合 GB 4943.1—2011 的规定。

13 环境要求

13.1 电源适应性

13.1.1 当电源电压为 AC220V ±10%，频率为 50Hz 时，快件箱应能正常工作。

13.1.2 快件箱应配有不间断电源。不间断电源应符合以下要求：

a） 电池持续供电时间应不小于 10min；

b） 外部电源停止或恢复供电时应及时通知控制系统；

c） 恢复供电时，快件箱应自动恢复正常工作。

13.2 环境适应性

快件箱应能在以下环境条件下正常使用：

a） 温度：-10℃ ~45℃；

b） 湿度：10% ~90%。

附 录 A
（资料性附录）
快件箱的外形和尺寸示例

A.1 示意图

8 行 4 列格口总数为 32 格的快件箱尺寸示意图见图 A.1。快件箱外形示意图见图 A.2。

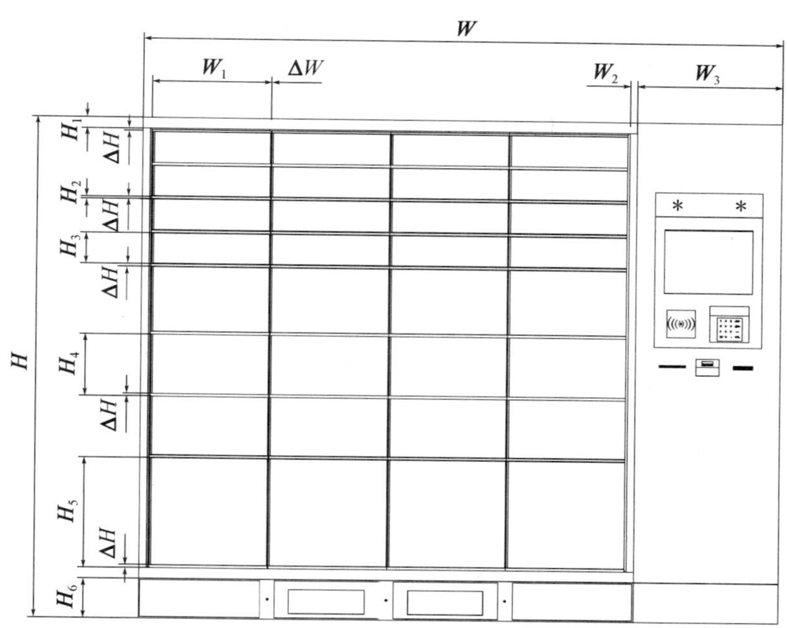

图 A.1 快件箱尺寸示意图

A.2 总宽度

总宽度 W 按式(A.1)进行计算。

$$W = 4W_1 + 2W_2 + W_3 + 5\Delta W \tag{A.1}$$

式中：W——总宽度，单位为毫米(mm)；

W_1——格口门宽度，单位为毫米(mm)；

W_2——框架厚度，单位为毫米(mm)；

W_3——控制柜宽度，单位为毫米(mm)；

ΔW——间隙，单位为毫米(mm)。

A.3 总高度

总高度 H 按式(A.2)进行计算。

$$H = 2H_1 + 9H_2 + 4H_3 + 3H_4 + H_5 + H_6 + 18\Delta H \tag{A.2}$$

式中：H——总高度，单位为毫米(mm)；

H_1——框架厚度，单位为毫米(mm)；

H_2——格口分隔板高度，单位为毫米(mm)；

H_3——小型格口门高度，单位为毫米(mm)；

H_4——中型格口门高度，单位为毫米(mm)；

H_5——大型格口门高度,单位为毫米(mm);

H_6——底座高度,单位为毫米(mm);

ΔH——间隙,单位为毫米(mm)。

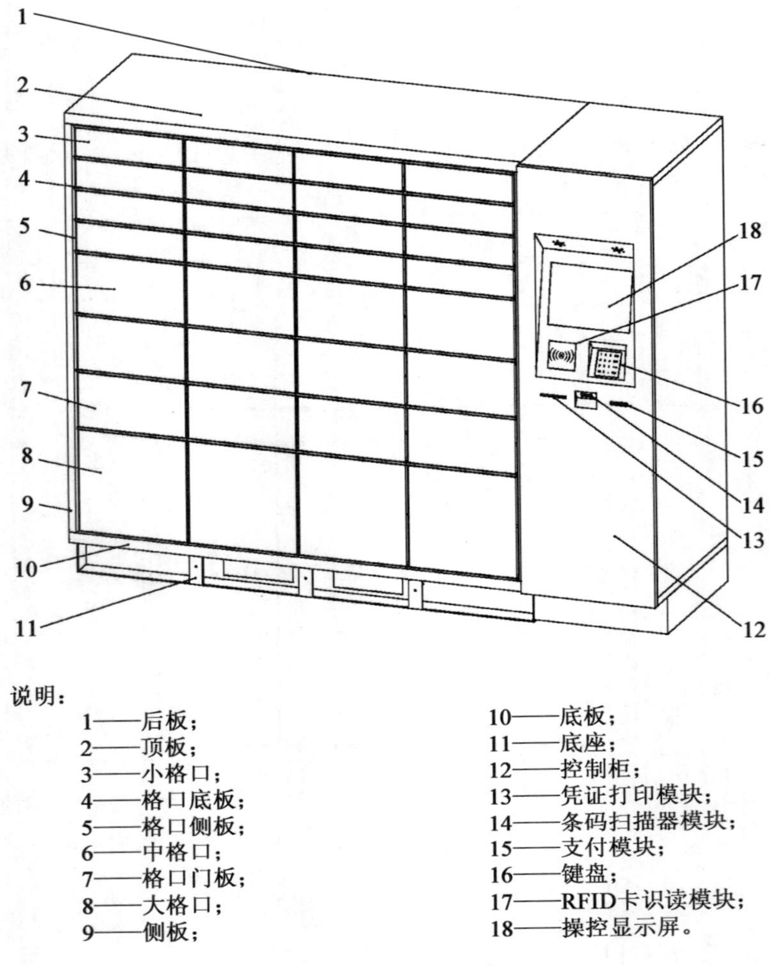

说明:

1——后板;
2——顶板;
3——小格口;
4——格口底板;
5——格口侧板;
6——中格口;
7——格口门板;
8——大格口;
9——侧板;
10——底板;
11——底座;
12——控制柜;
13——凭证打印模块;
14——条码扫描器模块;
15——支付模块;
16——键盘;
17——RFID卡识读模块;
18——操控显示屏。

图 A.2 快件箱外形示意图

A.4 深度

深度 D 为格口箱格口深度,见7.1.4条。

附 录 B
（规范性附录）
报 文 接 口

B.1 接口汇总

各系统间接口包含的主要报文见表 B.1。

表 B.1 报 文 接 口

序号	报 文 名 称	服 务 名 称	发送方	接收方	备注
1	申请格口	ApplyForAvailableBox	控制系统	支撑系统	必选
2	查询快件箱格口	GetBoxes	控制系统	支撑系统	可选
3	快递业务员身份验证	VerifyOperator	控制系统	支撑系统	必选
4	获取收件人信息	GetDeliveryInfo	控制系统	支撑系统	可选
5	确认投放完成	ConfirmDelivery	控制系统	支撑系统	必选
6	取消本次投放	CancelDelivery	控制系统	支撑系统	必选
7	查询逾期件	GetExpiredItem	控制系统	支撑系统	必选
8	取回逾期件	WithdrawExpiredItem	控制系统	支撑系统	必选
9	用户信息验证	VerifyUser	控制系统	支撑系统	必选
10	用户取走快件	PickupItem	控制系统	支撑系统	必选
11	快件箱状态报告	ReportTerminalStatus	控制系统	支撑系统	必选
12	从快递业务系统获取收件人信息	GetDeliveryInfoFromES	支撑系统	快递业务系统	可选
13	反馈快件状态	UpdateItemStatus	支撑系统	快递业务系统	必选
14	占用格口	ApplyForLockingBox	快递业务系统	支撑系统	可选
15	获取可用的快件箱	GetAvailableTerminals	快递业务系统	支撑系统	可选

B.2 响应代码

响应代码见表 B.2。

表 B.2 响 应 代 码 表

序 号	代 码	中 文 说 明	备 注
1	00000	操作处理成功	
2	F0001	系统内部错误	支撑系统内部错误
3	F0002	报文格式错误	
4	F0003	报文内容错误	
5	E0000	操作处理失败	
6	E0001	未识别的操作员	快递业务员或者管理维护人员账号不存在

表 B.2(续)

序　号	代　码	中文说明	备　注
7	E0002	密码无效	操作员或者用户的密码错误
8	E0003	未识别的用户	用户输入的快件编号或者手机号不存在
9	E0004	快件编号无效	快递业务员投放快件时输入的快件编号无效
10	E0005	请求处理超时	
11	E0006	没有可用的格口	没有符合条件的空格口,不能继续投递
12	E0007	没有可用的快件箱	
13	E0008	快件箱暂停服务	
14	E0009	未识别的快件箱代码	
15	E0010	不是指定的快件箱	用户在非指定的快件箱取件或者快递业务员在非预约的快件箱投递时
16	E0011	超过预定时间	
17	E0012	没有足够数量的可用格口	
18	E0013	没有可用的收件人信息	
19	E5000 ~ E9000	自定义响应代码	各系统自定义的响应代码

B.3 信息项说明

报文中主要包含的信息项见表 B.3。

表 B.3 信息项说明

序号	中文名称	字段名	数据类型	最大长度	备　注
1	快件箱代码	terminalId	string	32	
2	格口尺寸	boxSize	BoxSizeType		
3	操作员代码	operatorId	string	32	
4	快件编号	itemId	string	32	
5	密码	password	string	32	包括用户取件密码和快递业务员登录密码
6	用户代码	userId	string	32	
7	当前时间	localTime	dateTime		
8	格口信息	boxInfo	BoxInfoType		
9	响应代码	responseCode	string	32	
10	响应说明	response	string	32	
11	格口列表	boxes	BoxInfoType		
12	快递业务员信息	operatorInfo	OperatorInfoType		
13	收件人信息	deliveryInfo	DeliveryInfoType		
14	格口代码	boxId	string	32	

表 B.3(续)

序号	中文名称	字段名	数据类型	最大长度	备注
15	快件信息	item	ItemInfoType		
16	快件跟踪状态	itemStatus	ItemStatusType		
17	应用系统标识	clientApplication	string	32	用以识别交互的各个应用系统
18	快递公司代码	orgnizationId	string	32	
19	逾期时间	expiredTime	dateTime		
20	占用格口选项	lockingOption	BoxLockingOptionType		
21	申请占用格口详情	lockingDetail	BoxLockingInfoType		
22	已占用的格口详情	lockedDetail	BoxLockedInfoType		
23	快件箱位置信息	terminalLocation	TerminalLocationType		
24	快件箱状态	terminalStatus	string		
25	格口数量	boxQuantity	int		

B.4 数据类型说明

B.4.1 快递业务员信息类型(OperatorInfoType)

B.4.1.1 类型结构

```
<xs:complexType name="OperatorInfoType">
    <xs:sequence>
        <xs:element name="operatorId" type="xs:string"/>
        <xs:element name="operatorName" type="xs:string"/>
        <xs:element name="orgnizationId" type="xs:string"/>
        <xs:element name="orgnization" type='xs:string"/>
    </xs:sequence>
</xs:complexType>
```

B.4.1.2 信息项说明

快递业务员信息类型信息项说明见表 B.4。

表 B.4 快递业务员信息类型信息项说明

序号	数据项	中文名称	类型	长度
1	operatorId	快递业务员代码	string	32
2	operatorName	快递业务员姓名	string	32
3	orgnizationId	快递公司代码	string	32
4	orgnization	快递公司名称	string	256

B.4.2 收件人信息类型(DeliveryInfoType)

B.4.2.1 类型结构

```
<xs:complexType name="DeliveryInfoType">
```

```
    <xs:sequence>
        <xs:element name="userName" type="xs:string"/>
        <xs:element name="mobilePhone" type="xs:string"/>
        <xs:element name="address" type="xs:string"/>
        <xs:element name="itemId" type="xs:string"/>
    </xs:sequence>
</xs:complexType>
```

B.4.2.2 信息项说明

收件人信息类型信息项说明见表 B.5。

表 B.5 收件人信息类型信息项说明

序号	数据项	中文名称	类型	长度
1	userName	用户姓名	string	32
2	mobilePhone	手机号码	string	32
3	address	地址	string	256
4	itemId	快件编号	string	32

B.4.3 格口状态类型(BoxStatusType)

B.4.3.1 类型结构

```
<xs:simpleType name="BoxStatusType">
    <xs:restriction base="xs:string">
        <xs:enumeration value="empty"/>
        <xs:enumeration value="occupied"/>
        <xs:enumeration value="locked"/>
        <xs:enumeration value="disabled"/>
        <xs:enumeration value="unknown"/>
    </xs:restriction>
</xs:simpleType>
```

B.4.3.2 信息项说明

枚举类型,可选值为:

a) empty,空;

b) occupied,使用中;

c) locked,已占用;

d) disabled,已禁用;

e) unknown,未知。

B.4.4 格口尺寸类型(BoxSizeType)

B.4.4.1 类型结构

```
<xs:simpleType name="BoxSizeType">
    <xs:restriction base="xs:string">
        <xs:enumeration value="small"/>
```

```
        <xs:enumeration value="medium"/>
        <xs:enumeration value="large"/>
    </xs:restriction>
</xs:simpleType>
```

B.4.4.2 信息项说明

枚举类型，可选值为：

a） small，小；

b） medium，中；

c） large，大。

B.4.5 格口信息类型（BoxInfoType）

B.4.5.1 类型结构

```
<xs:complexType name="BoxInfoType">
    <xs:sequence>
        <xs:element name="boxId" type="xs:string"/>
        <xs:element name="boxSize" type="iest:BoxSizeType"/>
        <xs:element name="boxStatus" type="iest:BoxStatusType"/>
    </xs:sequence>
</xs:complexType>
```

B.4.5.2 信息项说明

格口信息类型信息项说明见表 B.6。

表 B.6 格口信息类型信息项说明

序 号	数 据 项	中 文 名 称	类 型	长 度
1	boxId	格口代码	string	32
2	boxSize	格口尺寸	BoxSizeType	
3	boxStatus	格口状态	BoxStatusType	

B.4.6 快件信息类型（ItemInfoType）

B.4.6.1 类型结构

```
<xs:complexType name="ItemInfoType">
    <xs:sequence>
        <xs:element name="itemId" type="xs:string"/>
        <xs:element name="boxInfo" type="iest:BoxInfoType"/>
        <xs:element name="operatorId" type="xs:string"/>
        <xs:element name="deliveryTime" type="xs:dateTime"/>
    </xs:sequence>
</xs:complexType>
```

B.4.6.2 信息项说明

快件信息类型信息项说明见表 B.7。

表 B.7 快件信息类型信息项说明

序 号	数 据 项	中 文 名 称	类 型	长 度
1	itemId	快件编号	string	32
2	boxInfo	格口信息	BoxInfoType	
3	operatorId	快递业务员代码	string	32
4	deliveryTime	投递时间	dateTime	

B.4.7 快件跟踪状态类型(ItemStatusType)

B.4.7.1 类型结构

```
<xs:simpleType name="ItemStatusType">
    <xs:restriction base="xs:string">
        <xs:enumeration value="P1"/>
        <xs:enumeration value="P2"/>
        <xs:enumeration value="P3"/>
        <xs:enumeration value="P4"/>
    </xs:restriction>
</xs:simpleType>
```

B.4.7.2 信息项说明

枚举类型,可选值为:

a) P1,快递业务员将快件投递到快件箱中;
b) P2,用户从快件箱中取走快件;
c) P3,快递业务员从快件箱中取回逾期件;
d) P4,快件箱中的快件逾期。

B.4.8 申请占用格口详情类型(BoxLockingInfoType)

B.4.8.1 类型结构

```
<xs:complexType name="BoxLockingInfoType">
    <xs:sequence>
        <xs:element name="boxSize" type="iest:BoxSizeType"/>
        <xs:element name="boxQuantity" type="xs:int"/>
    </xs:sequence>
</xs:complexType>
```

B.4.8.2 信息项说明

申请占用格口详情类型信息项说明见表 B.8。

表 B.8 申请占用格口详情类型信息项说明

序 号	数 据 项	中 文 名 称	类 型	长 度
1	boxSize	格口尺寸	BoxSizeType	
2	boxQuantity	格口数量	int	

B.4.9 占用格口选项类型(BoxLockingOptionType)

B.4.9.1 类型结构

```
<xs:simpleType name = "BoxLockingOptionType" >
    <xs:restriction base = "xs:string" >
        <xs:enumeration value = "partial"/>
        <xs:enumeration value = "all"/>
    </xs:restriction>
</xs:simpleType>
```

B.4.9.2 信息项说明

枚举类型,可选值为:

a) partial,部分占用;

b) all,全部占用。

B.4.10 快件箱位置信息类型(TerminalLocationType)

B.4.10.1 类型结构

```
<xs:complexType name = "TerminalLocationType" >
    <xs:sequence>
        <xs:element name = "terminalId" type = "xs:string"/>
        <xs:element name = "lat" type = "xs:string"/>
        <xs:element name = "lng" type = "xs:string"/>
        <xs:element name = "address" type = "xs:string"/>
    </xs:sequence>
</xs:complexType>
```

B.4.10.2 信息项说明

快件箱位置信息类型信息项说明见表 B.9。

表 B.9 快件箱位置信息类型信息项说明

序号	数据项	中文名称	类型	长度
1	terminalId	快件箱代码	string	32
2	lat	纬度	string	32
3	lng	经度	string	32
4	address	地址	string	256

B.5 快件箱和支撑系统的接口

B.5.1 申请格口

B.5.1.1 交易描述

在快递业务员投放快件时,支撑系统根据控制系统请求的快件编号(itemId)、快件箱代码(terminalId)和格口尺寸(boxSize)等信息分配一个可用格口。

B.5.1.2 报文规范

B.5.1.2.1 请求报文

```
<xs:element name="ApplyForAvailableBoxRequest">
    <xs:complexType>
        <xs:sequence>
            <xs:element name="itemId" type="xs:string"/>
            <xs:element name="terminalId" type="xs:string"/>
            <xs:element name="boxSize" type="iest:BoxSizeType"/>
            <xs:element name="operatorId" type="xs:string"/>
            <xs:element name="localTime" type="xs:string"/>
        </xs:sequence>
    </xs:complexType>
</xs:element>
```

B.5.1.2.2 应答报文

```
<xs:element name="ApplyForAvailableBoxResponse">
    <xs:complexType>
        <xs:sequence>
            <xs:element name="responseCode" type="xs:string"/>
            <xs:element name="response" type="xs:string" nillable="true"/>
            <xs:element name="boxInfo" type="iest:BoxInfoType" nillable="true"/>
        </xs:sequence>
    </xs:complexType>
</xs:element>
```

B.5.1.3 信息项说明

申请格口信息项说明见表 B.10。

表 B.10 申请格口信息项说明

序号	请求/应答	字段名	说明	可否为空	备注
1	请求	itemId	快件编号	否	
2		terminalId	锁定格口的快件箱代码	否	
3		boxSize	格口尺寸:小、中、大	否	
4		operatorId	操作员代码	否	
5		localTime	当前时间	否	
6	应答	responseCode	响应代码	否	
7		response	响应说明	是	
8		boxInfo	分配的可用的格口信息	是	
注:当响应代码表示操作处理成功时,boxInfo 值有效。字段名 boxInfo 中格口代码(boxId)、格口尺寸(boxSize)不能为空,格口状态(boxStatus)可为空。					

B.5.2 查询快件箱格口

B.5.2.1 交易描述

查询某快件箱格口信息。支撑系统根据控制系统请求的快件箱代码(terminalId)、格口信息(boxInfo）和操作员代码（operatorId）等信息将该快件箱符合条件的所有格口信息返回。

B.5.2.2 报文规范

B.5.2.2.1 请求报文

```
<xs:element name="GetBoxesRequest">
    <xs:complexType>
        <xs:sequence>
            <xs:element name="terminalId" type="xs:string"/>
            <xs:element name="boxInfo" type="iest:BoxInfoType"/>
            <xs:element name="operatorId" type="xs:string"/>
            <xs:element name="localTime" type="xs:string"/>
        </xs:sequence>
    </xs:complexType>
</xs:element>
```

B.5.2.2.2 应答报文

```
<xs:element name="GetBoxesResponse">
    <xs:complexType>
        <xs:sequence>
            <xs:element name="responseCode" type="xs:string"/>
            <xs:element name="response" type="xs:string" nillable="true"/>
            <xs:element name="boxes" type="iest:BoxInfoType" minOccurs="0"
maxOccurs="unbounded"/>
        </xs:sequence>
    </xs:complexType>
    </xs:element>
```

B.5.2.3 信息项说明

查询快件箱格口信息项说明见表 B.11。

表 B.11 查询快件箱格口信息项说明

序 号	请求/应答	字 段 名	说 明	可否为空	备 注
1	请求	terminalId	请求的快件箱代码	否	
2		boxInfo	格口信息	是	
3		operatorId	操作员代码	否	
4		localTime	当前时间	否	
5	应答	responseCode	响应代码	否	
6		response	响应说明	是	
7		boxes	格口列表	是	
注：当响应代码表示操作处理成功时，boxes 值有效。字段名 boxes 中格口代码（boxId）、格口尺寸（boxSize）和格口状态（boxStatus）不能为空。					

B.5.3 快递业务员身份验证

B.5.3.1 交易描述

快递业务员在投放快件或取回逾期件之前，需要进行身份验证后方可进行后续操作，支撑系统根据请求的操作员代码(operatorId)、操作员密码（password）和快件箱代码(terminalId)等信息验证快递业务员身份。

B.5.3.2 报文规范

B.5.3.2.1 请求报文

```
<xs:element name="VerifyOperatorRequest">
    <xs:complexType>
        <xs:sequence>
            <xs:element name="operatorId" type="xs:string"/>
            <xs:element name="password" type="xs:string"/>
            <xs:element name="terminalId" type="xs:string"/>
            <xs:element name="localTime" type="xs:dateTime"/>
        </xs:sequence>
    </xs:complexType>
</xs:element>
```

B.5.3.2.2 应答报文

```
<xs:element name="VerifyOperatorResponse">
    <xs:complexType>
        <xs:sequence>
            <xs:element name="responseCode" type="xs:string"/>
            <xs:element name="response" type="xs:string" nillable="true"/>
            <xs:element name="operatorInfo" type="iest:OperatorInfoType" nillable="true"/>
        </xs:sequence>
    </xs:complexType>
</xs:element>
```

B.5.3.3 信息项说明

快递业务员身份验证信息项说明见表 B.12。

表 B.12 快递业务员身份验证信息项说明

序 号	请求/应答	字 段 名	说 明	可否为空	备 注
1	请求	operatorId	操作员代码	否	
2		password	操作员密码	否	
3		terminalId	快件箱代码	否	
4		localTime	当前时间	否	
5	应答	responseCode	响应代码	否	
6		response	响应说明	是	
7		operatorInfo	快递业务员信息	是	
注：当响应代码表示操作处理成功时，operatorInfo 值有效。字段名 operatorInfo 中快递业务员代码(operatorId)、快递公司代码(orgnizationId)不能为空，快递业务员姓名(operatorName)、快递公司名称(orgnization)可为空。					

B.5.4 获取收件人信息

B.5.4.1 交易描述

投放快件时,支撑系统可根据请求的快件编号(itemId)、快件箱代码(terminalId)和操作员代码(operatorId)等信息返回收件人手机号码等联络信息。快递业务员如在快件箱界面上直接录入收件人信息,则不必调用此接口。

B.5.4.2 报文规范

B.5.4.2.1 请求报文

```
<xs:element name = "GetDeliveryInfoRequest" >
    <xs:complexType >
        <xs:sequence >
            <xs:element name = "itemId"  type = "xs:string"/ >
            <xs:element name = "terminalId"  type = "xs:string"/ >
            <xs:element name = "operatorId"  type = "xs:string"/ >
            <xs:element name = "localTime"  type = "xs:dateTime"/ >
        </xs:sequence >
    </xs:complexType >
</xs:element >
```

B.5.4.2.2 应答报文

```
<xs:element name = "GetDeliveryInfoResponse" >
    <xs:complexType >
        <xs:sequence >
            <xs:element name = "responseCode"  type = "xs:string"/ >
            <xs:element name = "response"  type = "xs:string"  nillable = "true"/ >
            <xs:element name = "deliveryInfo"  type = "iest:DeliveryInfoType"  nillable = "true"/ >
        </xs:sequence >
    </xs:complexType >
</xs:element >
```

B.5.4.3 信息项说明

获取收件人信息信息项说明见表 B.13。

表 B.13 获取收件人信息信息项说明

序 号	请求/应答	字 段 名	说 明	可否为空	备 注
1	请求	itemId	快件编号	否	
2		terminalId	快件箱代码	否	
3		operatorId	操作员代码	否	
4		localTime	当前时间	否	
5	应答	responseCode	响应代码	否	
6		response	响应说明	是	
7		deliveryInfo	收件人信息	是	
注:当响应代码表示操作处理成功时,deliveryInfo 值有效。字段名 deliveryInfo 中手机号码(mobilePhone)和快件编号(itemId)不能为空,其他字段可为空。					

B.5.5 确认投放完成

B.5.5.1 交易描述

快递业务员投放完快件,快件箱将快件编号(itemId)、快件箱代码(terminalId)、格口代码(boxId)和操作员代码(operatorId)等信息传给支撑系统。

B.5.5.2 报文规范

B.5.5.2.1 请求报文

```
<xs:element name = "ConfirmDeliveryRequest" >
    <xs:complexType >
        <xs:sequence >
            <xs:element name = "itemId"  type = "xs:string"/ >
            <xs:element name = "terminalId"  type = "xs:string"/ >
            <xs:element name = "boxId"  type = "xs:string"/ >
            <xs:element name = "deliveryInfo"  type = "iest:DeliveryInfoType"/ >
            <xs:element name = "operatorId"  type = "xs:string"/ >
            <xs:element name = "localTime"  type = "xs:dateTime"/ >
        </xs:sequence >
    </xs:complexType >
</xs:element >
```

B.5.5.2.2 应答报文

```
<xs:element name = "ConfirmDeliveryResponse" >
    <xs:complexType >
        <xs:sequence >
            <xs:element name = "responseCode"  type = "xs:string"/ >
            <xs:element name = "response"  type = "xs:string"  nillable = "true"/ >
        </xs:sequence >
    </xs:complexType >
</xs:element >
```

B.5.5.3 信息项说明

确认投放完成信息项说明见表 B.14。

表 B.14 确认投放完成信息项说明

序 号	请求/应答	字段名	说 明	可否为空	备 注
1	请求	itemId	快件编号	否	
2		terminalId	快件箱代码	否	
3		boxId	格口代码	否	
4		deliveryInfo	收件人信息	否	
5		operatorId	操作员代码	否	
6		localTime	当前时间	否	
7	应答	responseCode	响应代码	否	
8		response	响应说明	是	
注:字段名 deliveryInfo 中手机号码(mobilePhone)不能为空,其他字段可为空。					

B.5.6 取消本次投放

B.5.6.1 交易描述

快递业务员投放时,如果快件与打开的格口大小不符,可以取消本次投放,控制系统将快件编号(itemId)、快件箱代码(terminalId)、格口代码(boxId)和操作员代码(operatorId)等信息传给支撑系统。

B.5.6.2 报文规范

B.5.6.2.1 请求报文

```
<xs:element name = "CancelDeliveryRequest" >
    <xs:complexType >
        <xs:sequence >
            <xs:element name = "itemId"  type = "xs:string"/ >
            <xs:element name = "terminalId"  type = "xs:string"/ >
            <xs:element name = "boxId"  type = "xs:string"/ >
            <xs:element name = "operatorId"  type = "xs:string"/ >
            <xs:element name = "localTime"  type = "xs:dateTime"/ >
        </xs:sequence >
    </xs:complexType >
</xs:element >
```

B.5.6.2.2 应答报文

```
<xs:element name = "CancelDeliveryResponse" >
    <xs:complexType >
        <xs:sequence >
            <xs:element name = "responseCode"  type = "xs:string"/ >
            <xs:element name = "response"  type = "xs:string"  nillable = "true"/ >
        </xs:sequence >
    </xs:complexType >
</xs:element >
```

B.5.6.3 信息项说明

取消本次投放信息项说明见表 B.15。

表 B.15 取消本次投放信息项说明

序号	请求/应答	字段名	说明	可否为空	备注
1	请求	itemId	快件编号	否	
2		terminalId	快件箱代码	否	
3		boxId	格口代码	否	
4		operatorId	操作员代码	否	
5		localTime	当前时间	否	
6	应答	responseCode	响应代码	否	
7		response	响应说明	是	

B.5.7 查询逾期件

B.5.7.1 交易描述

快递业务员可在快件箱中查询逾期件信息。支撑系统可根据请求的快件箱代码(terminalId)和操作员代码(operatorId)等信息返回该快件箱的逾期件信息。

B.5.7.2 报文规范

B.5.7.2.1 请求报文

```
<xs:element name="GetExpiredItemsRequest">
    <xs:complexType>
        <xs:sequence>
            <xs:element name="terminalId" type="xs:string"/>
            <xs:element name="operatorId" type="xs:string"/>
            <xs:element name="localTime" type="xs:dateTime"/>
        </xs:sequence>
    </xs:complexType>
</xs:element>
```

B.5.7.2.2 应答报文

```
<xs:element name="GetExpiredItemsResponse">
    <xs:complexType>
        <xs:sequence>
            <xs:element name="responseCode" type="xs:string"/>
            <xs:element name="response" type="xs:string" nillable="true"/>
            <xs:element name="terminalId" type="xs:string"/>
            <xs:element name="operatorId" type="xs:string"/>
            <xs:element name="localTime" type="xs:dateTime"/>
            <xs:element name="item" type="iest:ItemInfoType" minOccurs="0" maxOccurs=
"unbounded"/>
            <xs:element name="boxQuantity" type="xs:int"/>
        </xs:sequence>
    </xs:complexType>
</xs:element>
```

B.5.7.3 信息项说明

查询逾期件信息项说明见表 B.16。

表 B.16 查询逾期件信息项说明

序 号	请求/应答	字 段 名	说 明	可否为空	备 注
1	请求	terminalId	快件箱代码	否	
2		operatorId	操作员代码	否	
3		localTime	当前时间	否	

表 B.16(续)

序 号	请求/应答	字 段 名	说 明	可否为空	备 注
4	应答	responseCode	响应代码	否	
5		response	响应说明	是	
6		terminalId	快件箱代码	否	
7		operatorId	操作员代码	否	
8		localTime	当前时间	否	
9		item	快件信息	否	
10		boxQuantity	格口数量	否	
注：当响应代码表示操作处理成功时，terminalId、operatorId、localTime、item 和 boxQuantity 值有效。字段名 item 中快件编号(itemId)、格口信息(boxInfo)、快递业务员代码(operatorId)和投递时间(deliveryTime)不能为空。					

B.5.8 取回逾期件

B.5.8.1 交易描述

快递业务员取回逾期件后，控制系统将快件箱代码(terminalId)、快件信息(item)、操作员代码(operatorId)等信息传给支撑系统。

B.5.8.2 报文规范

B.5.8.2.1 请求报文

```
<xs:element name="WithdrawExpiredItemRequest">
    <xs:complexType>
        <xs:sequence>
            <xs:element name="terminalId" type="xs:string"/>
            <xs:element name="item" type="iest:ItemInfoType"/>
            <xs:element name="operatorId" type="xs:string"/>
            <xs:element name="localTime" type="xs:dateTime"/>
        </xs:sequence>
    </xs:complexType>
</xs:element>
```

B.5.8.2.2 应答报文

```
<xs:element name="WithdrawExpiredItemResponse">
    <xs:complexType>
        <xs:sequence>
            <xs:element name="responseCode" type="xs:string"/>
            <xs:element name="response" type="xs:string" nillable="true"/>
        </xs:sequence>
    </xs:complexType>
</xs:element>
```

B.5.8.3 信息项说明

取回逾期件信息项说明见表 B.17。

表 B.17　取回逾期件信息项说明

序　号	请求/应答	字 段 名	说　明	可否为空	备　注
1	请求	terminalId	快件箱代码	否	
2		item	快件信息	否	
3		operatorId	操作员代码	否	
4		localTime	当前时间	否	
5	应答	responseCode	响应代码	否	
6		response	响应说明	是	
注:字段名 item 中快件编号(itemId)、格口信息(boxInfo)、快递业务员代码(operatorId)和投递时间(deliveryTime)不能为空。					

B.5.9　用户信息验证

B.5.9.1　交易描述

用户取件时,控制系统将用户代码(userId)、密码(password)等信息传给支撑系统进行身份验证,支撑系统将返回验证结果。

B.5.9.2　报文规范

B.5.9.2.1　请求报文

```
<xs:element name="VerifyUserRequest">
    <xs:complexType>
        <xs:sequence>
            <xs:element name="userId" type="xs:string"/>
            <xs:element name="password" type="xs:string"/>
            <xs:element name="terminalId" type="xs:string"/>
            <xs:element name="localTime" type="xs:dateTime"/>
        </xs:sequence>
    </xs:complexType>
</xs:element>
```

B.5.9.2.2　应答报文

```
<xs:element name="VerifyUserResponse">
    <xs:complexType>
        <xs:sequence>
            <xs:element name="responseCode" type="xs:string"/>
            <xs:element name="response" type="xs:string" nillable="true"/>
            <xs:element name="item" type="iest:ItemInfoType" nillable="true"/>
        </xs:sequence>
    </xs:complexType>
</xs:element>
```

B.5.9.3　信息项说明

用户信息验证信息项说明见表 B.18。

表 B.18　用户信息验证信息项说明

序　号	请求/应答	字 段 名	说　明	可否为空	备　注
1	请求	userId	用户代码可为快件编号、手机号码等用户标识信息	否	
2		password	取件密码	否	
3		terminalId	快件箱代码	否	
4		localTime	当前时间	否	
5	应答	responseCode	响应代码	否	
6		response	响应说明	是	
7		item	快件信息	是	
注:当响应代码表示操作处理成功时,item 值有效。字段名 item 中快件编号(itemId)、格口信息(boxInfo)、快递业务员代码(operatorId)和投递时间(deliveryTime)不能为空。					

B.5.10　用户取走快件

B.5.10.1　交易描述

用户取件完成后,控制系统将快件编号(itemId)、快件箱代码(terminalId) 和格口代码(boxId)等信息传给支撑系统。

B.5.10.2　报文规范

B.5.10.2.1　请求报文

```
<xs:element name = "PickupItemRequest" >
    <xs:complexType >
        <xs:sequence >
            <xs:element name = "itemId"  type = "xs:string"/ >
            <xs:element name = "terminalId"  type = "xs:string"/ >
            <xs:element name = "boxId"  type = "xs:string"/ >
            <xs:element name = "localTime"  type = "xs:dateTime"/ >
        </xs:sequence >
    </xs:complexType >
</xs:element >
```

B.5.10.2.2　应答报文

```
<xs:element name = "PickupItemResponse" >
    <xs:complexType >
        <xs:sequence >
            <xs:element name = "responseCode'  type = "xs:string"/ >
            <xs:element name = "response"  type = "xs:string"  nillable = "true"/ >
        </xs:sequence >
    </xs:complexType >
</xs:element >
```

B.5.10.3 信息项说明

用户取走快件信息项说明见表B.19。

表B.19 用户取走快件信息项说明

序号	请求/应答	字段名	说明	可否为空	备注
1	请求	itemId	快件编号	否	
2		terminalId	快件箱代码	否	
3		boxId	格口代码	否	
4		localTime	当前时间	否	
5	应答	responseCode	响应代码	否	
6		response	响应说明	是	

B.5.11 快件箱状态报告

B.5.11.1 交易描述

使用中的快件箱,需要定时将自身的状态,包括快件箱代码(terminalId)、快件箱状态(terminalStatus)等信息传给支撑系统。

B.5.11.2 报文规范

B.5.11.2.1 请求报文

```
<xs:element name = "ReportTerminalStatusRequest" >
    <xs:complexType >
        <xs:sequence >
            <xs:element name = "terminalId" type = "xs:string"/ >
            <xs:element name = " terminalStatus " type = "xs:string"/ >
            <xs:element name = "localTime" type = "xs:dateTime"/ >
        </xs:sequence >
    </xs:complexType >
</xs:element >
```

B.5.11.2.2 应答报文

```
<xs:element name = "ReportTerminalStatusResponse" >
    <xs:complexType >
        <xs:sequence >
            <xs:element name = "responseCode" type = "xs:string"/ >
            <xs:element name = "response" type = "xs:string" nillable = "true"/ >
        </xs:sequence >
    </xs:complexType >
</xs:element >
```

B.5.11.3 信息项说明

快件箱状态报告信息项说明见表B.20。

表 B.20 快件箱状态报告信息项说明

序号	请求/应答	字段名	说明	可否为空	备注
1	请求	terminalId	快件箱代码	否	
2		terminalStatus	快件箱状态	否	
3		localTime	当前时间	否	
4	应答	responseCode	响应代码	否	
5		response	响应说明	是	

B.6 支撑系统和快递业务系统的接口

B.6.1 获取收件人信息

B.6.1.1 交易描述

快递业务员投放快件时，支撑系统根据快件编号(itemId)、应用系统标识(clientApplication)等信息向快递业务系统请求收件人信息，包括收件人姓名、手机号码、地址、快件编号等。如果快递业务员在快件箱界面录入收件人信息，则不必调用此接口。

B.6.1.2 报文规范

B.6.1.2.1 请求报文

```
<xs:element name="GetDeliveryInfoFromESRequest">
    <xs:complexType>
        <xs:sequence>
            <xs:element name="itemId" type="xs:string"/>
            <xs:element name="clientApplication" type="xs:string"/>
            <xs:element name="localTime" type="xs:dateTime"/>
        </xs:sequence>
    </xs:complexType>
</xs:element>
```

B.6.1.2.2 应答报文

```
<xs:element name="GetDeliveryInfoFromESResponse">
    <xs:complexType>
        <xs:sequence>
            <xs:element name="responseCode" type="xs:string"/>
            <xs:element name="response" type="xs:string" nillable="true"/>
            <xs:element name="deliveryInfo" type="iest:DeliveryInfoType" nillable="true"/>
        </xs:sequence>
    </xs:complexType>
</xs:element>
```

B.6.1.3 信息项说明

获取收件人信息信息项说明见表 B.21。

表 B.21 获取收件人信息信息项说明

序号	请求/应答	字段名	说明	可否为空	备注
1	请求	itemId	快件编号	否	
2		clientApplication	应用系统标识	否	
3		localTime	当前时间	否	
4	应答	responseCode	响应代码	否	
5		response	响应说明	是	
6		deliveryInfo	收件人信息	是	
注:当响应代码表示操作处理成功时,deliveryInfo 值有效。字段名 deliveryInfo 中手机号码(mobilePhone)和快件编号(itemId)不能为空,其他字段可为空。					

B.6.2 反馈快件状态

B.6.2.1 交易描述

支撑系统将快件编号(itemId)、快件箱代码(terminalId)、格口代码(boxId)、快件跟踪状态(itemStatus)、操作员代码(operatorId)、应用系统标识(clientApplication)等信息,反馈到快递业务系统。

B.6.2.2 报文规范

B.6.2.2.1 请求报文

```
<xs:element name="UpdateItemStatusRequest">
    <xs:complexType>
        <xs:sequence>
            <xs:element name="itemId" type="xs:string"/>
            <xs:element name="terminalId" type="xs:string"/>
            <xs:element name="boxId" type="xs:string"/>
            <xs:element name="itemStatus" type="iest:ItemStatusType"/>
            <xs:element name="operatorId" type="xs:string" nillable="true"/>
            <xs:element name="clientApplication" type="xs:string" nillable="true"/>
            <xs:element name="localTime" type="xs:dateTime"/>
        </xs:sequence>
    </xs:complexType>
</xs:element>
```

B.6.2.2.2 应答报文

```
<xs:element name="UpdateItemStatusResponse">
    <xs:complexType>
        <xs:sequence>
            <xs:element name="responseCode" type="xs:string"/>
            <xs:element name="response" type="xs:string" nillable="true"/>
        </xs:sequence>
    </xs:complexType>
</xs:element>
```

B.6.2.3 信息项说明

反馈快件状态信息项说明见表 B.22。

表 B.22 反馈快件状态信息项说明

序　号	请求/应答	字 段 名	说　明	可否为空	备　注
1	请求	itemId	快件编号	否	
2		terminalId	快件箱代码	否	
3		boxId	格口代码	否	
4		itemStatus	快件跟踪状态	否	
5		operatorId	操作员代码	是	
6		clientApplication	应用系统标识	是	
7		localTime	当前时间	否	
8	应答	responseCode	响应代码	否	
9		response	响应说明	是	

B.6.3 占用格口

B.6.3.1 交易描述

快递业务系统根据操作员代码(operatorId)、快递公司代码(orgnizationId)、快件箱代码(terminalId)、逾期时间(expiredTime)、占用格口选项(lockingOption)和申请占用格口详情(lockingDetail)等信息预先占用某快件箱格口。

B.6.3.2 报文规范

B.6.3.2.1 请求报文

```
<xs:element name="ApplyForLockingBoxRequest">
    <xs:complexType>
        <xs:sequence>
            <xs:element name="operatorId" type="xs:string"/>
            <xs:element name="orgnizationId" type="xs:string"/>
            <xs:element name="terminalId" type="xs:string"/>
            <xs:element name="expiredTime" type="xs:dateTime"/>
            <xs:element name="lockingOption" type="iest:BoxLockingOptionType"/>
            <xs:element name="lockingDetail" type="iest:BoxLockingInfoType" maxOccurs=
"unbounded"/>
            <xs:element name="localTime" type="xs:dateTime"/>
        </xs:sequence>
    </xs:complexType>
</xs:element>
```

B.6.3.2.2 应答报文

```
<xs:element name="ApplyForLockingBoxResponse">
    <xs:complexType>
        <xs:sequence>
            <xs:element name="responseCode" type="xs:string"/>
```

```
            <xs:element name="response" type="xs:string" nillable="true"/>
            <xs:element name="lockedDetail" type="iest:BoxLockingInfoType" maxOccurs="unbounded"/>
        </xs:sequence>
    </xs:complexType>
</xs:element>
```

B.6.3.3 信息项说明

占用格口信息项说明见表 B.23。

表 B.23 占用格口信息项说明

序号	请求/应答	字段名	说明	可否为空	备注
1	请求	operatorId	操作员代码	否	
2		orgnizationId	快递公司代码	否	
3		terminalId	快件箱代码	否	
4		expiredTime	逾期时间	否	
5		lockingOption	占用格口选项	否	
6		lockingDetail	申请占用格口详情	否	
7		localTime	当前时间	否	
8	应答	responseCode	响应代码	否	
9		response	响应说明	是	
10		lockedDetail	已占用格口的详情	否	
注:当响应代码表示操作处理成功时,lockedDetail 值有效。字段名 lockingDetail 中格口尺寸(boxSize)、格口数量(boxQuantity)不能为空;字段名 lockedDetail 中格口尺寸(boxSize)、格口数量(boxQuantity)不能为空。					

B.6.4 获取可用的快件箱

B.6.4.1 交易描述

快递业务系统可通过快递公司代码(orgnizationId)、应用系统标识(clientApplication)等信息查询快件箱的分布情况。

B.6.4.2 报文规范

B.6.4.2.1 请求报文

```
<xs:element name="GetAvailableTerminalsRequest">
    <xs:complexType>
        <xs:sequence>
            <xs:element name="orgnizationId" type="xs:string"/>
            <xs:element name="clientApplication" type="xs:string"/>
            <xs:element name="localTime" type="xs:dateTime"/>
        </xs:sequence>
    </xs:complexType>
</xs:element>
```

B.6.4.2.2 应答报文

```
<xs:element name="GetAvailableTerminalsResponse">
    <xs:complexType>
```

```
        <xs:sequence>
            <xs:element name="responseCode" type="xs:string"/>
            <xs:element name="response" type="xs:string" nillable="true"/>
            <xs:element name="terminalLocation" type="iest:TerminalLocationType" minOccurs="0"
maxOccurs="unbounded"/>
        </xs:sequence>
    </xs:complexType>
</xs:element>
```

B.6.4.3 信息项说明

获取可用的快件箱信息项说明见表 B.24。

表 B.24 获取可用的快件箱信息项说明

序　　号	请求/应答	字 段 名	说　　明	可否为空	备　　注
1	请求	orgnizationId	快递公司代码	否	
2		clientApplication	应用系统标识	否	
3		localTime	当前时间	否	
4	应答	responseCode	响应代码	否	
5		response	响应说明	是	
6		terminalLocation	快件箱位置信息	否	
注:当响应代码表示操作处理成功时,terminalLocation 值有效。字段名 terminalLocation 中快件箱代码(terminalId)、地址(address)不能为空,其他字段可为空。					

ICS 03.240
备案号:41935—2013

YZ

中华人民共和国邮政行业标准

YZ/T 0134—2013

快递代收货款服务规范

Specification of express service for cash on delivery

2013-10-31 发布　　　　2014-05-01 实施

国家邮政局　发布

目　次

前　言

本标准按照 GB/T 1.1—2009 给出的规则起草。

本标准由国家邮政局提出。

本标准由全国邮政业标准化技术委员会(SAC/TC 462)归口。

本标准起草单位:中国标准化研究院。

本标准主要起草人:柳成洋、曾毅、王世川、张隋、李涵、曹俐莉、侯非、杨朔、万福军、张雨辰。

快递代收货款服务规范

1 范围

本标准规定了快递代收货款服务的基本要求和代收货款服务环节等内容。

本标准适用于在中华人民共和国境内提供代收货款服务的快递服务组织(以下简称“快递服务组织”)及其服务活动。

2 规范性引用文件

下列文件对于本文件的应用是必不可少的。凡是注日期的引用文件,仅所注日期的版本适用于本文件。凡是不注日期的引用文件,其最新版本(包括所有的修改单)适用于本文件。

GB/T 27917.1—2011 快递服务 第1部分:基本术语

GB/T 27917.2—2011 快递服务 第2部分:组织要求

GB/T 27917.3—2011 快递服务 第3部分:服务环节

GB/T 22239—2008 信息安全技术 信息系统安全等级保护基本要求

GB/T 28582—2012 快递运单

3 术语和定义

GB/T 27917.1—2011 界定的术语和定义适用于本文件。

4 基本要求

4.1 概述

开办代收货款业务的快递服务组织,应以自营方式提供代收货款服务,具备完善的风险控制措施和资金结算系统,明确与委托方和收件人之间的权利、义务。

4.2 前期评估

快递服务组织应按照审慎经营的要求,从服务能力、财务管理水平、风险控制能力等方面进行评估,确定本组织是否开办代收货款业务以及服务区域。

4.3 制度建设

快递服务组织应建立完善的管理制度,主要包括:

a) 组织管理制度,包括快递服务组织与分支机构在客户拓展、合同签订、资金结算等方面的职责、权限划分和管理流程等;

b) 安全管理制度,包括企业安全管理责任制度、快件收寄验视与安全检查制度、安全生产操作规程、信息安全管理制度、突发事件应急预案等;

c) 资金管理制度,包括代收货款的资金收取、账目核对、结算、监控预警、监督检查等方面的管理与操作规程；

d） 业务操作规程，包括代收货款快件的收寄、内部处理、投递、查询、例外处理等环节的操作规程。

4.4 人员培训

快递服务组织应对从事代收货款业务的快递业务员进行培训，建立培训档案，详细记载培训情况。培训的内容应至少包括：

a） 快递代收货款相关的法律、法规、规章及标准等；

b） 快递代收货款安全管理知识与技能；

c） 快递代收货款业务操作流程和资金管理规范；

d） 岗位安全职责、操作技能；

e） 其他需要培训的内容。

4.5 信息系统

4.5.1 功能要求

快递服务组织应建立功能完备的代收货款信息管理系统或系统模块，其功能除满足 GB/T 27917.2—2011 中 10.1 的规定外，还应具备：

a） 账目核对、货款结算功能；

b） 资金监控和预警功能等。

4.5.2 信息采集

快递服务组织应实现代收货款服务全程信息的实时录入和监控，使主要环节处于可控范围，防止发生资金挪用、占用等现象。信息采集应保证准确性和时效性。

4.5.3 信息系统安全要求

4.5.3.1 快递服务组织代收货款信息管理系统或系统模块应不低于 GB/T 22239—2008 中安全等级的第二级的要求。

4.5.3.2 快递服务组织代收货款信息管理系统或系统模块和快递服务组织的办公信息系统应相互独立。若两者需要相互通信，应使用防火墙进行隔离；若与互联网或第三方互联，应使用防火墙进行双向映射。对于国家规定的相关部门的信息系统接入，应通过专线接入，并使用防火墙进行隔离。

4.5.3.3 快递服务组织应结合自身实际需要，定期对系统数据等进行备份。

4.6 资金管理

快递服务组织代收货款资金管理应符合金融监管部门相关规定。

快递服务组织应配备代收货款专职财务人员，负责代收货款资金的归集、核对、结算、催收和监督检查等工作。

快递服务组织应与相关商业银行或具有资质的非金融支付机构建立合作关系，开设专门的代收货款资金账户。

快递服务组织收取的代收货款资金不属于自有财产，只应用于货款的返还，不应以任何形式挪用或占用。

4.7 安全与应急

快递服务组织应设立安全管理机构，对代收货款业务流程及货款状态进行全程监控。

快递服务组织应建立完备的用户信息保护措施，并报当地邮政管理部门备案。快递服务组织及从业人员应依法保护用户信息安全。

快递服务组织应建立针对代收货款业务的应急预警机制，如发现挪用货款、资金链断裂等严重经营问题，应及时予以处理。

5 服务环节

5.1 概述

快递代收货款业务的服务环节包括：

a） 寄件人选择；

b） 合同签订；

c） 快件的收寄、分拣、封发、运输、投递；

d） 快件的退回；

e） 代收货款的结算；

f） 快件的查询、投诉、赔偿等。

其中，c）、f）除应满足本标准的规定外，还应满足 GB/T 27917.3—2011 的相应要求。

5.2 寄件人选择

5.2.1 快递代收货款业务的寄件人主要包括法人企业、个体工商户和其他商户。

快递服务组织应建立寄件人核实制度，选择符合条件的寄件人进行合作，确保快递代收货款服务质量。

5.2.2 快递服务组织对法人企业核实的内容可包括：

a） 企业的营业执照、企业法人证书、企业验资报告书、企业组织机构代码证、企业税务登记证、产品合格证明等资质文件；

b） 企业发展规模；

c） 企业信誉水平；

d） 所寄递商品是否符合其经营范围。

5.2.3 快递服务组织对个体工商户和其他商户核实的内容可包括：

a） 商户所有者的身份证，商户信誉水平等；

b） 所寄递商品是否符合其经营范围，以及所寄递商品的产品合格证明等文件。

5.2.4 在代收货款服务过程中，应定期对寄件人信誉等进行评估，对于涉嫌不诚信经营以及商品存在质量问题的寄件人，快递服务组织应及时停止合作。

5.3 合同签订

快递服务组织应与寄件人签订代收货款服务合同，明确双方的权利与义务，合同应至少包括以下内容：

a） 基本内容，包括服务范围、全程时限、收寄要求、投递要求等；

b） 服务费用，包括快递服务费、代收手续费等基本费用以及保险费、包装费等增值服务费用等；

c） 财务性约定，包括结算方式、结算周期、账户信息等；

d） 责任性条款，包括责任划分、责任认定、纠纷解决、免责条件等；

e） 安全性条款，包括遵守禁限寄规定，保障用户信息安全等；

f） 特殊约定，包括拒收件等异常快件处理、赔偿等。

5.4 收寄

5.4.1 收寄限额

快递服务组织可根据实际情况,确定本组织收寄的代收货款快件单件价值最高限额。

对于价值较高的代收货款快件,快递服务组织应提醒寄件人购买保险或保价服务。

5.4.2 快递运单

代收货款快递运单应符合 GB/T 28582—2012 的要求,同时应设有显著的"快递代收货款"业务标识,并设置"代收金额"栏目,有条件的快递服务组织可使用代收货款专用运单。

快递服务组织应提醒寄件人按照相关要求准确、完整、清晰填写快递运单。

5.5 内部处理

5.5.1 快递代收货款业务内部处理应满足 GB/T 27917.3—2011 中 5.3 的要求。

5.5.2 具备条件的快递服务组织宜:

a) 设立代收货款快件专用处理区域;

b) 在分拣封发时,将代收货款快件封发为专用总包,或张贴专用标签以示区别。

5.6 投递

5.6.1 概述

快递服务组织在投递代收货款快件时,应提供相应的防护措施,加强对收派员人身安全的保护。

5.6.2 签收

5.6.2.1 快递服务组织在与寄件人签订合同时,应明确双方在快件投递时验收环节的权利、义务以及验收服务要求。快递服务组织应提供符合合同要求的验收服务;寄件人应将验收的具体程序等要求以适当的方式告知收件人,快递服务组织在投递时也可予以提示;验收无异议,由收件人签字确认。

5.6.2.2 投递时,收派员应告知收件人当面验收快件。对于合同约定验收外包装的快件,如快件外包装完好,由收件人签字确认;如外包装出现明显破损等异常情况,收派员应告知收件人先验收内件再签收。对于合同约定允许验收内件的快件,收派员应允许收件人打开快递包装,对内件的外观、数量进行检查;除合同中另有约定外,不应对其进行试穿、试用或对其功能进行测试。

5.6.2.3 投递时,如合同另有约定的,从其约定。

5.6.3 货款收取

快件签收后,收派员应核对应收代收货款金额并足额收取。收取时,宜使用手持 POS 机,减少现金交易,降低风险。

如未完成妥投,收派员应及时将未妥投的快件上交快递服务组织,将相关信息录入信息系统。

快递服务组织应每日核对代收货款快件投递情况。对已妥投快件,核实实缴金额应与应缴金额是否相符;对未妥投快件,应核查快件的种类、数量、完好程度等,做好登记与信息上传。

5.7 退回

对于拒收的快件,收派员应提示收件人在快递运单等有效单据上注明拒收的原因和时间并签名。

若由于寄件人或其商品本身原因导致拒收,快递服务组织应在约定的时限内将拒收的快件退回寄件人。若由于快递服务组织原因导致拒收,则快递服务组织应负责退回快件,按约定进行赔偿。

快递服务组织与寄件人另有约定的,从其约定。

5.8 货款结算

5.8.1 资金归集与核对

快递服务组织分支机构应将每日收取的代收货款资金存入指定的账户。快递服务组织应及时核对账目明细,对发现的问题应及时处理。

5.8.2 结算周期

快递服务组织应按照合同约定的结算周期向寄件人返还货款。合同未作约定的,结算周期从妥投之日起计算,一般不超过7个工作日。

5.8.3 结算流程

结算前,快递服务组织应与寄件人进行账目核对,并要求寄件人以签字或其他法律认可的形式进行确认。

快递服务组织应通过转账拨款或第三方非金融支付的方式将应付货款划拨至合同约定的寄件人账户。

快递服务组织应对结算的相关凭证做好记录并妥善保存。凭证的保存期限不应少于一年。

ICS 03.240
备案号:45062—2014

YZ

中华人民共和国邮政行业标准

YZ/T 0135—2014

快递业温室气体排放测量方法

Measurement methods of greenhouse gas emissions for express industry

2014-05-09 发布　　　　2014-10-01 实施

国家邮政局　发布

目　次

前　　言

本标准按照 GB/T 1.1—2009 给出的规则起草。

本标准由国家邮政局提出。

本标准由全国邮政业标准化技术委员会(SAC/TC 462)归口。

本标准起草单位:中国航天建设集团有限公司、北京云邮信通物联网研究院、顺丰速运有限公司。

本标准主要起草人:王志、信雨、高虹、唐子淇、李庆丰、罗娟、徐毅、汪文涛、李锡金。

引　　言

本标准对于引导国内快递服务组织进一步提高节能减排意识，不断降低快递服务过程中的能源消耗和温室气体排放，积极承担环境保护社会责任具有重要意义。

本标准以 ISO 14064-1《温室气体　第一部分：组织层次上对温室气体排放和清除的量化和报告的规范及指南》为主要参考，在结合我国重点快递服务组织调研的基础上编制而成。本标准中排放因子及相关数据主要来源于国际和国内权威的温室气体排放测量参考资料：联合国政府间气候变化专门委员会（IPCC）发布的《2006 年 IPCC 国家温室气体清单指南》、IPCC 第四次评估报告、瑞士 Ecoinvent 2.1 数据库、eBalance 中国生命周期数据库、中国能源统计年鉴。随着时间的推移，在本标准的使用过程中，快递服务组织应采用更新的资料和数据。

快递服务组织可依据本标准，积极开展温室气体排放测量和比较，编写温室气体排放报告，并采取有效措施不断提高快递服务组织的节能减排水平。

快递业温室气体排放测量方法

1 范围

本标准规定了快递业温室气体排放的测量原则、测量范围、测量方法、排放指标等要求。

本标准适用于快递服务组织在快递服务活动中产生的温室气体的测量。

2 规范性引用文件

下列文件对于本文件的应用是必不可少的。凡是注日期的引用文件,仅注日期的版本适用于本文件。凡是不注日期的引用文件,其最新版本(包括所有的修改单)适用于本文件。

GB/T 27917.1 快递服务 第1部分:基本术语

3 术语和定义

下列术语和定义适用于本文件。

3.1

快递服务组织 express services organization

在中国境内依法注册的,提供快递服务的企业及其加盟企业、代理企业。

注:快递服务组织包括快递企业和邮政企业提供快递服务的机构。

[GB/T 27917.1,定义2.2]

3.2

温室气体 greenhouse gas

大气层中自然存在的和由于人类活动产生的能够吸收和散发由地球表面、大气层和云层所产生的红外辐射的气态成分。

注:快递服务组织温室气体排放主要包括二氧化碳(CO_2)、甲烷(CH_4)、一氧化二氮(N_2O)。

3.3

温室气体排放源 greenhouse gas emission source

向大气中排放温室气体的物理单元或过程。

3.4

温室气体排放量 greenhouse gas emission

在特定时段内释放到大气中的温室气体总量(以二氧化碳当量为单位计算)。

注:温室气体排放分为直接温室气体排放(3.5)、间接温室气体排放(3.6)、其他间接温室气体排放(3.7)。

3.5

直接温室气体排放 direct greenhouse gas emission

组织拥有或控制的温室气体排放源的温室气体排放。

3.6

间接温室气体排放 indirect greenhouse gas emission

组织所消耗的外部电力、热力的生产而造成的温室气体排放。

3.7

其他间接温室气体排放 other indirect greenhouse gas emission

因组织的活动引起的,而被其他组织拥有或控制的温室气体排放源所产生的温室气体排放,不包括间接温室气体排放。

3.8

固定源燃烧产生排放　emission from stationary combustion

化石燃料或生物质燃料在固定燃烧设备中燃烧产生的温室气体排放。

注:固定燃烧设备主要包括锅炉、炉灶等。

3.9

移动源燃烧产生排放　emission from mobile combustion

化石燃料或生物质燃料在移动燃烧设备中燃烧产生的温室气体排放。

注:移动燃烧设备主要包括各类航空、公路、铁路和水路运输工具。

3.10

活动水平数据　activity data

组织温室气体排放的测量值(通常为一年),包括能源的消耗量、物质的使用量和产生量等。

3.11

排放因子　emission factor

将活动水平数据与温室气体排放量相关联的因子。

3.12

全球变暖潜值　global warming potential (GWP)

将单位质量的某种温室气体在给定时间段内辐射强度的影响与等量二氧化碳辐射强度影响相关联的系数。

3.13

二氧化碳当量　carbon dioxide equivalent

在辐射强度上与某种温室气体质量相当的二氧化碳的量(tCO_2e)。

3.14

基准年　base year

用来将不同时期的温室气体排放,或其他温室气体相关信息进行参照比较的特定历史年份。

4　测量原则

4.1　相关性

选择确定适宜的测量范围、测量方法和活动水平数据,确保真实反映快递业温室气体排放情况。

4.2　完整性

对快递服务组织所有温室气体的排放源和活动进行确认和测量。

4.3　一致性

采用统一的测量和报告方法,对不同时间段快递服务组织的温室气体排放进行有意义的比较。

4.4　准确性

对快递服务组织温室气体排放进行准确测量,尽可能地减少偏差和不确定性。

4.5　透明性

具有明确的数据收集方法和测量计算过程,并对数据来源及计算方法给予充分说明。

5 测量范围

5.1 组织边界

快递服务组织自主和外包的快递服务系统、辅助快递服务系统（综合管理、后勤保障等），纳入组织边界。

5.2 排放边界

快递服务组织的温室气体排放包括：直接温室气体排放、间接温室气体排放以及其他间接温室气体排放。其中：

a） 直接温室气体排放包括：组织内固定源（锅炉、炉灶）、移动源（航空、公路、铁路、水路运输使用的交通工具）燃料燃烧产生的温室气体排放；

b） 间接温室气体排放包括：组织外购电力、热力等在生产过程中产生的温室气体排放；

c） 其他间接温室气体排放包括：快递封装用品生产过程中各种能源消耗产生的温室气体排放，外包收派和运输使用的交通工具等产生的温室气体排放。

5.3 温室气体排放源

在确定的排放边界内，快递服务组织活动类型所含的温室气体排放源见表1。

其中，重点排放源应重点测量；非重点排放源因活动水平数据的不确定性大或实质贡献率小等可选择性测量。

表1 温室气体排放活动类型及排放源

类别	活动类型	排放源	主要能源类型	温室气体种类			备注
				CO_2	CH_4	N_2O	
直接温室气体排放	自主收派和运输	交通工具	航空煤油、汽油、柴油	√	√	√	重点
	后勤保障	锅炉	煤、天然气、柴油	√	√	√	非重点
		炉灶	液化石油气、天然气	√	√	√	非重点
间接温室气体排放	自主收派和运输	电力机车和非机动车	外购电力	√	√	√	重点
	综合管理	耗电设备	外购电力	√	√	√	重点
		取暖设备	外购热力	√	√	√	非重点
其他间接温室气体排放	快递封装用品	生产设备	生产过程	√	√	√	重点
	外包收派和运输	交通工具	航空煤油、电力、汽油、柴油	√	√	√	重点

6 测量方法

6.1 测量模型

快递服务组织温室气体排放的测量采用排放因子法，根据收集的活动水平数据与对应的排放因子计算温室气体排放量。计算方法示例见附录A。

温室气体测量模型见公式（1）。

$$AE = AD \times EF \times GWP \tag{1}$$

式中：AE——组织活动温室气体排放量，单位为二氧化碳当量（tCO_2e）；

AD——活动水平数据，单位为吨（t），收集方法见 6.7；

EF——排放因子（tCO_2/t，tCH_4/t，tN_2O/t）；

GWP——温室气体全球变暖潜值。

6.2 温室气体排放总量

快递服务组织温室气体排放总量（$AE_{总}$）的计算公式见公式（2）。

$$AE_{总} = AE_{直接} + AE_{间接} + AE_{其他间接} \tag{2}$$

式中：$AE_{总}$——温室气体排放总量（tCO_2e）；

$AE_{直佞}$——直接温室气体排放量（tCO_2e）；

$AE_{间接}$——间接温室气体排放量（tCO_2e）；

$AE_{其他间接}$——其他间接温室气体排放量（tCO_2e）。

6.3 直接温室气体排放量

直接温室气体排放量（$AE_{直接}$）是快递服务组织在自主收派和运输、后勤保障等活动中使用航空煤油、汽油、柴油、天然气等燃料燃烧产生的温室气体排放量，其计算公式见公式（3）。

$$AE_{直接} = \sum_{i=1}^{n}(AD_{燃料i} \times EF_{燃料i} \times GWP) \tag{3}$$

式中：$AD_{燃料i}$——燃料 i 消耗量（t）；

$EF_{燃料i}$——燃料 i 排放因子（tCO_2/t，tCH_4/t，tN_2O/t）；

GWP——温室气体全球变暖潜值，示例见附录 B。

6.4 间接温室气体排放量

间接温室气体排放量（$AE_{间接}$）是快递服务组织在自主收派和运输中所采用的电力机车和非机动车辆、综合管理过程中使用外购电力和热力产生的排放量之和，其计算公式见公式（4）。

$$AE_{间接} = AE_{入电} + AE_{入热} \tag{4}$$

式中：$AE_{入电}$——外购电力温室气体排放量（tCO_2e）；

$AE_{入热}$——外购热力温室气体排放量（tCO_2e）。

其中，外购电力温室气体排放量（$AE_{入电}$）是快递服务组织在自主收派和运输中所采用的电力机车和非机动车辆、综合管理过程中使用外购电力产生的间接温室气体排放量，其计算公式见公式（5）。

$$AE_{入电} = AD_{耗电} \times EF_{电力} \tag{5}$$

式中：$AD_{耗电}$——电力消耗量（MWh）；

$EF_{电力}$——电力排放因子（tCO_2e/MWh），已包含生命周期 CO_2、CH_4、N_2O 的排放。

外购热力温室气体排放量（$AE_{入热}$）是快递服务组织在综合管理活动中使用外购热力产生的间接温室气体排放量，其计算公式见公式（6）。

$$AE_{入热} = AD_{耗热} \times EF_{热力} \tag{6}$$

式中：$AD_{耗热}$——热力消耗量（t）；

$EF_{热力}$——热力的排放因子（tCO_2e/t），已包含生命周期 CO_2、CH_4、N_2O 的排放。

6.5 其他间接温室气体排放量

其他间接温室气体排放量（$AE_{其他间接}$）是快递服务组织外购快递封装用品、外包收派和运输产生的其他间接温室气体排放量之和,其计算公式见公式(7)。

$$AE_{其他间接} = AE_{封装用品} + AE_{外包收派和运输} \tag{7}$$

式中:$AE_{封装用品}$——快递封装用品温室气体排放量(tCO_2e);

$AE_{外包收派和运输}$——外包收派和运输温室气体排放量(tCO_2e)。

其中,快递封装用品温室气体排放量($AE_{封装用品}$)是外购快递封装用品产生的温室气体排放量。封装用品类型主要包括快递运单、封套、包装箱、包装袋、透明胶带,其计算公式见公式(8)。

$$AE_{封装用品} = \sum_{i=1}^{n}(M_{封装用品i} \times EF_{封装用品i}) \tag{8}$$

式中:$M_{封装用品i}$——快递封装用品 i 质量(t);

$EF_{封装用品i}$——封装用品 i 排放因子(tCO_2e/t),已包含生命周期 CO_2、CH_4、N_2O 的排放。

外包收派和运输温室气体排放量($AE_{外包收派和运输}$)是组织外包收派和运输产生的温室气体排放量,其计算公式见公式(3)~公式(6)。

6.6 排放因子

6.6.1 直接温室气体排放因子

直接温室气体排放因子的计算公式见公式(9)。

$$EF_{燃料i} = EF_{IPCC排放系数} \times Q_{燃料i}/(1 \times 10^9) \tag{9}$$

式中:$EF_{IPCC排放系数}$——IPCC 中的排放因子(kg/TJ);

$Q_{燃料i}$——燃料 i 平均低位发热量(kJ/kg)。

6.6.2 间接温室气体排放因子

间接温室气体排放因子 $EF_{电力}$ 和 $EF_{热力}$ 来源于瑞士 Ecoinvent 2.1 数据库和 eBalance 中国生命周期数据库。

6.6.3 快递封装用品温室气体排放因子

快递封装用品的温室气体排放因子 $EF_{封装用品i}$ 由原材料排放因子和生产过程排放因子组成。原材料排放因子来源于瑞士 Ecoinvent 2.1 数据库及 eBalance 中国生命周期数据库,生产过程排放因子由封装用品生产企业温室气体年排放量与封装用品年产量计算得到,其计算公式见公式(10)和公式(11)。

$$EF_{封装用品i} = EF_{原材料i} + EF_{生产过程i} \tag{10}$$

$$EF_{生产过程i} = (AE_{封装用品直接} + AE_{封装用品间接} + AE_{封装用品其他间接})/M_{封装用品i年产量} \tag{11}$$

式中:$EF_{原材料i}$——快递封装用品原材料排放因子(tCO_2e/t);

$EF_{生产过程i}$——快递封装用品生产过程排放因子(tCO_2e/t);

$AE_{封装用品直接}$——封装用品生产企业直接温室气体排放量(tCO_2e);

$AE_{封装用品间接}$——封装用品生产企业间接温室气体排放量(tCO_2e);

$AE_{封装用品其他间接}$——封装用品生产企业其他间接温室气体排放量(tCO_2e);

$M_{封装用品i年产量}$——封装用品 i 年产量(t)。

6.6.4 温室气体排放因子示例

温室气体排放因子示例见附录 C:直接温室气体排放因子见表 C.1,间接温室气体排放因子见表 C.2,快递封装用品温室气体排放因子见表 C.3。

6.7 活动水平数据

快递服务组织在识别温室气体排放源的基础上，根据能源类型收集活动水平数据。活动水平数据来源于表 2 中的信息，也可参照能源审计及《能源统计报表制度》进行活动水平数据的收集。

表 2 温室气体排放活动水平数据种类与来源

<table>
<tr><th>温室气体排放源类型</th><th>排放活动</th><th>活动水平数据种类
（包括但不限于）</th><th>活动水平数据来源
（包括但不限于）</th></tr>
<tr><td>固定/移动燃烧源</td><td>燃料燃烧</td><td>煤、油、气等燃料消耗量</td><td rowspan="3">a）采购部门能源供货单、购货发票、缴费凭证、台账；
b）财务部门的财务成本年报表、月报表，涉及能源、动力账等部分；
c）节能（能源）部门的能源消耗台账；
d）重点耗能设备的运行记录；
e）业务外包方提供的能源消耗数据</td></tr>
<tr><td rowspan="2">外购电力和热力消耗源</td><td>外购电力</td><td>电力消耗量</td></tr>
<tr><td>外购热力</td><td>热力消耗量</td></tr>
<tr><td colspan="4">注：其他组织活动水平数据的确定可参照《省级温室气体清单编制指南（试行）》和《国家发展改革委办公厅关于进一步加强万家企业能源利用状况报告工作的通知》。</td></tr>
</table>

6.8 基准年

为了便于测量和比较，快递服务组织应确定用于测量温室气体排放的基准年。如不能得到足够的关于温室气体排放的历史信息，可将编制第一份温室气体排放源清单的时间规定为基准年。

7 排放指标

温室气体排放指标用于衡量快递服务组织温室气体排放水平，具体指标及其计算方法见表 3。

表 3 温室气体排放指标

<table>
<tr><th>类别</th><th colspan="2">项　目</th><th>计 算 方 法</th></tr>
<tr><td rowspan="4">综合指标</td><td colspan="2">温室气体排放总量（tCO_2e）</td><td>公式（2）</td></tr>
<tr><td colspan="2">排放强度（tCO_2e/万元）</td><td>温室气体排放总量/年收入</td></tr>
<tr><td colspan="2">单个快件温室气体排放量（$kgCO_2e$/件）</td><td>温室气体排放总量/年总件数</td></tr>
<tr><td colspan="2">吨公里温室气体排放量［$kgCO_2e$/（t·km）］</td><td>温室气体排放总量/（航空运输吨公里＋铁路运输吨公里＋公路运输吨公里＋水路运输吨公里）</td></tr>
<tr><td rowspan="4">交通运输方式</td><td rowspan="2">公路运输</td><td>吨公里温室气体排放量［$kgCO_2e$/（t·km）］</td><td>公路温室气体排放总量/$\sum_{i=1}^{n}$（公路线路 i 运输年总质量×公路线路 i 距离）</td></tr>
<tr><td>单个快件温室气体排放量（$kgCO_2e$/件）</td><td>公路温室气体排放总量/公路运输总件数</td></tr>
<tr><td rowspan="2">航空运输</td><td>吨公里温室气体排放量［$kgCO_2e$/（t·km）］</td><td>航空温室气体排放总量/$\sum_{i=1}^{n}$（航线 i 运输年总质量×航线 i 距离）</td></tr>
<tr><td>单个快件温室气体排放量（$kgCO_2e$/件）</td><td>航空温室气体排放总量/航空运输总件数</td></tr>
</table>

表 3(续)

类别	项目		计算方法
交通运输方式	铁路运输	吨公里温室气体排放量[$kgCO_2e$/(t·km)]	铁路温室气体排放总量/$\sum_{i=1}^{n}$(铁路线路 i 运输年总质量×铁路线路 i 距离)
		单个快件温室气体排放量($kgCO_2e$/件)	铁路温室气体排放总量/铁路运输总件数
	水路运输	吨公里温室气体排放量[$kgCO_2e$/(t·km)]	水路温室气体排放总量/$\sum_{i=1}^{n}$(水路线路 i 运输年总质量×水路线路 i 距离)
		单个快件温室气体排放量($kgCO_2e$/件)	水路温室气体排放总量/水路运输总件数
快递封装用品	运单($kgCO_2e$)		单个封装用品温室气体排放量 = 单个快递封装用品质量 × 温室气体排放因子
	快递封套($kgCO_2e$)		
	塑料薄膜包装袋($kgCO_2e$)		
	塑料编织布包装袋($kgCO_2e$)		
	快递包装箱($kgCO_2e$)		
	透明胶带($kgCO_2e$)		

注: 航空运输包括自营、包机、散航。其中,散航的温室气体排放量为快件占载质量的比例乘以整机的排放量。铁路、公路、水路参照此方法计算。

附　录　A

（资料性附录）

温室气体排放公式计算示例

温室气体排放公式计算的相关示例见表A.1。

表A.1　温室气体排放公式计算示例

类　别	公　式	示　例
直接温室气体排放量	$AE_{直接}=\sum_{i=1}^{n}(AD_{燃料i}\times EF_{燃料i}\times GWP)$	某公司2013年公路运输消耗的汽油为100t，则汽油的 CO_2 排放因子为2.985 tCO_2/t，CH_4 为 1.421×10^{-3} tCH_4/t，N_2O 为 1.378×10^{-4} tN_2O/t（见表C.1），CH_4 温室气体潜值为25，N_2O 为298。 因此，CO_2 排放当量 $=100\times2.985+100\times1.421\times10^{-3}\times25+100\times1.378\times10^{-4}\times298=306.159tCO_2e$
间接温室气体排放量	$AE_{入电}=AD_{耗电}\times EF_{电力}$	某公司2013年外购电力100MWh，则电能的排放因子为 $0.960tCO_2e/MWh$（已包含生命周期 CO_2、CH_4、N_2O 排放，数值见表C.2）。 因此，CO_2 排放当量 $=100\times0.96=96tCO_2e$
其他间接温室气体排放量	$AE_{封装用品}=\sum_{i=1}^{n}(M_{封装用品i}\times EF_{封装用品i})$	快递封装用品中运单0.006kg，则运单的排放因子为1.872 $kgCO_2e/kg$（已包含生命周期 CO_2、CH_4、N_2O 排放，数值见表C.3）。 因此，CO_2 排放当量 $=0.006\times1.872=0.011kgCO_2e$

附 录 B
（资料性附录）
温室气体及其全球变暖潜值示例

根据联合国政府间气候变化专门委员会 IPCC 第四次评估报告，温室气体及其在 100 年时间跨度内的全球变暖潜值（*GWP*）见表 B.1。

表 B.1 温室气体及其全球变暖潜值

温室气体类型	全球变暖潜值（*GWP*）
二氧化碳（CO_2）	1
甲烷（CH_4）	25
一氧化二氮（N_2O）	298

附　录　C
（资料性附录）
温室气体排放因子示例

C.1　直接温室气体排放因子的相关示例见表 C.1。

表 C.1　直接温室气体排放因子

类别	能源类型	平均低位发热量(kJ/kg)	IPCC CO_2 排放因子(kg/TJ)	CO_2 排放因子(tCO_2/t)	IPCC CH_4 排放因子(kg/TJ)	CH_4 排放因子(tCH_4/t)	IPCC NO_2 排放因子(kg/TJ)	N_2O 排放因子(tN_2O/t)
公路	汽油	43 070	69 300	2.985	33	1.421×10^{-3}	3.2	1.378×10^{-4}
	柴油	42 652	74 100	3.161	3.9	1.663×10^{-4}	3.9	1.663×10^{-4}
	液化石油气	50 179	63 100	3.166	62	3.111×10^{-3}	0.2	1.004×10^{-5}
	天然气	38 931	56 100	2.184	92	3.582×10^{-3}	3	1.168×10^{-4}
铁路	柴油	42 652	74 100	3.161	4.15	1.770×10^{-4}	28.6	1.220×10^{-3}
航空	航空汽油	43 070	69 300	2.985	0.5	2.154×10^{-5}	2	8.614×10^{-5}
	航空煤油	42 652	71 500	3.050	0.5	2.133×10^{-5}	2	8.530×10^{-5}
水路	汽油	43 070	69 300	2.985	7	3.015×10^{-4}	2	8.614×10^{-5}
	煤油	43 070	71 900	3.097	7	3.015×10^{-4}	2	8.614×10^{-5}
	柴油	42 652	74 100	3.161	7	2.986×10^{-4}	2	8.530×10^{-5}
	液化石油气	50 179	63 100	3.166	7	3.513×10^{-4}	2	1.004×10^{-4}
	天然气	38 931	56 100	2.184	7	2.725×10^{-4}	2	7.786×10^{-5}

注：表中 IPCC 能源排放因子来自 2006 年 IPCC 国家温室气体清单指南，平均低位发热量来自中国能源统计年鉴 2012。

C.2　间接温室气体排放因子的相关示例见表 C.2。

表 C.2　间接温室气体排放因子

类　别	能 源 类 型	CO_2 排放因子
电力	电能（火力发电）	0.960（tCO_2e/MWh）
热力	热力（燃煤）	0.408（tCO_2e/t）

注：电能排放因子来自 eBalance 中国生命周期数据库，热力排放因子来自 Ecoinvent 2.1 数据库。

C.3　快递封装用品温室气体排放因子的相关示例见表 C.3。

表 C.3 快递封装用品温室气体排放因子

类别	名 称	生产过程排放因子（$kgCO_2e/kg$）	原材料排放因子（$kgCO_2e/kg$）	总排放因子（$kgCO_2e/kg$）
快递封装用品	运单	0.372	1.50	1.872
	快递封套	0.008	2.52	2.528
	快递包装箱	0.257	0.88	1.137
	塑料薄膜包装袋	0.560	2.68	3.240
	塑料编织布包装袋	0.537	1.97	2.507
	透明胶带	0.795	1.97	2.765
注：原材料排放因子来自 Ecoinvent 2.1 数据库，生产过程排放因子在 2012 年行业重点企业调研的基础上计算得出。				

参 考 文 献

[1] 国际标准化组织. ISO 14064-1　温室气体　第一部分:组织层次上对温室气体排放和清除的量化和报告的规范及指南,2006.

[2] 世界可持续发展工商理事会，世界资源研究所. 温室气体核算体系：企业核算与报告标准,2012.

[3] 政府间气候变化专门委员会. 2006 年 IPCC 国家温室气体清单指南,2006.

[4] 政府间气候变化专门委员会. IPCC 第四次评估报告《气候变化 2007》,2007.

[5] 国家气候变化对策协调小组办公室，国家发展和改革委员会能源研究所. 省级温室气体清单编制指南(试行),2011.

[6] 中华人民共和国国家统计局. 能源统计报表制度,2011.

[7] 国家发改委办公厅. 国家发展改革委办公厅关于进一步加强万家企业能源利用状况报告工作的通知,2012.

[8] 国家统计局. 中国能源统计年鉴 2012,2012.

[9] 四川大学，亿科环境科技. eBalance 中国生命周期数据库. 2012. http://www. itke. com. cn/blog/down loads? did =3.

[10] 瑞士 Ecoinvent 中心. Ecoinvent 2. 1 数据库. 2010. www. greenclean86. com.

ICS 43.140
T 99
备案号:45969—2014

中华人民共和国邮政行业标准

YZ/T 0136—2014

快递专用电动三轮车技术要求

Electro-tricycle technical requirements for express special

2014-06-18 发布　　　　2014-09-01 实施

国家邮政局　发布

目　　次

前　　言

本标准按照GB/T 1.1—2009给出的规则起草。

本标准发布机构不负责对本标准是否涉及专利进行识别,不负责对专利权人/专利申请人提交材料的真实性、本标准所涉及专利的有效性和专利申请的范围等进行鉴别。

本标准由国家邮政局提出。

本标准由全国邮政业标准化技术委员会(SAC/TC 426)归口。

本标准负责起草单位:邮政科学研究规划院。

本标准参加起草单位:南京大陆鸽高科技股份有限公司、江苏金彭车业有限公司、北京九通长润动力科技有限公司。

本标准主要起草人:陆建中、马进忠、把宁、高晓庆、岑荣青、傅春金、李超阳、康丽。

本标准为首次发布。

快递专用电动三轮车技术要求

1 范围

本标准规定了快递专用电动三轮车(以下简称快递三轮车)的产品分类及编码、基本要求、主要部件要求、安全要求、性能要求、配置要求、厢体要求、外观要求和装配要求。

本标准适用于专门从事快件收寄和投递服务的电动三轮车的生产和使用。

2 规范性引用文件

下列文件对于本文件的应用是必不可少的。凡是注日期的引用文件,仅注日期的版本适用于本文件。凡是不注日期的引用文件,其最新版本(包括所有的修改单)适用于本文件。

GB 518 摩托车轮胎

GB/T 2983 摩托车轮胎系列

GB 3565—2005 自行车安全要求

GB 4208—2008 外壳防护等级(IP 代码)

GB 4706.18 家用和类似用途电器的安全　电池充电器的特殊要求

GB/T 5169.11—2006 电工电子产品着火危险试验　第11部分:灼热丝/热丝基本试验方法　成品的灼热丝可燃性试验方法

GB/T 5359.1 摩托车和轻便摩托车术语　第1部分:车辆类型

GB/T 5359.2 摩托车和轻便摩托车术语　第2部分:车辆性能

GB/T 5359.3 摩托车和轻便摩托车术语　第3部分:两轮车和三轮车尺寸

GB/T 5359.4 摩托车和轻便摩托车术语　第4部分:两轮车和三轮车质量

GB/T 6807—2001 钢铁工件涂装前磷化处理技术条件

GB/T 7134 浇铸型工业有机玻璃板材

GB/T 9286—1998 色漆和清漆　漆膜的划格试验

GB 24155—2009 电动摩托车和电动轻便摩托车　安全要求

GB/T 24158 电动摩托车和电动轻便摩托车　通用技术条件

GB/T 25424 农林拖拉机和机械　风挡玻璃雨刷器

GB/T 27917.1 快递服务　第1部分:基本术语

QB 2191 自行车反射器

QC/T 792 电动摩托车和电动轻便摩托车用电机及控制器技术条件

3 术语和定义

GB 3565、GB/T 5359.1~5359.4 和 GB/T 27917.1 中界定的以及下列术语和定义适用于本文件。

3.1

正三轮电动车　electric positive tricycle

装有三个轮子,其中一个轮子在纵向中心平面上,另外两个轮子对称于纵向中心平面布置的电动车。

3.2

快递专用电动三轮车　electro-tricycle for express special

以车载蓄电池作为能源，由电动机驱动，装备封闭式厢体，并具有统一标识，专门用于快件揽收和派送的正三轮电动车。

3.3

最大装载质量　maximum laden mass

快递三轮车厢体内所满载快件的总质量。

3.4

厢体质量　box quality

快递三轮车上装载快件的厢体的质量。

3.5

整车质量　complete vehicle mass

快递三轮车本身并包括蓄电池、厢体及附属部件（不包括防雨篷）的总质量。

3.6

轴距　wheel base

快递三轮车前轴中心到后轴中心之间的距离。

3.7

轮距　track

快递三轮车两个后轮之间的距离。

3.8

续驶里程　range

快递三轮车从蓄电池完全充电及满载的状态开始，按工况法、等速法行驶，直到设定的试验终止条件，能连续行驶的最大距离，单位为千米（km）。

4　产品分类及编码

4.1　分类

快递三轮车的类型按其装载快件的质量可分为轻型和重型两类，轻型最大装载质量不大于150kg，重型最大装载质量不大于200kg。

4.2　编码

快递三轮车应采用唯一的整车编码，编码规则应符合国家质检总局发布的《生产企业自行车编码管理实施规则》的规定。

5　基本要求

5.1　总则

快递三轮车应满足GB 24155、GB/T 24158的相关要求。所使用的零部件（包括充电器）应执行相应的国家标准和行业标准。

5.2　使用环境

快递三轮车应在环境温度 −10℃ ~45℃、相对湿度10% ~85%的环境中正常使用。

5.3 尺寸限值

快递三轮车主要尺寸限值应满足表1的规定。

表1 尺寸限值

项目	轻型(mm)	重型(mm)
整车长度	≤2 700	≤3 000
整车宽度[a]	≤900	≤1 000
整车高度[b]	≤1 400	≤1 500
轴距	≥1 800	≥1 900
轮距	≥800	≥850
最大转向角	≤45°	

[a] 除后视镜外,所有固定部件及箱体的横向尺寸。

[b] 厢体顶部至地面的距离。

5.4 车速限制

5.4.1 最高车速

快递三轮车最高车速应不大于15km/h。

5.4.2 倒车车速

快递三轮车最高倒车车速应不大于5km/h。

5.4.3 限速要求

快递三轮车所用的电器控制系统在技术特性上应有防篡改设计,确保其最高车速符合本标准5.4.1的要求。

5.5 续驶里程

快递三轮车一次充电后,续驶里程应不小于50km。当温度低于-4°时,续驶里程应不小于40km。

5.6 整车质量

快递三轮车的整车质量应符合表2的规定。

表2 整车质量

单位为千克

类型	整车质量
轻型	≤300
重型	≤350

5.7 驾驶人员核定

快递三轮车只准许乘坐驾驶人1人。

5.8 人性化设计

快递三轮车各部件应依据人体工程学原理进行设计，以保证布置合理，操作方便，乘驾舒适。

6 主要部件要求

6.1 电动机

快递三轮车电动机应符合 QC/T 792 的相关规定，额定连续输出功率应符合表 3 的规定。

表 3 额定连续输出功率

单位为瓦特

类　型	额定连续输出功率
轻型	≥500
重型	≥650
注：对于坡路较多的地区，电机功率重型的额定输出功率可提高到 800W，由供需双方商议。	

6.2 蓄电池

快递三轮车蓄电池的装拆及连接应方便，并有明显的极性标志。标称电压为 48V ~ 60V。

6.3 控制器

快递三轮车控制器紧固件连接要牢固，引出线应完整无损，并应符合 QC/T 792 的相关规定。

6.4 轮胎

快递三轮车轮胎应采用负荷能力不小于 180kg 的载重型轮胎，符合 GB/T 2983 中规定的系列摩托车轮胎的规格型号，其性能要求应符合 GB 518 的规定。

6.5 充电器

快递三轮车充电器应有过充电保护功能，符合 GB 4706.18 的规定，其安全要求见附录 A。

7 安全要求

7.1 制动

7.1.1 行驶制动

7.1.1.1 快递三轮车以额定车速行驶时，其制动距离应符合表 4 的规定。

表 4 制 动 距 离

条　件	制动初速度(km/h)	载　荷	制动距离(m)
干态	15	满载	≤3
湿态		满载	≤4

7.1.1.2 制动手柄的空行程(离支点 150mm 处)范围宜为 10mm ~ 20mm。

7.1.1.3 制动踏板的空行程范围宜为20mm～30mm。

7.1.1.4 当制动系统制动作用消失后，制动力应同时消失，在制动臂或制动踏板全行程三分之二以内达到最大制动效能。

7.1.1.5 行驶过程中不得有自行制动。

7.1.2 驻车制动

快递三轮车驾驶员应在座位上即可完成驻车制动功能。在没有驾驶员的情况下，也应能停在上、下15°坡道上，前后轮不应有滚动且三个车轮中任意一个轮子均不应有离开地面的现象。

7.1.3 制动力

快递三轮车满载制动时，踏板力应不大于350N，手握力应不大于250N。

7.2 锐边

正常骑行、搬运和维修快递三轮车时，人体及手、腿可能触及之处均不应有尖角、毛刺、飞边等外露的锐边，其中：

——板件各角的曲率半径应不小于3mm；

——板件边缘的曲率半径应不小于0.5mm；

——小于1mm板材的边缘，应使用边缘防护材料进行包覆。

闸把、支架、厢体四周以及厢体门等零部件的端部必须加工成圆角或用护套覆盖。

7.3 突出物

快递三轮车组装完成后，露出高度超过8mm硬突出物（不包括软橡胶和塑料件），其端尾部的曲率半径应不小于6.3mm，其中：

——外部突出物杆的直径不小于10mm；

——杆端部边缘曲率半径应不小于2mm。

从座位前端起至500mm之间，车架上任何部位不得有突出物。紧固后的螺钉突出部分（高于螺母表面部分）不得超过螺钉的外径尺寸，用护套覆盖或人体不易触及的部分除外。

7.4 锁止装置

快递三轮车的蓄电池组盒、厢体车门、车把转向或后车轮应装有锁止装置。

7.5 阻燃性能

蓄电池组盒的非金属材料部件应能承受GB/T 5169.11—2006中表1规定的550℃温度下的灼热丝试验，其相关电源线及其接插件支撑体的绝缘材料部件，应能承受GB/T 5169.11—2006中表1规定的750℃温度下的灼热丝试验。

7.6 电池密封性

快递三轮车的蓄电池应有良好的密封性，在正常安装位置条件下充放电时不应有渗漏现象。

7.7 带电部件防护

快递三轮车与充电电源连接的系统中人体可能触及到的带电部件，均应有必要的防护措施。

8 性能要求

8.1 基本性能

8.1.1 爬坡能力

快递三轮车满载时的爬坡能力应不小于6°。

8.1.2 倾斜稳定性

快递三轮车满载时,在前后(纵向)或左右(侧向)倾斜15°时应能相对稳定。

8.1.3 回转半径

快递三轮车的最小回转半径应不大于3.5m。

8.1.4 淋水性能

快递三轮车整车淋水性能应不低于GB 4208—2008 中IPX3 的要求。

8.1.5 涉水性能

快递三轮车在水深100mm 的环境中,应能正常行驶,灯具、喇叭等电器部件,发光发声等信号功能正常。

8.2 机械性能

8.2.1 车架

8.2.1.1 静态结构强度

快递三轮车车架在施加150% 最大装载质量的垂直静载荷30min 后,车架塑性变形应不大于3mm。

8.2.1.2 动态结构强度

快递三轮车车架承载120% 的最大装载质量并在三级公路行驶100km 后,车架塑性变形应不大于3mm,车体各部位不出现开裂、脱落和其他影响正常行驶的故障。

8.2.2 车架/前叉组合件

8.2.2.1 冲击强度

快递三轮车车架/前叉组合件应在标准试验环境中进行从360mm 高度垂直落下的22.5kg 重锤的冲击,试验后检查各部件不应有可见裂纹,在轴距和轮距上测得的永久变形应不大于40mm。

8.2.2.2 振动强度

快递三轮车车架/前叉组合件应在标准试验环境中进行振动次数15 万次的试验,试验后检查各部件不应有可见裂纹、破损、明显变形和松动。

8.2.2.3 前叉耐久性

快递三轮车前叉组合件应在表5 规定的试验条件下进行5 万次的疲劳试验,试验后检查各部件不应有可见裂纹、破损、明显变形和松动。

表5　耐疲劳试验条件

振动频率(Hz)	振动加速度(m/s^2)	加振时间(h)	
		前　轮	后　轮
8～11	19.6	1	1

8.3　电气性能

8.3.1　绝缘电阻

常态下，快递三轮车的电源电路、控制电路与外露可导电部件之间的绝缘电阻值应大于20MΩ；防水和涉水试验后，绝缘电阻值应大于2MΩ。

8.3.2　耐电压

按照GB 24155—2009中5.3规定的试验方法，使用50Hz～60Hz的交流电压连续测试电路与外露可导电部件1min，测试电压值见表6。

表6　测 试 电 压

单位为伏特

测试电路的工作电压 U_0(AC)	基 本 绝 缘	附 加 绝 缘	双层绝缘或加强绝缘
48～60	1 000	$2U_{max}+2\,250$	$2U_{max}+3\,250$

8.3.3　短路保护

充电线路和电池输出端中应装有熔断丝或断路器保护装置，其规格、参数应符合生产企业产品说明书或其他明示的规定。

9　配置要求

9.1　座椅

座椅的长度应不小于600mm，宽度宜为370mm～420mm，安装高度宜在踏板平面之上400mm～450mm，并可在座椅两端安装座椅扶手。

9.2　坐垫和靠垫

座椅上面和厢体的前面适当位置应安装坐垫和靠垫，垫子内应有填充物，外观应饱满，缝边应清晰，不应有褶皱、褪色和破损等缺陷。

9.3　后视镜

快递三轮车应安装凸面后视镜，镜面中心与车架中心面之间的距离应不小于480mm，后视镜应安装牢固，反射面上能绘出矩形的面积应不小于6 000mm^2。

9.4　照明装置

快递三轮车应装有前灯、转向灯、后灯和制动灯，车厢内可安装工作照明灯，前灯的发光强度不应低于 3 000cd。

9.5 反射器

快递三轮车应装有后反射器、侧反射器装置，类型、颜色和安装要求应符合 GB 3565—2005 中第 17 章的规定，光学要求应符合 QB 2191 的规定。

9.6 鸣号

快递三轮车应装有鸣号装置，声压级应达到 75dB(A)～100dB(A)。

9.7 提示音装置

快递三轮车应装有倒车语音提示装置，声压级应达到 50dB(A)～65dB(A)。

9.8 仪表

快递三轮车应配有显示仪表，显示车速、电压和总里程数等主要技术参数。

9.9 灭火器

快递三轮车应配置 0.5kg 以上的干粉灭火器。

9.10 防雨篷

快递三轮车可安装拆卸式防雨篷，防雨篷上应装有前挡风玻璃和雨刷器，其基本要求见附录 B。

9.11 卫星定位系统

快递三轮车上宜配备卫星定位系统。

10 厢体要求

10.1 一般要求

10.1.1 厢体与车架部件的连接应牢固可靠，厢体周边与厢体门应具有良好的密封性。

10.1.2 厢体底部应装有支撑厢体抬起的支撑杆，可将厢体支撑起不小于 30°角的位置。

10.1.3 厢体各部位锐边和突出物应符合 7.2 和 7.3 的规定。

10.1.4 厢体顶部、左右侧面不应有外凸物。

10.2 尺寸

厢体内部尺寸应符合表 7 的要求。

表 7 厢体内部尺寸

单位为毫米

类型	厢体内部尺寸		
	长	宽	高
轻型	≤1 300	≤850	≤850
重型	≤1 400	≤900	≤950

10.3 材料

10.3.1 快递三轮车厢体材料为镀锌板、冷轧钢板等，其厚度不应小于0.7mm，可采用内衬材料、加强筋和表面压痕等工艺，以提高厢体的整体强度。

10.3.2 非金属合成材料制作的厢体应具有阻燃性，抗弯曲强度应大于2kPa。

10.4 厢体结构

厢体可采用整体折弯或板材冲压、焊接、包边等多种形式制作，厢体顶部左右边缘宜采用弧形，其曲率半径应不小于50mm。

10.5 厢体质量

厢体自身质量在满足使用要求后，不宜过大，总质量应符合表8的规定。

表8 厢体质量

单位为千克

类　型	厢体质量
轻型	≤80
重型	≤110

10.6 门开启位置

厢体门宜采用双门对开的形式，开启位置可设在厢体的右侧或后侧。

10.7 厢体门锁

厢体应装有防盗锁，可采用挂锁、抽屉锁和电控锁等多种形式。

10.8 标识

10.8.1 统一标识

快递三轮车厢体上应有“快递”统一标识，标识的组成、颜色、字体和位置见附录C。

10.8.2 企业标识

除“快递”统一标识外，快递三轮车厢体上还应有快递企业的企业标识、服务及监督电话等相关信息。

10.8.3 其他

确有特殊需要的地区，快递三轮车厢体上可采用当地管理部门认定的标识。

10.9 表面涂层

10.9.1 采用金属材料制作的厢体，表面涂层厚度应大于0.2mm，厢体涂层应色泽均匀，不允许有露底、流挂、起泡、褶皱等缺陷。

10.9.2 厢体材料应进行磷化处理，并符合GB/T 6807—2001中4.6和4.8的规定。

10.9.3 涂层应具有耐腐蚀性，符合GB/T 6807—2001中4.9的规定。涂层从底层脱离的抗性应符合GB/T 9286—1998中表1试验结果分级的2级以上。

10.10 特殊厢体

特殊用途的厢体，如冷冻、保鲜、保温等特殊要求，由供需双方协商。

11 外观要求

11.1 整体要求

快递三轮车应外观整洁，各零部件完好无缺损，连接件连接牢固。

11.2 外露件表面

各外露部件的表面应清洁，无污迹、锈蚀，不应有明显的划痕、气泡、龟裂、脱落、磨损及其他机械损伤。

11.3 涂层表面

各涂层表面光滑、平整、色泽均匀，不应有明显的斑点、杂色、裂痕、气泡、划伤和流痕。

11.4 镀铬件表面

镀铬件表面色泽均匀，不得有烧黑、鼓泡、剥落、锈蚀、露底、毛刺和划伤。

11.5 塑料件表面

塑料件表面色泽均匀，无明显划痕、飞边和凹凸不平。

11.6 焊接件

焊接件的焊缝应均匀平整，无漏焊、裂纹、夹渣、烧圈和咬边等缺陷，高出工件表面的焊瘤、焊渣应修平。

11.7 商标、说明文字

生产企业的商标、铭牌等说明性的文字内容，应安装和标识在车架、座椅侧面等位置，面积不得超过 $200mm^2$。

12 装配要求

12.1 总体要求

快递三轮车应按其型号要求组装，不应错装和漏装；各紧固件应紧固到位；各转动部件应运转灵活、间隙适当，可调部位有适当的调整空间（余地）；运动部件不应与不动件相碰擦。

12.2 号牌要求

快递三轮车应安装由各地主管部门统一颁发的号牌，其规格尺寸、内容及格式由各地主管部门自行规定。

12.3 紧固件要求

快递三轮车的各零部件应装配齐全、准确、可靠。

12.4 对称部件要求

快递三轮车的各对称部件应与车架中心左右对称，不得有明显的偏斜，车把左右水平、上下高度偏差不得大于10mm。轮辋跳动量不大于2mm。

12.5 导线布线要求

所有电器导线应捆扎成束，布置整齐；导线夹紧装置应选用绝缘材料，若采用金属材料，则必须有绝缘内衬；插接件应插接可靠，无松脱；电器系统所有接线均不应裸露。

附 录 A
(规范性附录)
快递专用电动三轮车充电器安全要求

A.1 基本要求

A.1.1 快递专用电动三轮车充电器装置应符合 GB 4706.18 的相关规定。

A.1.2 充电器在使用过程中应能安全工作,不应对周边人员和周围环境造成危害。

A.1.3 充电时应有充电指示、满电显示及说明,并标明工作电压。

A.1.4 充电接口和电池组之间应设有隔离措施,防止电池通过充电器接口对外放电。

A.2 标示内容

充电器应标明输出电压、电流、输出端子的极性以及所适应的电池种类、数量和额定容量。

附 录 B
（资料性附录）
快递专用电动三轮车防雨篷

B.1 尺寸

防雨篷宽度尺寸不应超过厢体的宽度，前后长度的投影位置不应超过快递三轮车前轮最前端。

B.2 材料

前风挡应使用不小于4mm厚的钢化玻璃或不小于5mm厚的有机玻璃，其技术指标应符合GB/T 7134的规定。

B.3 雨刷器

配备前风挡的快递三轮车应安装雨刷器，并由控制开关控制摆动频率。其技术指标应符合GB/T 25424的规定。

B.4 强度

防雨篷的顶部应能承受15kPa的压强。

B.5 质量

防雨篷质量不应超过20kg。

附　录　C
（规范性附录）
“快递”统一标识要求

C.1　标识组成

“快递”统一标识由深蓝色和浅蓝色背景以及白色“快递”字体组成，尺寸和图案见图 C.1。

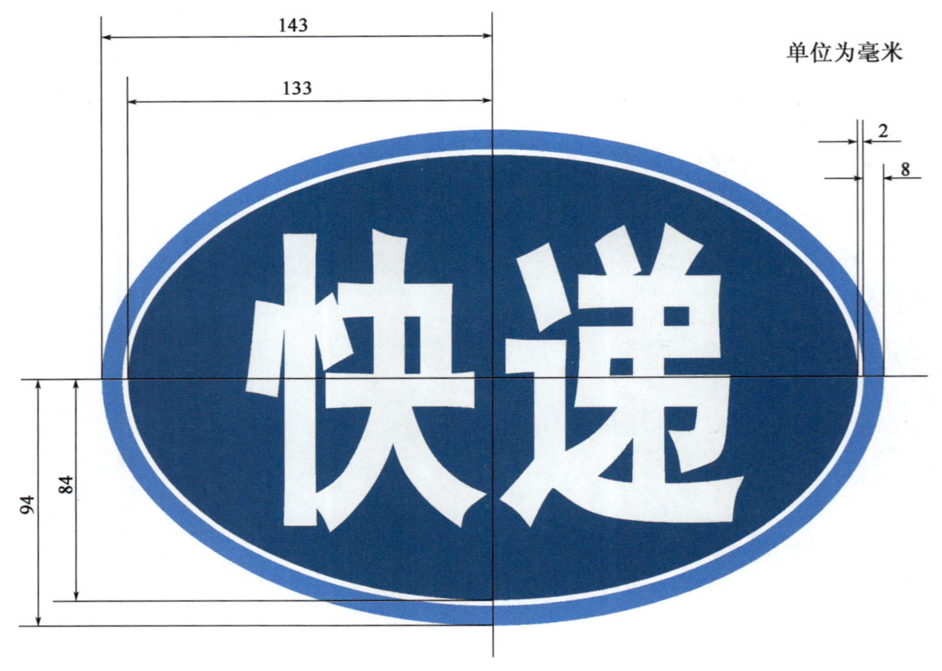

图 C.1　标识的尺寸和图案

C.2　标识颜色

背景颜色采用潘通（PANTONE）色标。其中深蓝颜色采用 PANTONE654，浅蓝颜色采用 PANTONE638。

C.3　标识字体

标识中的“快递”字样应采用黑体字，字体高度应为 116mm，单个字体宽度为 92mm，误差为 ±3mm。

C.4　标识位置

标识应设在厢体前板左上角的位置，椭圆边缘距厢体顶板边缘和左侧板边缘为 20mm。

参 考 文 献

［1］GB 17761　电动自行车通用技术条件
［2］GB 3096—2008　声环境质量标准
［3］GB 12996—91　电动轮椅车
［4］GB/T 18332.1—2009　电动道路车辆用铅酸蓄电池
［5］GB/T 18332.2—2001　电动道路车辆用金属氢化物蓄电池
［6］GB/Z 18333.1—2001　电动道路车辆用锂离子蓄电池
［7］GB/Z 18333.2—2001　电动道路车辆用锌空气蓄电池
［8］GB 20073—2006　摩托车和轻便摩托车制动性能要求及试验方法
［9］GB 20074—2006　摩托车和轻便摩托车外部突出物
［10］GB/T 24157—2009　电动摩托车和电动轻便摩托车　能量消耗率和续驶里程　试验方法
［11］CJJ 37—90　城市道路设计规范
［12］国质检监联〔2007〕450 号文　附件 1 生产企业自行车编码管理实施规则

ICS 03.240
M 81
备案号:49180—2015

中华人民共和国邮政行业标准

YZ/T 0137—2015

快递营业场所设计基本要求

Basic design requirements of business premises for express service

2015-02-06 发布　　　　2015-05-01 实施

国家邮政局　发布

目　　次

前　　言

本标准按照 GB/T 1.1—2009 给出的规则起草。

本标准由国家邮政局提出。

本标准由全国邮政业标准化技术委员会(SAC/TC 462)归口。

本标准起草单位:圆通速递有限公司、中国标准化研究院、国家邮政局发展研究中心。

本标准主要起草人:周杨、李琳、杭翊、曾毅、王东升、王学斌、耿艳。

引　言

快递营业场所分为自有营业场所与合作营业场所两类。目前自有营业场所发展相对成熟，而合作营业场所的建设模式和运营方式多种多样，还处在发展演变的过程中，因此，为避免过早制定标准限制其发展，本标准主要针对自有营业场所的相关内容进行了规定。但标准中有关室内墙体张贴和场所安全要求等内容，合作营业场所应参照执行。

快递营业场所设计基本要求

1 范围

本标准规定了快递营业场所在选址、分类、原则要求和功能分区、设施设备、装修和安全等方面的要求。

本标准适用于快递服务组织自有快递营业场所的设计与建设。

2 规范性引用文件

下列文件对于本文件的应用是必不可少的。凡是注日期的引用文件，仅注日期的版本适用于本文件。凡是不注日期的引用文件，其最新版本(包括所有的修改单)适用于本文件。

GB 8898　音频、视频及类似电子设备　安全要求
GB/T 16606.1　快递封装用品　第1部分:封套
GB/T 16606.2　快递封装用品　第2部分:包装箱
GB/T 16606.3　快递封装用品　第3部分:包装袋
GB/T 27917.1　快递服务　第1部分:基本术语
GB 50016　建筑设计防火规范
GB 50034　建筑照明设计标准
GB 50140　建筑灭火器配置设计规范
GB 50210　建筑装饰装修工程质量验收规范
GB 50327　住宅装饰装修工程施工规范
YZ/T 0136—2014　快递专用电动三轮车技术要求

3 术语和定义

下列术语和定义适用于本文件。

3.1

快递营业场所　business premises for express service

快递服务组织用于提供快件收寄、投递及其他相关末端服务的场所。

注:改写 GB/T 27917.1,定义4.4.1。

3.2

自有营业场所　self-owned business premises for express service

快递服务组织利用自有产权或通过购买、租赁等形式获得房屋使用权，并独立开展快递及相关业务的营业场所。

3.3

合作营业场所　cooperative business premises for express service

快递服务组织通过与其他单位或组织合作，开展快递及相关业务的营业场所。

3.4

基本型营业场所　basic business premises for express service

仅满足业务接待和快件暂存基本功能要求的快递营业场所。

3.5

拓展型营业场所　expanding business premises for express service

除具备基本型营业场所服务功能外,还可满足业务操作、停车及装卸、充电等其他功能要求的快递营业场所。

4　快递营业场所的选址

4.1　应符合国家有关政策法规、城市总体规划及道路交通规划。
4.2　宜考虑所在区域的企业及商业设施分布情况,以及人口结构、收入水平、消费习惯和用户需求。
4.3　宜考虑同业发展情况、商业化程度、土地价格、租金。
4.4　宜选择在交通便捷的地点,以满足运输、揽投等车辆的进出。
4.5　应考虑周边环境,减少营业过程中给居民生活和休息带来的不便。

5　快递营业场所的分类

5.1　快递营业场所分为自有营业场所和合作营业场所。分类示意图见图1。

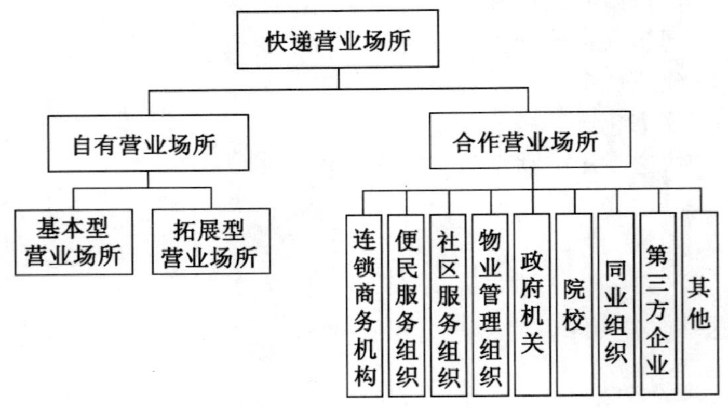

图1　快递营业场所分类示意图

5.2　自有营业场所依据功能和面积等要素,可进一步分为基本型营业场所和拓展型营业场所。
5.3　合作营业场所的合作对象包括连锁商务机构、便民服务组织、社区服务组织、物业管理组织、政府机关、院校、同业组织以及专业第三方企业等。

6　快递营业场所的原则要求与功能分区

6.1　原则要求

自有营业场所应满足如下要求:

——具有固定的独立空间;

——基本型营业场所应包括业务接待区和暂存区,两者应物理分隔;

——拓展型营业场所在基本型营业场所的基础上，增加独立的操作、停车及装卸、充电等功能区；

——基本型营业场所面积不应小于15m^2，拓展型营业场所面积不应小于30m^2，且营业场所的面积应与快递业务量大小相适应；

——同一服务品牌的快递服务组织，其快递营业场所的设计应保持统一风格；

——符合国家对于营业场所其他方面的要求。

6.2 功能分区

6.2.1 概述

自有营业场所应根据现场实际，在场所内划分接待、暂存、操作、停车及装卸、充电等相关功能区域，各功能区域可用标线进行分隔，保持出入畅通，方便人员、车辆及快件的进出。其功能分区示例参见附录A。

6.2.2 业务接待区

业务接待区应满足如下功能或要求：

——向用户提供业务咨询；

——便于用户填单、等候或提取快件；

——用于快件的交寄、接收、验视、封装、称重和信息采集等。

6.2.3 暂存区

暂存区应满足如下功能或要求：

——用于临时存放快件；

——文件类和物品类应分开存放；

——揽收件和投递件应分开存放；

——错发件、无着快件、破损件、损毁件等异常快件应分别存放。

6.2.4 操作区

操作区应满足如下功能或要求：

——依据流向对揽收件和投递件进行分拣处理；

——对揽收件进行打包处理；

——可对打包件进行整体称重；

——可满足特殊业务处理要求。

6.2.5 停车及装卸区

停车及装卸区应满足如下功能或要求：

——设置车辆减速、限速标志；

——设立机动车和非机动车停靠区域标线；

——方便停车和进行快件装卸操作；

——满足车辆停放整齐等相关要求。

6.2.6 充电区

充电区应满足如下功能或要求：

——用于对电动车辆进行充电；

——应与其他区域隔离；
——电动车辆的充电设备及要求，应符合 YZ/T 0136—2014 中 6.5 的规定；
——应防止人身触电，防触电的结构要求应符合 GB 8898 中的规定；
——应具有防火防爆的安全措施。

6.2.7 其他

快递营业场所可根据自身业务特点及发展需求，设置其他功能区域：
——用于存放物料、消防器材等物品的区域；
——用于商品展示、业务推广的区域；
——用于用户体验的区域；
——用于员工休息的区域等。

7 快递营业场所的设施设备

7.1 概述

自有营业场所应设置和配备与所经营业务相适应的设施设备，设施设备的摆放和设置应满足安全条件，不应影响人员通行、大件物品进出和业务操作。

7.2 室外设施

7.2.1 快递营业场所外应悬挂体现快递服务组织统一服务品牌标识的标牌，宜放置于门口上方突出位置。
7.2.2 快递营业场所外应悬挂营业场所标牌，应放置于入口处明显位置。
——营业场所标牌应包括营业场所具体名称和营业时间。其中，营业场所具体名称由“快递服务组织名称 + 营业场所名称”组成，如：× ×快递西直门营业厅。
——营业场所标牌尺寸以 400mm × 300mm 为宜，尺寸规格示例见图 2。

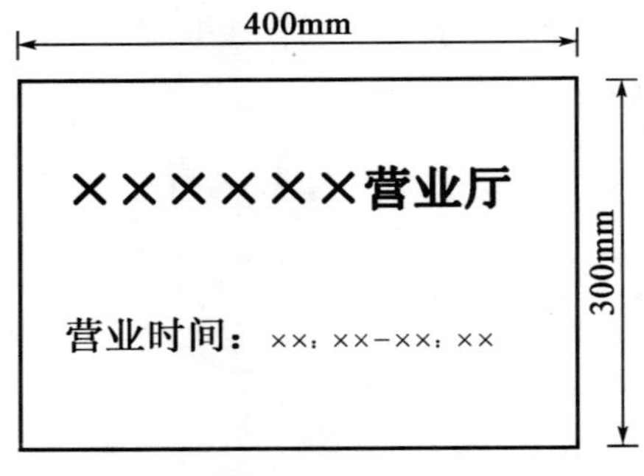

图 2 营业场所标牌规格尺寸

——营业场所标牌与地面距离不应小于 1.2m。

7.3 室内墙体张贴

快递营业场所墙体应于醒目位置采用张贴或其他方式展示如下内容：
——经营资质证明；
——服务种类、服务承诺、资费标准；
——禁限寄物品目录、收寄验视规定、安全生产警示；

——服务电话、监督投诉电话和电子邮箱；
——其他。

7.4 室内设施设备

7.4.1 书写台

快递营业场所应设置书写台，供用户书写填单使用，书写台上应放置各类业务单据的填写样本，并提供客户所需书写工具。

7.4.2 座椅

快递营业场所应设置座椅。

7.4.3 营业终端设备

快递营业场所应配备个人计算机、手持终端、采集器（扫描枪）等基本的营业终端设备。个人计算机和手持终端中，应至少有一台设备与快递服务组织总部的计算机管理系统联网，能按照要求实现相关电子数据的传送、交换。

7.4.4 计量设备

快递营业场所应配备与业务量相适应的计量设备，如：（电子）磅秤或（电子）台秤、卷尺或皮尺等。所配备的计量设备应具有国家计量检定合格证书，且应在使用有效期内。

7.4.5 通信设备

快递营业场所应配备与业务量相适应的通信设备，如：宽带、电话、传真等。

7.4.6 操作设备

快递营业场所应配备与业务量相适应货架、包装设备和手推车等。

7.4.7 快递封装用品

快递营业场所应提供快递封装用品，快递封装用品应符合 GB/T 16606.1、GB/T 16606.2 和 GB/T 16606.3 的规定。

8 快递营业场所的装修

8.1 质量

快递营业场所的装修施工质量，应符合 GB 50210 的规定。

8.2 照明

快递营业场所内的照明设计应符合 GB 50034 的规定。

8.3 风格

除所在地市政建设另有要求外，快递营业场所的装修风格应符合快递服务组织的统一要求，应规范统一、美观大方和经济实用。

9 快递营业场所的安全要求

9.1 消防安全

快递营业场所应按照 GB 50016 的要求,设置醒目的防火标志,消防通道、安全出口符合紧急疏散要求,标志明显并保持畅通。

快递营业场所应配备与场所面积相适应的消防设施、设备及器材,消防器材的配置应符合 GB 50140 的规定。

快递营业场所内严禁使用明火,以及与快递服务无关的电器等设备。

9.2 用电安全

快递营业场所充电区的电压,应能满足三相用电设备的正常使用。其他用电应符合 GB 50327 的规定。

9.3 安全监控

快递营业场所应配置与场所面积相适应、符合国家相关要求的监控设施设备,监控设备的安装应达到无死角、无盲区的要求。

监控设备应全天候 24h 运转,监控资料保存时间不得少于 30d,并按照邮政管理部门的要求进行报送。

9.4 其他要求

快递营业场所应符合国家关于营业场所安全与环保方面的其他规定。

附 录 A
（资料性附录）
快递营业场所功能分区示例

A.1 基本型快递营业场所的功能分区见图 A.1。

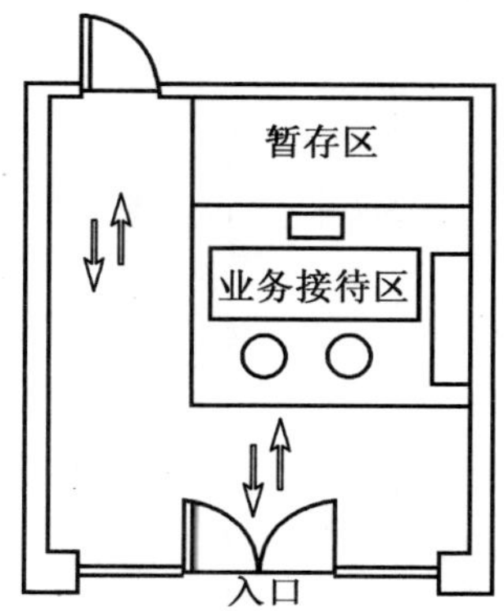

图 A.1 基本型快递营业场所功能分区示例图

A.2 拓展型快递营业场所的功能分区见图 A.2。

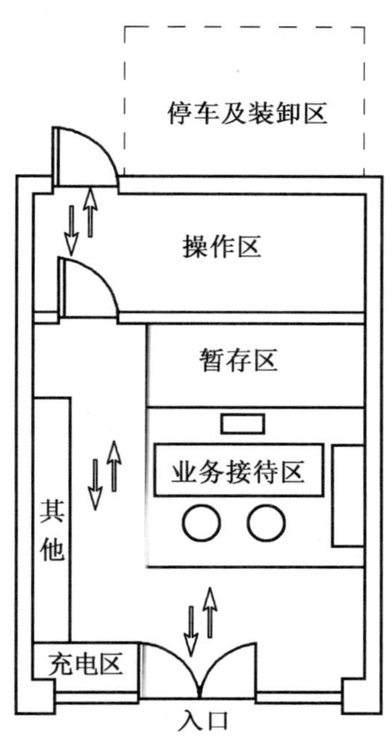

图 A.2 拓展型快递营业场所功能分区示例图

参 考 文 献

[1] GB/T 27769—2011 社会保障服务中心设备设施要求
[2] 中华人民共和国公司登记管理条例
[3] 快递业务操作指导规范
[4] DB 32/626—2003 电动自行车充电设备的安全要求
[5] 中华人民共和国交通运输部令 2011 年第 2 号 邮政行业安全监督管理办法
[6] 中华人民共和国交通运输部令 2013 年第 1 号 快递市场管理办法
[7] 国邮发〔2012〕100 号 关于规范经营快递业务的企业许可审批和登记管理有关事项的通知

ICS 03.240
A 00
备案号:49181—2015

中华人民共和国邮政行业标准

YZ/T 0138—2015

邮政业从业企业标准化工作指南

Standardization guidelines for enterprises of postal industry

2015-02-06 发布　　2015-05-01 实施

国家邮政局　发布

目 次

前　　言

本标准按照 GB/T 1.1—2009 给出的规则起草。

本标准由国家邮政局提出。

本标准由全国邮政业标准化技术委员会(SAC/TC 462)归口。

本标准起草单位:中国标准化研究院。

本标准主要起草人:曾毅、柳成洋、曹俐莉、杨朔、李涵、侯非、王东升、王世川、万福军、张雨辰 。

邮政业从业企业标准化工作指南

1 范围

本标准规定了邮政业从业企业标准化工作的基本要求、组织机构、标准制定范围和标准体系、标准制定程序和要求、标准的实施与监督、标准的复审，国家标准、行业标准、地方标准的实施以及参与国家、行业及国际标准化工作等内容。

本标准适用邮政业从业企业开展标准的制定和修订、实施、监督、管理及相关活动。

2 规范性引用文件

下列文件对于本文件的应用是必不可少的。凡是注日期的引用文件，仅注日期的版本适用于本文件。凡是不注日期的引用文件，其最新版本(包括所有的修改单)适用于本文件。

GB/T 27917.1—2011 快递服务 第1部分：基本术语

3 术语和定义

GB/T 27917.1—2011 界定的术语和定义适用于本文件。

4 基本要求

4.1 邮政业从业企业(以下简称“企业”)标准化工作应贯彻国家和地方标准化有关法律、法规和规章，严格执行相关国家标准、行业标准和地方标准。

4.2 企业标准化工作应注重提高全员标准化意识和能力。

4.3 企业领导者应重视标准化工作，对标准化工作给予资源支持，推动各部门共同参与标准化工作。

4.4 企业标准化工作应充分考虑消费者需求，改善经营管理，提高服务质量，增加社会经济效益。

4.5 企业标准化工作应积极参考国际标准，采用国外先进标准。

4.6 企业标准化工作应推广先进科学技术成果，推动企业技术进步。

5 组织机构

5.1 管理机构

企业应设立专门的标准化管理部门，或在现有机构中明确标准化管理部门，统一归口、管理企业标准化工作。

标准化管理部门的工作职责包括：

——拟定企业标准化工作的方针、政策；

——拟定企业标准化管理规章、相关制度；

——组织拟定企业标准体系和标准化发展规划；

——负责办理企业标准的立项、发布和备案工作；

——负责各阶段标准文本的技术审核工作；
——负责总结年度企业标准化工作；
——负责监督标准在企业的宣传培训和贯彻执行；
——协调参与邮政业相关国家标准和行业标准的制修订工作；
——负责协调和管理标准化的其他相关工作。

5.2 人员配备及工作职责

企业应配备标准化工作人员。所配备的标准化工作人员应经过标准化知识培训，掌握标准化工作基本知识，取得相应的标准化人员资格证书。

标准化工作人员工作职责包括：
——负责企业标准的程序和档案管理；
——负责推动企业标准化培训；
——负责组织起草企业标准；
——负责对标准化实施情况进行督促检查。

5.3 工作机制

企业应建立标准化工作机制，包括以下内容：
——标准化管理工作机制；
——标准化实施监督机制；
——标准化培训工作机制；
——其他标准化工作机制。

6 标准制定范围和标准体系

6.1 标准制定范围

企业标准是对企业内部需要协调、统一的技术要求、管理要求和工作要求所制定的标准。企业标准是企业组织生产、经营活动的依据。

没有国家标准或行业标准的事项，企业应制定企业标准；对于已存在国家标准或行业标准的事项，企业可制定高于国家标准、行业标准的企业标准。

6.2 标准体系

企业应根据本企业实际制定标准体系。

企业标准体系可由基础通用标准子体系、运营标准子体系、管理标准子体系和服务标准子体系四个部分组成。企业标准体系框架见附录A。

企业标准化管理部门应根据企业战略发展需求以及企业标准化发展需要对企业标准体系进行动态优化完善。

7 标准制定程序和要求

7.1 标准制定程序

企业标准制定程序包括标准项目申报、审查立项、标准起草、征求意见、标准审查、批准发布、标准备案等阶段。

7.2 标准项目申报

企业各部门、员工均可提出企业标准项目立项建议。标准化管理部门应定期对标准项目立项建议进行收集、整理。

7.3 标准项目审查立项

企业标准化管理部门应定期组织对收集到的标准项目立项建议进行审核,并将批准的项目建议予以立项。

7.4 标准起草

企业标准的业务归属部门应组建具备相应技术能力的标准起草组制定企业标准。对于难度较大的企业标准,可委托第三方技术机构负责起草。企业标准化管理部门应对标准起草全过程进行跟踪指导。

标准起草组应在广泛调研、深入研讨、试验论证的基础上,分别完成标准草案稿、征求意见稿、送审稿、报批稿,并起草相应的编制说明。

所起草的标准应满足以下要求:

——符合国家相关法律法规;

——符合企业发展实际和发展趋势;

——与现行标准协调一致;

——具有较强的适用性和操作性;

——简洁、明确、易懂;

——适度超前。

7.5 征求意见

标准征求意见稿及编制说明应经企业标准化管理部门初审后征求企业内部相关方的意见。

对于重大企业标准,可征求当地邮政管理部门或外部专家意见。对于涉及消费者权益的标准,可征求消费者及消费者协会的意见。

征求意见的期限宜不少于10d。

7.6 标准审查

标准起草组应根据意见征集情况,对标准征求意见稿进行修改,形成标准送审稿,提交企业标准化管理部门进行审查。

企业标准化管理部门应对标准进行形式审查和技术审查。形式审查包括审查标准的制定程序、标准文本形式是否符合公正、公平、合理原则以及相关规定。技术审查包括审查标准的框架结构和标准的具体条款是否科学合理。

企业标准应采用会议审查形式进行技术审查。标准审查会定期由企业标准化管理部门组织召开,特殊、急需标准的审查会可由企业标准化管理部门临时组织召开。

对审查通过的企业标准,标准起草组应根据审查意见对标准送审稿进行修改,及时形成报批稿。

标准报批稿应由企业标准化管理部门复核。

7.7 标准发布

企业标准化管理部门复核后的企业标准应由企业领导者批准、发布。

7.8 标准编号

企业标准应按照图1所示格式进行编号。

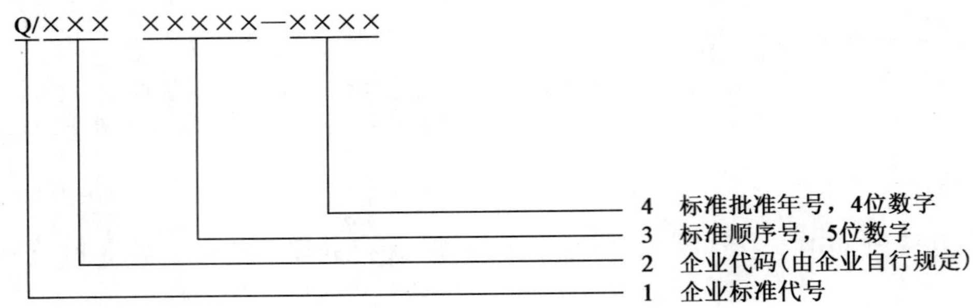

图1 企业标准编号示例

企业可在上述编号的基础上,根据工作需要增加其他编号。

7.9 标准备案

企业标准在发布后30d内,应按《邮政业标准化管理办法》有关规定进行备案。

8 标准的实施与监督

企业标准一旦制定,应在企业内部严格执行。

业务归属部门应负责本部门、本业务领域内企业标准的实施与监督检查。

企业标准化管理部门应组织开展相关企业标准的宣传和培训工作。

标准执行情况应与部门、员工绩效考核挂钩。

企业应通过自我公开声明、内部监督检查、满意度调查、神秘顾客探访、内部时限测试等方式,加强标准化实施,推动企业标准实施工作,并定期予以通报。

9 标准的复审

企业标准应定期进行复审。标准的复审由标准化管理部门负责,组织原标准起草部门或起草人参加。复审除检查标准是否继续适用外,还应检查标准能否进行进一步完善和改进, 确定其继续有效、修订或废止。标准复审周期一般为三年。

10 国家标准、行业标准、地方标准的实施

10.1 强制性国家标准、行业标准、地方标准的实施

强制性国家标准、行业标准、地方标准的实施应由企业标准化管理部门组织相关部门开展对标自查工作,根据自查结果制定标准实施方案,开展标准的宣贯培训,贯彻执行相应标准,组织监督检查,并采取相应措施评估标准的实施效果。

10.2 推荐性国家标准、行业标准、地方标准的实施

推荐性国家标准、行业标准、地方标准的实施应由企业标准化管理部门组织相关部门根据相关标准,开展标准符合情况自评估工作,提出评估意见,制订改进方案。

11 参与国家、行业及国际标准化工作

企业应积极参与邮政业相关国家、行业及国际标准化工作，配合标准调研，参加标准研讨，实质性参与标准的拟定，推动标准的实施。

附 录 A
（资料性附录）
企业标准体系框架

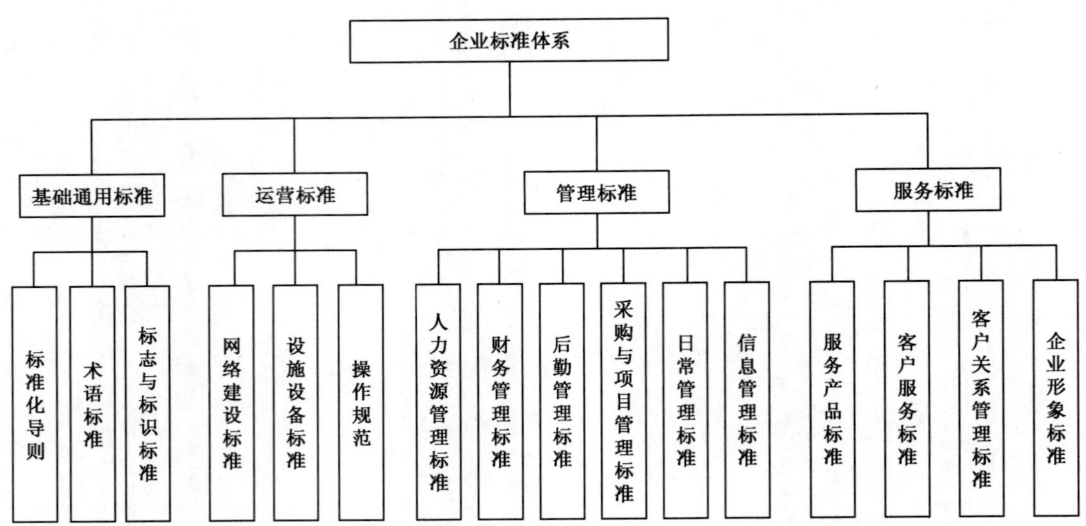

ICS 03.240
A 91
备案号:49402—2015

YZ

中华人民共和国邮政行业标准

YZ 0139—2015

邮政业安全生产设备配置规范

Specifications for allocating safety production facilities in postal industry

2015-03-31 发布　　2015-09-01 实施

国家邮政局　发布

目　次

前　言

本标准为全文强制性标准。

本标准按照 GB/T 1.1—2009 给出的规则起草。

本标准由国家邮政局提出。

本标准由全国邮政业标准化技术委员会(SAC/TC 462)归口。

本标准起草单位:中国标准化研究院、圆通速递有限公司、公安部第一研究所。

本标准主要起草人:曾毅、周杨、曹俐莉、李琳、李涵、侯非、邢羽、王东升、杭翊、杨朔、万福军、张雨辰。

邮政业安全生产设备配置规范

1 范围

本标准规定了邮政业安全生产设备配置的基本要求、营业场所安全生产设备配置、处理场所安全生产设备配置、机房安全生产设备配置和运输车辆安全生产设备配置等内容。

本标准适用于邮政企业、快递企业及其他从事寄递服务的企业(以下统称寄递企业)从收寄到投递的各个环节、场所,村邮站和快递合作营业场所除外。

2 规范性引用文件

下列文件对于本文件的应用是必不可少的。凡是注日期的引用文件,仅注日期的版本适用于本文件。凡是不注日期的引用文件,其最新版本(包括所有的修改单)适用于本文件。

GB/T 2887　计算机场地通用规范
GB 15208.1　微剂量X射线安全检查设备　第1部分:通用技术要求
GB/T 27917.1　快递服务　第1部分:基本术语
GB/T 29912—2013　城市物流配送汽车选型技术要求
GB 50140　建筑灭火器配置规范
YZ/T 0136　快递专用电动三轮车技术要求
YZ/T 0137　快递营业场所设计基本要求

3 术语和定义

GB/T 27917.1 和 YZ/T 0137 界定的术语和定义适用于本文件。

4 基本要求

4.1 寄递企业应按照相关法律法规规定,以人防、物防、技防相结合为原则,配置相关安全生产设备,保障生产经营安全。

4.2 寄递企业所配置的安全生产设备,其技术参数和性能指标应符合国家或行业相关标准的规定。

4.3 寄递企业应加强对安全生产设备的管理,建立设备管理档案,开展设备操作培训,确保设备发挥安全保障作用。

5 营业场所安全生产设备配置

5.1 消防设备

营业场所应配备与场所面积相适应的消防设备。其中,灭火器的类型和数量应按照 GB 50140 的要求,以A类(固体火灾)、民用建筑严重危险级为基准进行配备。

5.2 隔离设备

5.2.1 营业场所应安装金属门,与外界相通的窗口、通风口应安装金属栅栏。

5.2.2 营业场所的业务接待区和其他区域应进行物理隔离。

5.2.3 拓展型营业场所的充电区应与其他区域进行物理隔离,并具有防火防爆等设备。

5.3 监控设备

5.3.1 营业场所内部应安装全面覆盖、具有红外夜视功能的视频监控摄像头。

5.3.2 拓展型营业场所的充电区、停车与装卸区等部位应安装视频监控摄像头。

5.3.3 所配置的视频监控摄像头,应全天候运转,能显示人员的活动情况,面部特征的有效画面不少于监视显示画面的 1/60,能有效识别寄递物品的主要特征,实现移动侦测,图像资料保存时间不应少于 30d。

5.4 安检设备

特殊地区的营业场所,可根据需要选配微剂量 X 射线安全检查设备。

5.5 报警设备

5.5.1 营业场所内应安装烟雾报警器。

5.5.2 营业场所周边宜安装入侵探测报警器。

5.5.3 营业场所邮件、快件交付领取区域以及现金收付柜台宜安装紧急报警系统。

5.6 其他

营业场所应安装自动应急照明设备,配备防毒口罩、长胶手套等安全防护用品。

6 处理场所安全生产设备配置

6.1 消防设备

处理场所应配备与场所面积相适应的消防设备。其中,灭火器的类型和数量应按照 GB 50140 的要求,以 A 类(固体火灾)、民用建筑严重危险级为基准进行配备。

6.2 隔离设备

6.2.1 处理场所应采用围墙与外界进行隔离。

6.2.2 处理场所应配备栅栏或隔离桩等设备,实现人车分流。

6.2.3 处理场所入口前 10m 以外应设置机动车限速标志和机动车减速带,车辆进入通道宜设置升降式机动车阻挡装置。

6.2.4 处理场所与外界相通的窗口、通风口应安装金属栅栏。

6.2.5 处理场所分拣区宜设置门禁系统和查验门岗,配备安检门和金属探测仪,对出入人员进行检查,防止无关人员进入。

6.2.6 分拣区和办公区、员工生活区之间应配备隔离装置,进行物理隔离。

6.3 监控设备

6.3.1 处理场所与外相通的各出入口、停车场等部位应安装视频监控摄像头。

6.3.2 处理场所内部应安装视频监控摄像头，且应实现对主要生产作业区域全覆盖。

6.3.3 所配置的视频监控摄像头，能显示人员的活动情况，面部特征的有效画面不少于监视显示画面的1/60，能有效识别寄递物品的主要特征，实现移动侦测，图像资料保存时间不应少于30d。

6.3.4 应设置专门的安全监控室，专人负责，全天候实时监控。

6.3.5 视频监控图像和数据应实现与邮政管理部门视频监控系统联网联通。

6.4 安检设备

6.4.1 处理场所应配备微剂量X射线安全检查设备，所配备的微剂量X射线安全检查设备应满足GB 15208的要求。

6.4.2 航空和高铁邮件、快件，以及国际和港澳台邮件、快件应保证100%过机安检，其他邮件、快件过机安检率应符合相关规定。

6.4.3 寄递企业应按照6.4.2的要求，根据用户类型、邮件快件处理数量（出口）、业务组织模式等因素，合理确定分拣场所微剂量X射线安全检查设备的配置数量。

6.5 报警设备

6.5.1 处理场所内部应安装报警器。

6.5.2 处理场所周边宜安装入侵探测报警系统。

6.6 其他

6.6.1 处理场所的电气线路应安装防漏电和过载保护装置。

6.6.2 处理场所应在分拣设备以及其他作业设备附近，设置显著的安全警示牌。分拣设备的动力部件，以及滚轴、滑轮等传动部件应安装隔离保护设备，跨越处应设置带护栏的人行跨梯。

6.6.3 处理场所安全设备警示标识应准确、清晰。

6.6.4 处理场所应安装自动应急照明设备，配备防毒面具、紧急救助医疗箱等。

6.6.5 特殊地区的处理场所应配备警用防爆罐、警用防爆毯等。

6.6.6 处理场所应设置单独的应急隔离区，专门用于可疑危险品的处理。

7 机房安全生产设备配置

寄递企业所建设机房，应满足GB 2887的规定。

8 运输车辆安全生产设备配置

8.1 干线运输车辆安全生产设备配置

8.1.1 干线运输车辆安全生产设备配置应满足以下要求：

——应配备车载定位系统；

——应配备倒车影像装置；

——驾驶室应配备两个2kg以上的干粉灭火器；

——驾驶室宜配备远程视频监控设备；

——宜配备驾驶员身份认证装置和驾驶安全警示装置；

——货箱应安装锁闭装置；

——货箱宜配备阻燃箱。

8.1.2 东北等寒冷地区冬季可配备三角木、防滑链条等防护装置。

8.2 揽投车辆安全生产设备配置

8.2.1 揽投车辆安全生产设备配置应满足以下要求：

——应为封闭车厢，避免邮件、快件裸露在外；

——应安装锁闭装置。

8.2.2 城市配送汽车的其他安全配置还应满足 GB/T 29912—2013 中 5.2.2、5.2.6 及 5.5 的要求。

8.2.3 邮政、快递专用电动三轮车宜配备车载定位系统。

8.2.4 快递专用电动三轮车的其他安全配置应满足 YZ/T 0136 相关要求。

9 设备配置表

营业场所、处理场所、运输车辆安全生产设备配置表见附录 A。

附　录　A

（规范性附录）

营业场所、处理场所、运输车辆安全生产设备配置表

表 A.1　营业场所、处理场所、运输车辆安全生产设备配置表

序号	场所或车辆	安全生产设备类型或车辆类型	配 置 要 求	安装区域或配置数量	备注
1	营业场所	消防设备	营业场所应配备与场所面积相适应的消防设备		必配
2			灭火器的配置应符合 GB 50140 的要求	以 A 类(固体火灾)、民用建筑严重危险级为基准进行配备	必配
3		隔离设备	金属门	营业场所	必配
4			金属栅栏	与外界相通的窗口、通风口	必配
5			物理隔离	业务接待区和其他区域之间;拓展型营业场所的充电区与其他区域之间	必配
6			防火防爆设备	拓展型营业场所的充电区	必配
7		监控设备	视频监控摄像头	营业场所内部;拓展型营业场所的充电区、停车与装卸区	必配
8		安检设备	微剂量 X 射线安全检查设备	特殊地区的营业场所	选配
9		报警设备	烟雾报警器	营业场所内部	必配
10			入侵探测报警器	营业场所周边	选配
11			紧急报警系统	邮件、快件交付领取区域以及现金收付柜台	选配
12		其他	自动应急照明设备、防毒口罩、长胶手套等安全防护用品	营业场所	必配

表 A.1(续)

序号	场所或车辆	安全生产设备类型或车辆类型	配置要求	安装区域或配置数量	备注
13	处理场所	消防设备	处理场所应配备与场所面积相适应的消防设备		必配
14			灭火器的配置应符合 GB 50140 的要求	以 A 类(固体火灾)、民用建筑严重危险级为基准进行配备	必配
15		隔离设备	围墙	与外界相隔处	必配
16			栅栏或隔离桩等隔离设备	处理场所入口	必配
17			机动车限速标志和机动车减速带	处理场所入口前 10m 以外	必配
18			升降式机动车阻挡装置	车辆进入通道	选配
19			金属栅栏	与外界相通的窗口或通风口	必配
20			门禁系统和查验门岗	内部处理场地	选配
21			安检门和金属探测仪	内部处理场地	选配
22			隔离装置	分拣区、办公区和员工生活区之间	必配
23		监控设备	视频监控摄像头	与外相通的各出入口、停车场等部位,以及处理场所内部	必配
24			专门的安全监控室	处理场所	必配
25		安检设备	微剂量 X 射线安全检查设备	航空和高铁邮件、快件,以及国际和港澳台邮件、快件应保证 100% 过机安检,其他邮件、快件过机安检率应符合相关规定	必配
26		报警设备	入侵探测报警系统	处理场所周边	选配
27			报警器	处理场所内部	必配
28		其他	安全设备警示标识	处理场所内部	必配
29			防漏电和过载保护装置	处理场所的电气线路	必配
30			安全警示牌	在分拣设备以及其他作业设备附近	必配

表 A.1(续)

序号	场所或车辆	安全生产设备类型或车辆类型	配 置 要 求	安装区域或配置数量	备注
31	处理场所	其他	隔离保护设备,跨越处应设置带护栏的人行跨梯	在分拣设备的动力部件,以及滚轴、滑轮等传动部件处	必配
32			应急隔离区	处理场所	必配
33			自动应急照明设备、防毒面具、紧急救助医疗箱	处理场所	必配
34			警用防爆罐、警用防爆毯	特殊地区的处理场所	必配
35	运输车辆	干线运输车辆	车载定位系统	车体	必配
36			倒车影像装置	车体	必配
37			两个 2kg 以上的干粉灭火器	驾驶室	必配
38			远程视频监控设备	驾驶室	选配
39			驾驶员身份认证装置和驾驶安全警示装置	驾驶室	选配
40			锁闭装置	货箱	必配
41			阻燃箱	货箱	选配
42			三角木、防滑链条等防护装置	东北等寒冷地区	选配
43		揽投车辆	封闭车厢	货箱	必配
44			锁闭装置	货箱	必配
45			满足 GB/T 29912—2013 中 5.2.2、5.2.6 及 5.5 的要求	城市配送汽车	必配
46			车载定位系统	邮政、快递专用电动三轮车	选配
47			满足 YZ/T 0136 相关安全配置要求	快递专用电动三轮车	必配

参考文献

[1] 中综办〔2014〕24号 关于加强邮件、快件寄递安全管理工作的若干意见

ICS 03.240
M 80
备案号:49403—2015

YZ

中华人民共和国邮政行业标准

YZ/T 0140—2015

邮件和快件投递状态分类与代码

Specifications for classification and coding of delivery statuses of mail and express items

2015-03-31 发布

2015-09-01 实施

国家邮政局 发布

目 次

前　　言

本标准按照GB/T 1.1—2009给出的规则起草。

本标准由国家邮政局提出。

本标准由全国邮政业标准化技术委员会(SAC/TC 462)归口。

本标准起草单位:中国邮政集团公司,邮政科学研究规划院。

本标准主要起草人:李玮、范锐、王晓娜。

邮件和快件投递状态分类与代码

1 范围

本标准规定了邮件和快件的投递状态、妥投备注、投递未成功原因及下一步动作的分类与相关代码等内容。

本标准适用于邮件和快件的投递状态信息处理和交换。

2 规范性引用文件

下列文件对于本文件的应用是必不可少的。凡是注日期的引用文件,仅注日期的版本适用于本文件。凡是不注日期的引用文件,其最新版本(包括所有的修改单)适用于本文件。

GB/T 27917.1—2011 快递服务 第1部分:基本术语

3 术语和定义

下列术语和定义适用于本文件。

3.1

邮件 mail

邮政企业寄递的信件、包裹、汇款通知、报刊和其他印刷品等的统称。

3.2

快件 express item

快递服务组织依法递送的信件、包裹、印刷品等的统称。

[GB/T 27917.1—2011,定义2.3]

3.3

快递服务组织 express service organization

在中国境内依法注册的,提供快递服务的企业及其加盟企业、代理企业。

注:快递服务组织包括快递企业和邮政企业提供快递服务的机构。

[GB/T 27917.1—2011,定义2.1]

3.4

妥投 final delivery

邮政企业、代理邮政服务的企业或快递服务组织进行给据邮件或快件的投递,收件人或其指定的代收人签收后,邮件或快件所处的投递状态。

3.5

自助设备待取 delivered to parcel locker

邮政企业、代理邮政服务的企业或快递服务组织将邮件或快件投递到自助服务设备,收件人尚未提取时邮件或快件所处的投递状态。

注:后续一旦收件人提取成功,邮件或快件的投递状态即视为妥投;若发生提取失败等情况,则视为投递未成功。

3.6

投递未成功 unsuccessful delivery

除自助设备待取状态外,邮政企业、代理邮政服务的企业或快递服务组织进行邮件或快件投递时,收件人或其指定的代收人因某种原因未能进行签收,邮件或快件所处的投递状态。

4 邮件

4.1 投递状态

邮件投递状态分为3类,其代码用1位大写拉丁字母表示,见表1。

表1 邮件投递状态

代　码	分类名称	说　明
I	妥投	见3.4
H	投递未成功	见3.6
L	自助设备待取	见3.5

4.2 妥投备注

邮件妥投备注分为8类,其代码用2位阿拉伯数字表示,见表2。

表2 邮件妥投备注

代　码	分类名称	说　明
01	收件人收	收件人本人已经签收
02	他人代收	收件人指定的他人,已经代收件人签收
03	单位收发章收	单位收发室已经代收件人签收
04	物业管理处收	物业管理处已经代收件人签收
05	协议信箱收	已经投入收件人租用的邮政信箱
06	村邮站收	村邮站已经代收件人签收
07	寄件人收	邮件退回寄件人,寄件人已经签收
99	其他	其他

4.3 投递未成功原因

邮件投递未成功原因分为21类,其代码用2位阿拉伯数字表示,见表3。

表3 邮件投递未成功原因

代码	分类名称	说　明
10	收件人地址书写不详或者错误	收件人地址书写不够详细或者书写错误
11	原书写地址无该收件人	地址书写正确但无此收件人
12	收件人迁移新址不明	收件人已经离开邮件上的书写地址,且无法得知收件人新地址
13	收件人拒收邮件或者拒付应付的费用	收件人拒收邮件或者拒付应付的费用
14	收件人要求延迟投递	收件人要求延迟时间,再进行投递
15	逾期未领	在规定的领取期限内,收件人未领取邮件
16	误投	邮件错误投递到非收件人地址
17	邮件错发	内部原因造成邮件错发

表3(续)

代码	分类名称	说明
18	收到时破损,无法投出	邮件破损,无法进行投递
19	禁寄物品	国家法律、法规规定的禁止寄递物品
20	限寄物品	国家法律、法规规定的限制寄递物品
21	待收费后投递	待缴费之后,再安排投递
22	无人认领	无人领取
23	收件人已故	收件人已经死亡
24	因不可抗力原因,邮件未投出	受自然灾害等不可抗力因素影响,邮件未完成投递
25	收件人要求自取	收件人要求自行提取
26	法定假日,无法投递	因法定假日无法进行投递
27	邮件丢失	邮件在运输或者投递过程中丢失
28	内件短少	邮件内件数量少于发出数量
29	内件不符	邮件内件与标注不符
99	其他	其他

4.4 投递未成功下一步动作

邮件投递未成功下一步动作分为9类,其代码用1位大写拉丁字母表示,见表4。

表4 邮件投递未成功下一步动作

代码	分类名称	说明
A	再投	再次安排投递
B	保持与收件人联系	保持与收件人联系
C	已与寄件人联系,等待答复	已与寄件人联系,正在等待答复
D	退回寄件人	应寄件人要求或相关规定,将邮件退回寄件人
E	改寄	应寄件人要求,修改收件人地址,重新进行寄递
F	留存候取	留存在营业窗口,等待收件人提取
G	转无着处理	转为无着邮件进行处理
H	转窗口投交	转交营业窗口进行投递
Z	其他	其他

5 快件

5.1 投递状态

快件投递状态分为3类,其代码用1位大写拉丁字母表示,见表5。

表 5　快件投递状态

代　码	分类名称	说　明
I	妥投	见 3.4
H	投递未成功	见 3.6
L	自助设备待取	见 3.5

5.2　妥投备注

5.2.1　分类

快件妥投备注分为本人收、代收等大类。其小类见表 6。

表 6　快件妥投备注

代码	分类名称	说　明
1	本人收	
11	收件人收	收件人本人已经签收
19	其他	其他
2	代收	
21	他人代收	收件人指定的他人，已经代收件人签收
22	单位收发章收	单位收发室已经代收件人签收
23	物业管理处收	物业管理处已经代收件人签收
29	其他	其他
9	其他	其他

5.2.2　代码结构

快件妥投备注代码由两段 2 位码组成。其中第 1 位表示大类，用 1 位阿拉伯数字表示；第 1、2 位组合表示小类，用 2 位阿拉伯数字表示。其结构见图 1。

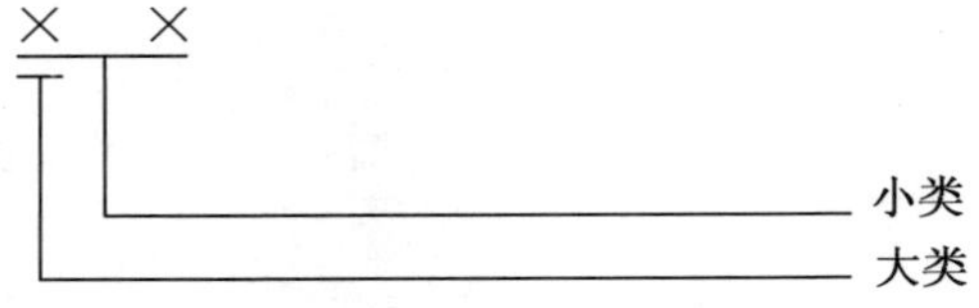

图 1　快件妥投备注代码结构

5.2.3　代码表

快件妥投备注分类与代码见表 6。快件妥投备注代码使用示例见附录 A.1。

5.3　投递未成功原因

5.3.1　分类

快件投递未成功原因分为收件人原因、快件原因、派送方原因、不可抗力原因等大类。其小类见表 7。

5.3.2 代码结构

快件投递未成功原因代码由两段3位码组成。其中第1位表示大类,用1位阿拉伯数字表示;第1位和后2位组合表示小类,用3位阿拉伯数字表示。其结构见图2。

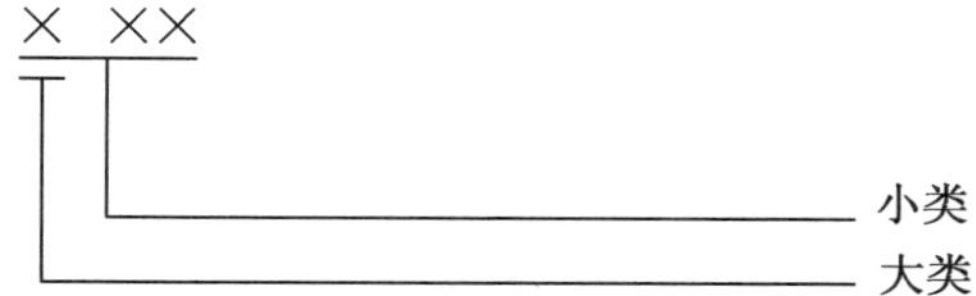

图2 快件投递未成功原因代码结构

5.3.3 代码表

快件投递未成功原因分类与代码见表7。快件投递未成功原因代码使用示例见附录A.2。

表7 快件投递未成功原因

代码	分类名称	说明
1	收件人原因	
101	地址不详或错误	收件人地址书写不够详细或者书写错误
102	无此收件人	地址书写正确但无此收件人
103	无人接收	快件送达时无人接收
104	收件人要求延迟派送	收件人要求延迟时间,再进行投递
105	收件人要求改址派送	收件人要求更改投递地址
106	收件人退货	收件人放弃购买
107	收件人拒收	收件人拒收快件
108	收件人要求自取	收件人要求自行提取
109	到付未达成	收件人拒绝付款,或付款未成功
110	代收未达成	代收货款金额不相符,或者收件人拒绝支付
199	其他	其他
2	快件原因	
201	包装破损	快件外包装破损,内件完好
202	内件破损	快件内件破损,无法投出
203	快件丢失	快件在运输或者投递过程中丢失
204	内件短少	快件内件数量少于发出数量
205	内件不符	快件内件与标注不符
206	快件污染	快件被污染,无法投出
207	质量不符	快件内件质量与宣传不符
208	禁限物品	国家法律、法规禁止和限制寄递的物品
209	快件超区	收件人地址超出派送范围
299	其他	其他

表7(续)

代码	分类名称	说明
3	派送方原因	
301	单货问题	有单无货或有货无单
302	内部错误	分拣、投递错误
399	其他	其他
4	不可抗力原因	
401	自然灾害	如台风、洪水、冰雹
402	政府行为	如证据保全措施
403	社会异常事件	如公共卫生事件、公共安全事件
499	其他	其他
9	其他	其他

5.4 投递未成功下一步动作

快件投递未成功下一步动作分为10类,其代码用1位大写拉丁字母表示,见表8。

表8 快件投递未成功下一步动作

代码	分类名称	说明
A	再投	再次安排投递
B	保持与收件人联系	保持与收件人联系
C	已与寄件人联系,等待答复	已与寄件人联系,正在等待答复
D	退回寄件人	应寄件人要求或相关规定,退回寄件人
E	改寄	应寄件人要求,修改收件人地址,重新进行寄递
F	留存侯取	等待收件人提取
G	转无着处理	转为无着快件进行处理
H	转第三方投递	转邮政企业或者其他快递服务组织进行投递
I	等待重新发货	等待重新发货,然后安排投递
Z	其他	其他

附　录　A
（资料性附录）
代码使用示例

A.1　快件妥投备注代码使用示例

若快件投到收件人所在单位，并由收发室代为签收，则快递服务组织记录的快件妥投备注代码可选择使用“2”（代收）或“22”（单位收发章收）。

A.2　快件投递未成功原因代码使用示例

若快件因为收件人地址不详导致投递未成功，则快递服务组织记录的投递未成功原因代码可选择使用“1”（收件人原因）或“101”（地址不详或错误）。

参 考 文 献

[1] 中华人民共和国邮政法

[2] 国邮发〔2014〕12号 无法投递又无法退回邮件管理办法

[3] 国邮发〔2014〕44号 无法投递又无法退回快件管理规定

ICS 35.240.40
M 16
备案号:50661—2015

YZ

中华人民共和国邮政行业标准

YZ/T 0141—2015

快递代收货款服务信息交换指南

Guidelines of express service information exchange for cash on delivery

2015-05-25 发布　　　　2015-09-01 实施

国家邮政局　发布

目 次

前　言

本标准按照GB/T 1.1—2009给出的规则起草。

本标准由国家邮政局提出。

本标准由全国邮政业标准化技术委员会(SAC/TC 462)归口。

本标准起草单位:国家邮政局发展研究中心。

本标准主要起草人:冯力虎、蒲中良、朱晓磊、许良锋、胡倩、孙茂增。

快递代收货款服务信息交换指南

1 范围

本标准规定了快递服务组织开展代收货款业务与银行卡组织、收单机构之间信息交换的内容要求、交换模式、业务流程、通信接口、报文规范、安全控制等内容。

本标准适用于快递服务组织与银行卡组织、收单机构之间为完成代收货款服务而开展的信息交换。

2 规范性引用文件

下列文件对于本文件的应用是必不可少的。凡是注日期的引用文件,仅注日期的版本适用于本文件。凡是不注日期的引用文件,其最新版本(包括所有的修改单)适用于本文件。

GB/T 10757—2011 邮政业 术语

GB/T 15150—1994 产生报文的银行卡 交换报文规范 金融交易内容(ISO 8583:1987,IDT)

GB/T 27917.1—2011 快递服务 第1部分:基本术语

Q/CUP 007.1.2—2014 银行卡受理终端安全规范 第1卷:基础卷—第2部分:设备安全

Q/CUP 007.1.3—2014 银行卡受理终端安全规范 第1卷:基础卷—第3部分:管理安全

Q/CUP 009.1—2010 中国银联银联卡受理终端应用规范

Q/CUP 035.1—2013 多渠道平台接入接口规范 第1部分:终端报文接口

Q/CUP 035.2—2013 多渠道平台接入接口规范 第2部分:渠道报文接口

Q/CUP 035.3—2013 多渠道平台接入接口规范 第3部分:商户报文接口

Q/CUP 035.4—2013 多渠道平台接入接口规范 第4部分:文件接口

3 术语和定义

下列术语和定义适用于本文件。

3.1

快递服务 express service;courier service

在承诺的时限内快速完成的寄递服务。

[GB/T 10757—2011,定义2.6]

3.2

快递服务组织 express service organization

在中国境内依法注册的,提供快递服务的企业及其加盟企业、代理企业。

注:快递服务组织包括快递企业和邮政企业提供快递服务的机构。

[GB/T 27917.1—2011,定义2.2]

3.3

快件编号 tracking number of express item

由一组阿拉伯数字和英文字母组成,印制在快递运单上用于标识快件的唯一代码。

[GB/T 27917.1—2011 ,定义5.2.1]

3.4

银行卡组织 bankcard association

为商业银行及非金融支付机构、商户、持卡人提供跨行信息交换、清算数据处理、风险防范等银行卡基础服务的金融服务机构。

3.5

收单机构 acquirer

获得业务许可,从事银行卡收单业务的银行业金融机构,以及为实体特约商户和网络特约商户提供银行卡受理并完成资金结算服务的支付机构。

3.6

快递业务系统 express service system

快递服务组织开展代收货款等业务所使用的计算机应用系统。

3.7

收单业务系统 acquire system

银行卡组织、收单机构(以下统称支付服务机构)提供银行卡收单服务所使用的计算机应用系统。

3.8

手持终端 personal digital assistant

在快件收寄、分拣和投递等过程中,用于扫描快件条码进行相关信息处理和完成代收货款业务的一种便携设备。

3.9

报文鉴别码 message authentication code

报文中鉴别消息来源正确性的代码。

3.10

标签、长度、值 Tag-Length-Value

一种灵活的、可对字段内容及长度的变化情况进行描述的数据格式,每个字段由 tag 标签(T),子域取值长度(L)和子域取值(V)构成。

4 符号和缩略语

以下缩略语适用于本文件,见表1。

表1 缩 略 语

编号	缩 略 语	中 文 名 称	英 文 名 称
1	MD5	数据摘要算法第五版	Message Digest Algorithm 5
2	MAC	报文鉴别码	Message Authentication Code
3	TLV	标签、长度、值	Tag-Length-Value
4	BCD	二-十进制编码	Binary-coded Decimal
5	ASCII	美国信息交换标准代码	American Standard Code for Information Interchange

5 信息交换需求

5.1 概述

5.1.1 快递代收货款服务信息交换涉及快递服务组织使用的手持终端、快递业务系统及收单业务系统。

5.1.2 快递代收货款服务信息交换需求分为必选信息和可选信息两类。必选信息指快递服务组织与支付服务机构之间必须交换的信息内容，可选信息指快递服务组织与支付服务机构之间可以协商确定的交换信息内容。

5.2 必选信息

快递代收货款服务信息交换的必选信息见表2。

表2 代收货款服务信息交换必选信息

必选信息	信息说明	发送方	接收方
终端签到请求	向收单业务系统发起的签到请求，用来更新密钥等信息，在自定义域中附加信息可实现快递业务员登录验证	手持终端	收单业务系统
终端签到应答	收单业务系统对终端签到请求的应答，包含批次号、密钥和时间等信息	收单业务系统	手持终端
快递业务员签到请求	向快递业务系统发起的签到请求，用于快递业务员身份验证、请求下发快递相关密钥等	手持终端/收单业务系统	快递业务系统
快递业务员签到应答	快递业务系统对快递业务员签到请求的应答，包含快递业务员身份验证结果、密钥等信息	快递业务系统	手持终端/快递业务系统
运单查询请求	运单明细信息查询交易请求，根据快件编号查询运单明细信息	手持终端/收单业务系统	收单业务系统/快递业务系统
运单查询应答	应答方对运单查询请求的应答，包含快件编号对应的运单明细信息	快递业务系统/收单业务系统	收单业务系统/手持终端
代收货款支付请求	代收货款支付交易请求，包含银行卡信息、持卡人密码、快递业务信息等	手持终端/快递业务系统	快递业务系统/收单业务系统
代收货款支付应答	应答方对代收货款支付请求的应答信息，包含支付的结果等信息	快递业务系统/收单业务系统	手持终端/快递业务系统
代收货款支付通知	支付成功后，向快递业务系统发起的代收货款支付结果通知请求	手持终端/收单业务系统	快递业务系统
代收货款支付通知应答	快递业务系统对代收货款支付通知的应答信息	快递业务系统	手持终端/收单业务系统

5.3 可选信息

快递代收货款服务信息交换的可选信息见表3。

表3 代收货款服务信息交换可选信息

可选信息	信息说明	发送方	接收方
渠道签到请求	快递业务系统向收单业务系统发起的签到请求，请求下发密钥等信息	快递业务系统	收单业务系统
渠道签到应答	收单业务系统对渠道签到请求的应答，包含密钥等信息	收单业务系统	快递业务系统
重置密钥请求	发起方申请重置密钥的请求，要求应答方返回应答信息	快递业务系统/收单业务系统	收单业务系统/快递业务系统

表3(续)

可选信息	信息说明	发送方	接收方
重置密钥应答	应答方对重置密钥请求的应答信息	收单业务系统/快递业务系统	快递业务系统/收单业务系统
运单异常反馈请求	快递业务员发现运单信息或状态存在异常,反馈异常信息的请求	手持终端/收单业务系统	收单业务系统/快递业务系统
运单异常反馈应答	应答方对运单异常反馈请求的应答信息	收单业务系统/快递业务系统	手持终端/收单业务系统
代收货款撤销请求	在原交易终端上发起的,对已完成的支付交易进行撤销的交易请求	手持终端/快递业务系统	快递业务系统/收单业务系统
代收货款撤销应答	应答方对代收货款撤销请求的应答信息	快递业务系统/收单业务系统	手持终端/快递业务系统
代收货款撤销通知	向快递业务系统发起的代收货款撤销成功通知请求,告知快递业务系统撤销交易已成功	手持终端/收单业务系统	快递业务系统
代收货款撤销通知应答	快递业务系统对代收货款撤销结果通知的应答	快递业务系统	手持终端/收单业务系统
退货请求	对已完成的支付交易进行退货的交易请求	手持终端/快递业务系统	快递业务系统/收单业务系统
退货请求应答	应答方对退货请求的应答,包含退货交易的结果等信息	快递业务系统/收单业务系统	手持终端/快递业务系统
退货通知	发向快递业务系统的退货交易成功通知	手持终端/收单业务系统	快递业务系统
退货通知应答	快递业务系统对退货通知的应答	快递业务系统	手持终端/收单业务系统

6 信息交换业务流程

6.1 信息交换模式

6.1.1 概述

快递代收货款服务信息交换模式分为三种:终端直联模式、终端间联模式和终端双联模式。

6.1.2 终端直联模式

6.1.2.1 手持终端仅与收单业务系统建立连接,如图1所示。

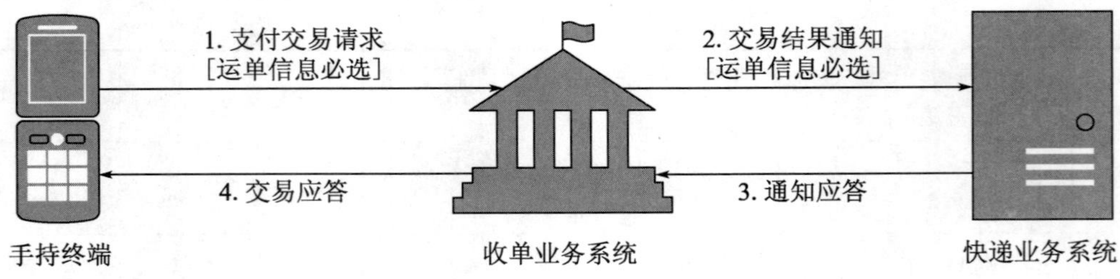

图1 终端直联模式示意图

6.1.2.2 手持终端和快递业务系统的所有交互数据需通过收单业务系统转发。快递业务系统根据收单业务系统请求报文中的快递业务信息,建立代收货款支付、代收货款撤销、退货交易(以下统称支付类交易)和快递运单的关联关系。

6.1.3 终端间联模式

6.1.3.1 手持终端仅与快递业务系统建立连接,如图2所示。

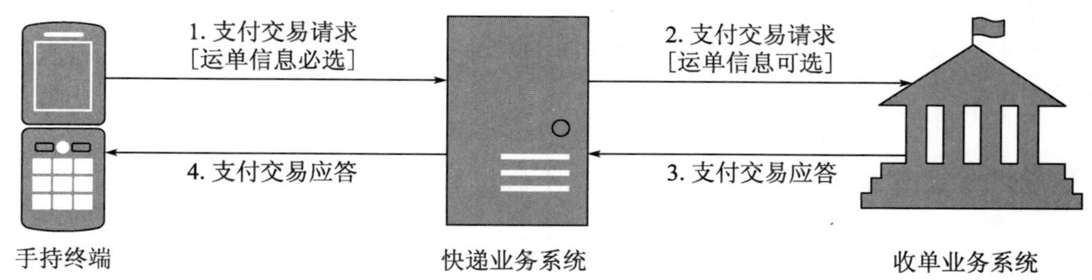

图2 终端间联模式示意图

6.1.3.2 快递业务系统在进行支付类交易时将数据转发至收单业务系统,交易请求中可包含快递业务信息。快递业务系统负责建立支付类交易与快递运单的关联关系。

6.1.4 终端双联模式

6.1.4.1 手持终端与收单业务系统、快递业务系统两者都建立连接,如图3所示。

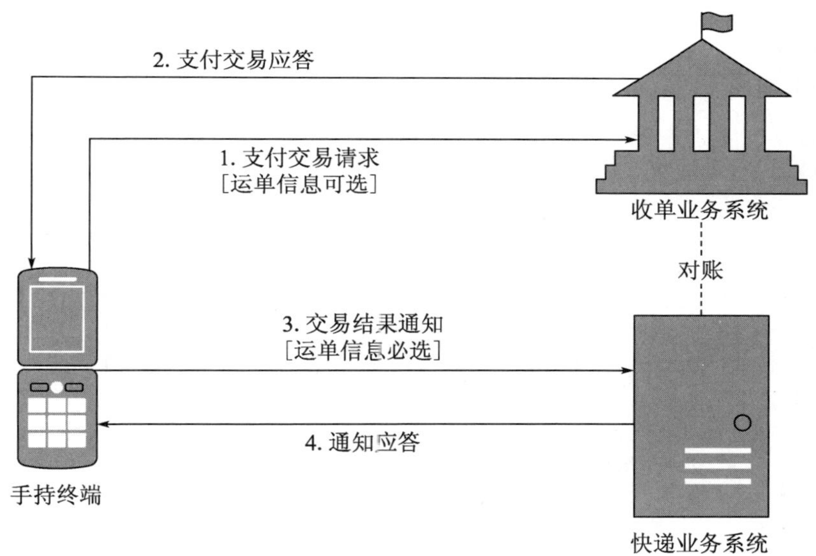

图3 终端双联模式示意图

6.1.4.2 进行支付类交易时,手持终端将交易请求直接发送至收单业务系统,交易报文中可包含快递业务信息。手持终端负责建立快递运单与支付类交易的关联关系,并将支付类交易结果通知快递业务系统。在进行快递业务操作时,手持终端将交易请求直接发送至快递业务系统。

6.2 业务流程说明

6.2.1 概述

快递代收货款服务信息交换内容包含签到、运单查询、代收货款支付/撤销/退货、运单异常反馈。此外,快递服务组织需定期与支付服务机构进行对账和差错处理。

6.2.2 签到

6.2.2.1 手持终端在执行支付类交易前，应进行签到交易，更新终端工作密钥、批次号、流水号、时间等信息。

6.2.2.2 手持终端在执行运单信息查询等快递业务交易前，可通过快递业务员签到交易验证快递业务员身份。

6.2.2.3 终端直联签到流程：

6.2.2.3.1 终端直联模式的签到交易流程如图4所示。收单业务系统和快递业务系统根据协商，定期进行密钥重置。

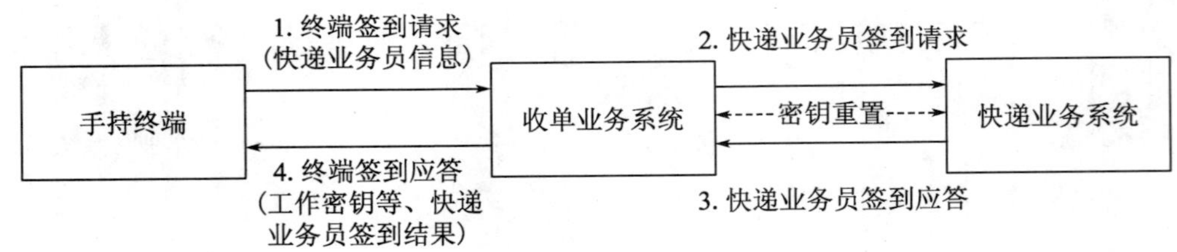

图4 终端直联模式签到流程

6.2.2.3.2 签到交易流程：

a) 手持终端向收单业务系统发起终端签到请求，在签到请求报文中包含快递业务员代码和密码；
b) 收单业务系统向快递业务系统发起快递业务员签到请求，将快递业务员代码和密码转发到快递业务系统进行验证；
c) 快递业务系统向收单业务系统返回快递业务员签到应答，将快递业务员身份验证结果等信息返回收单业务系统；
d) 收单业务系统向手持终端返回工作密钥、批次号、流水号、时间和快递业务员签到结果等信息。

6.2.2.4 终端间联签到流程：

6.2.2.4.1 终端间联模式的签到交易流程如图5所示。

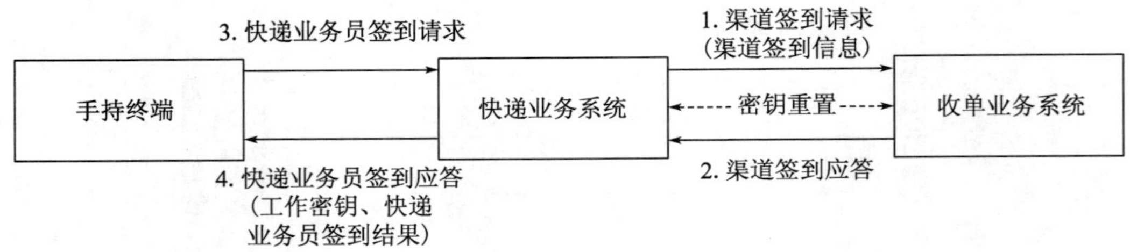

图5 终端间联模式签到流程

6.2.2.4.2 签到交易流程：

a) 签到过程分为两个阶段，第一个阶段为快递业务系统向收单业务系统发起渠道签到交易，渠道签到的频率和时机由快递服务组织和支付服务机构协商确定。收单业务系统和快递业务系统根据协商，定期进行密钥重置。第二个阶段为手持终端向快递业务系统签到。
b) 快递业务系统向收单业务系统的签到流程如下：
   1) 快递业务系统向收单业务系统发起渠道签到请求；
   2) 收单业务系统返回渠道签到应答，包含批次号、时间等信息。
c) 手持终端向快递业务系统的签到流程如下：
   1) 手持终端向快递业务系统发起快递业务员签到请求，请求中包含快递业务员代码和密码；
   2) 快递业务系统向手持终端返回快递业务员签到应答，返回快递业务员身份验证结果和工作密钥等信息。

6.2.2.5 终端双联签到流程：

6.2.2.5.1 终端双联模式的签到交易流程如图6所示。

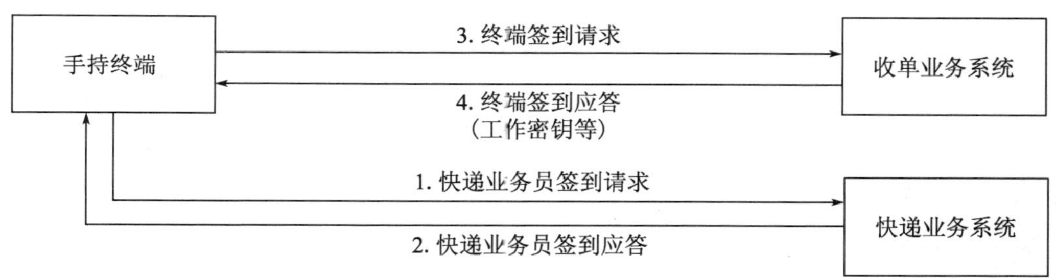

图6 终端双联模式签到流程

6.2.2.5.2 签到交易流程：

a) 手持终端向快递业务系统发起快递业务员签到请求，请求验证快递业务员身份；
b) 快递业务系统验证快递业务员身份并返回快递业务员签到应答，包含身份验证结果和工作密钥等信息；
c) 手持终端向收单业务系统发起终端签到请求；
d) 收单业务系统向手持终端返回终端签到应答，包含工作密钥、批次号、流水号、时间等信息。

6.2.3 运单查询

6.2.3.1 终端直联运单查询流程

6.2.3.1.1 终端直联模式的运单查询流程如图7所示。

图7 终端直联运单查询流程

6.2.3.1.2 运单查询流程：

a) 快递业务员通过手持终端扫描或手工输入快件编号，手持终端向收单业务系统发送运单查询请求；
b) 收单业务系统将运单查询请求转发至快递业务系统；
c) 快递业务系统进行查询，并将运单查询应答返回给收单业务系统；
d) 收单业务系统向手持终端返回运单查询应答，手持终端进行解析，并将应答信息显示在终端界面上，快递业务员可根据查询应答选择后续交易。

6.2.3.2 终端间联、双联运单查询流程

6.2.3.2.1 终端间联模式及终端双联模式的运单查询流程如图8所示。

6.2.3.2.2 运单查询流程：

a) 快递业务员通过手持终端扫描或手工输入快件编号，手持终端向快递业务系统发送运单查询请求；
b) 快递业务系统进行查询，并将运单查询应答返回到手持终端，手持终端进行解析，并将应答信息显示在终端界面上，快递业务员可根据查询应答选择后续交易。

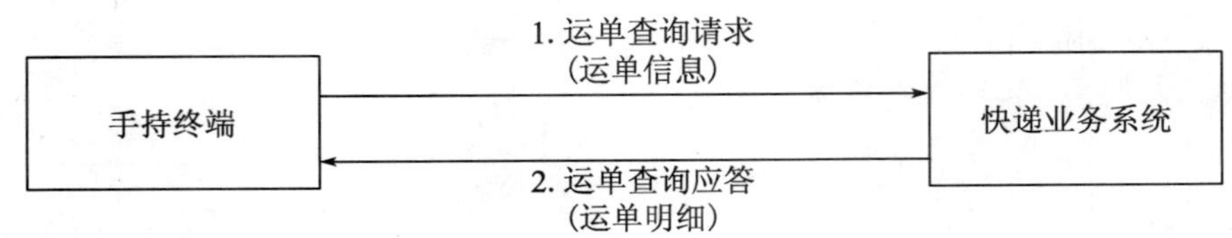

图 8　终端间联和双联运单查询流程

6.2.4　代收货款支付、撤销和退货

6.2.4.1　终端直联交易流程

6.2.4.1.1　终端直联模式的代收货款支付、撤销、退货交易流程如图 9 所示。

图 9　终端直联模式代收货款支付、撤销、退货流程

6.2.4.1.2　代收货款支付、撤销、退货流程：

a)　快递业务员执行代收货款支付、撤销或退货交易，手持终端将交易请求发送至收单业务系统；

b)　收单业务系统对交易请求进行验证。对于代收货款支付请求，收单业务系统将持卡人账户信息转发至发卡机构进行验证。对于代收货款撤销或退货请求，收单业务系统验证原交易信息，并请求发卡机构验证。验证成功后收单业务系统将包含运单信息的交易状态码、卡号、交易日期和时间、交易参考号、终端号等信息通知快递业务系统；

c)　快递业务系统接收到通知后更新运单状态，并向收单业务系统发送通知应答；

d)　收单业务系统向手持终端返回交易应答。

6.2.4.2　终端间联交易流程

6.2.4.2.1　终端间联模式的代收货款支付、撤销、退货交易流程如图 10 所示。

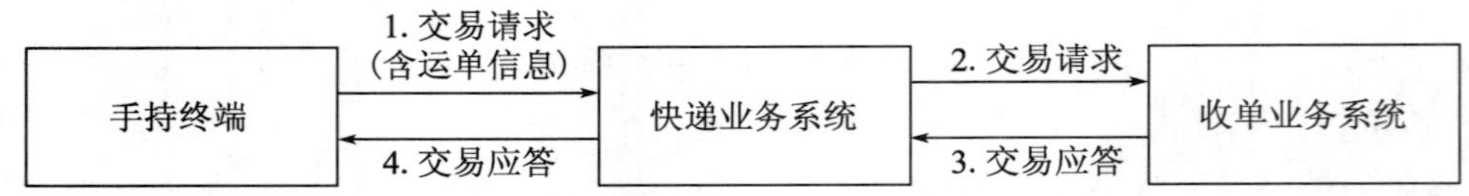

图 10　终端间联模式代收货款支付、撤销、退货流程

6.2.4.2.2　代收货款支付、撤销、退货流程：

a)　快递业务员执行代收货款支付、撤销或退货交易，手持终端将包含运单信息的交易请求发送至快递业务系统；

b)　快递业务系统将交易请求转发至收单业务系统(可包含运单信息)；

c)　收单业务系统对交易请求进行验证，并将交易应答返回快递业务系统，快递业务系统根据发起的交易请求可对交易进行跟踪，并建立运单和交易的关联关系，根据交易结果更新运单状态；

d)　快递业务系统向手持终端返回交易应答。

6.2.4.3　终端双联交易流程

6.2.4.3.1　终端双联模式的代收货款支付、撤销、退货交易流程如图 11 所示。

6.2.4.3.2　代收货款支付、撤销、退货流程：

a)　快递业务员执行代收货款支付、撤销或退货交易，手持终端将交易请求发送至收单业务系统；

b） 收单业务系统对交易请求进行验证，将交易应答返回到手持终端；

c） 手持终端接收到交易应答，向快递业务系统发起代收货款支付通知、撤销通知或退货通知交易；

d） 快递业务系统更新运单状态，并向手持终端返回通知应答。

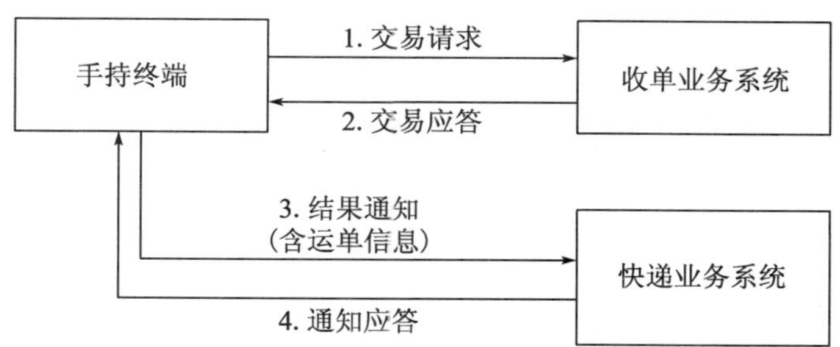

图 11　终端双联模式代收货款支付、撤销、退货流程

6.2.5　运单异常反馈

运单异常反馈交易流程同运单查询交易流程。在请求报文中包含快件编号、运单异常编码和运单异常描述，快递业务系统对运单异常反馈请求进行应答，并在快递业务系统中更新运单状态。

6.2.6　对账和差错处理

6.2.6.1　快递服务组织和支付服务机构进行对账和差错处理的流程如图 12 所示。

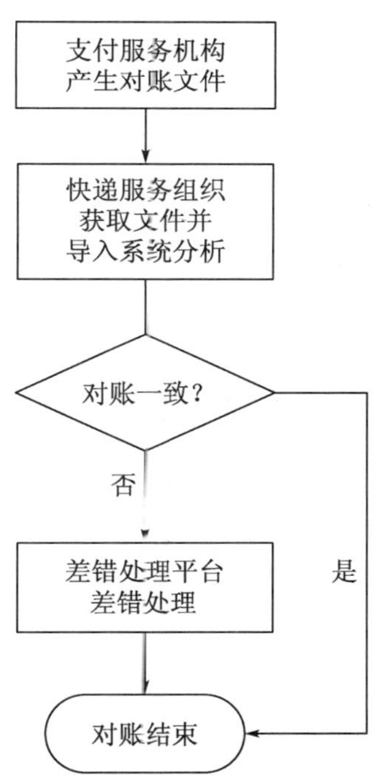

图 12　对账和差错处理流程

6.2.6.2　对账和差错处理流程：

a） 支付服务机构按照双方约定的周期产生对账文件；

b） 快递服务组织从支付服务机构下载对账文件，并导入快递业务系统进行对账；

c） 若对账一致，则对账结束；

d) 若对账不平，则快递服务组织专人登录支付服务机构差错处理平台进行差错处理；

e) 差错处理完毕后，流程结束。

7 通信接口

7.1 通信协议

手持终端、快递业务系统、收单业务系统之间的报文传输采用TCP/IP协议。

7.2 报文协议

手持终端、快递业务系统、收单业务系统之间的信息交换采用ISO 8583格式，符合GB/T 15150—1994要求。

8 报文规范

8.1 报文种类

快递代收货款服务信息交换主要包含的报文种类见表4。

表4 信息交换报文种类

序号	报文标识	报文名称	发送方	接收方
1	00	终端签到请求	手持终端	收单业务系统
2	01	终端签到应答	收单业务系统	手持终端
3	02	快递业务员签到请求	手持终端/收单业务系统	快递业务系统
4	03	快递业务员签到应答	快递业务系统	手持终端/收单业务系统
5	04	渠道签到请求	快递业务系统	收单业务系统
6	05	渠道签到应答	收单业务系统	快递业务系统
7	06	重置密钥请求	快递业务系统/收单业务系统	收单业务系统/快递业务系统
8	07	重置密钥应答	收单业务系统/快递业务系统	快递业务系统/收单业务系统
9	11	运单查询请求	手持终端/收单业务系统	收单业务系统/快递业务系统
10	12	运单查询应答	快递业务系统/收单业务系统	收单业务系统/手持终端
11	21	代收货款支付请求	手持终端/快递业务系统	快递业务系统/收单业务系统
12	22	代收货款支付应答	快递业务系统/收单业务系统	手持终端/快递业务系统
13	23	代收货款支付通知	手持终端/收单业务系统	快递业务系统
14	24	代收货款支付通知应答	快递业务系统	手持终端/收单业务系统
15	31	代收货款撤销请求	手持终端/快递业务系统	快递业务系统/收单业务系统
16	32	代收货款撤销应答	快递业务系统/收单业务系统	手持终端/快递业务系统
17	33	代收货款撤销通知	手持终端/收单业务系统	快递业务系统
18	34	代收货款撤销通知应答	快递业务系统	手持终端/收单业务系统
19	41	退货请求	手持终端/快递业务系统	快递业务系统/收单业务系统
20	42	退货应答	快递业务系统/收单业务系统	手持终端/快递业务系统

表 4(续)

序号	报文标识	报文名称	发送方	接收方
21	43	退货通知	手持终端/收单业务系统	快递业务系统
22	44	退货通知应答	快递业务系统	手持终端/收单业务系统
23	51	运单异常反馈请求	手持终端/收单业务系统	收单业务系统/快递业务系统
24	52	运单异常反馈应答	收单业务系统/快递业务系统	手持终端/收单业务系统
25	—	冲正	手持终端/快递业务系统/收单业务系统	快递业务系统/收单业务系统
26	—	冲正应答	快递业务系统/收单业务系统	手持终端/快递业务系统/收单业务系统

8.2 报文规范说明

8.2.1 数据类型

快递代收货款服务信息交换报文中使用的数据类型见表 5。

表 5 信息交换数据类型

字符	含义
a	字母字符,A ~ Z,a ~ z,向左靠,右边多余位填空格
b	数据的二进制表示,后跟数字表示位(bit)的个数
B	用于表示变长的二进制数,后跟数字表示二进制数据所占字节(Byte)的个数
n	数值,0 ~ 9,右靠,首位有效数字前填零。若表示人民币金额,则最右两位为角、分
p	填充字符,如空格
s	特殊符号
an	字母和数字字符,左靠,右边多余位填空格
as	字母和特殊字符,左靠,右边多余位填空格
cn	压缩数字码,即 BCD 码
ns	数字和特殊字符,左靠,右边多余位填空格
ans	字母、数字和特殊字符,左靠,右边多余位填空格
ansb	字母、数字、特殊字符和二进制数,左靠,右边多余位填空格
MM	月份,01 ~ 12
DD	日期,01 ~ 31
YY	年份,00 ~ 99
hh	时,00 ~ 23
mm	分,00 ~ 59
ss	秒,00 ~ 59
LL	后面跟随数据元的可变长度值,01 ~ 99

表 5(续)

字　符	含　　义
LLL	后面跟随数据元的可变长度值,001～999
VAR	可变长度数据元
3	3 字符的固定长度
..17	最大 17 个字符的可变长度。所有可变长度字段在数据元的前面应另外包含 2 个或 3 个位置,以表示后面到数据元结束时的位置数
X	借贷符号,贷记为"C",借记为"D",并且总是与一个数字型金额数据元相连,例如,交易费金额中 X + N8 含义为前缀"C"或"D"和交易费金额的 8 位数字
Z	ISO 4909 和 ISO 7813 中定义的磁卡第二、三磁道的代码集,但不包含起始符、结束符和 LRC 符
CNBCD	压缩编码数值

8.2.2　数据元

快递代收货款服务信息交换中涉及的数据元见表 6。表格中"TAG"列值为采用 TLV 格式时的 tag 标识符。

表 6　快递业务相关数据元定义

内　　容	格　式	长　度	TAG	说　　明
消息版本号	an	2	DF00	01:版本 0.1
报文标识	an	2	DF01	根据表 4 进行填写
数据加密密钥	ansb	32	DF02	快递业务员密码加密密钥
MAC 密钥	ansb	32	DF03	完整性校验密钥
快递业务员代码	ans	16	DF04	快递业务员签到时输入的代码,靠左填写右补空格
快递业务员密码	ansb	260	DF05	加密后的快递业务员验证密码
快递业务员姓名	ans	32	DF06	靠左填写右补空格
快递业务员部门	ans	20	DF07	快递业务员所在部门或区域,靠左填写右补空格
快递服务组织代码	ans	8	DF08	标识快递服务组织的代码
快递服务组织名称	ans	256	DF09	快递服务组织的名称
快件编号	ans	35	DF10	标识快件的唯一编号
寄件人订单编号	ans	40	DF11	寄件人的订单号(如电商订单编号)
商品条码	ans	30	DF12	商品的标识条码
商品数量	n	8	DF13	商品的数量信息
商品名称	ans	20	DF14	商品的名称
结算账户	ans	40	DF15	结算账户对应的代码或账号
结算标志	an	1	DF16	1:结算到快递服务组织 2:结算到寄件人 3:结算到收件人 4:其他 5～9:保留使用

表 6(续)

内 容	格 式	长 度	TAG	说 明
状态码	an	2	DF21	应答方针对请求返回的、标识处理状态的代码
错误说明	ans	30	DF22	对错误代码的进一步文本说明
支付状态	an	1	DF23	0:未代收 1:无须代收 2:已全额代收 3:已部分代收 4:其他 5~9:保留使用
收件人名称	ans	32	DF31	收件人名称
收件人详细地址	ans	256	DF32	收件人的详细地址信息
收件人电话	ans	32	DF33	收件人电话号码或手机号码
货币代码	an	3	DF81	156:人民币
代收货款金额	n	12	DF82	代收货款总金额,以分为单位,前补0
运费	n	12	DF83	应收运费总额,以分为单位,前补0
到付服务费	n	12	DF84	应收到付服务费,以分为单位,前补0
应收总金额	n	12	DF85	应收总金额,以分为单位,前补0
应收类型	n	1	DF86	1:货款费用 2:快件运费 3:货款加运费 4:其他 5~9:保留使用
支付方式	an	1	DF87	0:刷卡支付 1:刷卡加现金 2:其他 3~9:预留
银行卡支付金额	n	12	DF88	银行卡刷卡支付金额,以分为单位,前补0
交易类型	an	1	DF89	1:货款代收 2:运费收款 3:货款加运费 4:其他 5~9:保留使用
现金支付金额	n	12	DF90	现金支付总金额,以分为单位,前补0,默认全0
换货标志	n	1	DF91	0:正常 1:换货
寄件人备注	ans	50	DFA1	寄件人备注信息
异常编码	an	3	DFA2	运单异常状态编码
异常描述	ans	50	DFA3	对运单异常的详细描述信息

8.2.3 自定义域

8.2.3.1 手持终端、快递业务系统、收单业务系统之间的交换报文应符合 Q/CUP 035.1—2013、Q/CUP 035.2—2013、Q/CUP 035.3—2013、Q/CUP 035.4—2013 中要求。其中 48 域、59 域为自定义域，快递代收货款服务采用对 48 和 59 域进行自定义的方式实现信息交换。48 域由发起方上送报文时填写，域定义见表 7。59 域由应答方响应请求报文时填写，域定义见表 8。

表7 48 域 定 义

域	自定义域 48
属性说明	变量属性 ansb...600（LLLVAR），3 个字节的长度值 + 最大 600 个字节（字母、数字、特殊字符和二进制数）的业务信息
域用法	用于确定交易类型，并存储快递代收货款业务相关信息，例如：用于交易发起方上送快递业务员编号、快件编号等与快递业务相关的自定义信息

表8 59 域 定 义

域	自定义域 59
属性说明	变量属性 ansb...600（LLLVAR），3 个字节的长度值 + 最大 600 个字节（字母、数字、特殊字符和二进制数）的业务信息
域用法	在返回发起方的报文中，用于存放与快递业务相关的明细信息或应答信息

8.2.3.2 48 域和 59 域中包含附加子域，附加子域可采用固定长度格式或 TLV 格式。

8.2.3.3 当附加子域采用 TLV 格式时，附加子域中的每个字段由 tag 标签（T），子域取值长度（L）和子域取值（V）构成。在本标准中，tag 标签的属性为 bit，由 16 进制表示，占 2 个字节长度。子域取值长度（L）的属性也为 bit，占 1～3 个字节长度。具体编码规则如下：

a） 当 L 字段最左边字节的最高 bit 位为 0 时，表示该 L 字段占一个字节，其后续 7 个 bit 位对应的十进制数表示子域取值的长度。例如，某个域取值占 3 个字节，那么其子域取值长度表示为“00000011”。

b） 当 L 字段最左边字节的最高 bit 位为 1 时，表示该 L 字段占用超过一个字节，其占用字节数由最左字节的后续 7 个 bit 位的十进制取值表示。例如，最左字节为“10000010”，表示 L 字段除该字节外，后面还有两个字节。最左字节的后续字节的十进制取值表示子域取值的长度。例如，若 L 字段为“1000 0001 1111 1111”，表示该子域取值占 255 个字节。

c） L 可以取值为“0”，此时，V 值不出现。

8.2.3.4 附加子域中所有格式为“n”的数据项采用 ASCII 编码方式。

8.2.4 字段的可选与必选

8.2.4.1 在本标准中，“M”指报文中某域或某数据项为必选，“O”指可选，“C”指根据条件确定，空指无。

8.2.4.2 当附加子域采用固定长度格式时，附加子域中的所有数据项必须填写且长度固定。无内容则以空格填充。

8.3 报文接口

8.3.1 签到交易

8.3.1.1 终端直联签到接口

8.3.1.1.1 手持终端和收单业务系统之间的终端签到请求及应答报文符合 Q/CUP 035.1—2013 中 5.7.1 要求，终端签到请求报文附加 48 域，并填写快递业务员身份验证信息，终端签到应答报文附加 48 域、59 域。

8.3.1.1.2 收单业务系统和快递业务系统之间的快递业务员签到请求及应答报文，符合 Q/CUP 035.3—2013 中 5.3.3.2 要求，快递业务员签到请求报文附加 48 域，应答报文附加 48 域、59 域。收单业务系统和快递业务系统之间的重置密钥请求及应答报文符合 Q/CUP 035.3—2013 中 5.3.1.1 要求。

8.3.1.2 终端间联签到接口

8.3.1.2.1 手持终端和快递业务系统之间的快递业务员签到请求及应答报文，符合 Q/CUP 035.1—2013 中 5.7.1 要求，请求报文附加 48 域，应答报文附加 48 域、59 域。

8.3.1.2.2 快递业务系统和收单业务系统之间的渠道签到请求及应答报文，符合 Q/CUP 035.2—2013 中 5.6.1 要求，请求及应答报文中不包含 48 域、59 域。快递业务系统和收单业务系统之间的重置密钥请求及应答报文符合 Q/CUP 035.2—2013 中 5.6.2、5.6.3 要求。

8.3.1.3 终端双联签到接口

8.3.1.3.1 手持终端和收单业务系统之间的终端签到请求及应答报文，符合 Q/CUP 035.1—2013 中 5.7.1 要求，请求和应答报文中不包含 48 域、59 域。

8.3.1.3.2 手持终端和快递业务系统之间的快递业务员签到请求及应答报文，符合 Q/CUP 035.1—2013 中 5.7.1 要求，请求报文附加 48 域、应答报文附加 48 域、59 域。

8.3.1.4 报文格式详细说明

8.3.1.4.1 签到交易报文格式说明见表 9。

表 9 签到交易报文格式说明

连接模式	报文类型	48 域	59 域	发起方	应答方	备注
终端直联	终端签到请求	M		手持终端	收单业务系统	64 域报文
	快递业务员签到请求	M		收单业务系统	快递业务系统	128 域报文
	快递业务员签到应答	M	M	快递业务系统	收单业务系统	128 域报文
	终端签到应答	M	M	收单业务系统	手持终端	64 域报文
终端间联	快递业务员签到请求	M		手持终端	快递业务系统	64 域报文
	快递业务员签到应答	M	M	快递业务系统	手持终端	64 域报文
	渠道签到请求			快递业务系统	收单业务系统	128 域报文
	渠道签到应答			收单业务系统	快递业务系统	128 域报文
终端双联	终端签到请求			手持终端	收单业务系统	64 域报文
	终端签到应答			收单业务系统	手持终端	64 域报文
	快递业务员签到请求	M		手持终端	快递业务系统	64 域报文
	快递业务员签到应答	M	M	快递业务系统	手持终端	64 域报文

8.3.1.4.2 签到交易请求和应答报文中 48 域定义见表 10。48 域附加子域定义见表 11。

表 10　签到交易报文 48 域定义

内　　容	格　式	长　度	可 选 标 识	说　　明
用法标志	an	2	M	IQ:固定值
行业机构代码	ans	11	M	快递服务组织代码,不足位右补空格
查询标志	ans	2	M	00:固定值
业务数据长度	an	3	M	附加子域的实际长度,右靠,不足位前补“0”
附加子域	ans...495	X	M	属性为 LLLVAR,前三个字节是长度,第 4 个字节表示子域中数据项格式: 0:固定长度格式 1:TLV 格式
结束标志	ans	1	M	“#”

表 11　签到交易报文 48 域附加子域定义

内　　容	格　式	长　度	可 选 标 识	说　　明
消息版本号	an	2	M	01:版本 0.1
报文标识	an	2	M	00:终端签到请求 02:快递业务员签到请求
快递业务员代码	ans	16	O	快递业务员签到时输入的代码,靠左填写右补空格
快递业务员密码	ansb	260	O	加密后的密码,十六进制字符串,靠左填写,右补空格,加密算法由手持终端和快递业务系统双方的运营方协商确定

8.3.1.4.3　签到交易应答报文中 59 域定义见表 12,59 域附加子域定义见表 13。

表 12　签到交易报文 59 域定义

内　　容	格　式	长　度	可 选 标 识	说　　明
用法标志	an	2	M	BI:固定值
费用索引	n	10	M	全 0:预留
业务数据长度	an	3	M	附加子域的实际长度,右靠,不足位前补“0”
附加子域内容	ans...580	X	M	属性为 LLLVAR。前三个字节是长度,第 4 个字节表示子域中数据项格式: 0:固定长度格式 1:TLV 格式
结束标志	ans	1	M	“#”

表 13　签到交易报文 59 域附加子域定义

内　　容	格　式	长　度	可选标识	说　　明
消息版本号	an	2	M	01:版本 0.1
状态码	an	2	M	见附录 A 状态码定义
错误说明	ans	30	O	错误补充描述,靠左填写右补空格
快递业务员姓名	ans	32	O	靠左填写右补空格
快递业务员部门	ans	20	O	靠左填写右补空格
快递服务组织代码	ans	8	O	靠左填写右补空格
快递服务组织名称	ans	256	O	靠左填写右补空格
数据加密密钥	ansb	32	O	快递业务员密码加密密钥
MAC 密钥	ansb	32	O	完整性校验密钥

8.3.2　运单查询交易

8.3.2.1　终端直联运单查询接口

8.3.2.1.1　手持终端和收单业务系统之间的运单查询请求及应答报文,符合 Q/CUP 035.1—2013 中 5.3.4 要求,请求报文中 48 域、应答报文中 48 域和 59 域必选。

8.3.2.1.2　收单业务系统和快递业务系统之间的运单查询请求及应答报文,符合 Q/CUP 035.3—2013 中 5.3.3.2 要求,请求报文中 48 域、应答报文中 48 域和 59 域必选。

8.3.2.2　终端间联、双联运单查询接口

手持终端直接请求快递业务系统进行运单查询,请求和应答报文符合 Q/CUP 035.1—2013 中 5.3.4 要求,请求报文中 48 域、应答报文中 48 域和 59 域必选。

8.3.2.3　报文格式详细说明

8.3.2.3.1　运单查询交易报文格式说明见表 14。

表 14　运单查询交易报文格式说明

<table>
<tr><th>连接模式</th><th>报文类型</th><th>48 域</th><th>59 域</th><th>发起方</th><th>应答方</th><th>备注</th></tr>
<tr><td rowspan="4">终端直联</td><td>运单查询请求</td><td>M</td><td></td><td>手持终端</td><td>收单业务系统</td><td>64 域报文</td></tr>
<tr><td>运单查询请求</td><td>M</td><td></td><td>收单业务系统</td><td>快递业务系统</td><td>128 域报文</td></tr>
<tr><td>运单查询应答</td><td>M</td><td>M</td><td>快递业务系统</td><td>收单业务系统</td><td>128 域报文</td></tr>
<tr><td>运单查询应答</td><td>M</td><td>M</td><td>收单业务系统</td><td>手持终端</td><td>64 域报文</td></tr>
<tr><td rowspan="2">终端间联</td><td>运单查询请求</td><td>M</td><td></td><td>手持终端</td><td>快递业务系统</td><td>64 域报文</td></tr>
<tr><td>运单查询应答</td><td>M</td><td>M</td><td>快递业务系统</td><td>手持终端</td><td>64 域报文</td></tr>
<tr><td rowspan="2">终端双联</td><td>运单查询请求</td><td>M</td><td></td><td>手持终端</td><td>快递业务系统</td><td>64 域报文</td></tr>
<tr><td>运单查询应答</td><td>M</td><td>M</td><td>快递业务系统</td><td>手持终端</td><td>64 域报文</td></tr>
</table>

8.3.2.3.2　终端直联、间联、双联模式下的运单查询报文 48 域定义见表 10,48 域附加子域内容定义见表 15。

表 15　运单查询交易报文 48 域附加子域定义

内　　容	格　式	长　度	可 选 标 识	说　　明
消息版本号	an	2	M	01:版本 0.1
报文标识	an	2	M	11:运单查询
快递业务员代码	ans	16	M	快递业务员签到时输入的代码,靠左填写右补空格
快件编号	ans	35	M	靠左填写右补空格
商品条码	ans	30	O	左对齐,右补空格
商品数量	ans	8	O	左对齐,右补空格

8.3.2.3.3　终端直联、双联、间联模式下的运单查询应答报文 59 域定义见表 12,59 域附加子域定义见表 16,长度最大不超过 580。

表 16　运单查询交易报文 59 域附加子域定义

内　　容	格　式	长　度	可 选 标 识	说　　明
消息版本号	an	2	M	01:版本 0.1
状态码	an	2	M	见附录 A 状态码定义
错误说明	ans	30	O	错误补充描述,靠左填写右补空格
快件编号	ans	35	M	靠左填写右补空格
支付状态	an	1	M	0:未代收 1:无须代收 2:已全额代收 3:已部分代收 4:其他 5~9:保留使用
商品名称	ans	20	O	
收件人名称	ans	32	O	
收件人详细地址	ans	256	O	
收件人电话	ans	32	O	
结算账户	ans	40	O	结算账户或编码
结算标志	an	1	O	1:结算到快递服务组织 2:结算到寄件人 3:结算到收件人 4:其他 5~9:保留使用
寄件人订单编号	ans	40	O	右补充空格
货币代码	an	3	M	156:人民币
代收货款金额	n	12	O	以分为单位,前补 0
运费	n	12	O	以分为单位,前补 0

表 16(续)

内容	格式	长度	可选标识	说明
到付服务费	n	12	O	以分为单位,前补0
应收总金额	n	12	M	以分为单位,前补0
应收类型	n	1	M	1:货款费用 2:快件运费 3:货款加运费 4:其他 5~9:保留使用
换货标志	n	1	O	0:正常 1:换货
寄件人备注	ans	50	O	寄件人备注信息

8.3.3 代收货款支付

8.3.3.1 终端直联代收货款支付接口

8.3.3.1.1 手持终端和收单业务系统之间的代收货款支付请求及应答报文,符合 Q/CUP 035.1—2013 中 5.4.4 要求,请求报文中 48 域、应答报文中 48 域和 59 域必选。

8.3.3.1.2 收单业务系统和快递业务系统之间的代收货款支付通知及应答报文,符合 Q/CUP 035.3—2013 中 5.3.4.1 要求,请求报文中 48 域、应答报文中 48 域和 59 域必选。

8.3.3.2 终端间联代收货款支付接口

8.3.3.2.1 手持终端和快递业务系统之间的代收货款支付请求及应答报文,符合 Q/CUP 035.1—2013 中 5.4.4 要求,请求报文中 48 域、应答报文中 48 域和 59 域必选。

8.3.3.2.2 快递业务系统和收单业务系统之间的代收货款支付请求及应答报文,符合 Q/CUP 035.2—2013 中 5.4.5 要求,请求和应答报文中 48 域和 59 域可选。

8.3.3.3 终端双联代收货款支付接口

8.3.3.3.1 手持终端和收单业务系统之间的代收货款支付请求及应答报文,符合 Q/CUP 035.1—2013 中 5.4.4 要求,请求和应答报文中不包含 48 域和 59 域。

8.3.3.3.2 手持终端和快递业务系统之间的代收货款支付类通知及应答报文格式见表 17。表 17 中,除 48 域、59 域外,格式为"n"的数据项采用 BCD 压缩编码格式。请求报文中 48 域、应答报文中 48 域和 59 域必选。

表 17 终端双联代收货款支付类通知及应答报文格式

报文域	域名定义	格式	请求	响应	备注
	消息类型	n4	0200	0210	消息类型码
	位元表	b64	M	M	位图
2	主账号	n..19	C	C	银行卡卡号,属性为 LLVAR 前两个字节是长度。若收单业务系统返回报文中包含则包含

表 17(续)

报文域	域名定义	格式	请求	响应	备注
3	处理代码	n6	M	M	190000:代收货款支付通知 280000:代收货款撤销通知 200000:退货交易通知
4	交易金额	n12	M	M	以分为单位,不足前补0
11	受卡方系统跟踪号	n6	M	M	手持终端交易流水号
12	本地交易时间	n6	M	M	hhmmss
13	本地交易日期	n4	M	M	MMDD
15	清算日期	n4	M	M	MMDD 收单业务系统返回的清算日期
25	服务点条件码	n2	M	M	81:固定值
37	检索参考号	an12	M	M	收单业务系统返回的流水号
39	状态码	an2	M	M	见附录A状态码定义
41	受卡方终端标识	ans8	M	M	手持终端标识代码
42	受卡方标识代码	ans15	M	M	支付服务机构分配的商户代码
48	附加数据	ans...600	M	M	自定义
49	货币代码	an3	M	M	156:人民币
59	附加数据	ans...600		M	自定义
60.2	批次号	n6	M	M	交易批次号
64	MAC	b64	M	C	除MAC密钥无效情况下,否则必选

8.3.3.4 报文格式详细说明

8.3.3.4.1 代收货款支付交易报文格式说明见表18。

表 18 代收货款支付类交易报文格式说明

连接模式	报文类型	48域	59域	发起方	应答方	备注
终端直联	支付类交易请求	M		手持终端	收单业务系统	64域报文
	支付类交易通知	M		收单业务系统	快递业务系统	128域报文
	支付类交易通知应答	M	M	快递业务系统	收单业务系统	128域报文
	支付类交易应答	M	M	收单业务系统	手持终端	64域报文
终端间联	支付类交易请求	M		手持终端	快递业务系统	64域报文
	支付类交易请求	O		快递业务系统	收单业务系统	128域报文
	支付类交易应答	O	O	收单业务系统	快递业务系统	128域报文
	支付类交易应答	M	M	快递业务系统	手持终端	64域报文
终端双联	支付类交易请求			手持终端	收单业务系统	64域报文
	支付类交易应答			收单业务系统	手持终端	64域报文
	支付类交易通知	M		手持终端	快递业务系统	64域报文
	支付类交易通知应答	M	M	快递业务系统	手持终端	64域报文

8.3.3.4.2　代收货款支付交易报文中 48 域定义见表 19。48 域附加子域内容定义见表 20。

表 19　代收货款支付类交易报文 48 域定义

内　容	格　式	长　度	可选标识	说　明
用法标志	an	2	M	CN:固定值
用户号码类型	ans	2	M	G0:固定值
用户号码	ans	40	M	快件编号,靠左填写右补空格
用户号码地区编码	ans	4	M	全空格
用户号码附加地区编码	ans	4	M	全空格
缴费月份	ans	6	M	全空格
业务数据长度	an	3	M	附加子域的实际长度,右靠,不足位前补"0"
附加子域内容	ans...530	X	M	属性为 LLLVAR,前三个字节是长度,第 4 个字节表示子域中数据项格式: 0:固定长度格式 1:TLV 格式
结束标志	ans	1	M	"#"

表 20　代收货款支付类交易报文 48 域附加子域定义

内　容	格　式	长　度	可选标识	说　明
消息版本号	an	2	M	01:版本 0.1
报文标识	an	2	M	21:代收货款支付请求 23:代收货款支付通知
快递业务员代码	ans	16	M	快递业务员签到时输入的代码,靠左填写右补空格
快件编号	ans	35	M	靠左填写右补空格
寄件人订单编号	ans	40	O	靠左填写右补空格
结算账户	ans	40	O	结算账户或编码
结算标志	an	1	O	1:结算到快递服务组织 2:结算到寄件人 3:结算到收件人 4:其他 5~9:保留使用
交易类型	an	1	M	1:货款代收 2:运费收款 3:货款加运费 4:其他 5~9:保留使用
货币代码	an	3	M	156:人民币

表20(续)

内　容	格　式	长　度	可选标识	说　明
支付方式	an	1	M	0:刷卡支付 1:刷卡加现金 2:其他 3~9:预留
银行卡支付金额	n	12	M	银行卡支付金额,以分为单位,前补0
现金支付金额	n	12	C	现金支付金额,支付方式为1时包含,以分为单位,前补0,默认全0

8.3.3.4.3　代收货款支付应答报文59域定义见表12。59域附加子域定义见表21。

表21　代收货款支付类交易报文59域附加子域定义

内　容	格　式	长　度	可选标识	说　明
消息版本号	an	2	M	01:版本0.1
状态码	an	2	M	见附录A状态码定义
错误说明	ans	30	O	错误补充描述,靠左填写右补空格
快递业务员代码	ans	16	M	快递业务员签到时输入的代码,靠左填写右补空格
快件编号	ans	35	M	靠左填写右补空格
寄件人订单编号	ans	40	O	靠左填写右补空格
结算账户	ans	40	O	结算账户或编码
结算标志	an	1	O	1:结算到快递服务组织 2:结算到寄件人 3:结算到收件人 4:其他 5~9:保留使用
货币代码	an	3	M	156:人民币
支付方式	an	1	M	0:刷卡支付 1:刷卡加现金 2:其他 3~9:预留
银行卡支付金额	n	12	M	银行卡支付金额,以分为单位,前补0
现金支付金额	n	12	C	现金支付金额,支付方式为1时包含,以分为单位,前补0,默认全0

8.3.4 代收货款撤销

8.3.4.1 代收货款撤销交易为支付类交易，交易报文说明见表18，报文48域及附加子域、59域及附加子域定义同8.3.3。48域附加子域和59域附加子域中的"报文标识"字段设置为代收货款撤销类标志。

8.3.4.2 在终端直联模式中，手持终端和收单业务系统之间的代收货款撤销请求及应答报文，符合Q/CUP 035.1—2013中5.4.2要求；收单业务系统和快递业务系统之间的代收货款撤销通知及应答报文，符合Q/CUP 035.3—2013中5.3.4.2要求。

8.3.4.3 在终端间联模式中，手持终端和快递业务系统之间的代收货款撤销请求及应答报文，符合Q/CUP 035.1—2013中5.4.2要求；快递业务系统和收单业务系统之间的代收货款撤销请求及应答报文，符合Q/CUP 035.2—2013中5.4.6要求。

8.3.4.4 在终端双联模式中，手持终端和收单业务系统之间的代收货款撤销请求及应答报文，符合Q/CUP 035.1—2013中5.4.2要求；手持终端和快递业务系统之间的代收货款撤销通知及应答报文格式见表17。

8.3.5 退货交易

8.3.5.1 退货交易为支付类交易，交易报文说明见表18，报文48域及附加子域、59域及附加子域定义同8.3.3。48域附加子域和59域附加子域中的"报文标识"字段设置为退货类标志。

8.3.5.2 在终端直联模式中，手持终端和收单业务系统之间的退货请求及应答报文，符合Q/CUP 035.1—2013中5.4.3要求；收单业务系统和快递业务系统之间的退货通知及应答报文，符合Q/CUP 035.3—2013中5.3.4.3要求。

8.3.5.3 在终端间联模式中，手持终端与快递业务系统之间的退货请求及应答报文，符合Q/CUP 035.1—2013中5.4.3要求；快递业务系统和收单业务系统之间的退货请求及应答报文，符合Q/CUP 035.2—2013中5.4.7要求。

8.3.5.4 在终端双联模式中，手持终端与收单业务系统之间的退货请求和应答报文，符合Q/CUP 035.1—2013中5.4.3要求；手持终端与快递业务系统之间的退货通知及应答报文，格式见表17。

8.3.6 运单异常反馈

8.3.6.1 快递业务员在派件过程中发现运单信息、运单状态存在异常或因某些原因导致代收货款业务无法成功进行时，可通过手持终端发起运单异常反馈交易。运单异常反馈交易非支付类交易，交易流程及接口报文格式与8.3.2运单查询交易保持一致，仅48域附加子域和59域附加子域定义有所区别。

8.3.6.2 运单异常反馈报文中48域附加子域定义见表22。

表22 运单异常反馈交易报文48域附加子域定义

内容	格式	长度	可选标识	说明
消息版本号	an	2	M	01:版本0.1
报文标识	an	2	M	51:运单异常反馈请求 52:运单异常反馈应答
快递业务员代码	ans	16	M	快递业务员签到时输入的代码，靠左填写右补空格
快件编号	ans	35	M	靠左填写右补空格
异常编码	an	3	M	运单异常状态编码，见表23
异常描述	ans	50	O	快递业务员输入的异常描述信息

表 23　运单异常状态编码定义

代　码	分类名称	说　　明
1	收件人原因	
101	地址不详或错误	收件人地址书写不够详细或者书写错误
102	无此收件人	地址书写正确但无此收件人
103	无人接收	快件送达时无人接收
104	收件人要求延迟派送	收件人要求延迟时间,再进行投递
105	收件人要求改址派送	收件人要求更改投递地址
106	收件人退货	收件人放弃购买
107	收件人拒收	收件人拒收快件
108	收件人要求自取	收件人要求自行提取
109	到付未达成	收件人拒绝付款,或付款未成功
110	代收未达成	代收货款金额不相符,或者收件人拒绝支付
199	其他	其他
2	快件原因	
201	包装破损	快件外包装破损,内件完好
202	内件破损	快件内件破损,无法投出
203	快件丢失	快件在运输或者投递过程中丢失
204	内件短少	快件内件数量少于发出数量
205	内件不符	快件内件与标注不符
206	快件污染	快件被污染,无法投出
207	质量不符	快件内件质量与宣传不符
208	禁限物品	国家法律、法规禁止和限制寄递的物品
209	快件超区	收件人地址超出派送范围
299	其他	其他
3	派送方原因	
301	单货问题	有单无货或有货无单
302	内部错误	分拣、投递错误
399	其他	其他
4	不可抗力原因	
401	自然灾害	如台风、洪水、冰雹
402	政府行为	如证据保全措施
403	社会异常事件	如公共卫生事件、公共安全事件
499	其他	其他
8	代收货款原因	
801	收件人要求更换付款方式	收件人要求使用其他渠道支付货款

表 23(续)

代　码	分 类 名 称	说　　明
802	寄件人取消配送	寄件人取消快件配送
803	商品代码不存在或不一致	因无法检索到商品价格,部分代收交易无法进行
804	快件代收状态不正确	快递业务系统快件代收状态不正确
805	现金代收	收件人采用现金方式支付,异常描述中需填写现金代收金额
899	其他	其他
9	其他	其他

8.3.6.3　运单异常反馈应答报文中 59 域附加子域定义见表 24。

表 24　运单异常反馈报文 59 域附加子域定义

内　　容	格　式	长　度	可 选 标 识	说　　明
消息版本号	an	2	M	01:版本 0.1
状态码	an	2	M	见附录 A 状态码定义
错误说明	ans	30	O	错误补充描述,靠左填写右补空格
快件编号	ans	35	M	靠左填写右补空格

8.3.7　对账和差错处理

8.3.7.1　快递服务组织从收单业务系统下载对账文件,导入快递业务系统进行对账,若对账出现不平,则按照约定的方式进行差错处理。

8.3.7.2　对账文件格式由双方协商确定,可参见附录 B。

8.3.7.3　代收货款支付、撤销和退货交易参与对账交易。

8.3.8　冲正交易

8.3.8.1　手持终端在发起代收货款支付、撤销交易后,在规定时限内未收到应答时引发冲正交易,冲正请求和应答报文符合 Q/CUP 035.1—2013 中 5.6 要求,48 域、59 域保持和原交易请求一致。

8.3.8.2　在终端直联模式中,收单业务系统在规定时限内未收到快递业务系统返回的通知应答时,引发冲正交易,冲正请求和应答报文符合 Q/CUP 035.3—2013 中 5.3.5.1 要求,48 域、59 域保持和原交易请求一致。

8.3.8.3　在终端间联模式中,快递业务系统在规定时限内未收到收单业务系统返回的交易应答时,引发冲正交易,冲正请求和应答报文符合 Q/CUP 035.2—2013 中 5.7 要求,48 域、59 域保持和原交易请求一致。

8.3.8.4　在终端双联模式中,手持终端成功收到收单业务系统应答并向快递业务系统发起通知交易后,若在规定时限内未收到快递业务系统应答,手持终端不自动发送冲正交易,由人工重新发送通知交易。

9　安全控制

9.1　终端安全要求

9.1.1　手持终端应符合金融行业相关功能、质量、兼容性和安全要求,需通过金融行业的相关检测。

9.1.2　具备银联卡受理和 PIN 输入功能的手持终端,应符合 Q/CUP 007.1.2—2014、Q/CUP 007.1.3—

2014 要求。

9.1.3 手持终端不应留存持卡人的敏感账户信息。

9.1.4 手持终端打印的签购单中应对持卡人的主账号进行屏蔽。

9.2 系统安全要求

9.2.1 快递业务系统、收单业务系统应符合金融行业相关安全标准。

9.2.2 快递业务系统、收单业务系统不应留存非业务必需的持卡人账户信息。

9.2.3 与收单业务系统连接的快递业务系统应采取有效措施保证持卡人的账户信息安全。

9.2.4 应定期委托第三方机构进行系统安全和数据安全风险评估,保障持卡人账户信息、快递业务数据安全。

9.3 数据交换安全要求

9.3.1 手持终端、快递业务系统、收单业务系统数据交互的接口应当进行功能、性能和安全性测试,以保证系统稳定、安全运行。

9.3.2 手持终端、快递业务系统、收单业务系统的交互报文,需对持卡人的敏感信息进行保护。通过公开网络传输信息时,需对磁道信息、密码等进行加密保护。

9.3.3 手持终端、快递业务系统、收单业务系统之间的交互报文应包含 MAC 校验码、数字签名等,以防重放、抗抵赖。

9.3.4 手持终端、快递业务系统、收单业务系统应对接收到的报文进行来源合法性验证。

附　录　A
（规范性附录）
状态码定义

快递代收货款服务信息交换涉及的状态码可分为TA、TB、TC三类，见表A。TA类代表交易成功；TB类代表交易失败，可重试；TC类代表交易失败，不需要重试。

表A　状态码定义

代　码	类　别	名　　称	说　　明
00	TA	交易成功	交易成功
A0	TB	MAC校验失败	MAC鉴别码错，应重新签到
C0	TC	交易失败	交易失败，请联系快递服务组织
C1	TB	快递业务员未签到	快递业务员未签到，请快递业务员重新签到
13	TB	无效金额	金额为0或非法值
14	TB	无效账号	账号不合法、不存在或不匹配
30	TC	报文格式错误	报文解析失败，域不完整或格式非法
41	TC	挂失卡	此卡已挂失
51	TC	资金不足	账户可用余额不足
55	TC	不正确的密码	密码错
61	TC	超出金额限制	单笔交易金额太大
64	TC	原始金额错误	交易金额与原交易不一致
75	TC	密码错误次数超限	连续输入错误密码次数超出限制
80～8Z	—	自定义	快递服务组织自定义使用
94	TC	重复交易	可能是一笔已经成功上送的交易
E1	TB	无此快件编号	快件编号无效、不存在此快件编号
E3	TC	费用已缴	费用已缴
F2	TB	交易超时	交易超时，请重试
FF	TC	其他原因	其他原因

附 录 B
（资料性附录）
对账文件格式

B.1 对账文件中包含交易汇总记录和各条交易记录，格式见表B.1。文件中每一行是一条记录，表示一笔交易。在同一个文件中，每一行的长度相同。

表B.1 对账文件格式

记录0:交易汇总笔数 交易汇总金额 记录1:字段1 字段2……字段 N 记录2:字段1 字段2……字段 N 记录3:字段1 字段2……字段 N …… 记录 N:字段1 字段2……字段 N

B.2 对账文件中每条记录的格式见表B.2，其中每个字段之间以空格分隔，每条记录以(0x0D,0x0A)结束。

表B.2 对账文件中记录格式

字段1□字段2□字段3□字段4……字段 N(0x0D,0x0A)

B.3 对账文件中每条记录的字段定义见表B.3。

表B.3 记录中字段定义

数据域	属性长度	描述
发卡机构代码	n8	
发送机构代码	n8	
商户类型	n4	18域
商户号	n15	42域
终端号	n8	41域
用户号码	变长	快件编号
分隔符	n1	#
消息类型	n4	
交易处理代码	n6	3域
交易金额	n12	4域
请求流水号	n6	11域，终端直联和双联方式填写终端流水号，终端间联方式填写快递业务系统流水号
交易请求日期	n4	MMDD 快递服务组织发起的交易，填终端上送的交易日期/时间；支付服务机构发起的交易，填发往快递服务组织的日期

表 B.3(续)

数据域	属性长度	描述
交易请求时间	n6	HH24MISS 快递服务组织发起的交易填终端上送的交易日期/时间,支付服务机构发起的填发往快递服务组织的时间
地区代码	n6	地区代码+"00",000000
交易费用	X+n8	1. 终端直联和双联方式下,给快递服务组织的对账文件中,表示快递服务组织应收/付的交易手续费总金额; 2. 终端间联方式下,给快递服务组织的对账文件中,表示快递服务组织应收/付交易分润总金额; 3. 对于月结快递服务组织,不提供交易手续费清算信息,仅体现当日清算的本金金额,文件中手续费字段均为0;若为正值,则体现为C+金额,若为0值,则体现为□+00000000,若为负值,则体现为D+金额
终端类型	an2	60.2.5 域,若交易报文无本域,则以空格填充
交易发起方式	an1	60.3.5 域,若交易报文无本域,则以空格填充
服务点条件代码	n2	25 域
主账号	n19	2 域
检索参考号	an12	37 域
授权应答码	an6	38 域
转出卡号	n19	102 域,若交易报文无本域,则以空格填充
转入机构标识码	n11	100 域,若交易报文无本域,则以空格填充
转入卡号	n19	103 域,若交易报文无本域,则以空格填充
卡片序列号	n3	23 域,若交易报文无本域,则以空格填充
交易类型	an3	多渠道平台交易内码
支付号码	an20	1. 支付号码不足20字节,后补空格; 2. 若不存在支付号码,则以空格填充
保留字段	ans200	

参 考 文 献

[1] JR/T 0001—2009 银行卡销售点(POS)终端规范
[2] Q/CUP 006.6—2009 中国银联银行卡联网联合技术规范

ICS 35.240.01
A90
备案号:50662—2015

中华人民共和国邮政行业标准

YZ/T 0142—2015

邮政业信息系统安全等级保护定级指南

Classification guide for classified security protection of postal industry information system

2015-06-11 发布　　　　2015-10-01 实施

国家邮政局　发布

目　次

前　　言

本标准按照 GB/T 1.1—2009 给出的规则起草。

本标准由国家邮政局提出。

本标准由全国邮政业标准化技术委员会(SAC/TC 462)归口。

本标准起草单位:顺丰速运有限公司。

本标准主要起草人:杨伟峰、田民、刘新凯、熊莹、谢朝海。

邮政业信息系统安全等级保护定级指南

1 范围

本标准规定了邮政业信息系统安全等级保护定级的基本原则、安全保护等级划分、定级方法和等级变更要求。

本标准适用于邮政服务、快递服务和邮政管理工作中非涉密信息系统的安全保护等级的定级。

2 规范性引用文件

下列文件对于本文件的应用是必不可少的。凡是注日期的引用文件，仅注日期的版本适用于本文件。凡是不注日期的引用文件，其最新版本（包括所有的修改单）适用于本文件。

GB/T 10757—2011 邮政业术语

GB/T 22240—2008 信息安全技术 信息系统安全等级保护定级指南

GB/Z 28828—2012 信息安全技术 公共及商用服务信息系统个人信息保护指南

3 术语和定义

GB/T 22240—2008、GB/Z 28828—2012 和 GB/T 10757—2011 界定的以及下列术语和定义适用于本文件。

3.1

邮政业信息系统 postal industry information system

由计算机及其相关的、配套的设备、设施（含网络）构成的，支撑邮政业对生产、服务、经营、管理等信息进行采集、加工、存储、传输、检索等处理的人机系统。

3.2

敏感信息 sensitive information

一旦遭到泄露或修改，会对标识的信息主体造成不良影响的信息，包括姓名、身份证号码、手机号码、地址等信息的组合。

4 基本原则

4.1 自主定级原则

邮政业信息系统的安全责任单位应按照国家相关法规、技术标准要求，自主确定本单位信息系统的安全保护等级。

4.2 重点保护原则

根据信息系统的不同安全保护等级和业务特点，安全责任单位自行组织实施相应强度的安全保护，集中资源优先保护高等级的信息系统。

4.3 动态调整原则

若邮政业信息系统所处理的信息和提供的服务发生变化，或其他原因影响信息系统的安全保护等级,安全责任单位需重新确定信息系统安全保护等级,及时调整安全保护措施。

5　安全保护等级

5.1　定级要素

邮政业信息系统的安全保护等级由信息系统受到破坏时所侵害的客体和侵害程度所决定。

5.2　受侵害客体

邮政业信息系统的受侵害客体主要包括:国家安全;社会秩序、公共利益;公民、法人和其他组织的合法权益。其中:

a)　侵害国家安全的事项包括:

——影响国家政权稳固和国防实力;

——影响国家统一、民族团结和社会安定;

——影响国家对外活动中的政治、经济利益;

——影响国家重要的安全保卫工作;

——影响国家经济竞争力和科技实力;

——其他影响国家安全的事项。

b)　侵害社会秩序的事项包括:

——影响邮政业相关社会管理和公共服务的工作秩序;

——影响邮政业相关的经济活动秩序;

——影响邮政业相关的科研、生产秩序;

——影响公众的正常生活秩序;

——其他影响社会秩序的事项。

c)　侵害公共利益的事项包括:

——影响社会成员使用邮政业公共设施;

——影响社会成员获取邮政业公开信息资源;

——影响社会成员接受邮政业公共服务;

——损害社会成员的隐私、名誉和利益。

5.3　对客体的侵害程度

5.3.1　邮政业信息系统遭到破坏会危及业务信息安全和系统服务安全。

5.3.2　业务信息安全主要指邮政业信息系统内各类业务信息(如:邮件信息、快件信息、个人信息和行业管理信息等)的保密性、完整性和可用性。业务信息安全主要关注的是保护数据在存储、传输、处理等过程中不被泄漏、破坏和免受未授权的修改,数据被破坏时因所侵害的业务信息类型、数量等不同而对客体造成不同程度的侵害。

5.3.3　系统服务安全主要指邮政业信息系统在处理各类业务信息过程中,其服务地域范围内所提供服务的及时性、有效性和持续性。系统服务安全关注的是保护系统连续正常的运行,避免因对系统的未授权修改、破坏而导致系统不可用,系统被破坏时因所侵害的服务范围、服务时间等不同而对客体造成不同程度的侵害。

5.3.4　业务信息安全和系统服务安全遭受破坏,所产生的对客体的侵害程度应分为一般损害、严重损害和特别严重损害,各类侵害程度描述见表1。

表1　侵害程度描述

受侵害客体		侵害程度		
		一般损害	严重损害	特别严重损害
国家安全	国家政权稳固和国防实力	无	影响国家政权稳固和国防实力	严重影响国家政权稳固和国防实力
	国家统一、民族团结和社会安定	无	影响国家统一、民族团结和社会安定	严重影响国家统一、民族团结和社会安定
	国家对外活动中的政治、经济利益	影响国家对外活动中的政治、经济利益	造成较大损失	造成极大损失
	国家重要的安全保卫工作	影响国家重要的安全保卫工作	受到严重影响，造成工作效率显著降低	受到特别严重影响，造成工作能力丧失
	国家经济竞争力和科技实力	影响国家经济竞争力和科技实力	受到严重影响，造成严重损害	受到特别严重影响，造成极其严重损害
社会秩序	邮政业相关的社会管理和公共服务的工作秩序	全省范围的工作职能出现质量下降或失误	全国范围的工作职能出现质量下降或失误，造成较大的社会不良影响	全国范围的工作职能出现质量下降或失误，造成巨大的社会不良影响
	邮政业相关的经济活动秩序	全省范围的经济活动受到影响	全国范围的经济活动受到影响，造成较大的社会不良影响	全国范围的经济活动受到影响，造成巨大的社会不良影响
	邮政业相关的科研、生产秩序	全省范围的科研、生产受到影响	全国范围的科研、生产受到影响，造成较大的社会不良影响	全国范围的科研、生产受到影响，造成巨大的社会不良影响
	公众的正常生活秩序	全省范围的公众正常生活受到影响	全国范围的公众正常生活受到影响，造成较大的社会不良影响	全国范围的公众正常生活受到影响，造成巨大的社会不良影响
公共利益	社会成员使用邮政业公共设施	全省范围的公共设施受到影响	全国范围的公共设施受到影响，造成较大的社会不良影响	全国范围的公共设施受到影响，造成巨大的社会不良影响
	社会成员获取邮政业公开信息资源	全省范围的信息资源受到影响	全国范围的信息资源受到影响，造成较大的社会不良影响	全国范围的信息资源受到影响，造成巨大的社会不良影响
	社会成员接受邮政业公共服务	全省范围的公共服务受到影响	全国范围的公共服务受到影响，造成较大的社会不良影响	全国范围的公共服务受到影响，造成巨大的社会不良影响
	社会成员的隐私、名誉和利益	全省范围的客户敏感信息被泄漏	全国范围的客户敏感信息被泄漏，造成较大的社会不良影响	全国范围的客户敏感信息被泄漏，造成巨大的社会不良影响
合法权益	公民、法人和其他组织的合法权益	工作效率降低、较少的财产损失和较轻的法律问题	工作效率显著下降、较大的财产损失和重大的法律问题	工作长时间瘫痪、特别巨大的财产损失和非常重大的法律问题

5.4 邮政业信息系统安全保护等级

根据受侵害客体和侵害程度，邮政业信息系统安全保护等级由低到高可依次划分为五级，见表2。

表2 邮政业信息系统安全保护等级

等　级	描　述
第一级	信息系统遭到破坏后，会对公民、法人和其他组织的合法权益造成一般损害，但不损害国家安全、社会秩序和公共利益
第二级	信息系统遭到破坏后，会对公民、法人和其他组织的合法权益产生严重损害或者特别严重损害，或者对社会秩序和公共利益造成一般损害，但不损害国家安全
第三级	信息系统遭到破坏后，会对社会秩序和公共利益造成严重损害，或者对国家安全造成一般损害
第四级	信息系统遭到破坏后，会对社会秩序和公共利益造成特别严重损害，或者对国家安全造成严重损害
第五级	信息系统遭到破坏后，会对国家安全造成特别严重损害

6 定级方法

6.1 定级流程

邮政业信息系统的定级流程包括安全责任单位确定、信息系统划分、等级确定和定级结果形成与备案，其中：

a） 安全责任单位确定：按6.2要求，确定邮政业信息系统的安全责任单位；

b） 信息系统划分：按6.3要求，划分确定需要定级的信息系统；

c） 等级确定：按6.4要求，确定邮政业信息系统的安全保护等级；

d） 定级结果形成与备案：按6.5要求，形成定级结果和备案。

6.2 安全责任单位确定

6.2.1 作为定级对象的信息系统应具有唯一确定的安全责任单位。

6.2.2 如果一个单位的某个下级单位负责信息系统安全建设、运行维护等过程的全部安全责任，则这个下级单位可以成为信息系统的安全责任单位；如果一个单位中的不同下级单位分别承担信息系统不同方面的安全责任，则该信息系统的安全责任单位应是这些下级单位共同所属的单位；如果一个跨不同地域运行的分布式信息系统，存在不同的安全责任单位，应根据不同地域划出不同的定级对象。

6.3 信息系统划分

6.3.1 安全责任单位应合理划分本单位的信息系统，确定需要定级的对象。

6.3.2 定级对象应承载单一或相对独立的业务应用、具备信息系统的基本要素并具有唯一确定的安全责任单位。

6.3.3 主要信息系统类别如下：

a） 邮政服务所涉及的主要信息系统类别见表3。

表3　邮政服务主要信息系统类别表

序号	系统类别	主要功能说明
1	核心生产作业类	处理邮件的收寄、分拣、运输和投递等环节的信息系统，如邮政营业系统、网运信息系统和邮政投递系统
2	邮政特殊服务类	处理邮政特殊服务的信息系统，如报刊发行信息系统
3	电子商务类	承载客户服务、网上电子商务等内容的信息系统，如给据邮件跟踪查询系统、11185客户服务中心和网上营业厅系统
4	门户网站类	在互联网上的形象宣传平台，如官方门户网站和邮政党群网站
5	运营管理类	实现邮政企业内部数据分析支撑、办公人资财务、网络系统管理监控等功能的信息系统，如邮政综合办公信息处理平台、邮政财务系统、人力资源管理系统
6	其他	不属于以上几种类别的信息系统

b）快递服务所涉及的主要信息系统类别见表4。

表4　快递服务主要信息系统类别表

序号	系统类别	主要功能说明
1	核心运营类	承载快件的收寄、验视、分拣、封发、投递、代理报关、财务结算、内部查询等服务的信息系统
2	在线服务类	承载移动自助服务和网上下订单、电子账单、快件跟踪等服务的信息系统，也包括通过互联网提供各种电子商务服务活动的信息系统
3	客户服务类	提供客户服务平台，帮助管理企业与客户的沟通，从而最大限度地提升客户满意度的信息系统
4	门户网站类	在互联网上发布信息、开展业务及咨询服务的信息系统
5	运营管理类	实现企业内部数据分析支撑、办公人资财务、网络系统管理监控等功能的信息系统，如快递服务组织办公自动化、企业人力资源管理和财务管理信息系统
6	其他	不属于以上几种类别的信息系统

c）邮政管理所涉及的主要信息系统类别见表5。

表5　邮政管理主要信息系统类别表

序号	系统类别	主要功能说明
1	行业管理类	实现多业务协同的行业管理应用平台，涵盖市场监管、普服监管、行政许可、行政执法等功能
2	公共服务类	为公众提供统一的服务门户，为企业提供许可、审批等网上办理服务，为公众提供行业信用信息、重大事件事故信息、禁限寄物品名录、企业服务网点及服务质量等公共信息的发布和查询的网站系统
3	内部管理类	实现邮政管理部门内部管理功能的信息系统，包括办公自动化、人事、财务、视频会议等系统
4	数据资源类	为信息共享提供数据资源支撑，推动实现业务协同的信息系统。实现数据资料的收集、利用和挖掘，为行业管理和政府决策提供数据支撑
5	其他	不属于以上几种类别的其他信息系统

6.4 等级确定

6.4.1 等级确定的两个方面

信息系统的安全保护等级应由业务信息安全保护等级和系统服务安全保护等级两个方面综合确定。

6.4.2 确定业务信息安全保护等级

业务信息安全保护等级由业务信息安全被破坏时所侵害的客体以及对客体的侵害程度确定，见表6。

表6 业务信息安全保护等级矩阵表

业务信息安全被破坏时所侵害的客体	对相应客体的侵害程度		
	一般损害	严重损害	特别严重损害
公民、法人和其他组织的合法权益	第一级	第二级	第二级
社会秩序、公共利益	第二级	第三级	第四级
国家安全	第三级	第四级	第五级

6.4.3 确定系统服务安全保护等级

系统服务安全保护等级由系统服务安全被破坏时所侵害的客体以及对客体的侵害程度确定，见表7。

表7 系统服务安全保护等级矩阵表

系统服务安全被破坏时所侵害的客体	对相应客体的侵害程度		
	一般损害	严重损害	特别严重损害
公民、法人和其他组织的合法权益	第一级	第二级	第二级
社会秩序、公共利益	第二级	第三级	第四级
国家安全	第三级	第四级	第五级

6.4.4 确定信息系统的安全保护等级

6.4.4.1 业务信息安全保护等级和系统服务安全保护等级的较高者确定为信息系统的安全保护等级，见表8。

表8 安全保护等级矩阵表

安全保护等级		系统服务安全保护等级				
		第一级	第二级	第三级	第四级	第五级
业务信息安全保护等级	第一级	第一级	第二级	第三级	第四级	第五级
	第二级	第二级	第二级	第三级	第四级	第五级
	第三级	第三级	第三级	第三级	第四级	第五级
	第四级	第四级	第四级	第四级	第四级	第五级
	第五级	第五级	第五级	第五级	第五级	第五级

6.4.4.2 邮政业不同类别信息系统的安全保护参考等级见附录A。

6.5 定级结果形成与备案

6.5.1 安全责任单位在拟定信息系统安全保护等级后,应按照有关要求,对定级过程中产生的文档进行整理,形成定级结果报告。

6.5.2 对安全保护等级拟定为第二级以上(含第二级)的信息系统,安全责任单位应聘请相应专家进行评审,并按有关规定向公安机关备案。

7 等级变更

在邮政业信息系统的运行过程中,若信息系统所处理的信息和提供的服务发生变化,或其他原因影响到信息系统的安全保护等级,安全责任单位应重新确定信息系统安全保护等级,及时调整安全保护措施。

附 录 A
（资料性附录）
邮政业信息系统安全保护等级定级参考表

为了帮助安全责任单位拟定信息系统的安全保护等级，本附录给出邮政业信息系统业务信息安全等级和系统服务安全等级的定级简明参考条件（注：只给出了其中一些参考定级条件，非唯一的全部定级条件），见表 A.1 ~ A.3。

邮政企业、快递服务组织和邮政管理部门可根据本单位信息系统业务功能，参考本附录进行定级。原则上，信息系统安全保护等级应不低于本附录建议的参考级别。未在参考表中列出的信息系统，以及其他拟定为第四级和第五级的信息系统，可根据其承载的业务功能参照本标准正文和相关国家标准进行定级。

表 A.1 邮政服务相关信息系统定级参考表

<table>
<tr><th>系统类别</th><th colspan="2">参考级别</th><th>参考条件（满足其中之一）</th></tr>
<tr><td rowspan="8">核心生产作业类</td><td rowspan="2">安全保护等级：第一级</td><td>业务信息安全等级：第一级</td><td>系统年处理件数在 10 万级</td></tr>
<tr><td>系统服务安全等级：第一级</td><td>1） 系统服务范围为地市范围
2） 在系统提供服务期间不能接受系统中断超过 24h</td></tr>
<tr><td rowspan="2">安全保护等级：第二级</td><td>业务信息安全等级：第二级</td><td>1） 系统年处理件数在百万到千万级
2） 敏感信息条数在百万级以下（含百万级）</td></tr>
<tr><td>系统服务安全等级：第二级</td><td>1） 系统服务范围为全省范围且系统提供服务期间不能接受系统单日服务中断超过 12h
2） 系统服务范围为全国范围且为企业内部使用，在系统提供服务期间不能接受系统单日服务中断超过 6h</td></tr>
<tr><td rowspan="2">安全保护等级：第三级</td><td>业务信息安全等级：第三级</td><td>1） 系统年处理件数在亿级
2） 敏感信息条数在千万级</td></tr>
<tr><td>系统服务安全等级：第三级</td><td>1） 系统服务范围为全省范围且为企业对外服务使用，在系统提供服务期间不能接受系统单日服务中断超过 6h
2） 系统服务范围为全国范围且在系统提供服务期间不能接受系统单日服务中断超过 3h</td></tr>
<tr><td rowspan="2">安全保护等级：第四级</td><td>业务信息安全等级：第四级</td><td>1） 系统年处理件数在 10 亿以上
2） 敏感信息条数在 1 亿以上</td></tr>
<tr><td>系统服务安全等级：第四级</td><td>在系统提供服务期间不能接受系统中断超过 1h</td></tr>
<tr><td rowspan="2">邮政特殊服务类</td><td rowspan="2">安全保护等级：第一级</td><td>业务信息安全等级：第一级</td><td>系统年处理件数在十万级</td></tr>
<tr><td>系统服务安全等级：第一级</td><td>1） 系统服务范围为地市范围
2） 在系统提供服务期间不能接受系统中断超过 48h</td></tr>
</table>

表 A.1(续)

系 统 类 别	参 考 级 别		参考条件(满足其中之一)
邮政特殊服务类	安全保护等级:第二级	业务信息安全等级:第二级	1) 系统年处理件数在百万到亿级 2) 敏感信息条数在百万到千万级
		系统服务安全等级:第二级	1) 系统服务范围为全省范围且不能接受系统单日发生全天中断 2) 系统服务范围为全国范围且为企业内部使用,系统在提供服务期间不能接受系统单日服务中断超过 8h
	安全保护等级:第三级	业务信息安全等级:第三级	1) 系统年处理件数在 10 亿以上 2) 敏感信息条数在 1 亿以上
		系统服务安全等级:第三级	1) 系统服务范围为全省范围且为企业对外服务使用,在系统提供服务期间不能接受系统单日服务中断超过 12h 2) 系统服务范围为全国范围且在系统提供服务期间不能接受系统单日服务中断超过 6h
电子商务类	安全保护等级:第一级	业务信息安全等级:第一级	系统年处理件数在 10 万级
		系统服务安全等级:第一级	1) 系统服务范围为地市范围 2) 在系统提供服务期间不能接受系统中断超过 48h
	安全保护等级:第二级	业务信息安全等级:第二级	1) 系统年处理件数百万到亿级 2) 敏感信息条数在百万到千万级
		系统服务安全等级:第二级	1) 系统服务范围为全省范围且在系统提供服务期间不能接受系统单日服务中断超过 12h 2) 系统服务范围为全国范围且为企业内部使用,系统在提供服务期间不能接受系统单日服务中断超过 6h
	安全保护等级:第三级	业务信息安全等级:第三级	1) 系统年处理件数在 10 亿以上 2) 敏感信息条数在 1 亿以上
		系统服务安全等级:第三级	1) 系统服务范围为全省范围且为企业对外服务使用,在系统提供服务期间不能接受系统单日服务中断超过 6h 2) 系统服务范围为全国范围且在系统提供服务期间不能接受系统单日服务中断超过 3h
门户网站类	安全保护等级:第一级	业务信息安全等级:第一级	地市级邮政服务组织的门户网站
		系统服务安全等级:第一级	在系统提供服务期间不能接受系统服务中断超过 48h
	安全保护等级:第二级	业务信息安全等级:第二级	省级邮政服务组织的门户网站
		系统服务安全等级:第二级	在系统提供服务期间不能接受系统单日发生全天中断
	安全保护等级:第二级	业务信息安全等级:第三级	总部级邮政服务组织的门户网站
		系统服务安全等级:第三级	在系统提供服务期间不能接受系统单日服务中断超过 8h

表 A.1(续)

系统类别	参考级别		参考条件(满足其中之一)
运营管理类	安全保护等级:第一级	业务信息安全等级:第一级	处理全省范围邮政服务组织的内部运营管理信息
		系统服务安全等级:第一级	在系统提供服务期间不能接受系统服务中断超过48h
	安全保护等级:第二级	业务信息安全等级:第二级	处理全国范围邮政服务组织的内部运营管理信息
		系统服务安全等级:第二级	在系统提供服务期间不能接受系统单日发生全天中断

表 A.2　快递服务相关信息系统定级参考表

系统类别	参考级别		参考条件(满足其中之一)
核心营运类	安全保护等级:第一级	业务信息安全等级:第一级	系统年处理件数在10万级
		系统服务安全等级:第一级	1)　系统服务范围为地市范围 2)　在系统提供服务期间不能接受系统中断超过24h
	安全保护等级:第二级	业务信息安全等级:第二级	1)　系统年处理件数在百万到亿级 2)　敏感信息条数在百万到5亿之间
		系统服务安全等级:第二级	1)　系统服务范围在全省范围 2)　在系统提供服务期间不能接受系统中断超过12h
	安全保护等级:第三级	业务信息安全等级:第三级	1)　系统年处理件数在10亿以上 2)　敏感信息条数在5亿以上
		系统服务安全等级:第三级	1)　系统服务范围为全国范围 2)　在系统提供服务期间不能接受系统中断超过3h
在线服务类	安全保护等级:第一级	业务信息安全等级:第一级	系统年处理件数在10万级
		系统服务安全等级:第一级	在系统提供服务期间不能接受系统中断超过48h
	安全保护等级:第二级	业务信息安全等级:第二级	1)　系统年处理件数在百万到亿级 2)　敏感信息条数在百万到5亿之间
		系统服务安全等级:第二级	在系统提供服务期间不能接受系统中断超过24h
	安全保护等级:第三级	业务信息安全等级:第三级	1)　系统年处理件数在10亿以上 2)　敏感信息条数在5亿以上
		系统服务安全等级:第三级	在系统提供服务期间不能接受系统中断超过8h

表 A.2(续)

系统类别	参考级别		参考条件(满足其中之一)
客户服务类	安全保护等级:第一级	业务信息安全等级:第一级	系统年处理件数在10万级
		系统服务安全等级:第一级	在系统提供服务期间不能接受系统中断超过48h
	安全保护等级:第二级	业务信息安全等级:第二级	1) 系统年处理件数在百万到亿级 2) 敏感信息条数在百万到5亿之间
		系统服务安全等级:第二级	在系统提供服务期间不能接受系统中断超过24h
	安全保护等级:第三级	业务信息安全等级:第三级	1) 系统年处理件数在10亿以上 2) 敏感信息条数在5亿以上
		系统服务安全等级:第三级	在系统提供服务期间不能接受系统中断超过8h
门户网站类	安全保护等级:第一级	业务信息安全等级:第一级	企业年处理件数在千万级
		系统服务安全等级:第一级	在系统提供服务期间不能接受系统中断超过48h
	安全保护等级:第二级	业务信息安全等级:第二级	企业年处理件数在亿到10亿级
		系统服务安全等级:第二级	在系统提供服务期间不能接受系统中断超过24h
	安全保护等级:第三级	业务信息安全等级:第三级	企业年处理件数在100亿以上
		系统服务安全等级:第三级	在系统提供服务期间不能接受系统中断超过8h
运营管理类	安全保护等级:第一级	业务信息安全等级:第一级	企业年处理件数在千万到亿级
		系统服务安全等级:第一级	在系统提供服务期间不能接受系统中断超过48h
	安全保护等级:第二级	业务信息安全等级:第二级	企业年处理件数在10亿以上
		系统服务安全等级:第二级	在系统提供服务期间不能接受系统中断超过12h

表 A.3 邮政管理相关信息系统定级参考表

系统类别	参考级别		简明参考条件(满足其中之一)
行业管理类	安全保护等级:第一级	业务信息安全等级:第一级	处理区县范围邮政管理部门的行政管理信息
		系统服务安全等级:第一级	在系统提供服务期间不能接受系统中断超过48h
	安全保护等级:第二级	业务信息安全等级:第二级	处理地市范围或全省范围邮政管理部门的行政管理信息
		系统服务安全等级:第二级	在系统提供服务期间不能接受系统中断超过24h
	安全保护等级:第三级	业务信息安全等级:第三级	处理全国范围邮政管理部门的行政管理信息
		系统服务安全等级:第三级	在系统提供服务期间不能接受系统中断超过8h

表 A.3(续)

系 统 类 别	参 考 级 别		简明参考条件(满足其中之一)
公共服务类	安全保护等级:第三级	业务信息安全等级:第三级	国家邮政局公共服务门户网站
		系统服务安全等级:第三级	在系统提供服务期间不能接受系统中断超过 8h
内部管理类	安全保护等级:第二级	业务信息安全等级:第二级	处理全国邮政管理系统的办公、人事和财务等内部管理信息
		系统服务安全等级:第二级	在系统提供服务期间不能接受系统中断超过 12h
数据资源类	安全保护等级:第三级	业务信息安全等级:第三级	处理全国范围的邮政业数据资源信息
		系统服务安全等级:第三级	在系统提供服务期间不能接受系统中断超过 8h

参 考 文 献

[1] GB/T 5271.8—2001 信息技术 词汇 第8部分:安全
[2] GB 17859—1999 计算机信息系统 安全保护等级划分准则
[3] GB/T 20269—2006 信息安全技术 信息系统安全管理要求
[4] GB/T 20271—2006 信息安全技术 信息系统通用安全技术要求
[5] GB/T 20274.1—2006 信息安全技术 信息系统安全保障评估框架 第一部分:简介和一般模型
[6] GA/T 671—2006 信息安全技术 终端计算机系统安全等级技术要求
[7] 公通字〔2004〕66号 关于信息安全等级保护工作的实施意见
[8] 公通字〔2007〕43号 信息安全等级保护管理办法
[9] 公信安〔2007〕861号 关于开展全国重要信息系统安全等级保护定级工作的通知

ICS 35.040
M 80
备案号:50663—2015

YZ

中华人民共和国邮政行业标准

YZ/T 0143—2015

快件基础数据元

Basic data elements for express item

2015-07-07 发布

2015-10-01 实施

国家邮政局 发布

目　次

前　言

本标准按照 GB/T 1.1—2009 给出的规则起草。

本标准由国家邮政局提出。

本标准由全国邮政业标准化技术委员会(SAC/TC 462)归口。

本标准起草单位:国家邮政局发展研究中心。

本标准主要起草人:冯力虎、蒲中良、朱晓磊、胡倩、许良锋。

快件基础数据元

1 范围

本标准规定了快件基础数据元分类及编码结构、数据元的表示规范、快件基础数据元集和代码集。

本标准适用于快件和快递服务相关公共信息平台、电子数据交换、信息管理等系统的设计、开发与应用。

2 规范性引用文件

下列文件对于本文件的应用是必不可少的。凡是注日期的引用文件，仅注日期的版本适用于本文件。凡是不注日期的引用文件，其最新版本(包括所有的修改单)适用于本文件。

GB/T 2260　中华人民共和国行政区划代码

GB/T 2659　世界各国和地区名称代码

GB/T 7408　数据和交换格式　信息交换　日期和时间表示法

GB/T 27917.1　快递服务　第1部分:基本术语

YZ/T 0130　快递服务与电子商务信息交换标准化指南

YZ/T 0132　邮政业机构代码编制规则

3 术语和定义

GB/T 27917.1 界定的术语和定义适用于本标准。

4 数据元分类及编码结构

4.1 分类

根据快件信息的基本内容和属性，快件基础数据元划分为六大类：

a) 单据类；

b) 基本信息类；

c) 内件信息类；

d) 服务信息类；

e) 机构与人员类；

f) 时间与状态类。

4.2 编码结构

快件基础数据元应具有唯一的编码，编码由三部分组成，长度为六位，其结构如图1所示。

具体规定为：

a) 第一、二位 EI 表示快件的基础信息代码；

b) 第三位为快件基础数据元的大类编码，从 0～9；

c) 第四至六位表示同一大类快件基础数据元的序号，从 000 开始顺序编码。

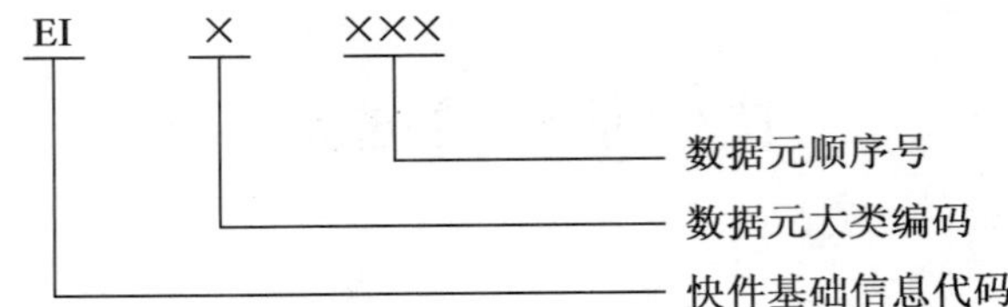

图1 快件基础数据元编码结构

快件基础数据元大类及编码见表1。

表1 快件基础数据元大类及编码

大类编码	类目名称	说明
EI0	单据类	快件从收寄到投递所涉及的相关单据等
EI1	基本信息类	快件的质量、体积、运费、价值及相关数量、计量单位说明符等
EI2	内件信息类	快件内件的名称、类型、数量等
EI3	服务信息类	快件的服务种类、服务时限、寄递范围、付款方式等
EI4	机构与人员类	快件从收寄到投递全过程中所涉及的收件人、寄件人、揽收员、投递员及服务组织、地址、国家等
EI5	时间与状态类	快件从收寄到投递全过程中相关的时间表示,以及快件在某一时间段所处的状态

5 数据元的表示规范

5.1 基本属性

每个数据元由编号、中文名称、英文名称、定义等11项基本内容组成,具体说明见表2。

表2 数据元表示的基本属性

序号	名称	约束	定义及说明
1	编号	M	数据元的特征号,反映该数据元在数据元集中的排列位置
2	中文名称	M	赋予数据元的单个或多个中文字词的名称
3	英文名称	M	赋予数据元的英文全称。英文名称的拼写应采用大骆驼(UCC,Upper Camel Case)命名方式,即每个单词的首字母为大写,其他字母均为小写,并把这些单词组合起来;不应包括任何空格、破折号、下画线或分隔符等
4	说明	M	描述数据元语义方面的属性,表达一个数据元的本质特性并区别于所有其他数据元的陈述
5	数据类型	M	用于表示数据元的符号、字符或其他表示的类型
6	数据格式	M	从业务角度规定的数据元值的格式需求,包括所允许的最大和/或最小字符长度,数据元值的表示格式等
7	值域	O	根据相应属性中所规定的数据元值的类型、数据格式而决定的数据元的允许值的集合

表 2(续)

序号	名　称	约束	定义及说明
8	计量单位	O	数字型数据元值的计量单位
9	同义名称	O	与给定数据元名称有区别但表示有相同数据元概念的、在不同应用环境下的不同称谓,一般为被广泛使用的该数据元的其他名称
10	关系	O	当前数据元与其他相关数据元之间的关系描述
11	备注	O	该数据元的补充描述或说明
注:"约束"是表示数据元是否有该属性,可以有两个取值: ——M(Mandatory)必备的,说明对每个数据元应进行该属性的描述; ——O(Optional)可选的,说明对每个数据元可以描述该属性,也可以不描述。			

5.2 数据类型的表示

数据元值的类型可能的取值有:"字符型"、"数字型"、"布尔型"、"二进制型"等。其中,二进制型用于表示图形、图像、音视频等。

5.3 数据格式的表示

数据格式中使用的字符含义如下:

a) a = 字母字符;

b) n = 数字字符;

c) an = 字母数字字符;

d) m(自然数) = 定长 m 个字符(字符集采用 GB 2312 中的有关规定);

e) .. = 从最小长度到最大长度,前面附加最小长度,后面附加最大长度;

f) ul = 长度不确定的文本;

g) YYYYMMDDhhmmss = "YYYY"表示世纪和年份,"MM"表示月份,"DD"表示日期,"hh"表示小时,"mm"表示分钟,"ss"表示秒,可以视具体情况组合使用;

h) True/False = 布尔型;

i) 二进制型的数据格式为 binary,表示限定长度的二元八位字节集。

示例 1:

an3..8 表示最大长度为 8、最小长度为 3 的不定长字符。

示例 2:

an5(aannn)表示定长五个字母数字字符,前两个为字母字符,后三个为数字字符。

示例 3:

n..8,4 表示该数值最大长度为八位数字字符、小数点后四位数字。

示例 4:

n..16 表示该数值最大长度为 16 位,包括整数位数和小数位数,小数点不计入。

6 快件基础数据元集

6.1 单据类

6.1.1 单据名称

编号:EI0000
中文名称:单据名称
英文名称:DocumentName
说明:单据的名称。
数据类型:字符型
数据格式:an..35

6.1.2 单据类型代码

编号:EI0001
中文名称:单据类型代码
英文名称:TypeOfDocumentCode
说明:单据的类型代码。
数据类型:字符型
数据格式:an..3
值域:见 7.1。

6.1.3 快递运单号

编号:EI0002
中文名称:快递运单号
英文名称:ExpressWaybillNumber
说明:用于记录快件原始收寄信息及服务约定的单据的标识符。
数据类型:字符型
数据格式:an..35
同义名称:快件详情单号/快件编号

6.1.4 改寄申请单号

编号:EI0003
中文名称:改寄申请单号
英文名称:ApplicationFormForAddressCorrectionNumber
说明:寄件人申请改变收件人地址所填写的单据的标识符。
数据类型:字符型
数据格式:an..35

6.1.5 索赔申告单号

编号:EI0004
中文名称:索赔申告单号
英文名称:ClaimAuthorizationFormNumber

说明:用户申请快件赔偿时所填写的单据的标识符。

数据类型:字符型

数据格式:an..35

6.1.6 回单号

编号:EI0005

中文名称:回单号

英文名称:InterchangeReceiptNumber

说明:应寄件人要求,在收件人签收快件的同时,需收件人签名或盖章后返还各寄件人的单据的标识符。

数据类型:字符型

数据格式:an..35

6.1.7 快件报关单号

编号:EI0006

中文名称:快件报关单号

英文名称:CustomsDeclarationFormNumber

说明:进出口快件用户或其代理人,按照海关规定的格式对进出口快件的实际情况做出书面申明,以此要求海关对其快件按适用的海关制度办理通关手续的单据的标识符。

数据类型:字符型

数据格式:an..35

同义名称:报关单号

6.1.8 形式发票号

编号:EI0007

中文名称:形式发票号

英文名称:FormalInvoiceNumber

说明:按照海关要求提供的,证明所寄物品品名、数量、价值等,以便海关进行监管的报关文件的标识符。

数据类型:字符型

数据格式:an..35

6.1.9 快递运单类型

编号:EI0008

中文名称:快递运单类型

英文名称:ExpressWaybillType

说明:根据业务形式对快递运单进行分类描述。

数据类型:字符型

数据格式:an..2

值域:见7.2。

6.1.10 快递运单类型代码

编号:EI0009

中文名称:快递运单类型代码
英文名称:ExpressWaybillTypeCode
说明:标识快递运单类型的编码。
数据类型:字符型
数据格式:an..2
值域:见7.2。

6.2 基本信息类

6.2.1 快件长度

编号:EI1000
中文名称:快件长度
英文名称:ExpressLength
说明:快件长边的尺寸。
数据类型:数字型
数据格式:n..8,1
计量单位:厘米(cm)

6.2.2 快件宽度

编号:EI1001
中文名称:快件宽度
英文名称:ExpressWidth
说明:快件宽边的尺寸。
数据类型:数字型
数据格式:n..8,1
计量单位:厘米(cm)

6.2.3 快件高度

编号:EI1002
中文名称:快件高度
英文名称:ExpressHeight
说明:快件高度的尺寸。
数据类型:数字型
数据格式:n..8,1
计量单位:厘米(cm)

6.2.4 快件体积

编号:EI1003
中文名称:快件体积
英文名称:ExpressCube
说明:对快件的最大长度、宽度和高度相乘得出的体积,即立方体积。
数据类型:数字型
数据格式: n..8,3

计量单位:立方厘米(cm^3)

6.2.5 实际质量

编号:EI1004
中文名称:实际质量
英文名称:ActualWeight
说明:快件实际质量。
数据类型:数字型
数据格式:n..8,3
计量单位:千克(kg)

6.2.6 体积质量

编号:EI1005
中文名称:体积质量
英文名称:CubeWeight
说明:按体积折算的质量。
数据类型:数字型
数据格式:n..8,3
计量单位:千克(kg)

6.2.7 计费质量

编号:EI1006
中文名称:计费质量
英文名称:ChargedWeight
说明:快件计费质量。
数据类型:数字型
数据格式:n..8,3
计量单位:千克(kg)

6.2.8 运费

编号:EI1007
中文名称:运费
英文名称:Freight
说明:快件运费金额。
数据类型:数字型
数据格式:n..15,2
计量单位:元

6.2.9 保价金额

编号:EI1008
中文名称:保价金额
英文名称:DeclaredValue
说明:需要保价的内件价值。

数据类型:数字型
数据格式:n..15,2
计量单位:元

6.2.10 保价费率

编号:EI1009
中文名称:保价费率
英文名称:DeclaredValueRate
说明:收取快件保价金额的费率。
数据类型:字符型
数据格式:an..20,2

6.2.11 保价费

编号:EI1010
中文名称:保价费
英文名称:DeclaredValuePrice
说明:某一快件的保价费用。
数据类型:数字型
数据格式:n..15,2
计量单位:元

6.2.12 保险金额

编号:EI1011
中文名称:保险金额
英文名称:InsuranceAmount
说明:投保人对保险标的的实际投保金额。
数据类型:数字型
数据格式:n..15,2
计量单位:元

6.2.13 保险费率

编号:EI1012
中文名称:保险费率
英文名称:RateOfInsurance
说明:应缴纳保险费与保险金额的比率。
数据类型:字符型
数据格式:an..20,2

6.2.14 保险费

编号:EI1013
中文名称:保险费
英文名称:InsuranceCharge
说明:向保险人交付的费用。

数据类型:数字型
数据格式:n..15,2
计量单位:元

6.2.15 代收货款金额

编号:EI1014
中文名称:代收货款金额
英文名称:CollectionOnDelivery
说明:快递服务组织代收货款的金额。
数据类型:数字型
数据格式:n..15,2
计量单位:元

6.3 内件信息类

6.3.1 内件名称

编号:EI2000
中文名称:内件名称
英文名称:NameOfInternals
说明:快件内件的详细名称。
数据类型:字符型
数据格式:an..32

6.3.2 内件类型

编号:EI2001
中文名称:内件类型
英文名称:TypeOfInternals
说明:按内件性质将快件分为信件类和物品类。
数据类型:字符型
数据格式:an..32
值域:见7.3。

6.3.3 内件类型代码

编号:EI2002
中文名称:内件类型代码
英文名称:InternalsTypeCode
说明:标识快件内件类型的编码。
数据类型:字符型
数据格式:an..2
值域:见7.3。

6.3.4 内件数量

编号:EI2003

中文名称:内件数量
英文名称:AmountOfInternals
说明:某一快件包含的内件物品数量。
数据类型:数字型
数据格式:n..8

6.3.5 特殊快件类型

编号:EI2004
中文名称:特殊快件类型
英文名称:TypeOfSpecialExpressItem
说明:描述有特殊投递、取件等要求的快件。
数据类型:字符型
数据格式:an..128
值域:见7.4。

6.3.6 特殊快件类型代码

编号:EI2005
中文名称:特殊快件类型代码
英文名称:TypeOfSpecialExpressItemCode
说明:标识特殊快件类型的代码。
数据类型:字符型
数据格式:an..2
值域:见7.4。

6.3.7 异常快件类型

编号:EI2006
中文名称:异常快件类型
英文名称:TypeOfAbnormalExpressItem
说明:描述被拒付、拒收、错发、无着、破损、损毁和丢失等异常情况的快件。
数据类型:字符型
数据格式:an..128
值域:见7.5。

6.3.8 异常快件类型代码

编号:EI2007
中文名称:异常快件类型代码
英文名称:TypeOfAbnormalExpressItemCode
说明:标识异常快件类型的代码。
数据类型:字符型
数据格式:an..2
值域:见7.5。

6.4 服务信息类

6.4.1 快件标准时限

编号:EI3000
中文名称:快件标准时限
英文名称:TheStandardTimeLimitOfExpressItem
说明:快件从收寄到首次投递的时间间隔。
数据类型:字符型
数据格式:an..128
值域:见7.6。

6.4.2 快件标准时限代码

编号:EI3001
中文名称:快件标准时限代码
英文名称:TheStandardTimeLimitCodeOfExpressItem
说明:标识快递标准时限类型的编码。
数据类型:字符型
数据格式:an..3
值域:见7.6。

6.4.3 快件收寄方式

编号:EI3002
中文名称:快件收寄方式
英文名称:ExpressPickupType
说明:描述快件收寄的方式。
数据类型:字符型
数据格式:an..16
值域:见7.7。

6.4.4 快件收寄方式代码

编号:EI3003
中文名称:快件收寄方式代码
英文名称:ExpressPickupTypeCode
说明:标识快件收寄方式的编码。
数据类型:字符型
数据格式:an..2
值域:见7.7。

6.4.5 快件投递方式

编号:EI3004
中文名称:快件投递方式
英文名称:ExpressDeliveryType

说明:描述快件投递的方式。
数据类型:字符型
数据格式:an..16
值域:见7.8。

6.4.6 快件投递方式代码

编号:EI3005
中文名称:快件投递方式代码
英文名称:ExpressDeliveryTypeCode
说明:标识快件投递方式的编码。
数据类型:字符型
数据格式:an..2
值域:见7.8。

6.4.7 快件投递网点类型

编号:EI3006
中文名称:快件投递网点类型
英文名称:ExpressDeliveryOutletsType
说明:描述投递快件的网点种类。
数据类型:字符型
数据格式:an..16
值域:见7.9。

6.4.8 快件投递网点类型代码

编号:EI3007
中文名称:快件投递网点类型代码
英文名称:ExpressDeliveryOutletsTypeCode
说明:标识快件投递网点类型的编码。
数据类型:字符型
数据格式:an..2
值域:见7.9。

6.4.9 快件寄达范围

编号:EI3008
中文名称:快件寄达范围
英文名称:ExpressDestinationRange
说明:描述快件寄达的地区范围。
数据类型:字符型
数据格式:an..16
值域:见7.10。

6.4.10 快件寄达范围代码

编号:EI3009

中文名称:快件寄达范围代码
英文名称:ExpressDestinationRangeCode
说明:标识快件寄达范围的编码。
数据类型:字符型
数据格式:an..3
值域:见7.10。

6.4.11 快件增值业务

编号:EI3010
中文名称:快件增值业务
英文名称:ExpressAdditionalService
说明:描述快件相关增值服务名称。
数据类型:字符型
数据格式:an..32
值域:见7.11。
同义名称:快件附加业务

6.4.12 快件增值业务代码

编号:EI3011
中文名称:快件增值业务代码
英文名称:ExpressAdditionalServiceCode
说明:标识快件增值业务的编码。
数据类型:字符型
数据格式:an..2
值域:见7.11。
同义名称:快件附加业务代码

6.4.13 付款类型

编号:EI3012
中文名称:付款类型
英文名称:TypeOfPayment
说明:描述快件服务费用的付款类型。
数据类型:字符型
数据格式:an..16
值域:见7.12。

6.4.14 付款类型代码

编号:EI3013
中文名称:付款类型代码
英文名称:TypeOfPaymentCode
说明:标识付款类型的编码。
数据类型:字符型
数据格式:an..2

值域:见7.12。

6.4.15 支付方式

编号:EI3014
中文名称:付款方式
英文名称:PaymentMeans
说明:描述快件服务费用的支付方式。
数据类型:字符型
数据格式:an..16
值域:见7.13。
同义名称:支付工具

6.4.16 支付方式代码

编号:EI3015
中文名称:支付方式代码
英文名称:PaymentMeansCode
说明:标识支付方式的编码。
数据类型:字符型
数据格式:an..2
值域:见7.13。

6.4.17 干线运输方式

编号:EI3016
中文名称:干线运输方式
英文名称:ModeOfMainTransport
说明:描述快件干线运输的方式。
数据类型:字符型
数据格式:an..32
值域:见7.14。

6.4.18 干线运输方式代码

编号:EI3017
中文名称:干线运输方式代码
英文名称:ModeOfMainTransportCode
说明:标识干线运输方式的编码。
数据类型:字符型
数据格式:an..2
值域:见7.14。

6.5 机构与人员类

6.5.1 收件人名称

编号:EI4000

中文名称:收件人名称
英文名称:Receiver's sName
说明:收件人的名称。
数据类型:字符型
数据格式:an..32

6.5.2 收件人国家

编号:EI4001
中文名称:收件人国家
英文名称:Receiver's sCountry
说明:收件人所在国家的名称。
数据类型:字符型
数据格式:an..256

6.5.3 收件人国家代码

编号:EI4002
中文名称:收件人国家代码
英文名称:Receiver's sCountryCode
说明:标识收件人所在国家的代码。
数据类型:字符型
数据格式:a..2
值域:见 GB/T 2659 中的两字母代码。

6.5.4 收件人行政区划

编号:EI4003
中文名称:收件人行政区划
英文名称:Receiver's sAdministrativeArea
说明:收件人所在地行政区划名称,如省(区、市)、市(地)、县(区)。
数据类型:字符型
数据格式:an..256
值域:见 GB/T 2260 中的行政区划名称。
同义名称:收件人省(区、市)、市(地)、县(区)/目的地

6.5.5 收件人行政区划代码

编号:EI4004
中文名称:收件人行政区划代码
英文名称:Receiver's sAdministrativeAreaCode
说明:收件人所在地行政区划代码,行政区划等级采用 6 位(县及以上)。
数据类型:字符型
数据格式:an..6
值域:见 GB/T 2260 中的行政区划代码。
同义名称:目的地代码

6.5.6 收件人详细地址

编号:EI4005
中文名称:收件人详细地址
英文名称:Receiver' sDetailAddress
说明:收件人的详细地址信息。
数据类型:字符型
数据格式:an..256
同义名称:收件人地址

6.5.7 收件人电话

编号:EI4006
中文名称:收件人电话
英文名称:Receiver' sMobilePhone
说明:收件人的联系电话。
数据类型:字符型
数据格式:an..32

6.5.8 寄件人名称

编号:EI4007
中文名称:寄件人名称
英文名称:Sender' sName
说明:寄件人的名称。
数据类型:字符型
数据格式:an..32

6.5.9 寄件人证件类型名称

编号:EI4008
中文名称:寄件人证件类型名称
英文名称:NameOfSender' sIDType
说明:寄件人个人证件类型的名称。
数据类型:字符型
数据格式:an..32
值域:见 7.15。

6.5.10 寄件人证件类型代码

编号:EI4009
中文名称:寄件人证件类型代码
英文名称:CodeOfSender' sIDType
说明:寄件人个人证件类型的编码。
数据类型:字符型
数据格式:an..2
值域:见 7.15。

6.5.11 寄件人证件号码

编号:EI4010

中文名称:寄件人证件号码

英文名称:NumberOfSender' sID

说明:标识寄件人个人的证件号码。

数据类型:字符型

数据格式:an..35

6.5.12 寄件人单位

编号:EI4011

中文名称:寄件人单位

英文名称:UnitOfSender

说明:寄件人所在单位的名称。

数据类型:字符型

数据格式:an..256

6.5.13 寄件人国家

编号:EI4012

中文名称:寄件人国家

英文名称:Sender' sCountry

说明:寄件人所在国家的名称。

数据类型:字符型

数据格式:an..256

6.5.14 寄件人国家代码

编号:EI4013

中文名称:寄件人国家代码

英文名称:CodeOfSender' sCountry

说明:标识寄件人所在国家的代码。

数据类型:字符型

数据格式:a..2

值域:见 GB/T 2659 中的两字母代码。

6.5.15 寄件人行政区划

编号:EI4014

中文名称:寄件人行政区划

英文名称:Sender' sAdministrativeArea

说明:寄件人所在地行政区划名称,如省(区、市)、市(地)、县(区)。

数据类型:字符型

数据格式:an..256

值域:见 GB/T 2260 中的行政区划名称。

同义名称:寄件人省(区、市)、市(地)、县(区)/始发地

6.5.16 寄件人行政区划代码

编号:EI4015
中文名称:寄件人行政区划代码
英文名称:CodeOfSender' sAdministrativeArea
说明:寄件人所在地行政区划代码,行政区划等级采用6位(县及以上)。
数据类型:字符型
数据格式:an..6
值域:见 GB/T 2260 中的行政区划代码。
同义名称:始发地代码

6.5.17 寄件人详细地址

编号:EI4016
中文名称:寄件人详细地址
英文名称:Sender' sDetailAddress
说明:寄件人的详细地址信息。
数据类型:字符型
数据格式:an..256
同义名称:寄件人地址

6.5.18 寄件人电话

编号:EI4017
中文名称:寄件人电话
英文名称:Sender' sPhoneNumber
说明:寄件人的联系电话。
数据类型:字符型
数据格式:an..32

6.5.19 快递服务组织名称

编号:EI4018
中文名称:快递服务组织名称
英文名称:ExpressServiceOrganizationName
说明:提供快递服务的组织名称。
数据类型:字符型
数据格式:an..256

6.5.20 快递服务组织代码

编号:EI4019
中文名称:快递服务组织代码
英文名称:CodeOfExpressServiceOrganization
说明:标识快递服务组织的代码。
数据类型:字符型
数据格式:an..10

值域:按照 YZ/T 0132 进行编制。

6.5.21 快递服务组织品牌名称

编号:EI4020
中文名称:快递服务组织品牌名称
英文名称:BrandNameOfExpressServiceOrganization
说明:快递服务组织的品牌名称。
数据类型:字符型
数据格式:an..32
值域:见 7.16。

6.5.22 快递服务组织品牌代码

编号:EI4021
中文名称:快递服务组织品牌代码
英文名称:BrandCodeOfExpressServiceOrganization
说明:快递服务组织的品牌代码。
数据类型:字符型
数据格式:an..8
值域:见 7.16。

6.5.23 快递服务组织类型

编号:EI4022
中文名称:快递服务组织类型
英文名称:ExpressServiceOrganizationType
说明:快递服务组织的类型。
数据类型:字符型
数据格式:an..16
值域:见 7.17。

6.5.24 快递服务组织类型代码

编号:EI4023
中文名称:快递服务组织类型代码
英文名称:CodeOfExpressServiceOrganizationType
说明:快递服务组织类型代码。
数据类型:字符型
数据格式:an..2
值域:见 7.17。

6.5.25 揽收员姓名

编号:EI4024
中文名称:揽收员姓名
英文名称:Courier' sName
说明:上门揽收快件的快递业务员的姓名。

数据类型:字符型
数据格式:an..32
同义名称:收件员姓名

6.5.26 揽收员编号

编号:EI4025
中文名称:揽收员编号
英文名称:Courier' sCode
说明:标识揽收人员的编号。
数据类型:字符型
数据格式:an..16
同义名称:收件员编号

6.5.27 揽收员电话

编号:EI4026
中文名称:揽收员电话
英文名称:Courier' sPhoneNumber
说明:揽收人员的联系电话。
数据类型:字符型
数据格式:an..32

6.5.28 投递员姓名

编号:EI4027
中文名称:投递员姓名
英文名称:DeliveryStaff' sName
说明:投递快件的快递业务员的姓名。
数据类型:字符型
数据格式:an..32
同义名称:派件员姓名

6.5.29 投递员编号

编号:EI4028
中文名称:投递员编号
英文名称:DeliverStaffCode
说明:标识投递人员的编号。
数据类型:字符型
数据格式:an..16
同义名称:派件员编号

6.5.30 投递员电话

编号:EI4029
中文名称:投递员电话
英文名称:DeliverStaff' sMobilePhone

说明:投递人员的联系电话。
数据类型:字符型
数据格式:an..32

6.5.31 处理员姓名

编号:EI4030
中文名称:处理员姓名
英文名称:Operator' sName
说明:从事快件分拣、封发、转运等内部处理工作的人员姓名。
数据类型:字符型
数据格式:an..32

6.5.32 处理员编号

编号:EI4031
中文名称:处理员编号
英文名称:OperatorNo.
说明:标识处理人员的编号。
数据类型:字符型
数据格式:an..17

6.5.33 处理员电话

编号:EI4032
中文名称:处理员电话
英文名称:Operator' sMobilePhone
说明:处理员的电话号码。
数据类型:数字型
数据格式:an..32

6.5.34 客服人员姓名

编号:EI4033
中文名称:客服人员姓名
英文名称:NameOfCustomerServiceRepresentative
说明:在呼叫中心、快递营业场所等专门受理收寄、查询、投诉、索赔等申请或业务咨询的人员姓名。
数据类型:字符型
数据格式:an..32

6.5.35 客服人员编号

编号:EI4034
中文名称:客服人员编号
英文名称:NumberOfCustomerServiceRepresentative
说明:标识客服人员的编号。
数据类型:字符型
数据格式:an..32

6.5.36 客服电话

编号:EI4035
中文名称:客服电话
英文名称:CustomerServiceTelephone
说明:客户服务的受理电话。
数据类型:字符型
数据格式:an..32

6.5.37 代收人姓名

编号:EI4036
中文名称:代收人姓名
英文名称:Receiver'sAgentName
说明:代替收件人签收快件的人员姓名。
数据类型:字符型
数据格式:an..32

6.5.38 代收人电话

编号:EI4037
中文名称:代收人电话
英文名称:Receiver'sAgentTelephone
说明:代收人的联系电话。
数据类型:字符型
数据格式:an..32

6.5.39 快递营业场所名称

编号:EI4038
中文名称:快递营业场所名称
英文名称:ExpressPremisesName
说明:提供快递服务的营业场所。
数据类型:字符型
数据格式:an..256

6.5.40 快递营业场所代码

编号:EI4039
中文名称:快递营业场所代码
英文名称:ExpressPremisesCode
说明:标识快递营业场所的代码。
数据类型:字符型
数据格式:an..10
值域:按照 YZ/T 0132 进行编制。

6.5.41 快件处理场所名称

编号:EI4040

中文名称:快件处理场所名称
英文名称:NameOfExpressItemSortingCenter
说明:快件分拣、转运等处理场所的名称。
数据类型:字符型
数据格式:an..256
同义名称:分拨中心名称

6.5.42 快件处理场所代码

编号:EI4041
中文名称:快件处理场所代码
英文名称:CodeOfExpressItemSortingCenter
说明:标识快件处理场所的代码。
数据类型:字符型
数据格式:an..10
值域:按照 YZ/T 0132 进行编制。
同义名称:分拨中心代码

6.5.43 快件中转地名称

编号:EI4042
中文名称:快件中转地名称
英文名称:NameOfExpressItemTransitPlace
说明:快件从始发地到目的地过程中,途径的中转省(区、市)、市(地)、县的名称。
数据类型:字符型
数据格式:an..256
值域:见 GB/T 2260 中的行政区划名称。

6.5.44 快件中转地代码

编号:EI4043
中文名称:快件中转地代码
英文名称:CodeOfExpressItemTransitPlace
说明:快件中转地行政区划代码,行政区划等级采用6位(县及以上)。
数据类型:字符型
数据格式:an..6
值域:见 GB/T 2260 中的行政区划代码。

6.5.45 智能快件箱投放地址

编号:EI4044
中文名称:智能快件箱投放地址
英文名称:DeliveryAddressOfElectronicParcelLocker
说明:智能快件箱的投放地址名称。
数据类型:字符型
数据格式:an..256

6.5.46 智能快件箱所在地代码

编号:EI4045

中文名称:智能快件箱所在地代码

英文名称:AreaCodeOfElectronicParcelLocker

说明:智能快件箱所在地行政区划代码,行政区划等级采用6位(县及以上)。

数据类型:字符型

数据格式:an..6

值域:见 GB/T 2260 中的行政区划代码。

6.5.47 智能快件箱编号

编号:EI4046

中文名称:智能快件箱编号

英文名称:NumberOfElectronicParcelLocker

说明:标识智能快件箱的编号。

数据类型:字符型

数据格式:an..32

值域:按照 YZ/T 0132 进行编制。

6.6 时间与状态类

6.6.1 日期

编号:EI5000

中文名称:日期

英文名称:Date

说明:说明公历的某一天,该天通过年、月、日来组合,如:YYMMDD,YYYYMMDD。

数据类型:字符型

数据格式:an..19

6.6.2 时间

编号:EI5001

中文名称:时间

英文名称:Time

说明:说明一天中的某一时间点,该时间点通过小时、分钟和秒来组合表示,如:hhmmss。

数据类型:字符型

数据格式:n..6

6.6.3 收寄日期时间

编号:EI5002

中文名称:收寄日期时间

英文名称:CollectionDateTime

说明:快件收寄的日期时间。

数据类型:字符型

数据格式:an..19

值域:YYYYMMDDhhmmss,或 GB/T 7408 中规定的其他数据格式。

6.6.4 投递日期时间

编号:EI5003

中文名称:投递日期时间

英文名称:DeliveryDateTime

说明:快件投递的日期时间。

数据类型:字符型

数据格式:an..19

值域:YYYYMMDDhhmmss,或 GB/T 7408 中规定的其他数据格式。

6.6.5 分拣日期时间

编号:EI5004

中文名称:分拣日期时间

英文名称:SortingDateTime

说明:进行快件分拣扫描的日期时间。

数据类型:字符型

数据格式:an..19

值域:YYYYMMDDhhmmss,或 GB/T 7408 中规定的其他数据格式。

6.6.6 封发日期时间

编号:EI5005

中文名称:封发日期时间

英文名称:DispatchingDateTime

说明:进行快件封发扫描的日期时间。

数据类型:字符型

数据格式:an..19

值域:YYYYMMDDhhmmss,或 GB/T 7408 中规定的其他数据格式。

6.6.7 出库日期时间

编号:EI5006

中文名称:出库日期时间

英文名称:RetrievalDateTime

说明:快件从分拣场所出库运输扫描的日期时间。

数据类型:字符型

数据格式:an..19

值域:YYYYMMDDhhmmss,或 GB/T 7408 中规定的其他数据格式。

6.6.8 入库日期时间

编号:EI5007

中文名称:入库日期时间

英文名称:StorageDateTime

说明:快件进入分拣场所时扫描的日期时间。
数据类型:字符型
数据格式:an..19
值域:YYYYMMDDhhmmss,或 GB/T 7408 中规定的其他数据格式。

6.6.9 报关日期时间

编号:EI5008
中文名称:报关日期时间
英文名称:CustomsDeclarationDateTime
说明:国际快件、港澳台快件出入境时向海关申报扫描的日期时间。
数据类型:字符型
数据格式:an..19
值域:YYYYMMDDhhmmss,或 GB/T 7408 中规定的其他数据格式。

6.6.10 清关日期时间

编号:EI5009
中文名称:通关日期时间
英文名称:CustomsClearanceDateTime
说明:国际快件、港澳台快件办理完通关手续后扫描的日期时间。
数据类型:字符型
数据格式:an..19
值域:YYYYMMDDhhmmss,或 GB/T 7408 中规定的其他数据格式。

6.6.11 签收日期时间

编号:EI5010
中文名称:签收日期时间
英文名称:SignatureDateTime
说明:收件人签收快件的日期时间。
数据类型:字符型
数据格式:an..19
值域:YYYYMMDDhhmmss,或 GB/T 7408 中规定的其他数据格式。

6.6.12 投入智能快件箱日期时间

编号:EI5011
中文名称:投入智能快件箱的日期时间
英文名称:DeliveryToElectronicParcelLockerDateTime
说明:投入智能快件箱的日期时间。
数据类型:字符型
数据格式:an..19
值域:YYYYMMDDhhmmss,或 GB/T 7408 中规定的其他数据格式。

6.6.13 快件状态

编号:EI5012

中文名称:快件状态
英文名称:ExpressItemStatus
说明:快件某一时间段所处的业务环节,如收寄、分拣、运输、投递等,具体内容应符合相关标准规定。
数据类型:字符型
数据格式:an..32

6.6.14 快件状态代码

编号:EI5013
中文名称:快件状态代码
英文名称:CodeOfExpressItemStatus
说明:标识快件状态的编码,具体内容应符合相关标准规定。
数据类型:字符型
数据格式:an..3

7 代码集

7.1 单据类型代码

数据元编号:EI0001
说明:规定单据类型的代码。
值域:见表3。

表3 单据类型代码表

代码	名称	代码	名称
01	快递运单	04	回单
02	改寄申请单	05	快件报关单
03	索赔申告单	06	形式发票

7.2 快递运单类型

数据元编号:EI0008/EI0009
说明:根据业务形式对快递运单进行分类描述。
值域:见表4。

表4 快递运单类型代码表

代码	名称
01	普通
02	电子商务
03	代收货款
99	其他

7.3 内件类型

数据元编号:EI2001/EI2002

说明:描述快件内件类型的名称和编码。

值域:见表5。

表5　内件类型代码表

代　码	名　称
01	信件
02	物品
99	其他

7.4　特殊快件类型

数据元编号:EI2004/EI2005

说明:描述特殊快件类型的名称和代码。

值域:见表6。

表6　特殊快件类型代码表

代　码	名　称
01	改寄件
02	委托件
03	自取件
04	到付件
99	其他

7.5　异常快件类型

数据元编号:EI2006/EI2007

说明:描述异常快件类型的名称和代码。

值域:见表7。

表7　异常快件类型代码表

代　码	名　称
01	拒付件
02	拒收件
03	错发件
04	无着件
05	破损件
06	损毁件
07	丢失件
99	其他

7.6 快件标准时限

数据元编号:EI3000/EI3001

说明:描述快递标准时限类型的名称和代码。

值域:见表8。

表8 快件标准时限代码表

代 码	名 称	代 码	名 称
011	同城24h	023	欧洲8个工作日
012	国内异地72h	024	大洋洲9个工作日
021	港澳台6个工作日	999	其他
022	亚洲和北美洲6个工作日		

7.7 快件收寄方式

数据元编号:EI3002/EI3003

说明:描述快件收寄方式的名称和代码。

值域:见表9。

表9 快件收寄方式代码表

代 码	名 称	代 码	名 称
01	上门揽收	04	电商订单
02	营业场所收寄	99	其他
03	智能快件箱		

7.8 快件投递方式

数据元编号:EI3004/EI3005

说明:描述快件投递方式的名称和代码。

值域:见表10。

表10 快件投递方式代码表

代 码	名 称	代 码	名 称
01	按名址面交	03	与用户协商
02	用户自取	99	其他

7.9 快件投递网点类型

数据元编号:EI3006/EI3007

说明:描述快件投递网点类型的名称和代码。

值域:见表11。

表 11　快件投递网点类型代码表

代　　码	名　　称	代　　码	名　　称
01	自有网点	03	智能快件箱
02	合作网点	99	其他

7.10　快件寄达范围

数据元编号:EI3008/EI3009

说明:描述快件寄达范围的名称和代码。

值域:见表 12。

表 12　快件寄达范围类型代码表

代　　码	名　　称	代　　码	名　　称
011	同城	022	国际出境
012	省内异地	023	港、澳、台
013	跨省	999	其他
021	国际进境		

7.11　快件增值业务

数据元编号:EI3010/EI3011

说明:描述快件增值业务的名称和代码。

值域:见表 13。

表 13　快件增值业务代码表

代　　码	名　　称	代　　码	名　　称
01	代收货款	04	专差快递
02	签单返还	05	冷链配送
03	限时快递	99	其他

7.12　付款类型

数据元编号: EI3012/EI3013

说明:描述付款类型的名称和代码。

值域:见表 14。

表 14　付款类型代码表

代　　码	名　　称	代　　码	名　　称
01	寄件人付	03	第三方付
02	收件人付	99	其他

7.13 支付方式

数据元编号:EI3014/EI3015

说明:描述支付方式的名称和代码。

值域:见表 15。

表 15 支付方式代码表

代　　码	名　　称	代　　码	名　　称
01	现金	04	第三支付工具
02	刷卡	99	其他
03	网银		

7.14 干线运输方式

数据元编号:EI3016/EI3017

说明:描述干线运输方式的名称和代码。

值域:见表 16。

表 16 干线运输方式代码表

代　　码	名　　称	代　　码	名　　称
01	公路运输	04	水路运输
02	铁路运输	99	其他
03	航空运输		

7.15 寄件人证件类型

数据元编号: EI4008/EI4009

说明:描述寄件人个人证件类型的名称和代码。

值域:见表 17。

表 17 寄件人证件类型代码表

代　　码	名　　称	代　　码	名　　称
01	居民身份证	05	港澳通行证
02	军官证	06	台胞证
03	护照	07	船员证
04	机动车驾驶证	99	其他国家认可的有效证件

7.16 快递服务组织品牌

数据元编号:EI4019/EI4020

说明:描述快递服务组织品牌的名称和代码。

代码编制规则:各快递服务组织品牌的英文简称,示例见表 18。

表 18 快递服务组织品牌代码示例表

代　码	名　称	代　码	名　称
EMS	中国邮政速递	ZJS	宅急送
SF	顺丰	YD	韵达
STO	申通	APEX	全一
YTO	圆通	ZTO	中通
BSHT	百世汇通	CAE	民航快递
DHL	DHL	UPS	UPS
TNT	TNT	FEDEX	FEDEX

7.17 快递服务组织类型

数据元编号:EI4021/EI4022

说明:描述快递服务组织类型的名称和代码。

值域:见表 19。

表 19 快递服务组织类型代码表

代　码	名　称	代　码	名　称
01	国有	03	外资
02	民营	99	其他

ICS 03.240
M 80
备案号:50664—2015

中华人民共和国邮政行业标准

YZ/T 0144—2015

邮政业服务设施设备分类与代码

Classification and coding for the postal industry service facilities equipment

2015-07-07 发布　　2015-10-01 实施

国家邮政局　发布

目　次

前　言

本标准按照 GB/T 1.1—2009 给出的规则起草。

本标准由国家邮政局提出。

本标准由全国邮政业标准化技术委员会(SAC/TC 462)归口。

本标准起草单位:邮政科学研究规划院。

本标准主要起草人:陆建中、把宁、康丽、高晓庆。

引　　言

本标准针对面向最终用户使用的邮政业服务设施设备进行分类和编码，其目的是加强对邮政业服务设施设备的科学管理，提升服务质量，维护用户权益。

邮政业服务设施设备代码的编码规则采用了《中华人民共和国行政区划代码》(GB/T 2260)，有利于各级邮政管理部门依据本标准，建立和完善邮政业服务设施设备信息管理系统，加强邮政业服务设施设备的属地化管理，推动标准的实施。

邮政业服务设施设备分类与代码

1 范围

本标准规定了邮政业服务设施设备的分类及代码结构。

本标准适用于邮政业服务设施设备的管理、信息处理和信息交换。

2 规范性引用文件

下列文件对于本文件的应用是必不可少的。凡是注日期的引用文件，仅注日期的版本适用于本文件。凡是不注日期的引用文件，其最新版本(包括所有的修改单)适用于本文件。

GB/T 2260 中华人民共和国行政区划代码

GB/T 10757—2011 邮政业术语

GB/T 27917.1—2011 快递服务 第1部分:基本术语

YZ/T 0129—2009 邮政普遍服务

YZ/T 0132—2013 邮政业机构代码编制规则

3 术语和定义

GB/T 10757—2011、GB/T 27917.1—2011 和 YZ/T 0129—2009 界定的以及下列术语和定义适用于本文件。

3.1

邮政业 postal industry

为社会提供寄递服务以及国家规定的其他服务的行业。

[GB/T 10757—2011,定义2.1]

3.2

邮政业服务设施设备 facilities equipment for postal industry service

面向最终用户，提供寄递服务以及国家规定的其他服务的营业场所、亭筒箱和配送车辆等设施设备的统称。

4 分类

邮政业服务设施设备分类见表1。

表1 邮政业服务设施设备分类表

大 类	小 类
营业场所	邮政自有营业场所
	邮政合作营业场所
	快递自有营业场所

表1(续)

大　类	小　类
营业场所	快递合作营业场所
	村邮站
	其他
亭筒箱	邮政报刊亭
	信筒
	挂式邮政信箱
	住宅信报箱
	智能快件箱/智能包裹箱
	其他
配送车辆	邮政配送汽车
	邮政配送摩托车
	邮政配送电动三轮车
	邮政配送电动自行车
	邮政配送自行车
	快递配送汽车
	快递配送摩托车
	快递配送电动自行车
	快递配送自行车
	快递专用电动三轮车
	其他
其他	—

4.1　邮政业服务设施设备大类

邮政业服务设施设备分为营业场所、亭筒箱、配送车辆等大类。

4.2　邮政业服务设施设备小类

营业场所类服务设施设备包括邮政自有营业场所、邮政合作营业场所、快递自有营业场所、快递合作营业场所、村邮站等。

亭筒箱类服务设施设备包括邮政报刊亭、信筒、挂式邮政信箱、住宅信报箱、智能快件箱/智能包裹箱等。

配送车辆类服务设施设备包括邮政配送汽车、摩托车、电动三轮车、电动自行车、自行车和快递配送汽车、摩托车、电动自行车、自行车及快递专用电动三轮车等。

5 代码结构

5.1 编码原则

营业场所类服务设施设备、智能快件箱/智能包裹箱的编码应执行 YZ/T 0132—2013，其余邮政业服务设施设备的编码应符合 5.2 的要求。

5.2 编码规则

5.2.1 结构表示

除营业场所类服务设施设备、智能快件箱/智能包裹箱外，邮政业服务设施设备代码结构为组合码，由 3 段 14 位代码组成。大类代码由第 1 位表示；小类代码由前 3 位表示；设备项代码由 6 位行政区划代码和 5 位顺序码共 11 位表示。具体结构如图 1 所示。邮政业服务设施设备代码表格式参见附录 A。

图 1 邮政业服务设施设备代码结构图

5.2.2 大类编码

邮政业服务设施设备大类编码用 1 位阿拉伯数字表示，其代码见表 2。

表 2 邮政业服务设施设备大类代码表

大类代码	大类名称
1	亭筒箱
2	配送车辆
9	其他

5.2.3 小类编码

邮政业服务设施设备小类编码用 3 位阿拉伯数字表示。其代码见表 3。

表 3 邮政业服务设施设备小类代码表

大类	小类	类别名称
1		**亭筒箱**
	101	邮政报刊亭
	102	信筒
	103	挂式邮政信箱
	104	住宅信报箱

表 3(续)

大　类	小　类	类别名称
	199	其他
2		**配送车辆**
	201	邮政配送汽车
	202	邮政配送摩托车
	203	邮政配送电动三轮车
	204	邮政配送电动自行车
	205	邮政配送自行车
	206	快递配送汽车
	207	快递配送摩托车
	208	快递专用电动三轮车
	209	快递配送电动自行车
	210	快递配送自行车
	299	其他
9		**其他**

5.2.4 项的编码

邮政业服务设施设备项用 11 位阿拉伯数字表示,前 6 位执行 GB/T 2260 中确定的行政区划代码,后 5 位为顺序码,顺序码从 00001 开始,按升序排列,最多编制到 99999。

6 其他

邮政业服务设施设备代码信息数据库信息项参见附录 B。

附 录 A
（资料性附录）
邮政业服务设施设备代码示例

A.1 邮政业服务设施设备代码表格式

邮政业服务设施设备代码表格式见表A.1。

表A.1 邮政业服务设施设备代码表格式

代 码	代码说明
101 ×××××× 00001	某区（县）某地点安装的报刊亭
102 ×××××× 00001	某区（县）某地点安装的信筒
103 ×××××× 00001	某区（县）某地点安装的邮政挂式信箱
104 ×××××× 00001	某区（县）某地点安装的住宅信报箱
201 ×××××× 00001	某区（县）邮政公司配送汽车
202 ×××××× 00001	某区（县）邮政公司配送摩托车
203 ×××××× 00001	某区（县）邮政公司配送电动三轮车
204 ×××××× 00001	某区（县）邮政公司配送电动自行车
205 ×××××× 00001	某区（县）邮政公司配送自行车
206 ×××××× 00001	某区（县）某快递公司配送汽车
207 ×××××× 00001	某区（县）某快递公司配送摩托车
208 ×××××× 00001	某区（县）某快递公司专用电动三轮车
209 ×××××× 00001	某区（县）某快递公司配送电动自行车
210 ×××××× 00001	某区（县）某快递公司配送自行车

A.2 北京市朝阳区某邮政报刊亭

代码:101 110105 00072

北京市朝阳区编号为第72号的邮政报刊亭。

A.3 广东省汕头市潮阳区某小区住宅信报箱

代码:104 440524 00138

广东省汕头市潮阳区编号为第138号的某小区住宅信报箱。

附　录　B
（资料性附录）
邮政业服务设施设备代码信息数据库信息项

表 B.1　邮政业服务设施设备代码信息数据库信息项及说明

序号	信　息　项	说　　明
1	设施设备名称	设施设备的具体名称，如：邮政报刊亭、住宅信报箱
2	设施设备备案号	设施设备在管理部门的备案编号
3	设施设备服务范围	设施设备所服务的区域
4	设施设备生产单位	设施设备生产单位的名称
5	设施设备生产单位地址	设施设备生产单位的地址
6	设施设备生产单位电话	设施设备生产单位的电话
7	设施设备生产单位联系人	设施设备生产单位的联系人
8	设施设备安装位置	设施设备安装的具体地址
9	设施设备启用时间	设施设备使用的起始时间
10	设施设备更新时间	设施设备重新修缮或更新的时间
11	设施设备撤销时间	设施设备撤销的时间
12	设施设备管理/产权单位	设施设备管理单位/产权单位的名称
13	设施设备管理/产权单位地址	设施设备管理单位/产权单位的地址
14	设施设备管理/产权单位电话	设施设备管理单位/产权单位的电话
15	设施设备管理/产权单位联系人	设施设备管理单位/产权单位的联系人
注：数据库信息项可根据需要增加或减少。		

ICS 03.240
A 16
备案号:50665—2015

YZ

中华人民共和国邮政行业标准

YZ/T 0145—2015

快递末端投递服务规范

Specification for terminal service in express

2015-07-07 发布　　2015-10-01 实施

国家邮政局　发布

目　次

前　　言

本标准按照 GB/T 1.1—2009 给出的规则起草。

本标准由国家邮政局提出。

本标准由全国邮政业标准化技术委员会(SAC/TC 462)归口。

本标准起草单位:中国标准化研究院。

本标准主要起草人:柳成洋、曾毅、曹俐莉、侯非、王东升、李涵、杨朔、王世川、万福军、张雨辰。

引　言

近年来，为满足用户日益发展的多样化需求，快递服务组织不断进行服务创新和业务创新，快递市场出现了多种末端投递服务类型。为引导和规范各类快递末端投递行为，提高服务质量，促进快递市场健康发展，在国家标准《快递服务》（GB/T 27917）的基础上，特补充制定本标准。本标准包括了目前市场上主要的末端投递服务类型，其他末端投递服务类型可在标准修订时予以补充。

本标准中的快递服务组织包括快递企业及其分支机构。

快递末端投递服务规范

1 范围

本标准规定了快递末端投递服务的服务渠道、基本要求,以及自有网点、合作网点、智能快件箱三种快递末端投递服务的具体要求。

本标准适用于在中华人民共和国境内提供快递末端投递服务的组织及其服务活动。

2 规范性引用文件

下列文件对于本文件的应用是必不可少的。凡是注日期的引用文件,仅注日期的版本适用于本文件。凡是不注日期的引用文件,其最新版本(包括所有的修改单)适用于本文件。

GB/T 27917.1—2011 快递服务 第1部分:基本术语

GB/T 27917.2—2011 快递服务 第2部分:组织要求

GB/T 27917.3—2011 快递服务 第3部分:服务环节

YZ/T 0133—2013 智能快件箱

YZ/T 0137—2015 快递营业场所设计基本要求

3 术语和定义

GB/T 27917.1—2011 界定的以及下列术语和定义适用于本文件。

3.1

快递末端投递服务 terminal service in express

快递服务组织及其委托的其他组织,在快递投递环节与用户接触所产生的活动过程及其结果。

3.2

智能快件箱 intelligent self-express service machine

设立在公共场合,可供寄递企业投递和用户提取快件的自助服务设备。

[YZ/T 0133—2013,定义3.1]

3.3

智能快件箱运营组织 operation organization of intelligent self-express service machine

设立、管理、维护、运营智能快件箱的组织,包括专业第三方组织以及自行设立智能快件箱的快递服务组织。

4 服务渠道

快递末端投递服务主要通过自有网点、合作网点、智能快件箱等服务渠道实现。

5 基本要求

5.1 快递末端投递服务应满足 GB/T 27917.2—2011 和 GB/T 27917.3—2011 的要求。其中,快件投诉和赔偿应由快递服务组织统一负责,并满足 GB/T 27917.3—2011 中5.6.1、6.2.6和附录A的要求。

5.2　快递服务组织应综合采取多种末端投递服务方式，合理规划投递路线，科学安排投递时间和频次，满足用户多样化需求。

6　自有网点

6.1　快递服务组织自有网点设计应符合 YZ/T 0137—2015 的规定。
6.2　快递服务组织自有网点应以 GB/T 27917.2—2011 和 GB/T 27917.3—2011 为依据，细化服务流程和服务质量要求，提高服务质量。

7　合作网点

7.1　基础条件

7.1.1　快递服务组织应与合作网点签订协议，明确双方在投递方式、投递时限、快件保管、用户签收、费用支付、快件安全、用户信息安全、责任划分、质量考核等方面的权利和义务。
7.1.2　快递服务组织应对合作网点服务人员进行快递服务专业培训，确保服务人员熟悉业务操作流程和安全管理等规定。以经营快递业务为主的合作网点，还应配备满足业务需求的、经过相应快递业务培训并具备服务能力的专职快递业务员。
7.1.3　合作网点应建立完善的快件交接、保管、安全管理等制度。
7.1.4　合作网点应具备专门的快件暂存区域。以经营快递业务为主的合作网点，其营业面积、功能分区还应满足 YZ/T 0137—2015 中基本型营业场所的要求。
7.1.5　合作网点应配备消防设备、视频监控设备，宜配备相应的快递末端服务信息系统和扫描设备。视频监控设备应当全天 24h 运转，监控资料保存时间不得少于 30d。以经营快递业务为主的合作网点，其设施设备配置还应满足 YZ/T 0137—2015 中基本型营业场所的要求。
7.1.6　合作网点应在显著位置标明服务品牌以及网点名称等信息，且应向社会公布营业时间、投诉方法、投诉电话等，并按公布的时间对外营业，每天营业时间应不少于 8h。
7.1.7　以经营快递业务为主的合作网点，应与快递服务组织信息系统联网，及时传递服务信息，并确保信息安全。

7.2　服务要求

7.2.1　沟通

利用合作网点向用户提供投递服务的，快递服务组织应当事先与用户沟通以下内容：

——是否同意利用合作网点提供投递服务；

——是否同意合作网点采用用户自取方式提供投递服务。

如用户不同意采用合作网点方式提供服务，快递服务组织应提供上门投递服务。

如用户同意采用合作网点的服务方式，但不同意自取，合作网点应提供上门投递服务。

7.2.2　快件接收

合作网点接收快件时，应满足以下要求：

——与快递业务员当面清点和交接，及时采集接收信息，并反馈快递服务组织；以经营快递业务为主的合作网点，应通过信息系统将信息反馈快递服务组织；

——将快件存放于专用区域，并处于视频监控下；

——快件接收时，不准许无关人员接触快件。接收后如发现问题快件，应及时做好记录并妥善处理。

7.2.3 快件投递

合作网点应当按照约定的方式进行投递。

用户签收后，合作网点应及时采集签收信息，并反馈快递服务组织；以经营快递业务为主的合作网点，应通过信息系统将信息反馈快递服务组织。

对于采用用户自取方式提供投递服务的，如用户当天未能领取快件，合作网点或快递服务组织应提醒用户及时领取。如超过 3d 仍未领取的，合作网点应将快件返回快递服务组织。与用户另有约定的除外。

投递过程中，合作网点应及时将问题快件返回快递服务组织。

对于返回的快件，快递服务组织应按 GB/T 27917.3—2011 的要求进行处理。

7.2.4 查询

通过合作网点投递快件时，快递服务组织应在信息系统中增加到达合作网点、用户领取或合作网点上门投递的时间及快件状态等信息。

快件信息查询由快递服务组织统一负责。

7.2.5 结算

投递完成后，快递服务组织应按合同约定及时与合作网点进行服务费用结算。

8 智能快件箱

8.1 基础条件

快递服务组织可自行设立智能快件箱，或与第三方运营组织合作采用智能快件箱，提供快递末端投递服务。

与第三方运营组织合作的，快递服务组织应与第三方运营组织签订协议，明确双方在快件保管、快件安全、用户信息安全等方面的权利和义务，且应实现与第三方运营组织的信息互联互通。

所设置的智能快件箱应符合 YZ/T 0133—2013 的要求。

应在智能快件箱或周边服务场所显著位置公布以下信息：

——智能快件箱运营组织标识；

——智能快件箱运营组织联系方式；

——智能快件箱详细使用说明；

——应急处理方法等。

8.2 服务要求

8.2.1 沟通

使用智能快件箱投递快件，应按有关规定事先征得用户同意并告知例外情况的处理方法。

8.2.2 投递前

使用智能快件箱投递的快件，其尺寸应符合智能快件箱规格要求。

快递业务员投放快件前应检查快件外包装，外包装破损的快件不应投放到智能快件箱内。快递运单上标明易碎品的快件，不应投放到智能快件箱内。

智能快件箱运营组织应及时将快件放入智能快件箱信息反馈快递服务组织。

8.2.3 投递中

快件投入智能快件箱后,智能快件箱运营组织应及时将取件通知和验证信息告知用户。

用户凭取件通知和验证信息打开智能快件箱,领取快件。

智能快件箱运营组织应及时将用户领取快件信息反馈快递服务组织。

8.2.4 投递后

智能快件箱运营组织应定期对智能快件箱进行检查,及时更换或修复破损的智能快件箱,确保智能快件箱安全正常运行。

对于1d逾期未领快件,智能快件箱运营组织或快递服务组织宜向用户发送提醒信息。对于超过2d逾期未领快件,快递服务组织应将快件取出,联系收件人进行再次投递。智能快件箱运营组织应及时将快递业务员取出快件信息反馈快递服务组织。

8.2.5 例外情况

在投递过程中,如用户发现智能快件箱没有快件、所取快件非本人快件、快件内件与实际物品不符等情况,应及时反馈快递服务组织。快递服务组织接到用户反馈,应在1d内进行处理。

在投递过程中,如用户发现智能快件箱发生故障,应及时反馈智能快件箱运营组织。智能快件箱运营组织接到用户反馈,宜在1d内进行处理。

8.2.6 查询

通过智能快件箱投递快件时,快递服务组织应在信息系统中增加快件放入智能快件箱、用户领取快件、快递业务员取出快件等时间以及快件状态等信息。

快件信息查询由快递服务组织统一负责。

参 考 文 献

[1] GB/T 24620—2009 服务标准制定导则 考虑消费者需求(ISO/IEC Guide 76:2008, IDT)

ICS 35.240.99
M 16
备案号:51180—2015

中华人民共和国邮政行业标准

YZ/T 0146—2015

快递服务监管信息交换规范

Standard for regulatory information exchange of express service

2015-09-15 发布 2016-01-01 实施

国家邮政局 发布

目　次

前 言

本标准按照 GB/T 1.1—2009 给出的规则起草。

本标准由国家邮政局提出。

本标准由全国邮政业标准化技术委员会(SAC/TC 462)归口。

本标准起草单位:国家邮政局发展研究中心。

本标准主要起草人:冯力虎、蒲中良、朱晓磊、许良锋。

快递服务监管信息交换规范

1 范围

本标准规定了邮政管理部门与快递服务组织之间快递服务监管的信息交换类型、信息交换业务流程、通信接口、报文规范、数据安全控制及数据交换频次等内容。

本标准适用于国家邮政局与快递服务组织之间为完成快递服务监管而开展的信息交换,区域性快递服务组织与所在地邮政管理部门之间的信息交换可参照执行。

2 规范性引用文件

下列文件对于本文件的应用是必不可少的。凡是注日期的引用文件,仅注日期的版本适用于本文件。凡是不注日期的引用文件,其最新版本(包括所有的修改单)适用于本文件。

GB/T 2260—2007 中华人民共和国行政区划代码

GB/T 10757—2011 邮政业术语

GB/T 27917.1—2011 快递服务 第一部分:基本术语

YZ/T 0132—2013 邮政业机构代码编制规则

YZ/T 0143—2015 快件基础数据元

3 术语和定义

下列术语和定义适用于本文件。

3.1

快递服务 express service; courier service

在承诺的时限内快速完成的寄递服务。

[GB/T 10757—2011,定义 2.6]

3.2

快递服务组织 express service organization; courier service organization

在中国境内依法注册的,提供快递服务的企业及其加盟企业、代理企业。

注:快递服务组织包括快递企业和邮政企业提供快递服务的机构。

[GB/T 27917.1—2011,定义 2.2]

3.3

快件编号 tracking number of express item

由一组阿拉伯数字和英文字母组成,印制在快递运单上用于标识快件的唯一代码。

[GB/T 27917.1—2011,定义 5.2.1]

4 缩略语

以下缩略语适用于本文件,见表 1。

表1 缩 略 语

编 号	缩 略 语	中 文 名 称	英 文 名 称
1	HTTP	超文本传输协议	Hyper Text Transfer Protocol
2	HTTPS	安全套接字层 超文本传输协议	Hyper Text Transfer Protocol over Secure Socket Layer
3	XML	可扩展标记语言	Extensible Markup Language
4	COD	货到付款	Cash On Delivery
5	URL	统一资源定位符	Uniform Resource Locator

5 信息交换类型

邮政管理部门与快递服务组织之间的信息交换类型见表2。

表2 邮政管理部门与快递服务组织之间信息交换类型

交换信息大类	交换信息小类	交换信息项	发 送 方	接 收 方
监管信息	快件信息	快递运单信息	快递服务组织信息系统	邮政管理部门信息系统
		快件状态信息	快递服务组织信息系统	邮政管理部门信息系统
	快递服务组织信息	场所基本信息	快递服务组织信息系统	邮政管理部门信息系统
		安全生产信息	快递服务组织信息系统	邮政管理部门信息系统
服务信息	快递行业发展态势信息	行业基本信息	邮政管理部门信息系统	快递服务组织信息系统
		行业服务质量信息	邮政管理部门信息系统	快递服务组织信息系统
		行业运行预警信息	邮政管理部门信息系统	快递服务组织信息系统
	数据交换监控信息	数据传输质量信息	邮政管理部门信息系统	快递服务组织信息系统

6 信息交换业务流程

6.1 信息交换业务流程图

邮政管理部门与快递服务组织之间的信息交换业务流程如图1所示。

6.2 信息交换流程说明

a) 快件信息。快递服务组织信息系统将快件运单信息、快件状态信息发送给邮政管理部门信息系统,邮政管理部门信息系统及时返回数据接收结果。

b) 快递服务组织信息。快递服务组织信息系统将场所基本信息、安全生产信息发送给邮政管理部门信息系统,邮政管理部门信息系统及时返回数据接收结果。

c) 快递行业发展态势信息。邮政管理部门信息系统将行业基本信息、行业服务质量信息、行业运行预警信息发送给快递服务组织信息系统,快递服务组织信息系统及时返回数据接收结果。

d) 数据交换监控信息。邮政管理部门信息系统将数据传输质量信息发送给快递服务组织信息系统,快递服务组织信息系统及时返回数据接收结果。

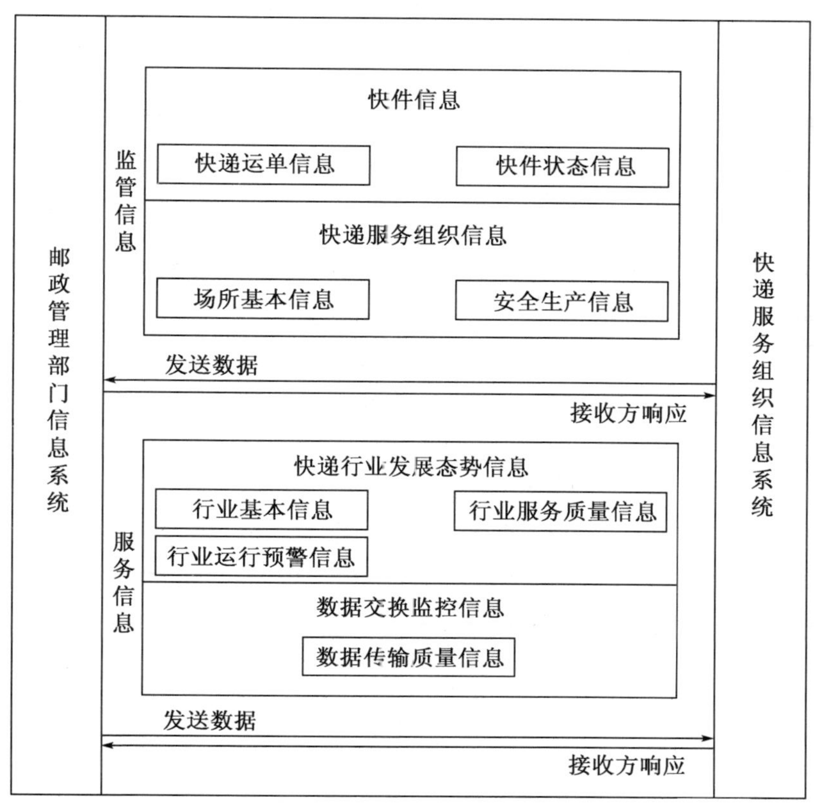

图1 信息交换业务流程

7 通信协议

7.1 传输协议

邮政管理部门与快递服务组织之间的报文传输采用 HTTP 协议,数据发送采用 POST 方式。对于涉及安全信息的报文,选用 HTTPS 协议。

7.2 报文协议

邮政管理部门与快递服务组织之间信息交换采用 XML 协议。数据交换的结构和标志的定义,以及 XML 的 DATA 和 Schema 的结构应符合国际组织 W3C 的可扩展标记语言的规定。

8 报文规范

8.1 报文种类

快递服务监管信息交换主要包含以下报文,见表3。

表3 信息交换报文种类

序 号	报文代码	报文名称	发送方	接收方
1	1101	快递运单信息	快递服务组织信息系统	邮政管理部门信息系统
2	1102	快件状态信息	快递服务组织信息系统	邮政管理部门信息系统
3	1201	场所基本信息	快递服务组织信息系统	邮政管理部门信息系统
4	1202	安全生产信息	快递服务组织信息系统	邮政管理部门信息系统
5	2101	行业基本信息	邮政管理部门信息系统	快递服务组织信息系统
6	2102	行业服务质量信息	邮政管理部门信息系统	快递服务组织信息系统
7	2103	行业运行预警信息	邮政管理部门信息系统	快递服务组织信息系统
8	2201	数据传输质量信息	邮政管理部门信息系统	快递服务组织信息系统

8.2 数据类型说明

快递服务监管信息交换报文中使用的数据类型见表4。

表4 数据类型

数据类型	说明
String	字符串型
Number	数值型
Date	日期型
Double	双浮点数，本标准中的 Double 型数据若未特殊说明均精确到小数点后两位

8.3 报文接口

8.3.1 快递运单信息

8.3.1.1 描述

快递运单信息是指寄件人在快递运单上填写的寄件人信息、收件人信息、内件类型、内件品名、质量等基本信息，由快递服务组织发送给邮政管理部门，邮政管理部门及时返回数据接收结果。

8.3.1.2 信息项说明

该信息交换所涉及的快递运单信息数据元说明见表5。

表5 快递运单信息数据元

序 号	字段名	中文名称	数据类型	最大长度	可否为空	说明
1	MessageNo.	报文流水号	String	20	N	
2	MessageCode	报文代码	String	4	N	见表3，下同
3	CodeOfExpress ServiceOrganization	快递服务组织代码	String	10	N	见 YZ/T 0143—2015 的6.5.20，下同

表 5(续)

序 号	字 段 名	中 文 名 称	数据类型	最大长度	可否为空	说 明
4	PostalDepartmentCode	邮政管理部门代码	String	10	N	编制规则符合 YZ/T 0132—2013 相关要求，下同
5	ExpressWaybillNumber	快递运单号	String	35	N	见 YZ/T 0143—2015 的 6.1.3，下同
6	ExpressWaybillType	快递运单类型	String	2	N	见 YZ/T 0143—2015 的 6.1.10
7	ActualWeight/CubeWeight	实际质量/体积质量	Double	8,3	N	见 YZ/T 0143—2015 的 6.2.5 及 6.2.6，长度是 8 位，小数点后保留 3 位数字，单位为 kg
8	Sender'sCountryCode	寄件人国家代码	String	2	Y	见 YZ/T 0143—2015 的 6.5.14
9	Receiver'sCountryCode	收件人国家代码	String	2	N	见 YZ/T 0143—2015 的 6.5.3
10	Receiver'sAdministrativeAreaCode	收件人行政区划代码	String	6	N	见 YZ/T 0143—2015 的 6.5.5
11	Sender'sName	寄件人名称	String	32	N	见 YZ/T 0143—2015 的 6.5.8
12	Sender'sMobilePhone	寄件人移动电话	String	32	N	见 YZ/T 0143—2015 的 6.5.18
13	Sender'sTelephone	寄件人固定电话	String	32	Y	包括区号、总机电话及分机号，中间用“-”分隔
14	Sender'sDetailAddress	寄件人详细地址	String	256	N	见 YZ/T 0143—2015 的 6.5.17
15	CodeOfSender'sIDType	寄件人证件类型代码	String	2	N	见 YZ/T 0143—2015 的 6.5.10
16	NumberOfSender'sID	寄件人证件号码	String	35	N	见 YZ/T 0143—2015 的 6.5.11
17	Receiver'sName	收件人名称	String	32	N	见 YZ/T 0143—2015 的 6.5.1
18	Receiver'sMobilePhone	收件人移动电话	String	32	N	见 YZ/T 0143—2015 的 6.5.7

表5(续)

序号	字段名	中文名称	数据类型	最大长度	可否为空	说明
19	Receiver'sTelephone	收件人固定电话	String	32	Y	包括区号、总机电话及分机号,中间用“-”分隔
20	Receiver'sDetailAddress	收件人详细地址	String	256	N	见YZ/T 0143—2015的6.5.6
21	TypeOfInternals	内件类型	String	32	N	见YZ/T 0143—2015的6.3.3
22	NameOfInternals	内件名称	String	32	N	见YZ/T 0143—2015的6.3.1
23	TheStandardTimeLimit CodeOfExpressItem	快件标准时限代码	String	3	N	见YZ/T 0143—2015的6.4.2
24	SendingDate	寄件日期	Date	19	N	格式:YYYY-MM-DD hh:mm:ss
25	DeclaredValue	保价金额	Double	15,2	Y	见YZ/T 0143—2015的6.2.9

8.3.2 快件状态信息

8.3.2.1 描述

——快件状态信息包括快件扫描时间、扫描场所信息、状态信息描述等,由快递服务组织发送给邮政管理部门,邮政管理部门及时返回数据接收结果。

——快件状态信息应至少包括快件收寄、到达快件处理场所、离开快件处理场所、运输、安排投递、投递、投入智能快件箱、从智能快件箱提取、签收、无着快件及异常快件等快件全生命周期信息。其分类与代码应符合相关标准规定。

——对于快件收寄信息,快递服务组织可不传“上一场所信息”;妥投信息可不传“下一场所信息”;无着快件及异常快件信息不传“上一场所信息”及“下一场所信息”;对于其他信息,“上一场所信息”及“下一场所信息”不能为空。

8.3.2.2 信息项说明

该信息交换所涉及的快件状态信息数据元说明见表6。

表6 快件状态信息数据元

序号	字段名	中文名称	数据类型	最大长度	可否为空	说明
1	MessageNo.	报文流水号	String	20	N	
2	MessageCode	报文代码	String	4	N	
3	CodeOfExpressService Organization	快递服务组织代码	String	10	N	

表 6(续)

序号	字 段 名	中 文 名 称	数据类型	最大长度	可否为空	说 明
4	PostalDepartmentCode	邮政管理部门代码	String	10	N	
5	ExpressWaybillNumber	快递运单号	String	35	N	
6	ScanTime	扫描时间	Date	19	N	格式:YYYY-MM-DD hh:mm:ss
* *	ScanFacilityInformation	扫描场所信息				
7	FacilityZoningCode	场所所在地行政区划代码	String	6	N	见 GB/T 2260 中的行政区划代码,下同
8	FacilityType	场所类型	String	2	N	01:快件处理场所,02:快递营业场所。下同
9	FacilityName	场所名称	String	256	Y	见 YZ/T 0143—2015 的 6.5.39 和 6.5.41,下同
10	FacilityNo.	场所代码	String	10	N	见 YZ/T 0143—2015 的 6.5.40 和 6.5.42,下同
11	ScanTypeInformation Description	扫描类型信息描述	String	20	Y	
12	ScanTypeCode	扫描类型代码	String	2	N	
13	ContactPerson'sName	联系人姓名	String	20	Y	
14	ContactTelephone	联系电话	String	32	Y	
* *	NextFacilityInformation	下一场所信息				
15	FacilityZoningCode	场所所在地行政区划代码	String	6	Y	
16	FacilityType	场所类型	String	2	Y	
17	FacilityName	场所名称	String	256	Y	
18	FacilityCode	场所代码	String	10	Y	
* *	LastFacilityInformation	上一场所信息				
19	FacilityZoningCode	场所所在地行政区划代码	String	6	Y	
20	FacilityType	场所类型	String	2	Y	
21	FacilityName	场所名称	String	256	Y	
22	FacilityCode	场所代码	String	10	Y	

8.3.3 场所基本信息

8.3.3.1 描述

——场所基本信息包括快递营业场所和快件处理场所的名称、地址、场地面积、设备配置、处理能力等信息，由快递服务组织发送给邮政管理部门，邮政管理部门信息系统及时返回数据接收结果。

——场所基本信息除原始信息外，其余只传送变化情况，即场所增加、删除或修改等信息。

——对于类型为撤销的场所，可不重复传已有信息。

8.3.3.2 信息项说明

该信息交换涉及的场所基本信息数据元说明见表 7。对于类型为撤销的场所信息可不重复传递已有信息。

表 7 场所基本信息数据元

序 号	字 段 名	中 文 名 称	数据类型	最大长度	可否为空	说 明
1	MessageNo.	报文流水号	String	20	N	
2	MessageCode	报文代码	String	4	N	
3	CodeOfExpressService Organization	快递服务组织代码	String	10	N	
4	FacilityType	场所类型	String	2	N	
5	FacilityName	场所名称	String	256	N	
6	FacilityCode	场所代码	String	10	N	
7	FacilityDetailAddress	场所详细地址	String	256	N	
8	AdministrativeDivision	所属行政区划	String	6	N	见 GB/T 2260 中的行政区划代码
9	FacilityProcessing Capacity	场所处理能力	String	10	Y	件/天，场所类型为处理场所时必填
10	Camera(set)	摄像头(台)	Number	3	Y	
11	SecurityMachine(set)	安检机(台)	Number	3	Y	
12	FireExtinguishers(set)	灭火器(个)	Number	3	Y	
13	SiteArea	场地面积	Double	8,2	Y	单位：m^2
14	ContactPerson'sName	联系人姓名	String	20	Y	
15	ContactPerson'sTelephone	联系人电话	String	32	Y	
16	Longitude	经度	String	20	Y	
17	Latitude	纬度	String	20	Y	
18	Remarks	备注	String	200	Y	
19	OperationType	操作类型	Number	2	N	01：新增，02：撤销，03：变更

8.3.4 安全生产信息

8.3.4.1 描述

安全生产信息包括快件丢失、快件损毁、财产损失、人员伤亡等信息，由快递服务组织发送给邮政管理部门，邮政管理部门及时返回数据接收结果。

8.3.4.2 信息项说明

该信息交换所涉及的安全生产信息数据元说明见表8。

表8 安全生产信息数据元

序号	字段名	中文名称	数据类型	最大长度	可否为空	说明
1	MessageNo.	报文流水号	String	20	N	
2	MessageCode	报文代码	String	4	N	
3	CodeOfExpressService Organization	快递服务组织代码	String	10	N	
4	PostalDepartmentCode	邮政管理部门代码	String	10	N	
5	DeathOfPersonnel(person)	人员死亡(人)	Number	5	N	
6	PersonnelInjury(person)	人员受伤(人)	Number	5	N	
7	ExpressItemLoss(item)	快件丢失(件)	Number	7	N	
8	ExpressItemDamage(item)	快件损毁(件)	Number	7	N	
9	ExpressItemBacklog(item)	快件积压(件)	Number	7	N	
10	DiscoverProhibitedAnd RestrictedItem (item)	发现禁寄品(件)	Number	7	N	
11	InformationLeakage(piece)	信息泄露(条)	Number	7	N	
12	PropertyLoss(yuan)	财产损失(元)	Number	8	N	
13	TrainingSituation (person-time)	培训情况(人次)	Number	7	N	
14	AwardsSituation(time)	获奖情况(次)	Number	7	N	县级以上奖励
15	PrincipalResponsiblePerson ChangeSituation	主要负责人变更情况	String	20	N	填写变更后信息
16	SafetyManagementPersonnel ChangeSituation	安全管理人员变更情况	String	20	N	填写变更后信息
17	MajorSafetyRisks RectificationSituation	重大安全隐患整改情况	String	128	N	
18	EnterpriseOrPersonnel IllegalSituation	企业或人员违法违规情况	String	20	N	
19	MajorSecurityIncident	重大安全事件	String	20	N	
20	OtherSafetyInformation	其他安全信息	String	20	N	
21	StatisticalMonth	统计月份	Date	7	N	格式:YYYY-MM

8.3.5 行业基本信息

8.3.5.1 描述

行业基本信息是指快递业务量、业务收入、快递服务持证上岗人员总数等基本信息，由邮政管理部门发送给快递服务组织，快递服务组织及时返回数据接收结果。

8.3.5.2 信息项说明

该信息交换所涉及的行业基本信息数据元说明见表9。

表9 行业基本信息数据元

序号	字段名	中文名称	数据类型	最大长度	可否为空	说明
1	MessageNo.	报文流水号	String	20	N	
2	MessageCode	报文代码	String	4	N	
3	CodeOfExpress ServiceOrganization	快递服务组织代码	String	10	N	
4	PostalDepartmentCode	邮政管理部门代码	String	10	N	
5	ExpressDeliveryIndustry BusinessVolume (hundred million yuan)	快递行业业务量(亿元)	Double	5,4	N	
6	ExpressDeliveryIndustry BusinessIncome (hundred million yuan)	快递行业业务收入(亿元)	Double	10,1	N	
7	ExpressServiceBrand ConcentrationIndex	快递服务品牌集中度指数	Double	5,2	N	
8	ExpressServiceCertificates Number(ten thousand person)	快递服务持证上岗人数(万人)	Number	6	N	
9	StatisticalQuarter	统计季度	String	6	N	格式:YYYY-Q

8.3.6 行业服务质量信息

8.3.6.1 描述

行业服务质量信息是指快递服务总体满意度、快递受理服务满意度、快递揽收服务满意度、快递派送服务满意度、快递售后服务满意度、快递有效申诉量、快递有效申诉率等信息，由邮政管理部门发送给快递服务组织，快递服务组织及时返回数据接收结果。

8.3.6.2 信息项说明

该信息交换所涉及的行业服务质量信息数据元说明见表10。

表10 行业服务质量信息数据元

序号	字段名	中文名称	数据类型	最大长度	可否为空	说明
1	MessageNo.	报文流水号	String	20	N	
2	MessageCode	报文代码	String	4	N	

表 10(续)

序 号	字 段 名	中 文 名 称	数据类型	最大长度	可否为空	说 明
3	CodeOfExpressService Organization	快递服务组织代码	String	10	N	
4	PostalDepartmentCode	邮政管理部门代码	String	10	N	
5	ExpressService OverallSatisfaction	快递服务总体满意度	Double	5,2	N	
6	ExpressReception ServiceSatisfaction	快递受理满意度	Double	5,2	N	
7	ExpressPickup ServiceSatisfaction	快递揽收服务满意度	Double	5,2	N	
8	ExpressDelivery ServiceSatisfaction	快递派送服务满意度	Double	5,2	N	
9	ExpressAfter-sale ServiceSatisfaction	快递售后服务满意度	Double	5,2	N	
10	EffectiveCustomerClaim(item)	快递有效申诉量(件)	Number	20	N	
11	EffectiveCustomerClaim PerMillionItems	百万件快递有效申诉率	Double	5,2	N	
12	ExpressService End-to-endTransitTime	快递服务全程时限	Double	4,2	N	
13	OntimeDeliveryRateFor DomesticInter-cityExpress Service(within 72 hours)	国内异地快递服务时限 72h 准时率	Double	4,2	N	
14	StatisticalQuarter	统计季度	String	6	N	格式:YYYY-Q

8.3.7 行业运行预警信息

8.3.7.1 描述

行业运行预警信息是指邮政管理部门掌握的恶劣天气情况、自然灾害情况、主要道路拥堵情况等行业运行预警信息,由邮政管理部门发送给快递服务组织,快递服务组织信息系统及时返回数据接收结果。

8.3.7.2 信息项说明

该信息交换涉及的行业运行预警信息数据元说明见表 11。

表 11 行业运行预警信息数据元

序 号	字 段 名	中 文 名 称	数据类型	最大长度	可否为空	说 明
1	MessageNo.	报文流水号	String	20	N	
2	MessageCode	报文代码	String	4	N	
3	CodeOfExpressServiceOrganization	快递服务组织代码	String	10	N	

表 11(续)

序　号	字　段　名	中 文 名 称	数据类型	最大长度	可否为空	说　　明
4	PostalDepartmentCode	邮政管理部门代码	String	10	N	
5	TheNextThree DaysBusyArea	未来 3 天繁忙地区	String	200	N	
6	BadWeatherAndNatural DisasterSituation	恶劣天气情况和自然灾害情况	String	200	N	
7	MajorRouteTrafficStatus	主要道路拥堵情况	String	200	N	
8	MajorSecurityIncident	重大安全事件	String	200	N	
9	PeakSeasonProduction GuaranteeInformation	旺季生产保障信息	String	200	N	
10	EnterpriseMergerAnd ReorganizationInformation	企业兼并重组信息	String	200	N	
11	MajorActivityInformation	重大活动信息	String	200	N	

8.3.8　数据传输质量信息

8.3.8.1　描述

数据传输质量信息是指数据交换的数据及时率、数据完整性、故障发生时间、故障持续时间、数据传输总量等传输质量信息，由邮政管理部门发送给快递服务组织，快递服务组织信息系统及时返回数据接收结果。

8.3.8.2　信息项说明

该信息交换涉及的数据传输质量信息数据元说明见表 12。

表 12　数据传输质量信息数据元

序　号	字　段　名	中 文 名 称	数据类型	最大长度	可否为空	说　　明
1	MessageNo.	报文流水号	String	20	N	
2	MessageCode	报文代码	String	4	N	
3	CodeOfExpressService Organization	快递服务组织代码	String	10	N	
4	PostalDepartmentCode	邮政管理部门代码	String	10	N	
5	DataOn-timeRate	数据及时率	Double	5,2	N	
6	DataIntegrity	数据完整性	Double	5,2	N	
7	FailureOccurrenceTime	故障发生时间	Date	19	N	格式：YYYY-MM-DD hh:mm:ss
8	FailureDuration(minute)	故障持续时间(min)	String	10	N	
9	FailureDescription	故障描述	String	200	N	
10	TotalDataTransmission	数据传输总量	Number	10	N	条数

8.4 交换流程

8.4.1 正常流程

邮政管理部门与快递服务组织在数据交换过程中,数据发送方和接收方的正常处理流程如图 2 所示。数据发送方发送交易报文,数据接收方在接收到数据后应及时返回成功响应代码 1。

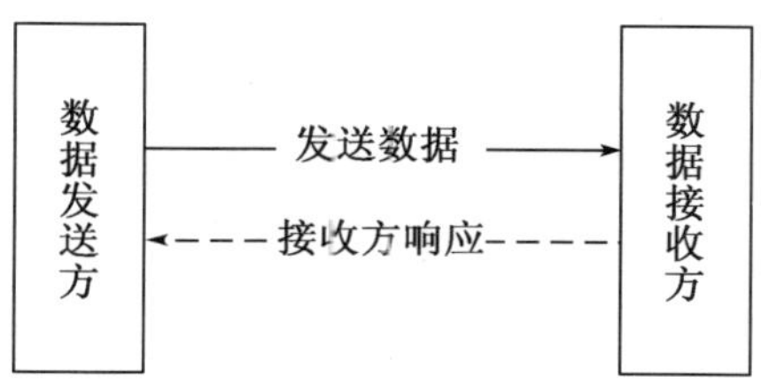

图 2 正常处理流程

8.4.2 异常流程

8.4.2.1 邮政管理部门与快递服务组织在数据交换过程中,数据发送方和接收方的异常处理流程如图 3所示。如因网络异常等原因导致接收方无响应,则由发送方内部程序自动返回 0;接收数据格式错误由数据接收方返回 3。

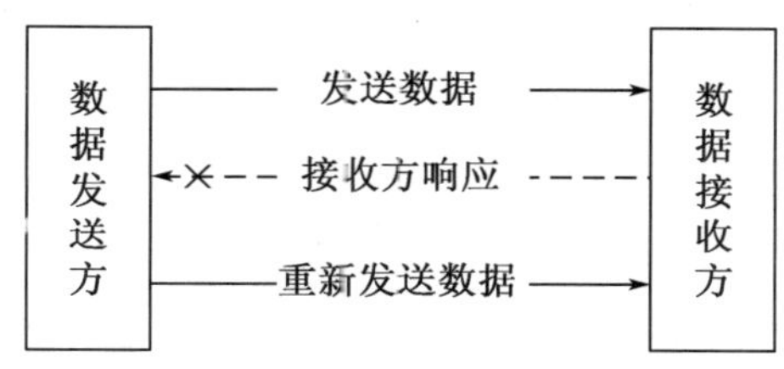

图 3 异常处理流程

8.4.2.2 发送方未能在规定时间内收到接收方的响应,发送方应有报文重发机制。发送方在规定时间内收到接收方接收失败的响应信息也应重新进行数据发送。超时时间及重发频次由数据交换双方约定,超时时间可设置为 10min,30min 重发一次数据。

8.4.2.3 为避免报文重发给网络传输和应用系统造成过大压力,对于未能收到响应的报文应限制其每日最大重发次数,具体可由数据交换双方约定,一般可设置为 50 次。

9 数据安全控制

9.1 数据兼容性要求

9.1.1 编码格式

为保证邮政管理系统与快递业务系统之间信息编码的兼容性,数据发送方 Http Post 的编码格式应与数据接收方的编码方式保持一致。如:接受的邮政管理系统是 UTF-8 编码,则快递服务组织作为数据发送方,其 Http Post 的编码格式应设置为:“application/x-www-form-urlencoded;charset = UTF-8”。

9.1.2 数据编码

为保证数据在 Post 传递过程中具有良好的兼容性,应对交换的 XML 数据进行 BASE64 编码,然后再进行 URL 编码。

9.2 数据完整性

快递服务监管信息交换应采用数字签名技术进行数据完整性控制,并增加必要的校验码以确保交易发起方发出的报文和接收方收到报文的一致性。

9.3 数据网络传输安全性

发送报文的传输网络应进行必要的安全访问控制,如至少采用 VPN 通道传输、两端添加必要的防火墙网络防护。

10 数据交换频次

快递服务监管数据交换频次见表 13。

表 13 数据交换频次

序 号	报文代码	报 文 名 称	数据交换频次
1	1101	快递运单信息	准实时(至少每 5min 一次)
2	1102	快件状态信息	准实时(至少每 5min 一次)
3	1201	场所基本信息	当场所信息变化时,实时交换
4	1202	安全生产信息	每半年一次
5	2101	行业基本信息	每季度一次
6	2102	行业服务质量信息	每季度一次
7	2103	行业运行预警信息	当预警信息发生时,实时交换
8	2201	数据传输质量信息	每月一次

附 录 A
（资料性附录）
交换报文示例

A.1 场景描述

某公司将单号为“1234567897”的快递运单信息实时传输至代码为“2123456797”的某邮政管理部门。

A.2 快递运单信息发送报文


```
<? xml version="1.0" encoding="UTF-8"?>
< exporgmailinfRequest>
    <msgHead>
      < Message No >1010000000001</ Message No >
      < Message Code >1101</ Message Code >
        <!-- 1234567897为某公司机构代码，2123456797为某邮政管理部门代码 -->
      < Enterprise Code >1234567897</ Enterprise Code >
      < Postal department Code >2123456797</ Postal department Code >
    </msgHead>
   <ordersList>
     <ordersElement>
     <requestOrder>.
         <!--运单信息-->
       <!—100123456789001为运单号，203表示运单类型为电商订单>
       < Express Waybill Number >100123456789001</ Express Waybill Number >
         < Express Waybill Type >203</ Express Waybill Type >
         < Actual Weight >2.012</ Actual Weight >
       <!—156为中国>
         < Sender's Country Code >156</ Sender's Country Code >
         < Receiver's Country Code >156</ Receiver's Country Code >
        < Receiver's Administrative Area Code > 130108 </ consignee Receiver's Administrative Area Code>
           <!—寄件人信息-->
             <sender>
             < Sender's Name >张三</ Sender's Name >
             < Sender's Mobile Phone >13812345678</ Sender's Mobile Phone >
             < Sender's Telephone >010-82901234-1234</ Sender's Telephone >
             < Sender's Detail Address >西三旗建材城西路××商贸公司</ Sender's Detail Address >
             < Sender's ID Type Code >01</ Sender's ID Type Code >
             < Sender's ID Number >350623198901062210</ Sender's ID Number >
```

```
        </sender>
        <!—收件人信息-->
        <receiver>
            < Receiver's Name >李四</ Receiver's Name >
            < Receiver's Mobile Phone >13012345678</ Receiver's Mobile Phone >
            <Receiver's Telephone>021-62901234</Receiver's Telephone>
            < Receiver's Detail Address >人民广场 XX 号</ Receiver's Detail Address >
        </receiver>
      <!—02为内件类型，电子产品类为内件品名，012为快件标准时限代码，2014-12-24 08:00:00
      为寄件日期，300为保价金额-->
        < Internals Type >02</typeOfContents>
        < Internals Name >笔记本电脑</ Internals Name >
        < Express Item Standard Time Limit Code >012</ Express Item Standard Time Limit Code >
        < Sending Date >2014-12-24 08:00:00 </ Sending Date >
        < Declared Value >300</ Declared Value >
      </requestOrder>
      <requestOrder>
      ……
      </requestOrder>
      </ordersElement>
   </ordersList>
</ exporgmailinfRequest >
```

A.3 正常响应报文

```
<Responses>
< Message Code >1101</ Message Code >
< Enterprise Code >1234567897</ Enterprise Code >
< Postal department Code >2123456797</ Postal department Code >
<branch>
< Express Waybill Number >100123456789001</ Express Waybill Number >
<success>true</success>
<reason>1</reason>
</branch>
</Responses>
```

A.4 异常响应报文

```
<Responses>
< Message Code >1101</ Message Code >
< Enterprise Code >1234567897</ Enterprise Code >
< Postal department Code >2123456797</ Postal department Code >
<branch>
< Express Waybill Number >100123456789001< Express Waybill Number >
```

```
<success>false</success>
<reason>3</reason>
</branch>
</Responses>
```

ICS 35.240.99
A 90
备案号:51181—2015

YZ

中华人民共和国邮政行业标准

YZ/T 0147—2015

寄递服务用户个人信息保护指南

Guide on Personal Information Protection of Posting and Delivery Service Users

2015-09-15 发布 2016-01-01 实施

国家邮政局 发布

目　次

前　言

本标准按照 GB/T 1.1—2009 给出的规则起草。

本标准由国家邮政局提出。

本标准由全国邮政业标准化技术委员会(SAC/TC 462)归口。

本标准起草单位:国家邮政局发展研究中心。

本标准主要起草人:冯力虎、王学斌、耿艳、王梦影等。

寄递服务用户个人信息保护指南

1 范围

本标准规定了寄递服务用户个人信息(以下简称寄递用户信息)的组成、信息保护的基本原则及信息保护的具体要求。

本标准适用于邮政企业、快递企业和其他从事寄递服务的企业(以下统称寄递企业)所涉及的寄递用户信息保护工作。

2 规范性引用文件

下列文件对于本文件的应用是必不可少的。凡是注日期的引用文件,仅注日期的版本适用于本文件。凡是不注日期的引用文件,其最新版本(包括所有的修改单)适用于本文件。

GB/T 18894—2002 电子文件归档与管理规范

GB/T 22239—2008 信息安全 信息系统安全等级保护基本要求

YZ 0139—2015 邮政业安全生产设备配置规范

YZ/T 0142—2015 邮政业信息系统安全等级保护定级指南

3 术语和定义

下列术语和定义适用于本文件。

3.1

寄递服务用户个人信息 personal information of posting and delivery service users

用户在使用寄递服务过程中的个人信息。寄递用户信息可以分为个人敏感信息和个人一般信息。

3.2

个人敏感信息 personal sensitive information

一旦遭到泄露或修改,会对标识的用户造成安全隐患或不良影响的寄递用户信息。个人敏感信息包括寄(收)件人的姓名、地址、身份证件号码、电话号码、物品名称、物品价值等。

3.3

个人一般信息 personal general information

除个人敏感信息以外的寄递用户信息。

3.4

信息处理 personal information handling

处理寄递用户信息的行为,包括纸质信息和电子信息的收集、传输与保管、使用、销毁等。

3.5

纸质信息载体 paper information carrier

以纸质材料为载体,记录、传输、保存寄递用户信息的信息媒介。

3.6

电子信息载体 electronic information carrier

以胶片、磁带、磁盘、光盘、移动硬盘、网络硬盘等光电磁化材料为载体,记录、传输、保存寄递用户信息的信息媒介。

4 信息组成

寄递用户信息主要由以下两部分组成：

a) 身份信息，指能够表明个人身份的基本信息，包括寄(收)件人的姓名、地址、身份证件号码、电话号码等。

b) 业务信息，指寄递企业向用户提供寄递服务过程中所生成的业务信息，包括物品名称及价值等。

5 信息保护基本原则

5.1 合理必要

应以确保完成寄递服务为目的，只处理与处理目的有关的必要信息，不随意扩大处理范围。

5.2 个人同意

以明确、易懂的方式如实向用户告知个人信息的处理目的、收集内容、使用范围和保管期限等信息，并征得用户同意。

5.3 安全保障

采取必要、适当的管理措施和技术手段，保护寄递用户信息安全，防止不当使用、随意泄露或者非法向他人提供寄递用户信息。

5.4 责任明确

明确寄递用户信息处理过程中各参与方的责任，采取相应的措施落实相关责任，并对寄递用户信息处理过程进行记录以便于追溯。

6 信息保护具体要求

6.1 概述

寄递企业对寄递用户信息的保护可分为组织层面、流转层面、信息系统层面等三个层面。

6.2 组织层面

6.2.1 依照国家法律、法规和本标准，制定寄递用户信息保护管理制度，落实寄递用户信息保护管理责任及奖惩措施。

6.2.2 指定专门人员或部门负责寄递用户信息的保护工作，并接受用户的投诉与建议。

6.2.3 对信息处理人员的身份、背景、专业资格和资质进行审查，并签订信息安全责任承诺书。

6.2.4 制订寄递用户信息保护的教育培训计划并组织落实，对教育培训情况和考核结果进行记录。

6.2.5 建立寄递用户信息保护的监督检查机制，定期对寄递用户信息的安全状况、保护制度及措施的落实情况进行监督检查，并形成监督检查报告。

6.2.6 制定应急预案，对收集、传输与保管、使用、销毁寄递用户信息过程中可能出现的寄递用户信息泄露、丢失、损毁、篡改、不当使用，出售或者非法向他人提供等事件进行评估、分析，采取相应的预防措施。预案应包括：

a) 事件的评估、分析；
b) 事件的处理流程；
c) 事件的应急机制；
d) 事件的报告制度；
e) 事件的责任认定及追究。

6.2.7 应依据相关法规、投诉、建议、检查报告等情况，定期评估、分析企业内部寄递用户信息保护制度运行状况，持续改进和完善寄递用户信息保护制度：

a) 分析、判断寄递用户信息保护实施中的缺陷和漏洞；
b) 实施应急预防，改进运行机制；
c) 跟踪改进效果。

6.2.8 寄递企业通过委托方式开展寄递服务的，应充分审查、评估受托方保护寄递用户信息的能力，并签订寄递用户信息安全保障协议。协议内容应包括：

a) 双方的权利和责任；
b) 寄递用户信息的使用目的和使用范围；
c) 寄递用户信息安全承诺和保护措施；
d) 寄递用户信息相关事故责任认定和追究方式；
e) 服务协议到期后寄递用户信息处理方式。

6.3 流转层面

6.3.1 概述

寄递企业对寄递用户信息的保护应贯穿于用户信息的收集、传输与保管、使用、销毁等各个阶段。

6.3.2 信息收集

6.3.2.1 收集寄递用户信息前应通过寄递单式、网站、合同等书面形式向用户明确告知以下事项：

a) 寄递用户信息的收集目的、收集内容和保管期限；
b) 寄递用户信息的使用范围；
c) 用户提供个人信息不详或错误可能导致的后果。

6.3.2.2 收集能够确保完成寄递服务的必要信息，不应收集与业务无关的其他信息。

6.3.3 信息传输与保管

6.3.3.1 纸质信息的传输与保管应满足以下要求：

a) 收寄或投递时，应将纸质信息载体放置于业务人员视线范围内或者有保管措施的区域；收寄或投递完成后，宜在当日将纸质信息载体送交营业场所保管。
b) 传输过程中，宜采用遮盖、涂抹等方式部分隐藏寄递单式上的寄(收)件人的姓名、身份证件号码、物品名称、物品价值等敏感信息；信息技术支撑能力较强的企业，可采用在寄递单式上打印或印制特定条码和代码等方式，代替寄递用户个人敏感信息。
c) 在邮件、快件处理场所，严格执行寄递用户信息保护管理制度，无关人员不应出入处理场地。
d) 纸质信息载体应集中封闭存放，由专门人员负责保管，无关人员不应出入存放地。
e) 内部人员查阅纸质信息载体时，应做好查阅登记，不应私自复制或将纸质信息载体带离存放地。
f) 纸质信息载体存放地应按照 YZ 0139 的要求配备安全生产设备。

6.3.3.2 电子信息的传输与保管应满足以下要求：

a) 对电子信息进行传输前，应对电子信息附加标识以便追溯责任主体；

b) 通过开放公共网络传输寄递用户信息时,应采取加密措施;
c) 电子信息的归档应符合 GB/T 18894 的要求;
d) 使用独立物理区域存储寄递用户信息,非授权人员不应访问该区域;
e) 指定专门人员负责电子信息存储设备和介质的管理,使用和借用存储设备和介质应获得批准并进行登记;
f) 定期开展本地备份、异地备份和电子信息恢复测试,确保数据安全可用。

6.3.4 信息使用

6.3.4.1 对信息使用人员分配最小操作权限,仅限于访问其职责范围内的寄递用户信息。信息使用人员离职或调岗时,应及时关闭、删除或调整该人员在相关信息系统中的操作权限。
6.3.4.2 对寄递用户信息的使用过程进行记录,保证寄递用户信息在使用过程中不被与处理目的无关的个人、组织和机构获知。
6.3.4.3 在对寄递用户信息进行聚合、分类、比对、分析时,应对个人敏感信息进行脱敏处理,并限制脱敏信息的使用范围和用途。
6.3.4.4 用户发现其个人信息存在缺陷、影响服务合同正常履行并要求修改时,要根据用户的要求进行核查,在保证寄递用户信息完整性的前提下,修改或补充相关信息。

6.3.5 信息销毁

6.3.5.1 建立寄递用户信息销毁管理制度,对销毁日期、销毁地点、销毁人员、销毁寄递用户信息种类和内容、销毁数量等进行记录、归档和保存。
6.3.5.2 纸质信息载体保管期满或电子信息载体报废的,应按有关规定及时销毁寄递用户信息。
6.3.5.3 寄递用户信息应进行集中销毁。销毁时,应由两名以上专门人员共同完成。
6.3.5.4 当销毁寄递用户信息可能会影响执法机构调查取证时,应采取适当的存储和屏蔽措施。
6.3.5.5 寄递企业停止经营时,应按有关规定及时销毁寄递用户信息。

6.4 信息系统层面

6.4.1 信息系统的安全保护应符合 GB/T 22239 和 YZ/T 0142 等相关要求。
6.4.2 信息系统的权限管理应满足以下要求:
a) 分别设置系统管理权限、业务操作权限和安全管理权限,并赋予各类权限单独的账号;
b) 系统管理权限只进行用户管理、权限管理、配置定制等系统级的管理,不应进行业务操作;
c) 业务操作权限只进行业务操作,不应具备任何系统级的管理权限;
d) 安全管理权限只对系统中所有的安全功能进行管理,以监督和查证系统管理权限和业务操作权限的正常行使。

6.4.3 信息系统的修补或升级应满足以下要求:
a) 定期对网络进行漏洞扫描,对于发现的漏洞,应在经过风险评估、验证测试后进行修补或升级,并进行记录;
b) 如需安装系统的最新补丁程序,在安装系统补丁前,首先在测试环境中通过测试,并对重要文件进行备份后,方可实施系统补丁程序的安装,并对系统变更进行记录。

6.4.4 涉及个人敏感信息的信息系统应采取保密措施,确保其开发与实施安全,不应将个人敏感信息用于开发和测试。

参 考 文 献

[1] GB/Z 20986—2007 信息安全技术　信息安全事件分类分级指南
[2] GB/T 27917.1—2011 快递服务　第1部分:基本术语
[3] GB/Z 28828—2012 信息安全技术公共及商用服务信息系统个人信息保护指南
[4] 中华人民共和国主席令2012年第70号　中华人民共和国邮政法
[5] 中华人民共和国主席令2013年第7号　中华人民共和国消费者权益保护法
[6] 全国人民代表大会常务委员会关于加强网络信息保护的决定(2012年12月28日)
[7] 中华人民共和国交通运输部令2011年第2号　邮政行业安全监督管理办法
[8] 寄递服务用户个人信息安全管理规定(2014年3月27日)

ICS 03.240
M 83
备案号:52303—2015

YZ

中华人民共和国邮政行业标准

YZ/T 0148—2015

快递电子运单

Express electronic-waybill

2015-12-14 发布　　　　2016-03-01 实施

国家邮政局　发布

目　　次

前　言

本标准按照 GB/T 1.1—2009 给出的规则起草。

本标准由国家邮政局提出。

本标准由全国邮政业标准化技术委员会(SAC/TC 462)归口。

本标准起草单位:上海市快递行业协会、北京云邮信通物联网研究院

本标准主要起草人:高镇海、何锦华、夏颐、信雨、郭杰、姚惠平。

本标准为首次发布。

引　　言

随着电子商务的快速发展，快递电子运单应运而生，且应用日益广泛，为规范快递电子运单的生产和使用，特制定本标准。

考虑到个人用户使用快递电子运单的潜在需求大，为更好地满足未来发展需要，本标准对个人用户使用的快递电子运单也给予了规定。对于国际出口快件，由于其运单大多是放入粘于快件上的塑料袋中，与本标准规定的快递电子运单在用纸、黏合等方面有着本质的区别，因此本标准对此暂未做规定。

鉴于快递电子运单大多采用热敏条码打印机进行打印，因此，本标准只规定了热敏条码打印机打印快递电子运单的相关技术要求，其他打印方式可参照执行。

快递电子运单

1 范围

本标准规定了国内快递电子运单(以下简称电子运单)的类别、组成及规格,区域划分及信息要求,技术要求,环保要求,试验方法,运输和储存等。

本标准适用于国内热敏纸电子运单的生产和使用。

2 规范性引用文件

下列文件对于本文件的应用是必不可少的。凡是注日期的引用文件,仅注日期的版本适用于本文件。凡是不注日期的引用文件,其最新版本(包括所有的修改单)适用于本文件。

GB/T 2792—2014 胶粘带剥离强度的试验方法
GB/T 4852—2002 压敏胶粘带初粘性试验方法(滚球法)
GB/T 9698—1995 信息处理 击打式打印机用连续格式纸通用技术条件
GB/T 10335.1—2005 涂布纸和纸板 涂布美术印刷纸(铜版纸)
GB/T 14258—2003 信息技术 自动识别与数据采集技术 条码符号印制质量的检验
GB/T 28210—2011 热敏纸
GB/T 28582—2012 快递运单
GB/T 29282—2012 格拉辛纸
HJ/T 220—2005 环境标志产品技术要求 胶粘剂
SN/T 2379—2009 聚碳酸酯树脂及其成型品中双酚 A 的测定 气相色谱—质谱法
HG/T 4139—2010 压敏胶粘制品用防粘材料

3 术语和定义

GB/T 28582 界定的术语和定义适用于本文件。

3.1

快递电子运单 express electronic-waybill

将快件原始收寄等信息按一定格式存储在计算机信息系统中,并通过打印设备将快件原始收寄信息输出至热敏纸等载体上所形成的单据。

3.2

热敏打印纸 thermal printer paper

在原纸上涂有特殊的热敏涂料,并可通过热作用直接形成图像的纸张。

3.3

铜版纸 coated paper and board-coated art paper

以原纸涂布白色涂料经压光整饰制成的涂布美术印刷纸。

3.4

格拉辛离型纸 glassine release paper

格拉辛纸经过超级压光、涂抹硅油后,形成具有一定透明度的纸张。

3.5

首读率　first read rate

初次扫描识读成功的百分数。

[GB/T 28582—2012,定义 3.9]

3.6

识读率　read rate

多次扫描识读成功的百分数。

[GB/T 28582—2012,定义 3.10]

4　类别、组成及规格

4.1　类别

电子运单分为两联电子运单和三联电子运单两类,其示意图参见附录 A。

4.2　组成

4.2.1　两联电子运单由上、下两联构成,上联是派件存根,下联是收件人存根;三联电子运单由上、中、下三联构成,上联是派件存根、中联是收件人存根、下联是寄件人存根。每联中间以横向模切线分割,参见附录 A。

4.2.2　电子运单每联均由三层组成,第一层为热敏打印纸,用于信息打印;第二层为铜版纸或格拉辛纸等材料,用于粘贴;第三层为格拉辛离型纸,用于隔离。各层组合示意图参见附录 B。

4.2.3　对于两联电子运单,派件存根联的第一层撕下后失去黏性无法复原,收件人存根联的第一层与第二层应粘贴紧密,可剥离。

4.2.4　对于三联电子运单,派件存根联、寄件人存根联的第一层撕下后失去黏性无法复原,收件人存根联的第一层与第二层应粘贴紧密,可剥离。

4.3　规格

电子运单第一层热敏打印纸的规格尺寸见表 1。

表 1　热敏打印纸的规格尺寸　　单位为毫米

类　别	用　途	尺　寸		误差
		宽	长	
两联	适用于电子商务用户	100	100 ~ 200	±1.5
三联	适用于 APP 个人用户	76	180 ~ 220	
注 1:APP 指所有客户端软件,现多指移动应用程序; 注 2:特殊尺寸由供需双方商定。				

5　区域划分及信息要求

5.1　区域划分

电子运单的各联区域划分见表 2。

表 2　电子运单的各联区域划分

<table>
<tr><th colspan="2" rowspan="2">存根联</th><th colspan="9">区域</th></tr>
<tr><th>快递服务组织信息区</th><th>目的地区</th><th>条码区</th><th>收件人信息区</th><th>寄件人信息区</th><th>内件详情区</th><th>业务类别及业务处理区</th><th>用户签收区</th><th>自定义区</th></tr>
<tr><td rowspan="2">派件存根联</td><td>两联</td><td>√</td><td>√</td><td>√</td><td>√</td><td>△</td><td>√</td><td>×</td><td>√</td><td>△</td></tr>
<tr><td>三联</td><td>√</td><td>√</td><td>√</td><td>√</td><td>△</td><td>√</td><td>√</td><td>√</td><td>△</td></tr>
<tr><td>收件人存根联</td><td>两联、三联</td><td>×</td><td>×</td><td>√</td><td>√</td><td>√</td><td>√</td><td>√</td><td>×</td><td>△</td></tr>
<tr><td>寄件人存根联</td><td>三联</td><td>×</td><td>×</td><td>√</td><td>√</td><td>√</td><td>√</td><td>√</td><td>×</td><td>△</td></tr>
<tr><td colspan="11">注：√表示必选，△表示可选，×表示不选。</td></tr>
</table>

5.2 信息内容

电子运单的各区域信息内容见表 3。

表 3　电子运单的各区域信息内容

<table>
<tr><th>区域名称</th><th colspan="2">信息内容</th></tr>
<tr><td>快递服务组织信息区</td><td colspan="2">该区域应包括快递服务组织的相关信息，如快递服务组织名称、标识、客服电话等</td></tr>
<tr><td>条码区</td><td colspan="2">派件存根联：条码区应只打印快件编号的条码标识；
收件人存根联：条码区除打印快件编号的条码标识或识别码外，还宜在左侧印有快递企业标识；
寄件人存根联：条码区除打印快件编号的条码标识或识别码外，还宜在左侧印有快递企业标识</td></tr>
<tr><td>目的地区</td><td colspan="2">目的地区又称大头笔区，用于打印快件的目的地名称或代码等</td></tr>
<tr><td>寄件人信息区</td><td colspan="2">该区域应包括寄件人、地址、联系电话等内容</td></tr>
<tr><td>收件人信息区</td><td colspan="2">该区域应包括收件人、地址、联系电话等内容</td></tr>
<tr><td>内件详情区</td><td colspan="2">该区域用于打印内件的名称、类别、数量等内容</td></tr>
<tr><td rowspan="2">业务类别及业务处理区</td><td>业务类别</td><td>该区域用于打印业务类别名称，如即日到、次日到、优先快递、经济快递和代收货款等</td></tr>
<tr><td>业务处理</td><td>派件存根联：应包括快件的质量、体积、运费、付款方式、代收货款金额、收件时间、服务协议约定提示、寄件人签名等内容；
收件人存根联：应包括快件的付款方式、代收货款金额等内容；
寄件人存根联：应包括快件的质量、体积、运费、申报保价（保险）金额、保价（保险）金额、收件时间、收派员签名、服务协议约定提示等内容</td></tr>
<tr><td>用户签收区</td><td colspan="2">该区域用于收件人或代收人签字，填写签收时间等内容</td></tr>
<tr><td>自定义区</td><td colspan="2">该区域由快递服务组织根据自身业务需要设置，可包括二维条码、易碎品提示等其他信息</td></tr>
</table>

5.3 区域布局

各区域的位置、尺寸、颜色可由快递服务组织自行设置。电子运单各联的信息区域划分及信息内容参见附录 A 中图 A.1、图 A.2。

5.4 快件编号

条码区内打印的快件编号应符合邮政管理部门快递码号编制规则的相关要求。

5.5 服务协议

5.5.1 使用电子运单前，快递服务组织与用户达成快递服务协议。其格式和内容应符合 GB/T 28582—2012 附录 A 的相关要求。
5.5.2 快递服务协议应置于快递服务组织网站及 APP 软件系统中，以醒目方式便于用户阅知、保存，供查询、追溯等使用。
5.5.3 在派件存根联的业务类别及业务处理区中应明确标示“服务协议内容本人已阅知并同意”等字样。在寄件人存根联的业务类别及业务处理区中应明确标示“寄件人已阅知并同意服务协议内容。服务协议可在快递服务组织网站或 APP 软件系统中查阅”等字样。

5.6 其他

电子运单上不应有广告信息。

6 技术要求

6.1 外观

电子运单的外观应平整、清洁，不应有褶皱、破损、毛边、裂口，各层间应无气泡、起翘、溢胶粘连、颜色异常等缺陷。

6.2 用纸

6.2.1 电子运单第一层采用定量不低于 70g/m^2 的特种热敏打印纸，其技术指标应符合 GB/T 28210—2011 中 4.2 的要求。其表面平滑度、撕裂度、抗摩擦性（动、静）、交货水分等技术指标应符合 GB/T 28210—2011 中表 2 合格品的规定。
6.2.2 电子运单第二层宜采用定量不低于 40g/m^2 的格拉辛纸或定量不低于 70g/m^2 的铜版纸，其技术指标应分别符合 GB/T 29282—2012 中 4.1 或 GB/T 10335.1—2005 中表 2 合格品的要求。
6.2.3 电子运单第三层应采用定量不低于 59g/m^2 的格拉辛离型纸，其技术指标应符合 GB/T 29282—2012 中 4.1 的要求。

6.3 文字

6.3.1 字形

电子运单上各区域的汉字均应采用国务院颁布的中文简体汉字。

6.3.2 字体

电子运单上的汉字可采用宋、仿宋、楷、黑等多种字体，其中收件人信息区、目的地区、代收货款及约定的特殊事项的文字宜采用黑体或加粗黑体。

6.3.3 字号

电子运单目的地信息的字号宜不低于一号(26pt),其他文字的字号宜不低于五号(10.5pt)。

6.4 条码

6.4.1 一般要求

a) 电子运单上条码的符号类型、字符集及尺寸应符合相关国家标准的规定。
b) 条码首读率应大于95%,识读率应达到100%。

6.4.2 一维条码

a) 条码符号的高度宜大于10mm;
b) 条码符号的最小窄单元宽度应大于0.25mm;
c) 条码符号的左右两侧应有大于5mm的空白区;
d) 条码符号的质量等级应达到GB/T 14258—2003附录H的表H.1中字母等级C级以上;
e) 条码符号中供人识读的信息应与条码字符所表示的信息一致。

6.4.3 二维条码

二维条码宜包含寄件人和收件人的名址、订单详情、快件路由等信息,可用于信息保护和自动分拣等。

6.5 模切线

6.5.1 电子运单各联之间的横向模切线仅用于电子运单的热敏打印纸信息打印层。
6.5.2 横向模切线的轧压线应平直、清晰,不应有整体断裂,各联折缝应与横向模切线重合。
6.5.3 运单各枚之间的横向模切线应易于撕断,横向模切线抗张强度应为原纸纵向强度的25%~45%。

6.6 黏合

6.6.1 电子运单的第一、二层黏合后,位置应重合对齐,四周应位于第三层四边2mm范围内。
6.6.2 电子运单第一、二层之间阻隔胶粘剂应粘贴完整,不应有胶粘剂外溢现象发生,在-15℃~+60℃的环境下,热敏纸信息打印层不应自行脱落。
6.6.3 电子运单每联的第二层背面均涂有背胶,与第三层相粘。其胶粘物理性能指标应符合表4的要求。

表4 胶粘物理性能指标

指标		单位	规定
初粘性钢球号(横向)		号	≥8
180℃剥离强度(横向)	老化前	N/cm	≥4.0
	老化后		
隔离性		—	隔离纸上无残留胶粘剂
渗油性	老化前	—	无渗油现象
	老化后		
注:在低于-15℃及以下环境中使用的电子运单,其背胶的胶粘物理性能指标由供需双方商定。			

6.7 其他

6.7.1 电子运单上的线条、文字、图案等内容应清晰完整、目视易辨，无断线、断划等缺陷。

6.7.2 派件存根联应以小于90°的方式揭开，并用均匀、中等的速度揭下，其揭下后不应有大于360°翘(卷)曲现象出现。

6.7.3 使用后的电子运单在常温下应能保存12个月以上，且条码及字迹应可辨识。

7 环保要求

7.1 纸张

电子运单所使用的纸张，其有害物质限量值应符合国家环保的相关规定。

7.2 阻隔胶

热敏纸背面的阻隔胶应使用环保型的水溶胶，其有害物质限量值应符合 HJ/T 220—2005 中4.3 表1 指标要求。

7.3 背胶

第二层纸背面的背胶宜采用环保型的热熔压敏胶，其有害物质限量值应符合 HJ/T 220—2005 中4.3 表1 指标要求。

8 试验方法

8.1 外观

采用目测方式检查电子运单的外观，不应有6.1 中规定的各种缺陷。

8.2 规格

用精度为0.1mm 的标准计量器具进行测定，其结果应符合表1 的规定。

8.3 信息内容

用目测方法检查电子运单上的信息内容，其结果应符合第5 章的规定。

8.4 热敏打印纸

热敏打印纸各项技术指标按 GB/T 28210—2011 中第5 章的试验方法测定。

8.5 格拉辛纸

格拉辛纸按 GB/T 29282—2012 中第5 章的方法测定。

8.6 铜版纸

铜版纸按 GB/T 10335.1—2005 中第5 章的方法测定。

8.7 隔离纸

隔离纸按 HG/T 4139—2010 中6.5.2 的方法测定，结果应符合其5.3 的规定。

8.8 文字

8.8.1 字形

采用目测方式检查电子运单上的文字字形，应符合6.3.1的规定。

8.8.2 字体

采用目测方式检查电子运单上的文字字体，应符合6.3.2的规定。

8.8.3 字号

采用目测比较法检查电子运单上的文字字号，应符合6.3.3的规定。

8.9 条码

8.9.1 条码符号质量等级应按GB/T 14258的方法测定。

8.9.2 采用精度等级为0.02mm的标准计量器具检查条码空白区尺寸及条码高度。

8.9.3 采用条码识读设备检查条码首读率、识读率。

8.9.4 目测检查电子运单条码是否有断线、断针的情况。

8.10 模切线

8.10.1 目测检查电子运单上横向模切线是否符合6.5的要求。

8.10.2 采用精度等级为0.5mm的标准计量器具检查横向模切线套准误差。

8.10.3 横向模切线抗张强度按GB/T 9698—1995中4.6的方法测定。

8.11 黏合

8.11.1 采用精度等级为0.02mm的标准计量器具进行测定，其结果应符合6.6.1的要求。

8.11.2 将成卷或平板电子运单成品展开，目测检查，电子运单间不应有粘黏现象。

8.11.3 胶粘物理性能指标：

a) 老化试验：
   1) 取160mm×260mm×2mm的玻璃板若干片，将试样与玻璃板逐个间隔地整齐叠放，试样数量最多不超过10个；
   2) 对规格为150mm×250mm的试样，在玻璃板上施加19.6N的负荷；对小于上述规格的试样，则按其实际面积施加负荷，使压强为500Pa左右；
   3) 在温度为65℃±2℃、相对湿度(80±5)%的条件下，保持24h，然后取出试样在室内放置4h以上；
   4) 按GB/T 2792规定测定试样的180°剥离强度。

b) 初粘性试验按GB/T 4852的方法测定。

c) 隔离性试验：裁切宽25mm长180mm的第一、二层成型的热敏打印纸和格拉辛纸（或铜版纸），以250mm/min的速度对其进行剥离，目测检查基材和隔离纸有无破坏，隔离纸上有无残留胶粘剂。

d) 渗油性试验：
   1) 取电子运单成品作为渗油性试验试样；
   2) 在温度70℃±2℃、相对湿度(65±5)%的条件下，试样放置24h；在温度50℃±2℃，相对湿度(65±5)%的条件下，试样放置72h；

3） 采用目测方式，对由于渗油现象引起的热敏纸表面泛黄程度进行判断。

8.11.4 将电子运单贴于纸制基材包装物上，连续中度剥离时，粘接部位应出现分布比较均匀的基材表面破坏，破坏面不小于粘接面的60%。

8.11.5 将电子运单成品置于高低温箱中，以1℃/h的速度由室温上升至60℃，保持4h，再以同样速度降至室温，取出样品目测检查是否脱落；再以0.7℃/h的速度由室温下降至-15℃，保持4h，再以同样速度降至室温，取出样品目测检查是否脱落。

8.12 环保

8.12.1 阻隔胶有害物质限量值应按HJ/T 220—2005中5.3的要求测定。

8.12.2 热熔压敏胶有害物质限量值应按HJ/T 220—2005中5.3的要求测定。

8.13 其他

8.13.1 目测检查电子运单的线条、文字、图案等内容，应符合6.7.1的规定。

8.13.2 用中速连续揭下第一层热敏纸信息打印层后，目测检查其翘曲度，应符合6.7.2的规定。

9 运输和储存

9.1 运输

电子运单在运输时应注意防雨、防晒，应避免扔、砸、踏或挤压，应远离腐蚀气液、热源和冷源。

9.2 储存

9.2.1 电子运单宜在温度-5℃~+30℃、相对湿度30%~70%且通风的环境中储存。

9.2.2 电子运单宜放置在离地面不低于0.15m、堆高小于1.5m的地方，距离墙面窗口或空气入口处的距离应大于0.5m，远离热源、冷源。

9.2.3 未使用电子运单的储存期为3个月，超过储存期，使用前应重新进行检验。

附　录　A
（资料性附录）
电子运单区域划分与信息内容示例

A.1　两联电子运单

两联电子运单如图 A.1 所示。

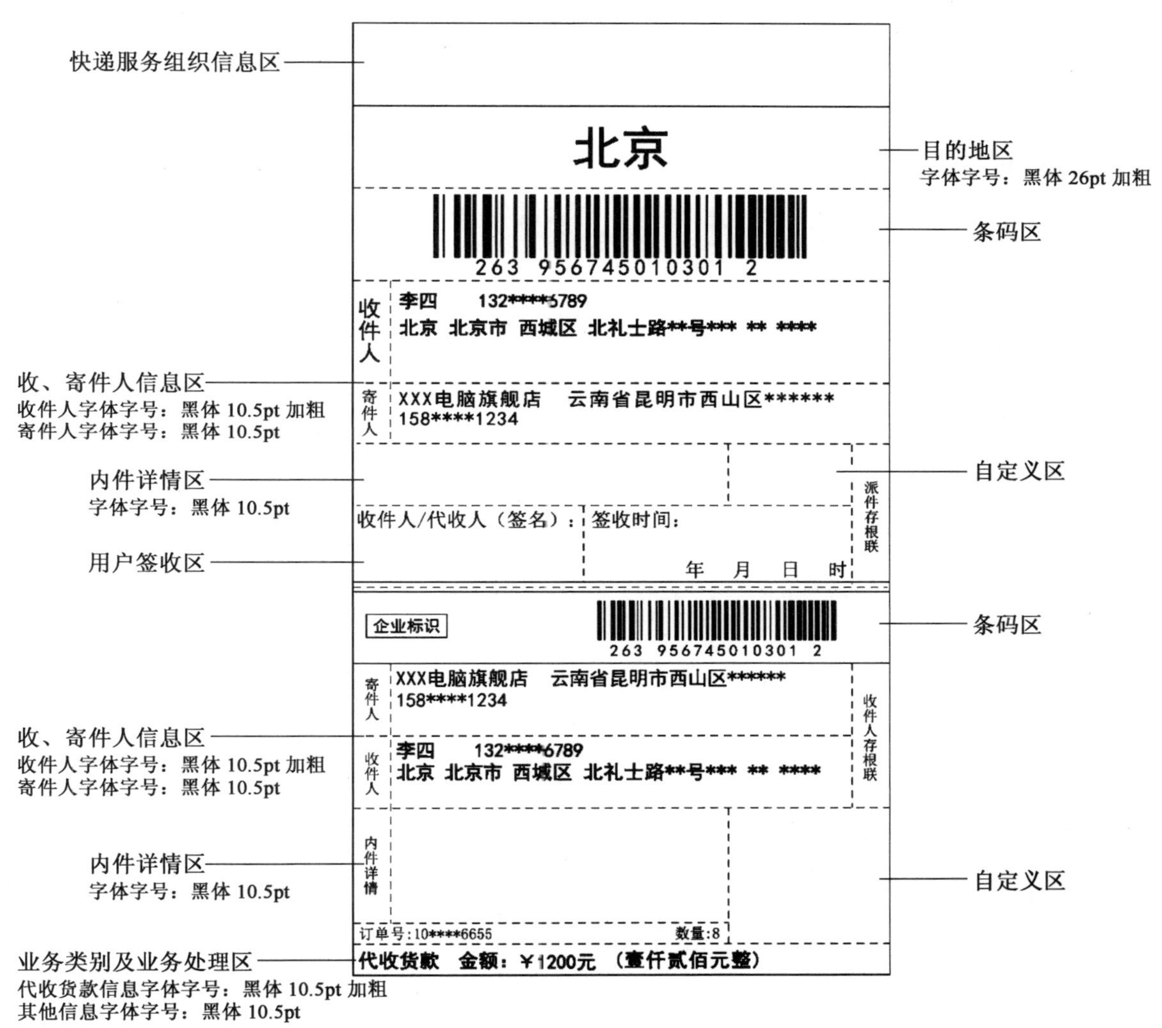

图 A.1　两联电子运单

A.2　三联电子运单

三联电子运单如图 A.2 所示。

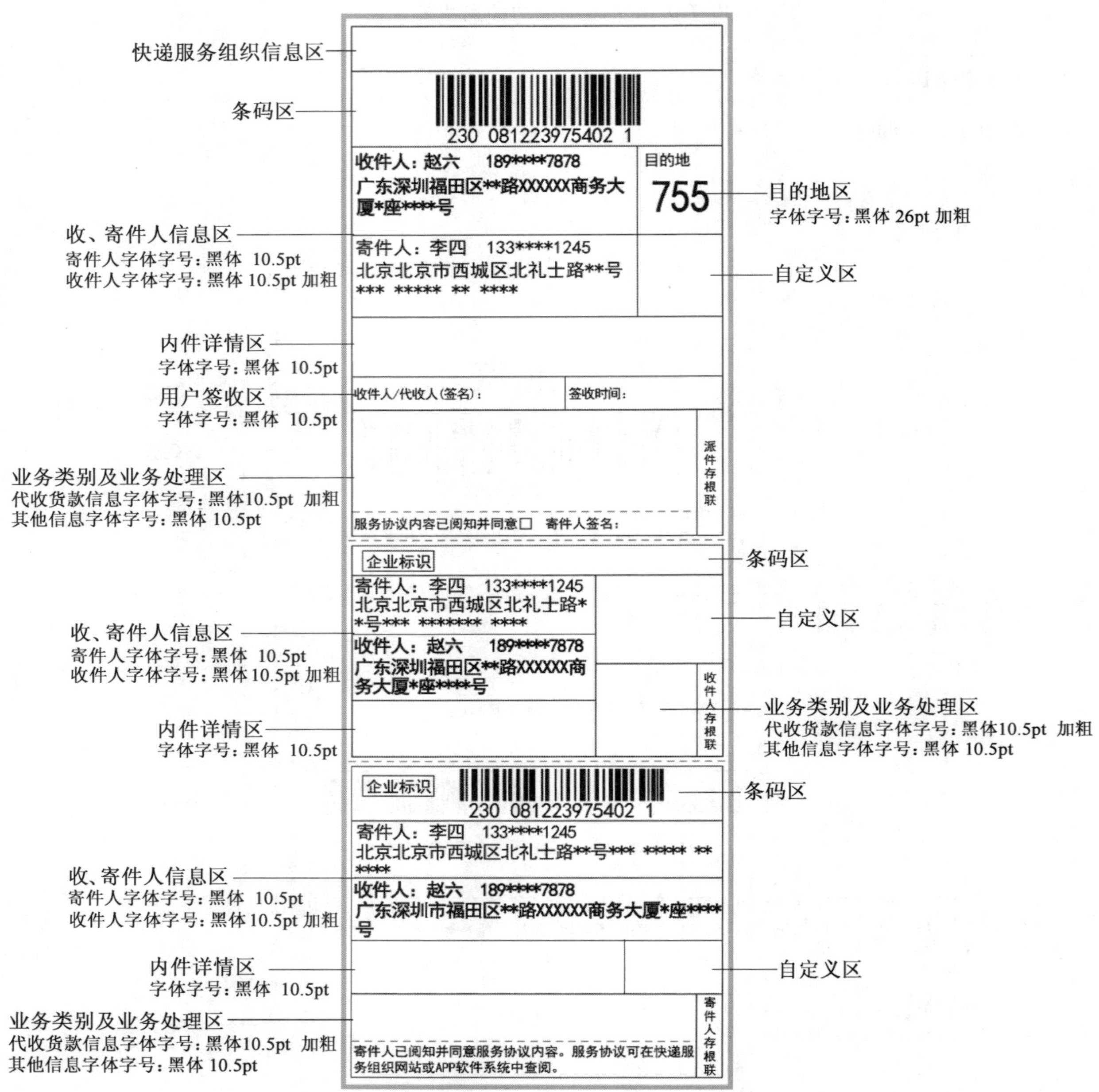

图 A.2　三联电子运单

附 录 B
（资料性附录）
电子运单各层组合示意图

电子运单各层组合如图 B.1 所示。

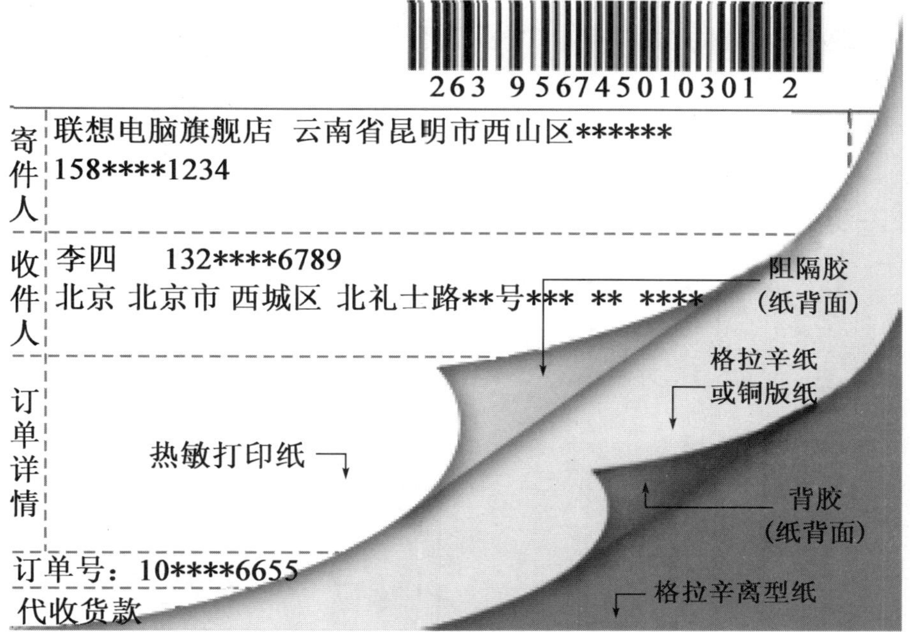

图 B.1 电子运单各层组合示意图

参 考 文 献

[1] GB/T 27917.2—2011 快递服务 第2部分:快递组织
[2] GB/T 27917.3—2011 快递服务 第3部分:服务环节
[3] 国邮发〔2014〕180号 国家邮政局关于规范使用快递电子运单的通知
[4] 国邮发〔2015〕144号 邮件快件收寄验视规定(试行)
[5] 关于印发《快递码号管理办法(试行)》和《快递码号编制规则(试行)》的通知

ICS 03.240
A 90
备案号:52304—2015

YZ

中华人民共和国邮政行业标准

YZ 0149—2015

快递安全生产操作规范

Operation specification in safety production of express service

2015-12-14 发布　　　　2016-06-01 实施

国家邮政局　发布

目　　次

前　言

本标准为强制性标准。

本标准按照 GB/T 1.1—2009 给出的规则起草。

本标准由国家邮政局提出。

本标准由全国邮政业标准化技术委员会(SAC/TC 462)归口。

本标准起草单位:中国标准化研究院、中国邮政速递物流股份有限公司、顺丰速运(集团)有限公司、北京宅急送快运有限公司。

本标准主要起草人:曾毅、曹俐莉、郭润霞、吴文斌、齐进达、王东升、侯非、李涵、程永红、张雨辰、张岩岩、杨朔、万福军。

快递安全生产操作规范

1 范围

本标准规定了快递安全生产操作的基本要求、收寄安全生产操作、分拣安全生产操作、运输安全生产操作、投递安全生产操作、重大活动时期安全生产操作及安全事件处理等要求。

本标准适用于快递服务组织从收寄到投递各个环节的安全生产操作。

2 规范性引用文件

下列文件对于本文件的应用是必不可少的。凡是注日期的引用文件,仅注日期的版本适用于本文件。凡是不注日期的引用文件,其最新版本(包括所有的修改单)适用于本文件。

GB/T 27917.1—2011 快递服务 第1部分:基本术语

GB/T 27917.3—2011 快递服务 第3部分:服务环节

YZ/T 0134—2013 快递代收货款服务规范

YZ/T 0145—2015 快递末端投递服务规范

3 术语和定义

GB/T 27917.1—2011 界定的术语和定义适用于本文件。

4 基本要求

4.1 完善制度

快递服务组织应建立安全生产责任制,制定安全生产操作规程、安全隐患排查治理等安全生产管理制度,配备安全生产管理机构或安全生产管理人员,建立突发事件应对工作机制。

4.2 强化培训

快递服务组织应定期组织安全知识、安全生产操作技能的学习和培训,做好火灾、盗抢、危险化学品、恶劣天气等各类事件的应急演练,提高员工安全生产意识和能力。

4.3 即查即停

对于属于禁止寄递物品的快件,快递服务组织应坚持“即查即停”原则,即在整个快递生产环节中一经发现,应立即停止对该快件进行操作,并按照法律法规和邮政管理部门关于禁止寄递物品的相关规定进行处置,确保寄递渠道安全。

4.4 文明操作

快递业务员在收寄、分拣、运输、投递各环节,应坚持“文明操作”原则,避免对快件造成人为损坏。

4.5 以人为本

快递服务组织在制定安全生产管理制度、开展日常安全管理等活动时,应优先考虑保障快递业务员、用户及公众的人身安全;在发生安全事件时,应将保证人身安全作为第一要求。

4.6 全程管控

快递服务组织应对快递操作过程进行全程管控,避免违规操作。对破损件进行处理时,宜两人以上共同操作,处理过程应处于视频监控之下。限制寄递的化学物品应与普通快件分别处理。

5 收寄安全生产操作

5.1 验视

5.1.1 基本要求

收寄快件时,快递业务员应按照 GB/T 27917.3—2011 中 5.2.4 以及相关法律法规和邮政管理部门的规定,对寄递物品进行验视,确保所寄快件符合要求。

5.1.2 操作要求

快递业务员应提示寄件人如实申报所寄递的物品,并根据申报内容对交寄的物品、包装物、填充物等进行实物验视。

快递业务员验视时,应按以下要求进行操作:

——应在收寄现场对用户交寄的物品进行验视,具备条件的可在视频监控下验视;

——宜由寄件人打开封装;

——重点查验用户交寄的物品、包装物、填充物是否符合国家关于禁止寄递、限制寄递的规定以及是否与快递运单上所填报的内容相符;

——快递业务员应注意人身安全,不应鼻腔直闻,不应用手触摸不明液体、粉末、胶状等物品;

——对交寄物品内有夹层的,应逐层清查;

——对于一票多件的快件,应逐件清查。

验视后,如用户再次增减或更换寄递物品,快递业务员应在用户最终确认寄递物品后,进行再次验视。

验视后,快递服务组织应按要求做出验视标识,记录验视人员姓名或者工号,验视人员应与用户一起当面封装。

5.1.3 不予收寄情况

验视时,不予收寄快件按照相关法律法规和邮政管理部门的规定执行。

5.2 封装

快递业务员或寄件人应根据快件的性质、数量选配适宜的包装材料进行封装,并满足以下要求:

——快件封装应坚固、完好,包装外表面不应有突出的钉、钩、刺等,防止快件突出物对用户、快递业务员或其他人员造成伤害,防止运输过程中包装破裂或损坏其他快件;

——快件封装应整洁、干燥,没有异味和油渍,确保封装的快件不污染其他快件,便于搬运、装卸和摆放;

——快件封装应根据快件尺寸、重量和运输特性选择合适大小的外包装及填充物,避免不足包装造成物品损坏及过度包装造成材料浪费。

使用不干胶带对包装箱进行封装时,宜使用带有地名及品牌企业名标识的专用不干胶带。

封装完成后,应牢固粘贴快递运单或快递电子运单,并对易碎品等粘贴相应标识。

5.3 信息核对

快递服务组织应按照法律法规和国家相关部门要求对快递运单信息进行核对。收寄时,应提前告知收寄人相关要求,寄件人拒不配合的,快递业务员应拒绝收寄。

5.4 特殊要求

配有安全检查设备的特殊地区营业场所,可根据需要对快件进行安全检查。

6 分拣安全生产操作

6.1 操作准备

操作前,应对分拣处理场所进行检查,确保场所干净整洁,操作设备、监控设备运转正常。

自动分拣设备应由专业人员进行开机操作。

6.2 装卸

快件装载和卸载时,应遵循“大不压小、重不压轻、分类摆放”的装卸原则,还应满足以下要求:

——装载快件不应超出车辆核定载重;

——装载和卸载快件期间,车辆应熄火,拉紧驻车制动;

——装载完成后,应对车厢进行安全检查,确定工作人员及装卸设备撤离车厢,锁闭车门并进行封车操作,确保运输途中不被随意打开;

——卸载时,车辆应服从作业现场管理人员指挥,按照要求停靠于指定位置,车辆经过驾驶员与现场管理人员共同验证封签完好后,开启车门;

——普通快件脱手时,离摆放快件接触面之间的距离不应超过 30cm,易碎件不应超过 10cm。

6.3 分拣

6.3.1 基本要求

分拣的基本要求为:

——应准确分拣;

——宜设置大件操作区;

——易碎品等特殊物品应单独码放;

——小件物品及文件类快件,不宜直接接触地面;

——3kg 以下快件宜建包;

——超重、超长、超大快件宜使用设备辅助操作。

6.3.2 人工操作

人工操作应满足以下要求:

——普通快件脱手时,离摆放快件的接触面之间的距离不应超过 30cm,易碎件不应超过 10cm;

——在光线较弱、车辆较多的情况下,操作人员服装应加反光条,确保人身安全。

6.3.3 机器操作

机器操作应满足以下要求:

——机器设备应专人操作,且操作应符合机器的技术指标和操作要求;

——不应跨越、踩踏机器,不应在机器上走动;
——操作完毕后,操作人员应及时关掉设备设施,检查清理快件,确保人员安全,防止快件遗漏。

6.4 安全检查

分拣时,应按照法律法规和国家相关部门要求进行安全检查。

安全检查时,应满足以下要求:
——安全检查设备应由经过专业培训的专业人员进行操作,并遵守安全检查设备操作规程;
——安全检查设备工作时,人体任何部位不应进入铅门帘以内通道;
——开机作业过程中,工作人员不应擅自离开岗位或让非专业人员代岗操作。

7 运输安全生产操作

7.1 车辆检查

快递服务组织应建立并执行车辆检查制度:
——应配置车辆安全管理人员,建立场站现场管理、驾驶员行为规范等安全管理体系;
——应定期对车辆进行检查、保养和维修;
——出车前,应对运输车辆的车况、门锁、消防器材等进行核查,保证车辆正常运输。

7.2 车辆驾驶

快递车辆驾驶应满足以下要求:
——快递服务组织应定期开展车辆驾驶员安全培训,提升驾驶员安全意识;
——驾驶员应具备与所驾驶车辆型号相符的驾驶资质,应遵守交通安全法规,文明行车,安全驾驶;
——行驶过程中,应关注车厢封闭有效性,防止车厢门异常开启,造成快件遗失、被盗抢;
——干线运输车辆行驶过程中,车辆定位系统和监控系统应处于正常开启状态,确保对车辆运行轨迹、行驶速度、车厢门封闭状态等进行监控;
——不应疲劳驾驶,驾驶员每连续行驶4h应停车休息20min或更换驾驶员,夜间连续驾驶不应超过3h;
——如遇极端特殊天气,应暂停车辆行驶。

7.3 其他

采用航空、铁路和水路等方式运输快件的,应核实交接、合理摆放、安全固定,并应符合国家及相关部门的安全运输规定。

8 投递安全生产操作

8.1 快件携带

快递服务组织安排快件派送和携带快件时,车辆不应超载,避免快件破损、遗失或被抢、被盗等,确保人身及快件安全。

快件携带应满足以下要求:
——文件及小件应分类按顺序放入投递车辆或快递业务员随身携带的盛装容器内;
——大件应按"先派后装、重不压轻"原则放入投递车辆的容器中;
——超大、超重快件,以及超出快递业务员携带能力的快件,应由专门的派送车辆和人员负责投递;

——遇雨、雪、雾天气,应增加防护措施,确保人员和快件的安全。

8.2 快件投递

快件投递时应满足以下要求:

——投递车辆应按照相关规定停放。离开投递车辆前,应锁牢装载快件的容器,避免快件丢失;

——投递时,应核实收件人身份,按约定提供投递服务;若收件人本人无法签收,经收件人(寄件人)允许,可由其他人代为签收;代收时,收派员应核实代收人身份,并告知代收人代收责任;

——对于使用智能快件箱投递的,智能快件箱应安装视频监控设备,对收派员和收件人的操作过程及智能快件箱周围环境进行全方位监控,监控的视频和图像资料应至少保留3个月,操作过程应符合YZ/T 0145—2015中8.2以及相关管理办法的要求。

无法投递快件应按照GB/T 27917.3—2011中5.4.5的要求执行,其中无着快件按照邮政管理部门相关规定执行。

代收货款快件的货款收取和结算应符合YZ/T 0134—2014中5.6.3和5.8.1的规定,其他安全操作宜符合YZ/T 0134—2014中第5章的相关规定。

9 重大活动时期安全生产操作

在国家举办具有重大国际影响的国事活动、国际交往活动、国家庆典、重要赛事等重大活动时,快递生产操作应满足以下要求:

——加强对活动举办区域快递业务员的培训,提高安全意识和业务素质;

——对于寄往活动举办区域的快件,宜在活动举办区域之外的处理场所设置专区进行处理,处理时两人以上进行操作;应对所有快件进行集中安全检查,并进行重点查验、跟踪和监控;

——对于寄往活动重点部位的快件,在投递前应再次进行安全检查,在投递时应集中处理、统一投递,专人专车、双人派押;

——宜调整作业组织,减少在活动区域进行中转的快件量;

——严格执行国家关于重大活动时期的其他特殊规定。

10 安全事件处理

在快件操作过程中,若发生安全事件,应按照"人员安全、快件安全、财产安全"的顺序进行处理,且应满足以下要求:

——如发生快件被盗、被抢事件,应首先确保个人生命安全,及时向公安机关报警,并向上一级快递服务组织报告;

——如发生交通事故,应立即停车,打开危险报警闪光灯,查看人员伤亡情况,及时向公安机关报警及向120呼救,并尽快对快件进行转运;

——如遭遇地震、洪水等自然灾害或其他不可抗力情况时,应全力自救,尽快将自己所处位置和现场情况向相关部门及上一级快递服务组织报告;

——属于突发事件的,还应按照国家邮政业应急预案的要求进行处理;

——按照国家和邮政管理部门关于邮政业安全信息报告和处理的相关规定,实行24h值班制度,及时报送安全事件信息。

参 考 文 献

[1] 中综办〔2014〕24 号 关于加强邮件、快件寄递安全管理工作的若干意见
[2] 国邮发〔2007〕152 号 禁寄物品指导目录及处理办法(试行)
[3] 国邮发〔2009〕60 号 国家邮政业突发事件应急预案
[4] 国邮发〔2014〕44 号 无法投递又无法退回快件管理规定
[5] 国邮发〔2014〕52 号 邮政业安全信息报告和处理规定
[6] 国邮发〔2015〕144 号 邮件快件收寄验视规定(试行)

ICS 03.240
M 81
备案号:53086—2016

YZ

中华人民共和国邮政行业标准

YZ/T 0150—2016

智能快件箱设置规范

Specifications for setting of intelligent self-express service machine

2016-01-12 发布 2016-05-01 实施

国家邮政局 发布

目 次

前　　言

本标准按照 GB/T 1.1—2009 给出的规则起草。

本标准由国家邮政局提出。

本标准由全国邮政业标准化技术委员会(SAC/TC 462)归口。

本标准起草单位:成都我来啦网格信息技术有限公司、北京云邮信通物联网研究院。

本标准主要起草人:何锦华、贾勇、邱光、信雨、郭杰。

本标准为首次发布。

智能快件箱设置规范

1 范围

本标准规定了智能快件箱的设置原则、设置位置、格口配置数量、设置方式、场地与空间、配套设施和设备固定等要求。

本标准适用于城镇地区住宅小区、办公楼宇(含政府机关、企事业单位、商业区等,下同)、院校及公共场所的室内、室外智能快件箱的设置和安装。符合条件的乡村地区和智能包裹箱的设置可参照执行。

2 规范性引用文件

下列文件对于本文件的应用是必不可少的。凡是注日期的引用文件,仅注日期的版本适用于本文件。凡是不注日期的引用文件,其最新版本(包括所有的修改单)适用于本文件。

YZ/T 0133—2013 智能快件箱

3 术语与定义

下列术语和定义适用于本文件。

3.1

智能快件箱 intelligent self-express service machine

设立在公共场合,可供寄递企业投递和用户提取快件等物品的自助服务设备。

3.2

格口 box

智能快件箱内存放快件的独立最小单元。

[YZ/T 0133—2013,定义 3.2]

3.3

格口箱 box-group

由一列或多列格口组成的一组箱体。智能快件箱可包含多组格口箱。

[YZ/T 0133—2013,定义 3.3]

3.4

控制柜 control cabinet

智能快件箱中安装操控显示屏、条码扫描器、键盘等人机交互模块以及控制系统的箱体。

[YZ/T 0133—2013,定义 3.4]

4 设置原则

4.1 新建、改建、扩建的住宅小区、办公楼宇、院校及公共场所建筑工程,宜将智能快件箱纳入建筑工程统一规划和设计。

4.2 智能快件箱宜集中进行设置,为快件投取双方提供迅速、准确、安全、方便的服务。

4.3 智能快件箱的设置(含屋、亭、遮雨篷等附属设施)在整体上应与环境相协调,不应影响住宅小区、办公楼宇、院校及其他公共场所的建筑布局和风格。

4.4 智能快件箱的设置应根据当地地域和气候等特点,满足防雨雪、防冰冻、防风沙等需要。

4.5 智能快件箱应符合 YZ/T 0133 的相关要求。

5 设置位置

5.1 智能快件箱的设置位置应满足以下要求:

——场地宽敞明亮,通风条件良好,取电照明方便,具有网络信号。

——不影响其他建筑设施的采光和通风,不妨碍车辆和人员的正常通行,不遮挡消防设施,不阻碍安全疏散通道。

——应留有智能快件箱及其配套设备的更换、拆卸、保养、维修空间。

5.2 住宅小区的智能快件箱宜设置在小区入口或物业管理处。部分大型小区,居民楼距离小区入口或物业管理处较远时,宜选择小区中心位置或多点集中设置智能快件箱。

5.3 办公楼宇的智能快件箱宜设置在楼宇的大厅门庭区域或其通道上。

5.4 院校的智能快件箱宜设置在人员集中区域或院校快递服务区内。

5.5 室外公共场所的智能快件箱宜设置在人员流动频繁且易投取快件的区域。

5.6 气候潮湿或严寒以及风沙大、台风多的地区,智能快件箱宜设置在室内。

5.7 具有门禁系统的住宅小区、办公楼宇等场所,智能快件箱宜安置在门禁系统外且方便快件投取的地方。

6 格口配置数量

6.1 住宅小区的智能快件箱,其格口数宜按小区每日平均投递量(包括快件和包裹等)的1倍~1.3倍来配置。

6.2 办公楼宇的智能快件箱,在空间允许的条件下,其格口数宜按楼宇内每日平均投递量(包括快件和包裹等)的1倍~1.3倍来配置。

6.3 院校的智能快件箱,其格口数宜按在校学生规模的5%~15%来配置;对于设有快递服务站的院校,智能快件箱的格口数可适当减少。

6.4 公共场所的智能快件箱,其格口数可根据实际的情况及场所的空间进行配置。

7 设置方式

7.1 智能快件箱的设置方式一般可分为附墙式和自立式两种。其中,附墙式智能快件箱的箱体宜紧贴墙体设置。

7.2 根据场地空间条件和四周环境要求,智能快件箱可按一字型、L型、U型、多排型等进行摆放,其摆放示意图参见附录A。

8 场地与空间

8.1 场地要求

8.1.1 设置在室内的智能快件箱,场地地面应具备足够的承重能力,满足所安装智能快件箱的使用要求。

8.1.2 设置在室外的智能快件箱,应选择地势较高的场地,场地地面宜进行平整及硬化处理,硬化表面与地面距离不应小于100mm，硬化表面应留有投取人站立操作的空间。

8.2 空间要求

8.2.1 智能快件箱前端应留有不小于1 000mm的投取空间。

8.2.2 U型摆放的智能快件箱，相对箱体之间的距离应不小于1 500mm。

8.2.3 多排型摆放的智能快件箱，采用单侧附墙式时，至少一排箱体与墙体之间距离应不小于1 000mm；采用背靠背紧密式时，箱体与墙体之间距离应不小于1 000mm；采用相对附墙式时，箱体之间距离应不小于1 500mm。

8.2.4 一字型、L型、U型、多排型智能快件箱的空间距离示意图参见附录B。

9 配套设施

9.1 通往智能快件箱的主要出入口宜设有无障碍坡道。

9.2 安装在室外的智能快件箱宜置于24小时监控范围内。

9.3 设置在室外的智能快件箱应具有照明、防火、防雷、遮雨等设施，遮雨篷材质应具有阻燃、耐承重、耐寒、耐热、抗辐射等性能，其结构设计可参见附录C。

9.4 在住宅小区、办公楼宇、院校及其他公共场所的主要出入口处，应设有标明智能快件箱方位的引导文字。

10 设备固定

10.1 智能快件箱应摆放整齐，箱体与箱体之间应连接牢固。

10.2 智能快件箱的地脚应与地面进行牢固固定，防止设备倒塌。

10.3 对无法进行地面固定的智能快件箱，可固定在墙体上，墙体宜为混凝土或具有相应承重能力的砌体结构。

10.4 遮雨篷应固定在智能快件箱顶部或者墙体上，墙体与遮雨篷的连接处应做防水处理。

附 录 A
（资料性附录）
智能快件箱摆放示意图

A.1 一字型

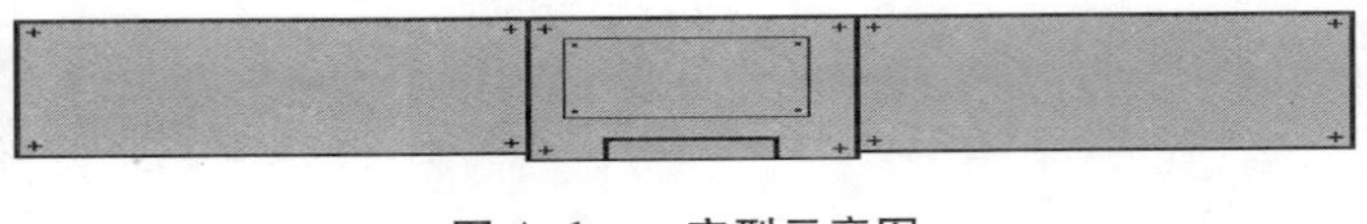

图 A.1 一字型示意图

A.2 L 型

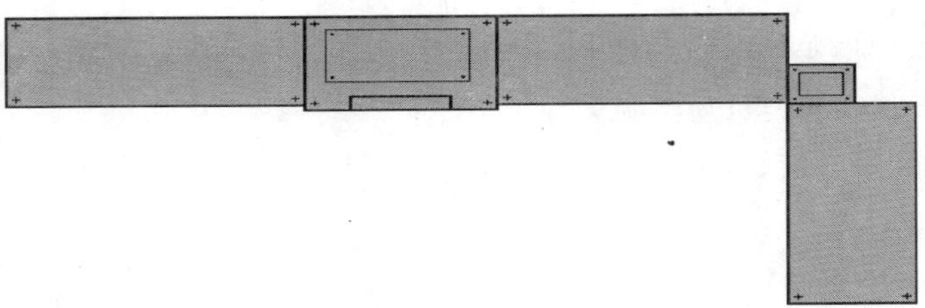

图 A.2 L 型示意图

A.3 U 型

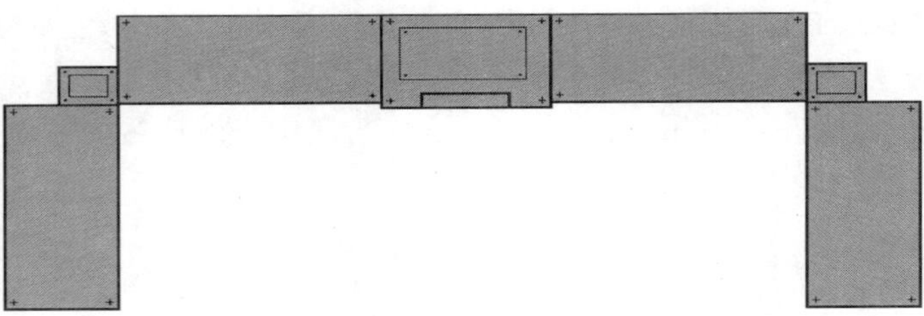

图 A.3 U 型示意图

A.4 多排型

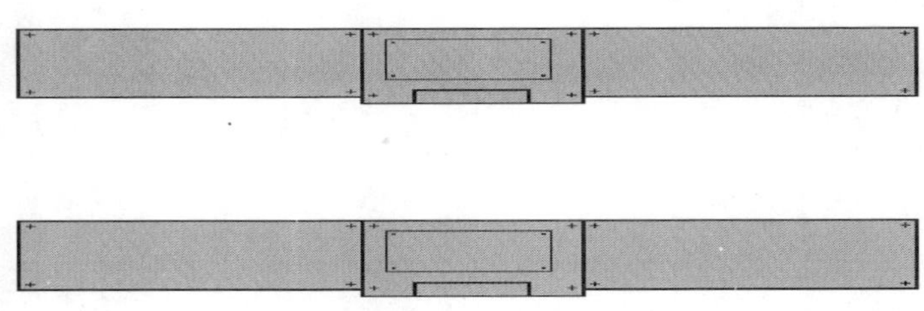

图 A.4 多排型示意图

附 录 B

（资料性附录）

智能快件箱的空间距离示意图

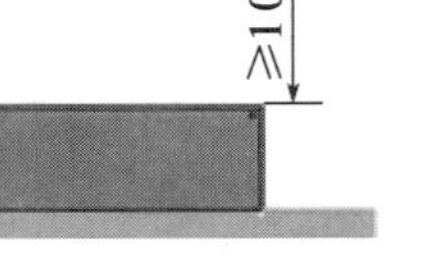

一字型

L型

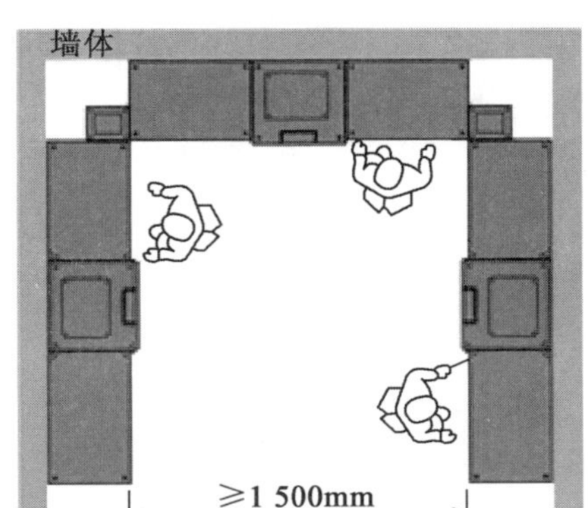

U型

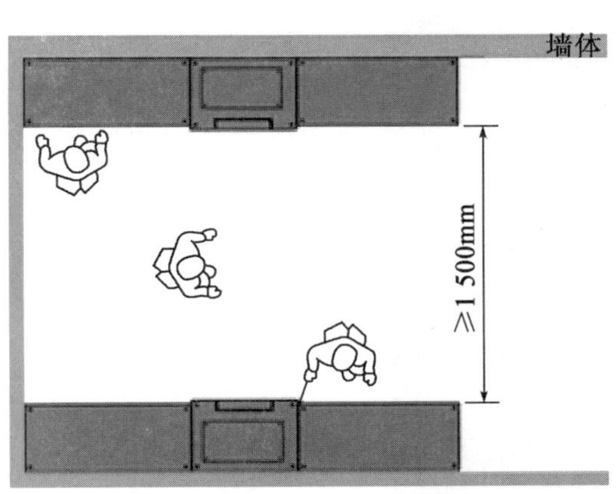

多排型（相对附墙式）

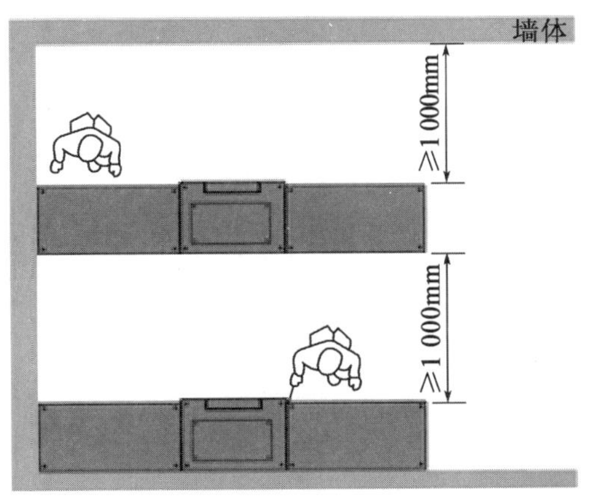

多排型（单侧附墙式）

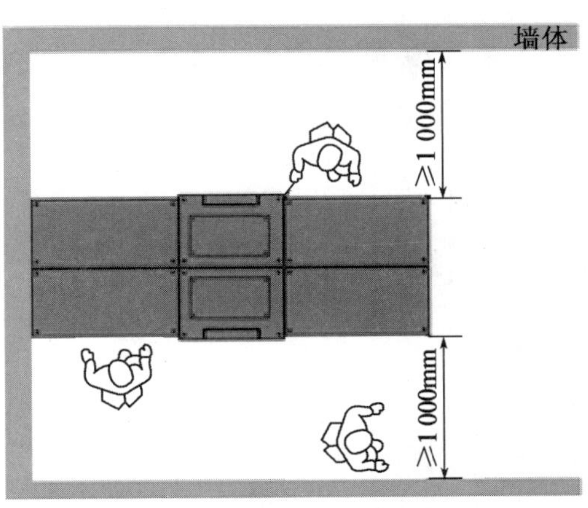

多排型（背靠背紧密式）

图 B　空间距离示意图

附　录　C
（资料性附录）
智能快件箱遮雨篷的结构设计

C.1　单侧遮雨篷

遮雨篷的倾斜坡度 β 一般不小于3%（或2°夹角），遮雨篷侧边的长度 L 比智能快件箱的高度 H_1 至少多出500mm，遮雨篷前端至智能快件箱底部夹角 α 不小于30°。遮雨篷外边沿与地面的垂直高度 H_2（遮雨篷支撑架高度）不小于2 000mm。其结构设计示意图如图 C.1 所示。

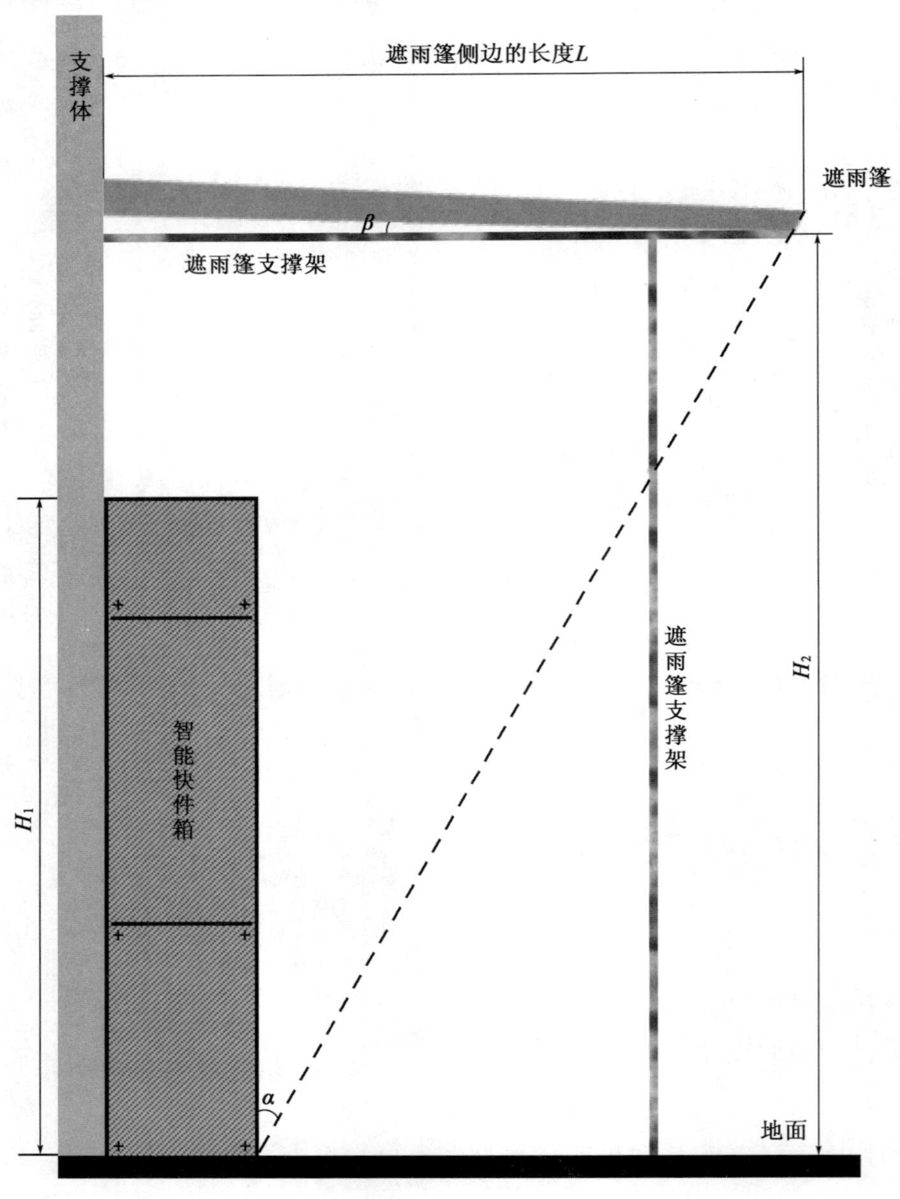

图 C.1　单侧遮雨篷

C.2 伞型双侧遮雨篷

伞型双侧遮雨篷的每侧结构设计与单侧遮雨篷一致。其结构设计示意图如图 C.2 所示。

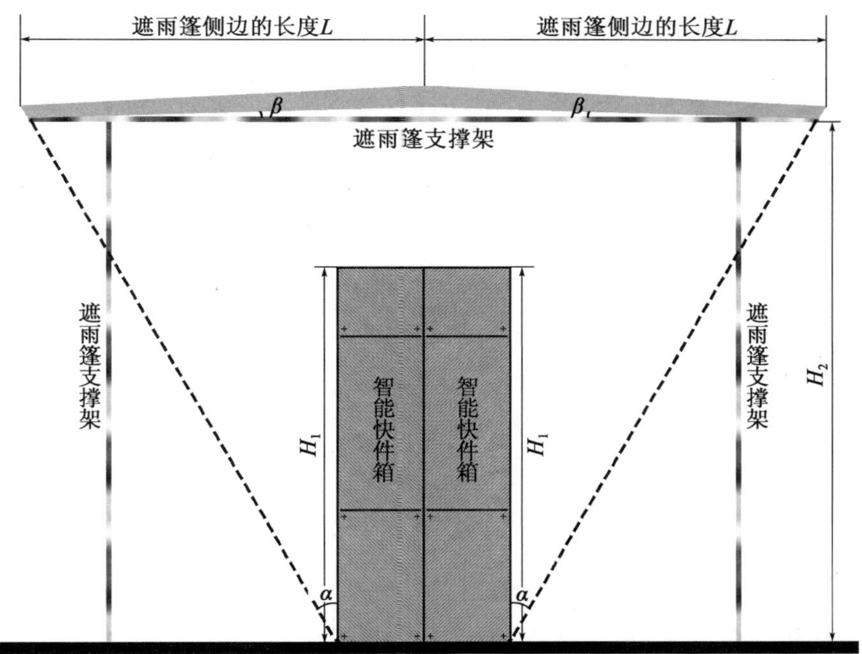

注1：$\alpha \geq 30°$，$\beta \geq 2°$；

注2：$L \geq H_1$+500mm；H_1<1 800mm，$H_2 \geq$2 000m。

图 C.2　伞型双侧遮雨篷

C.3 V 型双侧遮雨篷

V 型双侧遮雨篷的结构设计示意图如图 C.3 所示。

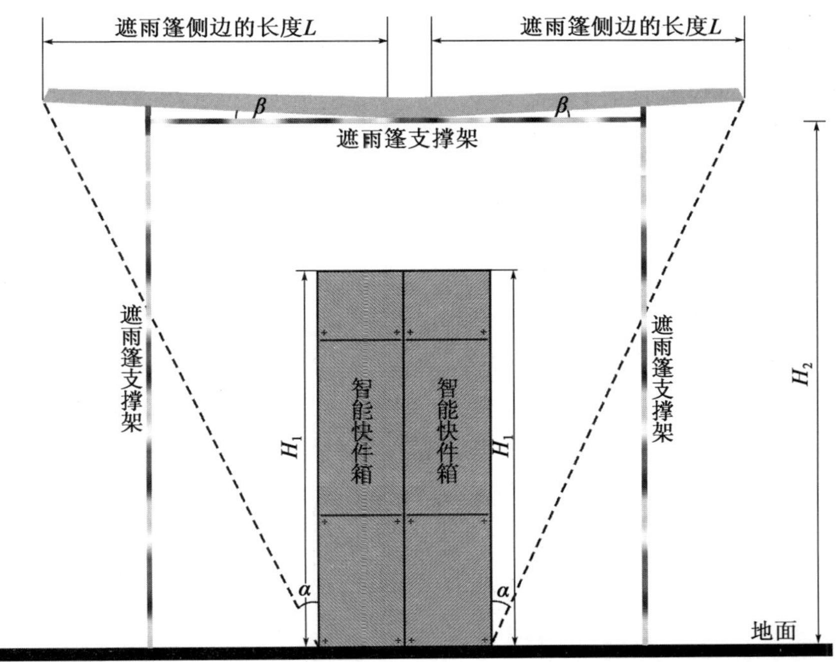

注1：$\alpha \geq 30°$，$\beta \geq 2°$；

注2：$L \geq H_1$+500mm；H_1<1 800mm，$H_2 \geq$2 000m。

图 C.3　V 型双侧遮雨篷

参 考 文 献

[1] GB/T 3280—2007 不锈钢冷轧钢板和钢带
[2] GB/T 13668—2003 钢制书柜、资料柜通用技术条件
[3] GB/T 24295—2009 住宅信报箱
[4] GB 50631—2010 住宅信报箱工程技术规范
[5] 国邮发〔2016〕2号 国家邮政局关于印发《智能快件箱投递服务管理规定(暂行)》的通知

ICS 03.240
T 36
备案号:53087—2016

中华人民共和国邮政行业标准

YZ/T 0151—2016

邮政业车辆定位系统技术要求

Technical requirements for vehicle positioning system for postal industry

2016-01-12 发布　　　　2016-05-01 实施

国家邮政局　发布

目　次

前　　言

本标准按照 GB/T 1.1—2009 给出的规则起草。

本标准由国家邮政局提出。

本标准由全国邮政业标准化技术委员会(SAC/TC 462)归口。

本标准起草单位:邮政科学研究规划院。

本标准主要起草人: 刘海芳,郑虹,宋远越,刘奇峰。

邮政业车辆定位系统技术要求

1 范围

本标准规定了邮政业车辆定位系统结构与组成、车载终端功能要求、监控平台功能要求、车载终端性能要求、监控平台性能要求和系统接口等内容。

本标准适用于总质量为12t以下,邮政和快递生产运输车辆(含机动车辆和非机动车辆,以下简称车辆)定位系统的研发、使用和管理。

2 规范性引用文件

下列文件对于本文件的应用是必不可少的。凡是注日期的引用文件,仅注日期的版本适用于本文件。凡是不注日期的引用文件,其最新版本(包括所有的修改单)适用于本文件。

GB 20263—2006 导航电子地图安全处理技术基本要求

GB/T 2260—2007 中华人民共和国行政区划代码

JT/T 766—2009 北斗卫星导航系统船舶监测终端技术要求

JT/T 794—2013 道路运输车辆卫星定位系统车载终端技术要求

YD/T 1050 800MHz CDMA 数字蜂窝移动通信网设备总测试规范:移动台部分

YD/T 1214 900/1800MHz TDMA 数字蜂窝移动通信网通用分组无线业务(GPRS)设备技术要求:移动台

YD/T 1367 2GHz TD-SCDMA 数字蜂窝移动通信网 终端设备技术要求

YD/T 1547 2GHz WCDMA 数字蜂窝移动通信网 终端设备技术要求(第三阶段)

YD/T 1558 800MHz/2GHz cdma2000 数字蜂窝移动通信网设备技术要求 移动台(含机卡一体)

YD/T 2575—2013 TD-LTE 数字蜂窝移动通信网 终端设备技术要求(第一阶段)

YZ/T 0135—2014 快递业温室气体排放测量方法

3 术语和定义

下列术语和定义适用于本文件。

3.1

车载终端 vehicle terminal

安装在邮政和快递生产运输车辆上,具有卫星定位、可与监控平台完成信息交互等功能的装置。

3.2

监控平台 monitoring and management platform

邮政企业、快递企业自建或委托建设的,对一定范围内的车辆进行信息设置、实时监控、查询统计、安全运营管理的系统平台。

3.3

固件 firmware

运行在车载终端微处理器中的嵌入式软件。

[JT/T 794—2013,定义 3.1.1]

3.4

休眠 sleep

车辆熄火后,车载终端继续保持与监控平台联系的一种特殊状态。

[JT/T 794—2013,定义 3.1.7]

4 缩略语

下列缩略语适用于本文件,见表1。

表1 缩 略 语

序号	缩 略 语	中 文 名 称	英 文 名 称
1	CAN	控制器局域网	Controller Area Network
2	MTBF	平均故障间隔时间	Mean Time Between Failures
3	TCP	传输控制协议	Transmission Control Protocol
4	UDP	用户数据报协议	User Datagram Protocol

5 系统结构与组成

5.1 系统结构

邮政业车辆定位系统主要由车载终端、监控平台两部分组成。车载终端和监控平台之间可实现内部通信,监控平台可与生产企业等第三方系统实现外部通信。系统结构示意图如图1所示。

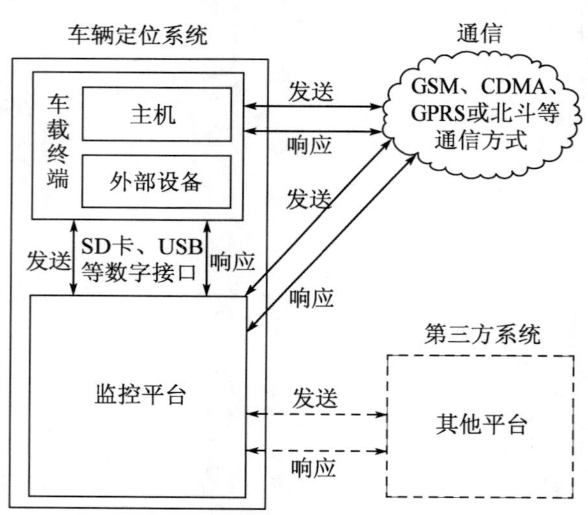

图1 系统结构示意图

5.2 系统组成

5.2.1 车载终端

车载终端由主机和外部设备组成。主机应包括微处理器、数据存储器、卫星定位模块、无线通信模块等;外部设备应包括卫星定位天线、无线通信天线、应急报警按钮等,可包括通话装置、读卡器、打印机、显示器等。车载终端向监控平台提供终端状态、车辆位置等信息。

5.2.2 监控平台

监控平台应由监控显示屏、服务器等组成,实现对车载终端的管理、车辆的监控、查询统计和电子地图等功能。

6 车载终端功能要求

6.1 基本功能

6.1.1 自检

车载终端启动时,应启动自检功能,宜通过信号灯、显示屏或者语音提示车载终端当前主要状态,包括:卫星定位及通信模块工作状态、主电源状态、卫星定位天线状态、其他外部设备状态等。若车载终端出现故障,则存储故障信息并上传至监控平台。

6.1.2 定位

车载终端的定位功能应包括以下内容:

——应按监控平台指定的卫星定位模式启动定位功能;

——应提供和储存当前时间、经度、纬度、速度、高程和方向等定位信息,同时上传至监控平台;

——应支持时间、距离间隔或外部事件触发方式上传定位信息,且时间和距离间隔可由监控中心设定。

6.1.3 通信

6.1.3.1 通信方式

车载终端应至少支持基于通用 GSM、CDMA、TD－SCDMA、WCDMA、CDMA2000、TD-LTE、FDD－LTE 等多种无线通信网络以及北斗卫星导航系统传输机制下的通信模式之一。网络之间支持多种通信方式切换,车载终端应首先选择分组数据传输方式,当所在地无线网络不支持分组数据传输时,可切换到短消息方式传送数据。

6.1.3.2 通信要求

车载终端通信应满足以下要求:

——车载终端应支持数据批量接收与发送、断点续传功能;

——当车载终端无法连接无线网络时,应将数据保存,直至连接到无线网络时一并发送。

车载终端通信宜满足以下要求:

——车载终端宜支持与主监控平台和备份监控平台的远程链接,能在与主监控平台通信中断时自动切换至备份监控平台;

——车载终端宜支持在加油站等危险区域内,自动关闭或手动关闭通信的功能。

6.1.4 行驶记录

车载终端应具有车辆行驶记录功能,可记录经度、纬度、车速等信息,并将行驶记录数据上传至监控平台。

6.1.5 警示

车载终端的警示功能应包括人工报警与自动提醒,宜通过图像监控车内货物。

a) 人工报警

当遇到抢劫、交通事故、车辆故障或邮件快件自燃等紧急情况时,驾驶员可通过触动应急报警按钮向监控平台上传报警信息,并宜立即启用图像、视频、音频采集功能。人工报警应防止误操作。

b) 自动提醒

车载终端根据监控平台设定的条件自动触发提醒,并上传至监控平台。

车载终端应具备以下自动提醒功能:

——超区提醒:当车辆驶入禁入区域或驶出禁出区域时自动触发;

——偏移路线提醒:当车辆驶离设定的路线时自动触发;

——超速提醒:根据预设的速度阈值或监控平台下发的提醒信息,提醒驾驶员当前处于超速状态;

——疲劳驾驶提醒:当车辆连续驾驶时间超过疲劳驾驶时间阈值时自动触发;疲劳驾驶时间阈值可由监控平台远程设置;

——车载终端故障提醒:当车载终端的主机或外部设备工作异常时自动触发;

——欠压提醒:在蓄电池欠压、内置电池欠压时自动触发。

车载终端宜具备以下自动提醒功能:

——断电提醒:车载终端的主供电源被切断时自动触发;

——超时停车提醒:车辆停车时间超过系统预设时间时自动触发;

——碰撞提醒:车辆受到强力碰撞时自动触发,触发后车载终端应及时上传车辆定位信息;

——侧翻提醒:车辆侧翻时自动触发,触发后车载终端应及时上传车辆定位信息;

——车辆开关门提醒:车辆开门或关门时自动触发;

——自燃提醒:车厢内温度异常升高或产生大量烟雾时自动触发。

6.1.6 休眠

当车辆熄火后,车载终端向监控平台发送车辆熄火信号并自动进入休眠状态。车载终端在休眠状态下应满足以下要求:

——除无线通信模块外,关闭其他设备。在需要上传时自动唤醒卫星定位模块。

——按监控平台远程设置或初始化时设置的频率要求上传相关数据。

——在蓄电池欠压报警后,转由内置备用电池供电。在内置备用电池电量用完时自动关机。

——在休眠期间,车载终端的平均功率不应超过2W。

6.1.7 终端管理

车载终端应支持远程或者本地方式(SD卡、USB或其他数据接口等)更新固件、修改和查询固件参数等功能。

6.1.8 人机交互

车载终端应具有人机交互功能。车载终端宜通过语音报读设备、显示设备、信号灯或蜂鸣器等设备向驾驶员提供信息,驾驶员能通过按键、触摸屏或遥控器等方式操作车载终端。

6.2 扩展功能

6.2.1 基本信息采集

车载终端可支持通过CAN总线或其他方式采集车辆参数信息,包括行驶里程、车速等;宜支持采集车辆的制动踏板、加速踏板、门、转向灯、喇叭等状态信息,并上传至监控平台。

6.2.2 载货状态采集

车载终端宜支持通过车辆载货状态检测装置或人工输入方式，采集车辆载货状态（满载、半载、空载、温度、湿度等），并上传至监控平台。

6.2.3 驾驶员信息采集

车载终端宜支持通过IC卡等方式采集驾驶员身份信息，并上传至监控平台，实现对驾驶员身份的识别和监控。

6.2.4 多媒体信息采集

车载终端宜具有图像信息、音频信息和视频信息采集及存储功能，支持监控平台以定时、事件触发等方式实现图像信息、音频信息和视频信息的采集、存储、检索及上传，支持通过USB等接口对图像信息、音频信息和视频信息的导出。图像信息、音频信息、视频信息的具体技术要求应分别满足JT/T 794—2013中5.4.7、5.4.8和5.4.9的要求。

6.2.5 车辆故障远程诊断

车载终端宜按照监控平台要求，将当前故障代码上传至监控平台，并将监控平台下发的故障指示信息显示在屏幕上。

6.2.6 信息服务

车载终端宜具有以下信息服务功能：

——支持监控中心直接下发信息和驾驶员主动上报信息；

——通过显示设备、语音报读设备等向驾驶员提示监控中心下发的调度、警示等信息，驾驶员可向监控中心回传应答信息。

6.2.7 通话

车载终端宜具有通话功能，包括通话限制、语音存储、电话簿管理、电话回拨、音量调节、来电自动摘机等。通话时应将需要上传的定位等数据保存，通话结束后上传。

6.2.8 数据展现

车载终端宜具有数据展现功能，可通过显示屏等设备展示车辆当前位置、与目的地的距离以及车厢内温度等内容。可支持通过手机或平板电脑等便携设备进行数据展现。

7 监控平台功能要求

7.1 基本功能

7.1.1 车载终端管理

监控平台应具备车载终端参数配置、车载终端注册和注销、车载终端转车等管理功能。其中，车载终端参数配置管理应包括IP地址配置、报警参数配置、车载终端固件升级等。

7.1.2 车辆管理

监控平台应具备车辆SIM卡管理、车辆基础信息管理和驾驶员信息管理等功能。

7.1.3 平台管理

监控平台应具备平台的用户管理、角色管理、权限管理、日志管理和运行监控管理等功能，其中运行监控管理应能监控服务器的各种服务状态和资源消耗情况。

7.1.4 行驶记录管理

监控平台应具备远程调用车辆行驶记录相关信息的功能，并能够对车辆行驶记录信息进行保存、查询、统计和分析等处理。

7.1.5 历史轨迹回放

监控平台应具备回放过去一段时间内指定车辆历史轨迹的功能。

7.1.6 车辆管控

监控平台应具备车辆监控、车辆跟踪、车辆点名、车辆查找、区域查车和车辆远程控制等功能。

——车辆监控：实时接收车载终端上传的车辆动态信息，并在电子地图上显示其位置；

——车辆跟踪：定时在电子地图上显示单车或多车的实时位置和状态信息；

——车辆点名：向指定车辆发送点名指令，车载终端上报车辆位置信息，监控平台在电子地图上显示车辆位置；

——车辆查找：按照车牌号码、SIM 卡号码、驾驶员姓名和车队名称等条件查询车辆；

——定时定位车辆查询：查询指定时间、经过指定区域内的车辆信息；

——区域查车：在电子地图上查询设定区域的在线车辆；

——车辆远程控制：将监听、解除监听、无线通信连接、图片抓拍等指令发送到车载终端，通过车载终端实现对车辆的远程控制。

7.1.7 准点准班率统计

统计各班次车辆到达目的地的时间，分析车辆准点准班情况。

7.1.8 行驶时间和里程统计

统计指定车辆在某个时间段的行驶时间和行驶里程。

7.1.9 报警信息统计

监控平台应支持接收由车载终端触发的人工报警和自动提醒等信息，并具备统计指定车辆在某个时间段内产生的各种报警信息的功能。

7.1.10 分路段限速监控

监控平台应支持对指定路段设置限速阈值，实现超速报警，并具备对超速车辆进行警示、记录等功能。

7.1.11 电子地图

电子地图应满足以下要求：

——能够实现漫游、放大、缩小、拉框放大、拉框缩小、距离量算、比例尺显示、打印和保存当前屏幕图像等基本操作；

——具备鹰眼、标注、图层控制、地理信息查询和路径分析等功能；

——具备设置行驶区域和行驶路线的功能；
——具备对邮政和快递营业场所、处理场所的名称、地址和行政区域等信息进行模糊检索的功能；
——电子地图表达应符合 GB 20263—2006 的规定。

7.2 扩展功能

7.2.1 车辆调度

监控平台宜支持通过多种方式选择车辆，并对指定车辆下发调度指令的功能。

7.2.2 多媒体信息管理

监控平台宜具备对车载终端上传的音频、视频、图像等信息进行存储、检索和查看的功能。

7.2.3 驾驶员信息识别

监控平台宜具备对车载终端上传的驾驶员身份信息进行识别，并将有效性结果信息下传到车载终端，完成驾驶员信息识别的功能。

7.2.4 油耗管理

监控平台宜具备多种方式统计实际油耗信息，计算特定时间内车辆的平均油耗、最大油耗，并对油耗进行预测等功能。

7.2.5 碳排放量统计

监控平台宜具备根据燃油消耗量等信息，计算车辆运行所产生的碳排放量的功能。碳排放量计算公式按 YZ/T 0135—2014 中 6.3 的要求执行。

7.2.6 驾驶行为统计

监控平台宜具备对驾驶员的驾驶行为进行统计的功能，包括：某时间段超速行驶次数、疲劳驾驶情况等。

8 车载终端性能要求

8.1 整体性能

车载终端应保持 24h 持续稳定工作，同时应满足以下性能要求：
——车载终端的平均无故障间隔时间（MTBF）最低为 3 000h；
——应具有 USB、总线数据等接口，可具有 RS232、RS485 以及连接传感器和外部设备的其他数据接口。

8.2 定位性能

车载终端的定位性能应满足以下要求：
——定时报送：行驶状态下，最小报送时间间隔不大于 5s，最大报送时间间隔不大于 60s；
——定距报送：行驶状态下，最小报送距离不大于 100m，最大报送距离间隔不大于 1 000m；
——定位应答时间：从车载终端收到监控平台下发的实时定位请求到车载终端发出应答信息，时间不大于 10s；
——通信中断存储：应能在通信中断时，以先进先出方式存储不少于 10 000 条的定位信息。若采用北斗通信方式，应能够存储不少于 2 000 条的定位信息；
——记录时间精度：在 24h 内累计时间误差在 ±5s 以内。

8.3 卫星定位模块

卫星定位模块要求如下：
——卫星接收通道：不小于 12 个；
——灵敏度：优于 –130dBm；
——定位精度：水平定位精度不大于 15m，高程定位精度不大于 30m，速度定位精度不大于 2m/s；差分定位精度（可选）为 1m ~ 5m；
——最小位置更新率：最小位置更新率为 1Hz；
——热启动时间不超过 10s。

8.4 无线通信模块

8.4.1 误码率

通信模块的误码率或误块率等无线通道质量参数应符合 YD/T 1050、YD/T 1214、YD/T 1367、YD/T 1547、YD/T 1558 及其他相关标准的要求。

8.4.2 最大发射功率

通信模块的最大发射功率应符合 YD/T 1050、YD/T 1214、YD/T 1367、YD/T 1547、YD/T 1558、YD/T 2575及其他相关标准的要求。

8.4.3 北斗通信方式

若车载终端采用北斗通信方式，应符合 JT/T 766—2009 中 4.4.2.1.3、4.4.2.2.2、4.4.2.3 和 4.4.2.4的要求。

8.5 电气性能

车载终端的电气性能应满足以下要求：
——车载终端的主电源为车辆电源，车载终端内应具有备用可充电电池。当车载终端失去主电源后，备用电池工作时间应足够车载终端向监控平台报警或传输必要的数据。
——电源电压适应性、耐电源极性反接、耐电源过电压性、断电保护性能和低压保护性能应分别满足 JT/T 794—2013 中 6.4.1.2、6.4.1.3、6.4.1.4、6.4.1.5 和 6.4.1.6 的要求。
——连接线、接插器性能应分别满足 JT/T 794—2013 中 6.4.2 和 6.4.3 的要求。

8.6 电磁兼容

车载终端的电磁兼容应符合 JT/T 794—2013 中 6.6 的要求。

8.7 环境适应性

车载终端的机械环境适应性应满足 JT/T 794—2013 中 6.5.2 的要求。

车载终端应能在以下气候环境条件下正常使用：
——温度：–20 ℃ ~70 ℃；
——湿度：10% ~90%。

注：在其他使用环境下，车载终端应做特殊防护处理。

8.8 安装要求

车载终端的安装要求应满足 JT/T 794—2013 中第 7 章的要求，确保不影响车辆本身安全和驾驶员安全。

9 监控平台性能要求

9.1 总体性能

监控平台的总体性能应满足以下要求：

——支持平台 7×24h 不间断运行；

——在没有外部因素影响的情况下，故障恢复时间不超过 120min。

9.2 车辆信息接入性能

监控平台的车辆接入性能应满足以下要求：

——具有对车辆定位数据的高并发处理能力：平均 500 条/s、峰值 1 000 条/s；

——能支持至少 10 000 台车载终端接入，并对其进行监控。

9.3 平台响应时间

监控平台的最大并发用户数达到系统设计要求时，平均响应时间不应超过单用户平均响应时间的 5 倍。

9.4 地图数据质量

电子地图数据质量应满足以下要求：

——应使用经国家测绘主管部门审核批准的电子地图；

——地图更新频率应不少于 1 次/年。

9.5 安全要求

监控平台应满足以下安全要求：

——用户密码等关键数据应加密存储；

——车载终端与监控平台之间数据交换应采用加密传输方式；

——对关键操作、接收和发送的关键数据进行日志记录；

——宜具有备份平台，主平台出现问题时能自动切换到备份平台。

10 系统接口

10.1 概述

系统接口为车载终端与监控平台之间的接口。

10.2 接口信息交换流程

10.2.1 信息流程图

主要接口信息交换流程如图 2 所示。

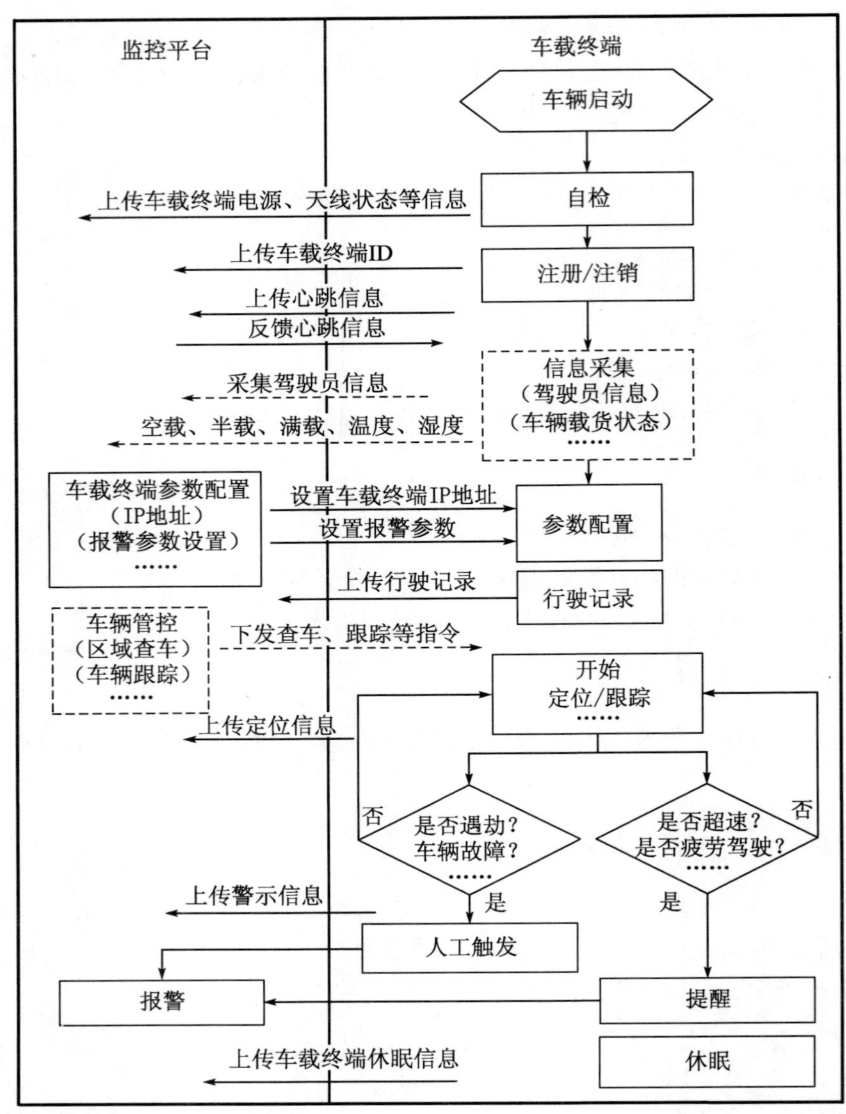

注：图中实线为必选信息，虚线为可选信息。

图2　系统接口信息流程图

10.2.2　接口信息流程说明

10.2.2.1　自检

车辆启动后，车载终端开启自检功能，向监控平台发送车载终端电源、天线状态等信息。

10.2.2.2　注册/注销

车载终端在首次使用时，应首先进行注册，向监控平台发送车载终端 ID 等信息。车辆需要拆除或更换车载终端时，车载终端应执行注销操作，取消终端和车辆的对应关系。

10.2.2.3　心跳信息

车载终端与监控平台之间互相发送心跳信息，监控平台可监控到车载终端是否连接或断线。

10.2.2.4　信息采集

车载终端将采集到的驾驶员信息（驾驶员 ID 号、采集时间等）、车辆载货状态（空载、半载、满载、温度、湿度）等信息上传至监控平台。

10.2.2.5　车载终端参数配置

监控平台向车载终端发送参数配置信息，包括：设置 IP 地址和设置报警参数等。

10.2.2.6　行驶记录上传

车载终端将行驶记录数据上传至监控平台。

10.2.2.7　车辆管控

监控平台可向车载终端下发车辆查找、区域查车等管控指令。

10.2.2.8　车载终端定位

车载终端可按时间间隔、距离间隔向监控平台上传定位信息。

10.2.2.9　车载终端警示

车载终端可将超速提醒、疲劳驾驶提醒等警示信息上传至监控平台。

10.2.2.10　车载终端休眠

车辆熄火时，车载终端上传车载终端休眠信息至监控平台，并进入休眠状态。

10.3　接口传输方式

车载终端与监控平台之间的通信协议宜采用 TCP 或 UDP。

10.4　接口内容及实现方式

接口内容见附录 A，具体实现方式由接口双方商定。

附　录　A
（规范性附录）
接　口　内　容

A.1　接口汇总

车载终端与监控平台之间主要的接口见表 A.1。

表 A.1　接　口　内　容

序号	功能模块	报 文 名 称	服 务 名 称	发送方	接收方	备　注
1	车载终端管理	自检	SelfChecking	车载终端	监控平台	必选
2		注册/注销	Register/Unregister	车载终端	监控平台	必选
3		心跳请求	HeartbeatRequest	车载终端	监控平台	必选
4		目的地任务下发	SendDestination	监控平台	车载终端	必选
5		路线任务下发	SendRoute	监控平台	车载终端	必选
6		远程升级请求	RemoteUpgrade	监控平台	车载终端	必选
7		休眠	Sleep	车载终端	监控平台	必选
8	信息采集	驾驶员信息采集	GetDriverInfo	车载终端	监控平台	可选
9		车辆载货状态采集	GetVehicleInfo	车载终端	监控平台	可选
10	参数配置	设置通信地址参数	SetAddress	监控平台	车载终端	必选
11		报警参数配置	SetAlarmParams	监控平台	车载终端	必选
12		定位参数配置	SetLocationParams	监控平台	车载终端	必选
13	车辆管控	区域查车	VEAreaSearch	监控平台	车载终端	必选
14		车辆跟踪	VETrack	监控平台	车载终端	必选
15	定位	定位	GetLocation	车载终端	监控平台	必选
16	行驶记录	行驶记录	DrivingRecord	车载终端	监控平台	必选
17	警示	超区提醒	AreaAlarm	车载终端	监控平台	必选
18		取消超区提醒	CancleAreaAlarm	监控平台	车载终端	必选
19		偏移路线提醒	LineAlarm	车载终端	监控平台	必选
20		取消偏移路线提醒	CancleLineAlarm	监控平台	车载终端	必选
21		超速提醒	OverSpeedAlarm	车载终端	监控平台	必选
22		疲劳驾驶提醒	TiredDriveAlarm	车载终端	监控平台	必选
23		断电提醒	PowerOffAlarm	车载终端	监控平台	可选
24		超时停车提醒	StopTimeoutAlarm	车载终端	监控平台	可选
25		车载终端故障报警	FaultAlarm	车载终端	监控平台	可选
26		碰撞提醒	CrashAlarm	车载终端	监控平台	可选
27		侧翻提醒	RolloverAlarm	车载终端	监控平台	可选
28		取消提醒	CancelAlarm	监控平台	车载终端	可选

A.2 响应代码

各响应代码所表示的传输状态见表 A.2。

表 A.2 响应代码表

序号	代 码	中文说明	备 注
1	00000	发送成功	—
2	F0001	离线	—
3	F0002	指令无效	—
4	F0003	车载终端无返回	—
5	F0004	发送失败	—
6	E0000	其他异常	—

A.3 数据类型

接口内容中使用的数据类型见表 A.3。

表 A.3 数 据 类 型

数据类型	描述及要求
WORD	无符号双字节整型(字,16 位)
DWORD	无符号四字节整型(双字,32 位)
STRING	GBK 编码,采用 0 终结符,若无数据,则放一个 0 终结符
BYTE	无符号单字节整型(字节,8 位)
NUMBER(a,b)	数字类型,长度为 a 位,小数点后面为 b 位
BYTE[n]	n 字节
BCD[n]	8421 码,n 字节

A.4 信息项说明

各接口报文中主要包含的信息项见表 A.4。

表 A.4 信息项说明

序号	中文名称	字段名	数据类型	备 注
1	车载终端 ID	deviceID	BYTE[7]	7 个字节,由大写字母和数字组成,此终端 ID 由制造商自行定义
2	SIM 卡号	simNum	BCD[6]	根据安装后终端自身的手机号转换。手机号不足 12 位,则在前补充数字,大陆手机号补充数字 0,港澳台则根据其区号进行位数补充
3	自检信息	message	STRING	电源、天线状态等自检信息
4	回传次数	count	DWORD	范围为 1 ~ 50

表 A.4(续)

序号	中 文 名 称	字段名	数据类型	备　　注
5	接口名称	name	STRING	调用接口的函数名称,参见表 A.1
6	开始时间	startTime	BCD[6]	YY-MM-DD-hh-mm-ss，若区域属性 0 位为 0 则没有该字段
7	定位失效时间	deadTime	BCD[6]	YY-MM-DD-hh-mm-ss，若区域属性 0 位为 0 则没有该字段
8	结束时间	endTime	BCD[6]	YY-MM-DD-hh-mm-ss，若区域属性 0 位为 0 则没有该字段
9	生效日期	reportWeek	BCD[6]	YY-MM-DD-hh-mm-ss
10	上报时间	reportTime	BCD[6]	YY-MM-DD-hh-mm-ss
11	区域编号	areaNo	STRING	范围为 0 ~ 255
12	区域类型	areaType	STRING	1 矩形、2 任意多边形、3 圆形
13	报警类型	alarmType	BYTE	超区:0-出报警、1-入报警、2-入出都报警;偏离路线:0-出规定线路报警,1-进入规定线路报警
14	半径	radius	DWORD	单位为米(m),路段为该拐点到下一拐点
15	区域点坐标	areaPoints	STRING	(经度,纬度)
16	左上点纬度	leftLat	DWORD	以度为单位的纬度值乘以 10 的 6 次方,精确到百万分之一度
17	左上点经度	leftLng	DWORD	以度为单位的纬度值乘以 10 的 6 次方,精确到百万分之一度
18	右下点纬度	rightLat	DWORD	以度为单位的纬度值乘以 10 的 6 次方,精确到百万分之一度
19	右下点经度	rightLng	DWORD	以度为单位的纬度值乘以 10 的 6 次方,精确到百万分之一度
20	线路编号	lineNo	STRING	范围为 1 ~ 20
21	线路点坐标	linePoints	STRING	可写入多个坐标,之间用半角分号隔开
22	偏移量	offset	STRING	单位为米(m)
23	最高速度	limitSpeed	WORD	km/h,若区域属性 1 位为 0 则没有该字段
24	持续时间	duration	BYTE	单位为秒(s),若区域属性 1 位为 0 则没有该字段
25	连续驾驶时间	driveTime	DWORD	连续驾驶时间门限,单位为秒(s)
26	报警类型	type	BYTE	0-所有报警,1-主动报警,2-超速,3-超区,4-偏离路线,5-断电,6-疲劳驾驶,7-超时停车,8-车载终端故障,9-碰撞,10-侧翻,11-自燃
27	时间间隔	interval	WORD	单位为秒(s),0 则停止跟踪
28	报警次数	times	DWORD	范围为 1 ~ 50
29	报警开关	off	BYTE	0 屏蔽报警功能,1 开启报警功能
30	持续驾驶最长时间	maxDriveTime	BYTE	单位为秒(s)

表 A.4(续)

序号	中 文 名 称	字段名	数据类型	备 注
31	最短休息时间	restTime	BYTE	单位为秒(s)
32	温度上限阀值	highTemp	DWORD	单位为摄氏度(℃)
33	温度下限阀值	lowTemp	DWORD	单位为摄氏度(℃)
34	允许停车最长时间	maxStopTime	BYTE	单位为秒(s),值为0表示取消设置
35	消息标题	title	STRING	目的地标题
36	经度	lng	DWORD	以度为单位的纬度值乘以10的6次方,精确到百万分之一度
37	纬度	lat	DWORD	以度为单位的纬度值乘以10的6次方,精确到百万分之一度
38	高程	hight	WORD	海拔高度,单位为米(m)
39	方向	direction	WORD	0~359,正北为0,顺时针
40	速度	speed	WORD	1/10km/h
41	里程	miles	DWORD	车辆里程表读数,1/10km
42	任务描述	desc	STRING	—
43	车辆载货状态	vehicleState	STRING	01-空载,02-半载,03-满载
44	车厢温度	temperature	NUMBER(5,1)	—
45	车厢湿度	humidity	NUMBER(5,1)	—
46	驾驶员ID号	driverID	STRING	长度为20位
47	操作时间	operationTime	BCD[6]	格式:YY-MM-DD-hh-mm-ss(GMT+8时间,本标准之后涉及的时间均采用此时区)
48	IP地址	IP	STRING	服务器IP地址或域名
49	端口	port	WORD	—
50	车载终端本地端口	localPort	WORD	—
51	传输类型	transmissionType	Char(2)	0代表TCP,1代表UDP
52	距离间隔	distInterval	DWORD	单位为米(m),定位上传距离间隔
53	省域ID	provinceID	WORD	标示终端安装车辆所在的省域,0保留,由平台取默认值。省域ID采用GB/T 2260—2007中规定的行政区划代码六位中前两位
54	市县域ID	cityID	WORD	标示终端安装车辆所在的市域和县域,0保留,由平台取默认值。市县域ID采用GB/T 2260—2007中规定的行政区划代码六位中后四位
55	制造商ID	produceID	BYTE[5]	5个字节,终端制造商编码
56	车载终端型号	deviceType	BYTE[8]	8个字节,此终端型号由制造商自行定义,位数不是八位的,补空格
57	CAN总线ID	CANID	WORD	CAN总线的ID
58	CAN总线数据	CANDATA	DWORD	采集车辆参数信息,包括行驶里程、车速等

表 A.4(续)

序号	中文名称	字段名	数据类型	备注
59	响应代码	responseCode	BYTE	参见表 A.2
60	鉴权码	authentication Code	STRING	只有在成功后才有该字段
61	响应说明	response	STRING	包括消息反馈时间

A.5 车载终端与监控平台的接口

A.5.1 自检

功能描述见 10.2.2.1,信息项说明见表 A.5。

表 A.5 自检信息项说明

序号	请求/应答	字段名	说明	可否为空	备注
1	请求	deviceID	车载终端 ID	否	—
2		message	电源、天线状态等自检信息	否	默认为正常
3		operationTime	操作时间	否	—
4	应答	responseCode	响应代码	否	—
5		response	响应说明	是	—

A.5.2 终端注册/注销

功能描述见 10.2.2.2,信息项说明见表 A.6。

表 A.6 注册信息项说明

序号	请求/应答	字段名	说明	可否为空	备注
1	请求	deviceID	车载终端 ID	否	—
2		provinceID	省域 ID	否	—
3		cityID	市县域 ID	否	—
4		produceID	制造商 ID	否	—
5		deviceType	车载终端型号	否	—
6		operationTime	操作时间	否	—
7	应答	responseCode	响应代码	否	0-成功;1-车辆已被注册;2-数据库中无该车辆;3-终端已被注册;4-数据库中无该终端
8		authenticationCode	鉴权码	是	只有在成功后才有该字段
注:终端注销消息体为空。					

A.5.3 终端心跳

功能描述见 10.2.2.3,数据消息体为空。

A.5.4 目的地任务下发

A.5.4.1 接口功能说明

监控平台下发目的地坐标点到车载终端,车载终端接收后计算导航路径。

A.5.4.2 信息项说明

目的地任务下发信息项说明见表 A.7。

表 A.7 目的地任务下发信息项说明

序号	请求/应答	字段名	说明	可否为空	备注
1	请求	deviceID	车载终端 ID	否	—
2		title	消息标题	否	目的地名称
3		lng	经度	否	—
4		lat	纬度	否	—
5		desc	任务描述	是	—
6		operationTime	操作时间	否	—
7	应答	responseCode	响应代码	否	—
8		response	响应说明	是	—

A.5.5 路线任务下发

A.5.5.1 接口功能说明

监控平台下发一条路线到车载终端,车载终端据此指定路径行驶。

A.5.5.2 信息项说明

路线任务下发信息项说明见表 A.8。

表 A.8 路线任务下发信息项说明

序号	请求/应答	字段名	说明	可否为空	备注
1	请求	deviceID	车载终端 ID	否	—
2		title	消息标题	否	—
3		startPoint	路径开始点坐标	否	格式:lng1, lat1
4		viaPoints	路径途经点坐标	否	—
5		endPoint	路径结束点坐标	否	格式:lng1,lat1
6		desc	描述信息	是	—
7	应答	responseCode	响应代码	否	—
8		response	响应说明	是	—

A.5.6 远程升级请求

A.5.6.1 接口功能说明

车载终端从监控平台下载最新的升级程序。

A.5.6.2 信息项说明

远程升级请求信息项说明见表 A.9。

表 A.9 远程升级请求信息项说明

序号	请求/应答	字 段 名	说 明	可否为空	备 注
1	请求	deviceID	车载终端 ID	否	—
2	应答	responseCode	响应代码	否	—
3		response	响应说明	是	—

A.5.7 休眠

功能描述见 10.2.2.10,信息项说明见表 A.10。

表 A.10 车载终端休眠信息项说明

序号	请求/应答	字 段 名	说 明	可否为空	备 注
1	请求	deviceID	车载终端 ID	否	—
2		operationTime	操作时间	否	—
3	应答	responseCode	响应代码	否	—
4		response	响应说明	是	—

A.5.8 驾驶员信息采集

A.5.8.1 接口功能说明

车载终端将采集的驾驶员信息(驾驶员 ID 号、采集时间等)上传至监控平台。

A.5.8.2 信息项说明

驾驶员信息采集信息项说明见表 A.11。

表 A.11 驾驶员信息采集信息项说明

序号	请求/应答	字 段 名	说 明	可否为空	备 注
1	请求	deviceID	车载终端 ID	否	—
2		driverID	驾驶员 ID 号	否	—
3		operationTime	操作时间	否	—
4	应答	responseCode	响应代码	否	—
5		response	响应说明	是	—

A.5.9 CAN 总线信息采集

A.5.9.1 接口功能说明

车载终端通过 CAN 总线将 CAN 总线数据上传至监控平台。

A.5.9.2 信息项说明

CAN 总线信息采集信息项说明见表 A.12。

表 A.12 驾驶员信息采集信息项说明

序号	请求/应答	字 段 名	说 明	可否为空	备 注
1	请求	deviceID	车载终端 ID	否	—
2		CANID	CAN 总线 ID	否	—
3		CANDATA	CAN 总线数据	否	—
4		operationTime	操作时间	否	—
5	应答	responseCode	响应代码	否	—
6		response	响应说明	是	—

A.5.10 车辆载货状态采集

A.5.10.1 接口功能说明

将采集的车辆载货状态(空载、半载、满载、温度、湿度等)信息,上传至监控平台。

A.5.10.2 信息项说明

车辆载货状态采集信息项说明见表 A.13。

表 A.13 车辆载货状态采集信息项说明

序号	请求/应答	字 段 名	说 明	可否为空	备 注
1	请求	deviceID	车载终端 ID	否	—
2		vehicleState	车辆载货状态	是	—
3		temperature	车厢温度	是	—
4		humidity	车厢湿度	是	—
5		other	感光,气压,重力等	是	请以“,”分隔
6		operationTime	操作时间	否	—
7	应答	responseCode	响应代码	否	—
8		response	响应说明	是	—

A.5.11 设置通信地址参数

A.5.11.1 接口功能说明

设置车载终端的 TCP 或 UDP 或 HTTP 通信地址及端口。

A.5.11.2 信息项说明

设置通信地址参数信息项说明见表 A.14。

表 A.14 设置通信地址参数信息项说明

序号	请求/应答	字段名	说明	可否为空	备注
1	请求	deviceID	车载终端 ID	否	—
2		IP	IP 地址	否	—
3		port	端口	否	—
4		localPort	车载终端本地端口	是	—
5		transmissionType	类型	是	0 代表 TCP,1 代表 UDP,其他值代表备用地址
6	应答	responseCode	响应代码	否	—
7		response	响应说明	是	—

A.5.12 报警参数配置

A.5.12.1 接口功能说明

设置报警触发的持续时间、上报间隔、上报次数相关参数。

A.5.12.2 信息项说明

设置定时上报信息项说明见表 A.15。

表 A.15 设置定时上报信息项说明

序号	请求/应答	字段名	说明	可否为空	备注
1	请求	deviceID	车载终端 ID	否	—
2		type	类型	否	—
3		interval	两次报警之间的间隔	否	单位为秒(s)
4		count	回传次数	否	—
5		limitSpeed	允许最大速度	否	—
6		maxDriveTime	允许最大驾驶时间	否	—
7		maxStopTime	允许最大停车时间	否	—
8	应答	responseCode	响应代码	否	—
9		response	响应说明	是	—

A.5.13 定位参数配置

A.5.13.1 接口功能说明

监控平台设置时间间隔、距离间隔,并下发到车载终端。

A.5.13.2 信息项说明

定位参数配置信息项说明见表 A.16。

表 A.16 定位参数配置信息项说明

序号	请求/应答	字段名	说明	可否为空	备注
1	请求	deviceID	车载终端 ID	否	—
2		interval	定位上传时间间隔	是	单位为秒(s)
3		distInterval	定位上传距离间隔	是	—
4	应答	responseCode	响应代码	否	—
5		response	响应说明	是	—

A.5.14 区域查车

A.5.14.1 接口功能说明

监控平台下发指令到车载终端,在电子地图上查询设定区域的在线车辆。

A.5.14.2 信息项说明

区域查车信息项说明见表 A.17。

表 A.17 区域查车信息项说明

序号	请求/应答	字段名	说明	可否为空	备注
1	请求	deviceID	车载终端 ID	否	—
2		leftLat	左上纬度	是	—
3		leftLng	左上经度	是	—
4		rightLat	右下纬度	是	—
5		rightLng	右下经度	是	—
6		areaPoints	区域点坐标	是	—
7		radius	半径	是	—
8	应答	responseCode	响应代码	否	—
9		response	响应说明	是	—

A.5.15 车辆跟踪

A.5.15.1 接口功能说明

监控平台下发指令到车载终端,定时在电子地图上显示单车或多车实时位置和状态信息。

A.5.15.2 信息项说明

车辆跟踪信息项说明见表 A.18。

表 A.18 车辆跟踪信息项说明

序号	请求/应答	字 段 名	说 明	可否为空	备 注
1	请求	deviceID	车载终端 ID	否	—
2		lng	经度	否	—
3		lat	纬度	否	—
4		hight	高程	否	—
5		speed	速度	否	—
6		interval	时间间隔	否	—
7	应答	responseCode	响应代码	否	—
8		response	响应说明	是	—

A.5.16 定位

A.5.16.1 接口功能说明

车载终端定时或定距上传定位信息至监控平台。

A.5.16.2 信息项说明

车载终端定位信息项说明见表 A.19。

表 A.19 车载终端定位信息项说明

序号	请求/应答	字 段 名	说 明	可否为空	备 注
1	请求	deviceID	车载终端 ID	否	—
2		lng	经度	否	—
3		lat	纬度	否	—
4		hight	高程	否	—
5		speed	速度	否	—
6		direction	方向	否	—
7		operationTime	操作时间	否	—
8	应答	responseCode	响应代码	否	—
9		response	响应说明	是	—

A.5.17 行驶记录

A.5.17.1 接口功能说明

车载终端可根据监控平台下发的指令，上传指定的行驶记录信息至监控平台。

A.5.17.2 信息项说明

车载终端行驶记录信息项说明见表 A.20。

表 A.20 车载终端行驶记录信息项说明

序号	请求/应答	字 段 名	说 明	可否为空	备 注
1	请求	deviceID	车载终端 ID	否	—
2		speed	速度	否	—
3		direction	方向	否	—
4		miles	里程	否	—
5		driveTime	连续驾驶时间	否	—
6		operationTime	操作时间	否	—
7	应答	responseCode	响应代码	否	—
8		response	响应说明	是	—

A.5.18 超区提醒

A.5.18.1 接口功能说明

当车辆驶入禁入区域或驶出禁出区域时,车载终端上传提醒信息至监控平台。

A.5.18.2 信息项说明

超区提醒信息项说明见表 A.21。

表 A.21 超区提醒信息项说明

序号	请求/应答	字 段 名	说 明	可否为空	备 注
1	请求	deviceID	车载终端 ID	否	—
2		areaNo	区域编号	否	—
3		alarmType	报警类型	否	—
4		operationTime	操作时间	否	—
5	应答	responseCode	响应代码	否	—
6		response	响应说明	是	—

A.5.19 取消超区提醒

A.5.19.1 接口功能说明

取消对车载终端设置的超区提醒信息。

A.5.19.2 信息项说明

取消超区提醒信息项说明见表 A.22。

表 A.22　取消超区提醒信息项说明

序号	请求/应答	字 段 名	说　　明	可否为空	备　　注
1	请求	deviceID	车载终端 ID	否	—
2		areaNo	区域编号	否	—
3	应答	responseCode	响应代码	否	—
4		response	响应说明	是	—

A.5.20　偏移路线提醒

A.5.20.1　接口功能说明

当车辆驶离设定的路线时,车载终端上传提醒信息至监控平台。

A.5.20.2　信息项说明

偏移路线提醒信息项说明见表 A.23。

表 A.23　偏移路线提醒信息项说明

序号	请求/应答	字 段 名	说　　明	可否为空	备　　注
1	请求	deviceID	车载终端 ID	否	—
2		lineNo	线路编号	否	—
3		alarmType	报警类型	否	—
4		linePoints	线路点坐标	否	—
5		offset	偏移量	否	单位为米(m)
6		operationTime	操作时间	否	—
7	应答	responseCode	响应代码	否	—
8		response	响应说明	是	—

A.5.21　取消偏移路线提醒

A.5.21.1　接口功能说明

取消对车载终端设置的偏移路线提醒信息。

A.5.21.2　信息项说明

取消偏移路线提醒信息项说明见表 A.24。

表 A.24　取消偏移路线提醒信息项说明

序号	请求/应答	字 段 名	说　　明	可否为空	备　　注
1	请求	deviceID	车载终端 ID	否	—
2		lineNo	线路编号	否	—

表 A.24(续)

序号	请求/应答	字 段 名	说 明	可否为空	备 注
3	应答	responseCode	响应代码	否	—
4		response	响应说明	是	—

A.5.22 超速提醒

A.5.22.1 接口功能描述

当车速超过阈值时,车载终端上传提醒信息至监控平台。

A.5.22.2 信息项说明

超速提醒信息项说明见表 A.25。

表 A.25 超速提醒信息项说明

序号	请求/应答	字 段 名	说 明	可否为空	备 注
1	请求	deviceID	车载终端 ID	否	—
2		type	类型	否	—
3		operationTime	操作时间	否	—
4		max	最高速度,单位为千米每小时(km/h)	否	—
5		duration	持续时间,单位为秒(s)	否	—
6		operationTime	操作时间	否	—
7	应答	responseCode	响应代码	否	—
8		response	响应说明	是	—

A.5.23 疲劳驾驶提醒

A.5.23.1 接口功能描述

当车辆连续驾驶时间超过疲劳驾驶时间阈值时,车载终端上传提醒信息至监控平台。

A.5.23.2 信息项说明

疲劳驾驶提醒信息项说明见表 A.26。

A.5.24 断电提醒

A.5.24.1 接口功能描述

车载终端在断电时,向监控平台发送车辆断电提醒信息。

A.5.24.2 信息项说明

断电提醒信息项说明见表 A.27。

表 A.26 疲劳驾驶提醒信息项说明

序号	请求/应答	字 段 名	说 明	可否为空	备 注
1	请求	deviceID	车载终端 ID	否	—
2		type	类型	否	—
3		operationTime	操作时间	否	—
4		maxDriveTime	允许持续驾驶的最长时间	否	单位为分钟(min)
5		restTime	最短休息时间	否	单位为分钟(min)
6		driveTime	持续驾驶时间	否	单位为小时(h)
7		operationTime	操作时间	否	—
8	应答	responseCode	响应代码	否	—
9		response	响应说明	是	—

表 A.27 断电提醒信息项说明

序号	请求/应答	字 段 名	说 明	可否为空	备 注
1	请求	deviceID	车载终端 ID	否	—
2		type	类型	否	—
3		operationTime	操作时间	否	—
4	应答	responseCode	响应代码	否	—
5		response	响应说明	是	—

A.5.25 超时停车提醒

A.5.25.1 接口功能描述

当车辆停车超过一定时间时,车载终端上传提醒信息至监控平台。

A.5.25.2 信息项说明

超时停车提醒信息项说明见表 A.28。

表 A.28 超时停车提醒信息项说明

序号	请求/应答	字 段 名	说 明	可否为空	备 注
1	请求	deviceID	车载终端 ID	否	—
2		type	类型	否	—
3		operationTime	操作时间	否	—
4	应答	responseCode	响应代码	否	—
5		response	响应说明	是	—

A.5.26 碰撞提醒

A.5.26.1 接口功能描述

当检测到车辆受到强力碰撞时，车载终端上传提醒信息至监控平台。

A.5.26.2 信息项说明

碰撞提醒信息项说明见表A.29。

表A.29 碰撞提醒信息项说明

序号	请求/应答	字段名	说明	可否为空	备注
1	请求	deviceID	车载终端ID	否	—
2		type	类型	否	—
3		interval	最小报送时间间隔	否	—
4		operationTime	操作时间	否	—
5	应答	responseCode	响应代码	否	—
6		response	响应说明	是	—

A.5.27 侧翻提醒

A.5.27.1 接口功能描述

当检测到车辆侧翻时，车载终端上传提醒信息至监控平台。

A.5.27.2 信息项说明

侧翻提醒信息项说明见表A.30。

表A.30 侧翻提醒信息项说明

序号	请求/应答	字段名	说明	可否为空	备注
1	请求	deviceID	车载终端ID	否	—
2		type	类型	否	—
3		interval	最小报送时间间隔	否	—
4		operationTime	操作时间	否	—
5	应答	responseCode	响应代码	否	—
6		response	响应说明	是	—

A.5.28 车载终端故障报警

A.5.28.1 接口功能描述

当车载终端发生故障时，车载终端主动向监控平台发送车辆故障报警信息。

A.5.28.2 信息项说明

车载终端故障报警信息项说明见表 A.31。

表 A.31 车载终端故障报警信息项说明

序号	请求/应答	字 段 名	说 明	可否为空	备 注
1	请求	deviceID	车载终端 ID	否	—
2		type	类型	否	—
3		operationTime	操作时间	否	—
4	应答	responseCode	响应代码	否	—
5		response	响应说明	是	—

A.5.29 取消提醒

A.5.29.1 接口功能描述

取消车载终端当前的提醒警示功能。

A.5.29.2 信息项说明

取消提醒信息项说明见表 A.32。

表 A.32 取消提醒信息项说明

序号	请求/应答	字 段 名	说 明	可否为空	备 注
1	请求	deviceID	车载终端 ID	否	—
2		type	类型	否	填"0"
3		operationTime	操作时间	否	—
4	应答	responseCode	响应代码	否	—
5		response	响应说明	是	—

ICS 35.240.01
A 90
备案号:50662—2015

YZ

中华人民共和国邮政行业标准

YZ/T 0152—2016

邮政业信息系统安全等级保护基本要求

Basic requirements of classified protection for postal industry information system

2016-11-02 发布　　2017-02-01 实施

国家邮政局　发布

目　　次

前　　言

本标准按照 GB/T 1.1—2009 给出的规则起草。

本标准由国家邮政局提出。

本标准由全国邮政业标准化技术委员会(SAC/TC 462)归口。

本标准起草单位:顺丰速运有限公司、深圳职业技术学院。

本标准主要起草人:田民、刘新凯、谢朝海、黄鹏程、熊莹、潘盛合、彭波、刘玉霞、林苏毅、龙军。

引　言

依据《中华人民共和国计算机信息系统安全保护条例》(国务院 147 号令)、《国家信息化领导小组关于加强信息安全保障工作的意见》(中办发〔2003〕27 号)、《关于信息安全等级保护工作的实施意见》(公通字〔2004〕66 号)和《信息安全等级保护管理办法》(公通字〔2007〕43 号),制定本标准。

本标准是邮政业信息系统安全等级保护相关系列标准之一。

本标准传承了 GB/T 22239—2008 以安全保护能力为目标、分级保护的基本编制思路。结合邮政业实际情况,本标准在保留 GB/T 22239—2008 信息安全类 S、服务保证类 A、通用安全保护类 G 三类安全要求的基础上,增加了邮政业增强保护类 P 的安全要求,并参考行业内一些企事业单位的实践经验,对部分控制项进行了细化。

邮政业信息系统安全等级保护基本要求

1 范围

本标准规定了邮政业不同安全保护等级信息系统的基本保护要求,包括基本技术要求和基本管理要求。

本标准适用于邮政业信息系统的安全建设、安全检查和监督管理。

2 规范性引用文件

下列文件对于本文件的应用是必不可少的。凡是注日期的引用文件,仅注日期的版本适用于本文件。凡是不注日期的引用文件,其最新版本(包括所有的修改单)适用于本文件。

GB/T 5271.8 信息技术 词汇 第8部分:安全(GB/T 5271.8—2001,idt ISO/IEC 2382—8:1998)

GB/T 10757—2011 邮政业术语

GB 17859—1999 计算机信息系统 安全保护等级划分准则

GB/T 22240—2008 信息安全技术 信息系统安全等级保护定级指南

GB/T 22239—2008 信息安全技术 信息系统安全等级保护基本要求

GB/T 28448—2012 信息安全技术 信息系统安全等级保护测评要求

GB/T 28449—2012 信息安全技术 信息系统安全等级保护测评过程指南

GB/Z 28828—2012 信息安全技术 公共及商用服务信息系统个人信息保护指南

YZ/T 0142—2015 邮政业信息系统安全等级保护定级指南

3 术语和定义

GB/T 5271.8、GB 17859—1999 和 YZ/T 0142—2015 界定的以及下列术语和定义适用于本文件。

3.1

业务移动终端 business mobile terminal

邮政行业在提供寄递服务及实施行业管理等过程中使用的智能手机、平板电脑、手持终端等移动设备。

4 邮政业信息系统安全保护能力

4.1 安全保护能力

不同安全保护等级的信息系统应具备与其安全等级相适应的基本安全保护能力。邮政业信息系统各级安全保护能力要求见表1。

表1　邮政业信息系统各级安全保护能力要求

级别代码	级　别	要　求
1	第一级安全保护能力	(1)能够防护系统免受来自个人的、拥有很少资源的威胁源发起的恶意攻击、一般的自然灾难,以及其他相当危害程度的威胁所造成的关键资源损害; (2)在系统遭到损害后,能够恢复部分功能
2	第二级安全保护能力	(1)能够防护系统免受来自外部小型组织的、拥有少量资源的威胁源发起的恶意攻击、一般的自然灾难,以及其他相当危害程度的威胁所造成的重要资源损害; (2)了解系统的安全状态,能够发现重要的安全漏洞和安全事件; (3)在系统遭到损害后,能够在一段时间内恢复部分功能
3	第三级安全保护能力	(1)能够在统一安全策略下,防护系统免受来自外部有组织的团体、拥有较为丰富资源的威胁源发起的恶意攻击、较为严重的自然灾难,以及其他相当危害程度的威胁所造成的主要资源损害; (2)能够发现安全漏洞和安全事件,评估系统的安全状态; (3)在系统遭到损害后,能够较快恢复绝大部分功能
4	第四级安全保护能力	(1)能够在统一安全策略下,防护系统免受来自国家级别的、敌对组织的、拥有丰富资源的威胁源发起的恶意攻击、严重的自然灾难,以及其他相当危害程度的威胁所造成的资源损害; (2)能够发现安全漏洞和安全事件,实时动态评估系统的安全状态; (3)在系统遭到损害后,能够迅速恢复所有功能
5	第五级安全保护能力	略

4.2　基本安全要求的四种类型

基本安全要求分为技术要求和管理要求两大类。技术类安全要求主要通过在信息系统中部署软硬件并正确配置其安全功能来实现;管理类安全要求主要通过控制各种角色的活动,并对制度、流程、记录等方面作出规定来实现。

技术要求和管理要求根据保护内容的不同分为四种类型,具体类型见表2。其中,字母表示安全要求的类型,数字表示适用的安全保护等级。各类安全要求的选择和使用见附录A。

表2　基本安全要求的四种类型

类型代码	安全要求的类型名称	用　途
S	信息安全类	主要用于保障业务信息安全
A	服务保证类	主要用于保障保证系统服务安全
G	通用安全保护类	适用于保障业务信息安全与系统服务安全
P	邮政业增强保护类	邮政业特有的要求,适用于保障业务信息安全与系统服务安全

5 第一级基本要求

5.1 技术要求

5.1.1 物理安全

5.1.1.1 物理访问控制(G1)

机房出入应安排专人负责,控制、鉴别和记录进入机房的人员。

5.1.1.2 防盗窃和防破坏(G1)

a) 应将主要设备放置在机房内;

b) 应将设备或主要部件进行固定,并设置明显的不易除去的标记。

5.1.1.3 防雷击(G1)

机房建筑应设置避雷装置。

5.1.1.4 防火(G1)

机房应配置灭火设备。

5.1.1.5 防水和防潮(G1)

a) 应对穿过机房墙壁和楼板的水管增加保护措施;

b) 应防止雨水通过机房窗户、屋顶和墙壁渗透。

5.1.1.6 温湿度控制(G1)

机房的温、湿度应控制在设备运行所要求的范围之内。

5.1.1.7 电力供应(A1)

应在机房供电线路上配置稳压器和过电压防护设备。

5.1.2 网络安全

5.1.2.1 结构安全(G1)

a) 关键网络设备的业务处理能力应满足基本业务需要;

b) 接入网络和核心网络的带宽应满足基本业务需要;

c) 应绘制与当前运行情况相符的网络拓扑结构图。

5.1.2.2 访问控制(G1)

a) 应在网络边界设置访问控制设备,启用访问控制功能;

b) 应根据访问控制列表对源地址、目的地址、源端口、目的端口和协议等进行检查,以允许或拒绝相关数据包出入;

c) 应通过访问控制列表允许或拒绝用户访问系统资源,控制粒度至少为用户组。

5.1.2.3 网络设备防护(G1)

a) 应对登录网络设备的用户进行身份鉴别;

b) 应具有登录失败处理功能,可采取结束会话、限制非法登录次数和网络登录连接超时自动退出等措施;

c) 对网络设备进行远程管理时,应采取措施防止用户鉴别信息在网络传输过程中被窃听。

5.1.3 主机安全

5.1.3.1 身份鉴别(S1)

应对登录操作系统和数据库系统的用户进行身份标识和鉴别。

5.1.3.2 访问控制(S1)

a) 应启用访问控制功能,依据安全策略控制用户对系统资源的访问;

b) 应限制默认账户的访问权限,重新命名系统默认账户,修改这些账户的默认口令;

c) 应及时删除多余的、过期的账户,避免共享账户的存在。

5.1.3.3 入侵防范(G1)

操作系统应遵循最小安装的原则,仅安装需要的组件和应用程序,并及时更新系统补丁。

5.1.3.4 恶意代码防范(G1)

应安装防恶意代码软件,并及时更新防恶意代码软件版本和恶意代码库。

5.1.4 应用安全

5.1.4.1 身份鉴别(S1)

a) 应具有专用的登录控制模块对登录用户进行身份标识和鉴别;

b) 应具有登录失败处理功能,可采取结束会话、限制非法登录次数和自动退出等措施;

c) 应启用身份鉴别和登录失败处理功能,并根据安全策略配置相关参数。

5.1.4.2 访问控制(S1)

a) 应具有访问控制功能,控制用户组/用户访问系统功能和用户数据;

b) 应由授权主体配置访问控制策略,并严格限制默认用户的访问权限。

5.1.4.3 通信完整性(S1)

应约定通信会话方式,保证通信过程中数据的完整性。

5.1.4.4 软件容错(A1)

应具有数据有效性检验功能,通过人机接口输入或通过通信接口输入的数据格式或长度应符合系统设定要求。

5.1.5 数据安全及备份恢复

5.1.5.1 数据完整性(S1)

应能够检测到重要用户数据的完整性在传输过程中受到破坏。

5.1.5.2 备份和恢复(A1)

应能够对重要信息进行备份和恢复。

5.2 管理要求

5.2.1 安全管理制度

5.2.1.1 管理制度(G1)

应建立日常管理活动中常用的安全管理制度。

5.2.1.2 制定和发布(G1)

a) 应指定或授权专门的人员负责安全管理制度的制定;

b) 应将安全管理制度以纸质或电子版等方式发布到相关人员手中。

5.2.2 安全管理机构

5.2.2.1 岗位设置(G1)

应设立系统管理员、网络管理员、安全管理员等岗位,并明确各个岗位的职责。

5.2.2.2 人员配备(G1)

应配备一定数量的系统管理员、网络管理员、安全管理员等。

5.2.2.3 授权和审批(G1)

应根据各个部门和岗位的职责明确授权审批部门及批准人,对系统投入运行、网络系统接入和重要资源的访问等关键活动进行审批。

5.2.2.4 沟通和合作(G1)

应加强与同业单位、公安机关、安全机关、运营商等的合作与沟通。

5.2.3 人员安全管理

5.2.3.1 人员录用(G1)

a) 应指定或授权专门的部门或人员负责人员录用;
b) 应对被录用人员的身份和专业资格等进行审查,确保其具有基本的专业技术水平和安全管理知识。

5.2.3.2 人员离岗(G1)

a) 应立即终止离岗员工的所有访问权限;
b) 应取回各种身份证件、钥匙、徽章等以及机构提供的软硬件设备。

5.2.3.3 安全意识教育和培训(G1)

a) 应对各类人员进行安全意识教育和岗位技能培训;
b) 应告知相关人员安全责任和惩戒措施。

5.2.3.4 外部人员访问管理(G1)

外部人员在访问受控区域前应获得授权或审批。

5.2.4 系统建设管理

5.2.4.1 系统定级(G1)

a) 应明确信息系统的边界和安全保护等级;
b) 应以书面形式说明信息系统确定为某个安全保护等级的方法和理由;
c) 信息系统的定级结果应经过相关部门的批准。

5.2.4.2 安全方案设计(G1)

a) 应根据系统的安全保护等级选择基本安全措施,依据风险分析结果补充和调整安全措施;
b) 应以书面形式描述系统的安全保护要求、保护策略和安全措施等内容,形成系统的安全方案;
c) 应对安全方案进行细化,形成能指导安全系统建设、安全产品采购和使用的详细设计方案。

5.2.4.3 产品采购和使用(G1)

信息系统安全产品的采购和使用应符合国家有关规定。

5.2.4.4 自行软件开发(G1)

a) 开发环境应与实际运行环境物理分开;
b) 软件设计相关文档应由专人负责保管。

5.2.4.5 外包软件开发(G1)

a) 应根据开发要求检测软件质量;
b) 应在软件安装之前检测软件包中是否存在恶意代码;
c) 应确保软件开发单位提供软件设计的相关文档和使用指南。

5.2.4.6 工程实施(G1)

应指定或授权专门的部门或人员负责工程实施过程管理。

5.2.4.7 测试验收(G1)

a) 应对系统进行安全性测试验收;
b) 在测试验收前应根据设计方案或合同要求等制订测试验收方案,在测试验收过程中应详细记录测试验收结果，并形成测试验收报告。

5.2.4.8 系统交付（G1）

a) 应制定系统交付清单，并根据交付清单对所交接的设备、软件和文档等进行清点；

b) 应对负责系统运行维护的技术人员进行相应的技能培训；

c) 应确保提供系统建设过程中的文档和指导用户进行系统运行维护的文档。

5.2.4.9 安全服务商选择（G1）

a) 安全服务商的选择应符合国家有关规定；

b) 应与选定的安全服务商签订安全协议，明确约定相关责任。

5.2.5 系统运维管理

5.2.5.1 环境管理（G1）

a) 应指定专门的部门或人员定期对机房供配电、空调、温湿度控制等设施设备进行维护管理；

b) 应对设备与人员进出机房、服务器的开关等工作进行管理；

c) 应建立机房安全管理制度，对人员进出机房，物品带进、带出机房和机房环境安全等作出规定。

5.2.5.2 资产管理（G1）

应编制与信息系统相关的资产清单，包括资产责任部门、重要程度和所处位置等内容。

5.2.5.3 介质管理（G1）

a) 介质应存放在安全环境中，对各类介质实行有效控制和保护；

b) 应对介质的归档和查询等过程进行记录，并根据介质存档清单定期进行盘点。

5.2.5.4 设备管理（G1）

a) 应指定专门的部门或人员定期对信息系统相关的设备、线路等进行维护管理；

b) 应建立设备安全管理制度，对信息系统中各种软硬件设备的选型、采购、发放和领用等作出规定。

5.2.5.5 网络安全管理（G1）

a) 应指定人员对网络安全进行管理，负责运行日志和网络监控记录的日常维护，以及报警信息分析处理工作；

b) 应定期进行网络系统漏洞扫描，及时对发现的安全漏洞进行修补。

5.2.5.6 系统安全管理（G1）

a) 应根据业务需求和系统安全分析，确定系统的访问控制策略；

b) 应定期进行漏洞扫描，及时对发现的系统安全漏洞进行修补；

c) 应安装最新的系统补丁程序，并在安装系统补丁前对重要文件进行备份。

5.2.5.7 恶意代码防范管理（G1）

应提高所有用户的防病毒意识，告知其及时升级防病毒软件。在读取移动存储设备上的数据以及网络上接收文件或邮件之前，先进行病毒检查。在外来计算机或存储设备接入网络系统之前也应进行病毒检查。

5.2.5.8 备份与恢复管理（G1）

a) 应明确需要定期备份的重要业务信息、系统数据及软件系统等；

b) 应规定数据的备份方式、备份频率、存储介质、保存期等。

5.2.5.9 安全事件处置（G1）

a) 应制定安全事件报告和处置管理制度，规定安全事件的现场处理、事件报告和后期恢复等内容；

b) 应报告所发现的安全弱点和可疑事件，且在任何情况下均不应尝试或验证安全弱点。

6 第二级基本要求

6.1 技术要求

6.1.1 物理安全

6.1.1.1 物理位置的选择(G2)

a) 机房和办公场地应选择在具备防震、防风和防雨等能力的建筑内;

b) 应具有机房或机房所在建筑物符合当地抗震要求的相关证明。

6.1.1.2 物理访问控制(G2)

a) 机房出入口应安排专人负责管理。对没有配置电子门禁系统的机房,应有专人值守,对所有进出机房的人员进行控制、鉴别和记录,人员进出记录应至少保存30天;对配有电子门禁系统的机房,门禁系统的日志记录应至少保留30天;

b) 应采用监控设备将机房人员进出情况传输到值班点,监控记录应至少保留30天;

c) 来访人员应经申请和审批后方可进入机房,并限制和监控其活动范围。

6.1.1.3 防盗窃和防破坏(G2)

a) 应将主要设备放置在机房内或其他不易被盗窃和破坏的可控范围内;

b) 应将设备或主要部件进行固定,并设置明显的不易除去的标记,如粘贴标签或铭牌等;

c) 应将通信线缆铺设在地下或管道中等隐蔽处,强弱电应隔离铺设并进行统一标识;

d) 应对介质进行分类标识和分类存放,存储在介质库或档案室中;

e) 主机房应安装必要的防盗报警装置,当发现异常现象时,可自动报警并保存报警记录。

6.1.1.4 防雷击(G2)

a) 机房建筑应设置避雷装置,防雷击措施至少应包括安装避雷针或避雷器;

b) 机房应设置交流电源地线。

6.1.1.5 防火(G2)

机房应配置灭火设备和火灾自动报警系统。当发现火灾隐患时,火灾自动报警系统可自动报警并保存报警记录。

6.1.1.6 防水和防潮(G2)

a) 水管的安装不宜穿过机房屋顶和活动地板下。如不可避免,应采取有效防护措施;

b) 应采取措施防止雨水通过机房窗户、屋顶和墙壁渗透;

c) 应采取措施防止机房内水蒸气结露和地下积水,如在机房地面修建地漏、泄水槽等。

6.1.1.7 防静电(G2)

a) 关键设备应采取必要的接地防静电措施;

b) 主机房和辅助区内的工作台面应采用导静电或静电耗散材料。

6.1.1.8 温湿度控制(G2)

机房应设置温湿度自动调节设施,使机房温、湿度的变化控制在设备运行所要求的范围之内。设备开机时,机房温度应控制在18~26℃,相对湿度应控制在30%~50%。

6.1.1.9 电力供应(A2)

a) 应在机房供电线路上配置稳压器和过电压防护设备;

b) 应具有短期的备用电力供应,至少满足关键设备在断电情况下正常运行2h以上。

6.1.1.10 电磁防护(S2)

电源线和通信线缆宜隔离铺设,铺设在不同的桥架或管道中,并使用交叉走线避免并排铺设;如不可避免,应采取相应的屏蔽措施。

6.1.2 网络安全

6.1.2.1 结构安全(G2)

a) 关键网络设备的业务处理能力应具备冗余空间,满足业务高峰期需要,近一年的 CPU 负载均值应小于 60%;

b) 接入网络和核心网络的带宽应满足业务高峰期需要,其占用均值均应低于 60%;

c) 应绘制与当前运行情况相符的网络拓扑结构图,拓扑结构图应包含网络设备名称、线路带宽类型、物理连线标识、设备端口名称、设备管理 IP、接口 IP 和各区域 IP 地址段等;

d) 应根据各部门的工作职能、重要性和所涉及信息的重要程度等因素,划分不同的子网或网段,并按照方便管理和控制的原则为各子网、网段分配地址段。

6.1.2.2 访问控制(G2)

a) 应在网络边界设置访问控制设备,启用访问控制功能;

b) 应能根据会话状态信息,允许或拒绝网络数据流的访问,控制粒度为网段级;

c) 应根据用户和系统之间的访问规则,决定允许或拒绝用户对受控系统进行资源访问,控制粒度为单个用户;

d) 应限制具有拨号访问权限的用户数量。

6.1.2.3 安全审计(G2)

a) 应对网络系统中的网络设备运行状况、网络流量、用户行为等进行日志记录;

b) 审计记录应包括:事件的日期和时间、用户信息、事件类型、事件是否成功及其他与审计相关的信息。

6.1.2.4 边界完整性检查(S2)

应能够对内部网络中出现的内部用户未经准许私自联到外部网络的行为进行检查,如检查通过双网卡、电话拨号、ADSL 拨号和无线网卡等跨接外部网络的行为。

6.1.2.5 入侵防范(G2)

应在网络边界处监视端口扫描、强力攻击、木马后门攻击、拒绝服务攻击、缓冲区溢出攻击、IP 碎片攻击和网络蠕虫攻击等行为。

6.1.2.6 网络设备防护(G2)

a) 应对登录网络设备的用户进行身份鉴别,删除默认用户或修改默认用户的口令。根据管理需要新开设用户账号时,不应使用缺省口令、空口令和弱口令;

b) 应对网络设备的管理员登录地址进行限制;

c) 网络设备用户的标识应唯一;

d) 身份鉴别信息应具有不易被冒用的特点。口令应有复杂度要求,包含数字、大写字母、小写字母和特殊字符,且长度应不少于 8 位;口令应定期更换,至少每 90 天更换一次;

e) 应具有登录失败处理功能,可采取结束会话、限制非法登录次数和网络登录连接超时自动退出等措施;

f) 当对网络设备进行远程管理时,应采取 SSH、HTTPS 等必要措施,防止鉴别信息在网络传输过程中被窃听。

6.1.3 主机安全

6.1.3.1 身份鉴别(S2)

a) 应对登录操作系统和数据库系统的用户进行身份标识和鉴别,不应使用默认用户和默认口令;

b) 应为操作系统和数据库系统的不同用户分配不同的用户名,确保用户名具有唯一性;

c) 操作系统和数据库系统管理用户身份标识应具有不易被冒用的特点。口令应有复杂度要求,包含数字、大写字母、小写字母和特殊字符，且长度应不少于8位；口令应定期更换，至少每180天更换一次；

d） 应启用登录失败处理功能，可采取结束会话、限制非法登录次数和自动退出等措施；

e） 当对服务器进行远程管理时，应采取SSH、HTTPS等必要措施，防止用户鉴别信息在网络传输过程中被窃听。

6.1.3.2 访问控制（S2）

a） 应启用访问控制功能，依据安全策略控制用户对资源的访问，关闭系统默认共享功能；

b） 应实现操作系统和数据库系统特权用户的权限分离；

c） 应限制默认账户的访问权限，重新命名系统默认账户，修改这些账户的默认口令，如系统中的administrator账号；

d） 应及时删除多余的、过期的账户，避免共享账户的存在，如禁止多人共用一个相同的管理账户。

6.1.3.3 安全审计（G2）

a） 审计范围应覆盖到服务器上的每个操作系统用户和数据库用户；

b） 审计内容应包括重要用户行为、系统资源的异常使用和重要系统命令的使用等。如用户的添加和删除、审计功能的启动和关闭、审计策略的调整、权限变更、用户登录与退出等操作；

c） 审计记录应包括事件的日期、时间、类型、主体标识、客体标识和结果等；

d） 应保护审计记录，避免受到未预期的删除、修改或覆盖等操作，审计记录应至少保存90天。

6.1.3.4 入侵防范（G2）

操作系统应遵循最小安装的原则，仅安装需要的组件和应用程序，并通过设置升级服务器等方式及时更新系统补丁。

6.1.3.5 恶意代码防范（G2）

a） 应安装防恶意代码软件，并及时更新防恶意代码软件版本和恶意代码库；

b） 应支持防恶意代码的统一管理，可进行统一更新、统一检测和查杀。

6.1.3.6 资源控制（A2）

a） 应通过设定终端接入方式、网络地址范围等条件限制终端登录；

b） 应根据安全策略设置登录终端的操作超时锁定功能；

c） 应限制单个用户对系统资源的最大或最小使用限度。

6.1.3.7 业务移动终端安全（P2）

a） 应遵循最小安装的原则，仅安装需要的组件和应用程序，并通过设置服务器等方式及时更新系统补丁；

b） 应通过技术手段，限制用户对不必要功能的使用，关闭非业务所需的无线、蓝牙、GPS等；

c） 应保持安全的业务移动终端运行环境，具有安全输入、安全显示、安全存储等功能。

6.1.4 应用安全

6.1.4.1 身份鉴别（S2）

a） 应具有专用的登录控制模块对登录用户进行身份标识和鉴别；

b） 应具有用户身份标识唯一性和鉴别信息复杂度检查功能，保证应用系统中不存在重复用户身份标识，身份鉴别信息不易被冒用，口令应包含数字、字母和特殊字符，且长度不少于8位，至少每180天更换一次；

c） 应具有登录失败处理功能，可采取结束会话、限制非法登录次数和自动退出等措施；

d） 应启用身份鉴别、用户身份标识唯一性检查、用户身份鉴别信息复杂度检查以及登录失败处理功能，并根据安全策略配置相关参数。

6.1.4.2 访问控制(S2)

a) 应具有访问控制功能,依据安全策略控制用户对文件、数据库表等客体的访问,如控制数据的增加、删除、修改或查询等操作;

b) 访问控制的覆盖范围应包括与资源访问相关的主体、客体及相互之间的操作,应在用户界面屏蔽未授权功能的导航;

c) 应由授权主体配置访问控制策略,并严格限制默认账户的访问权限。应重新命名默认账户,如admin 等;及时删除或锁定多余无用的账户,如测试用账户等;

d) 应授予不同账户完成各自任务所需的最小权限,并在相互之间形成制约关系。

6.1.4.3 安全审计(G2)

a) 应具有覆盖每个用户的安全审计功能,应对应用系统重要安全事件进行审计,如对用户登录和退出、增加、修改、删除关键数据等操作及系统的异常事件进行日志记录;

b) 审计记录的内容至少应包括事件的日期、时间、发起者信息、类型、过程描述和结果等;

c) 应保证无法删除、修改或覆盖审计记录,审计记录应至少保存 90 天。

6.1.4.4 通信完整性(S2)

应采用校验码技术保证通信过程中数据的完整性。

6.1.4.5 通信保密性(S2)

a) 在通信双方建立连接之前,应利用密码技术进行会话初始化验证;

b) 应对通信过程中的整个报文或会话过程进行加密。

6.1.4.6 软件容错(A2)

a) 应具有数据有效性检验功能,通过人机接口输入或通过通信接口输入的数据格式或长度应符合系统设定要求。文件上传时应进行文件格式、内容检查,禁止恶意文件上传;

b) 在故障发生时,应用系统应能够继续提供部分功能,确保能够实施必要的补救措施。

6.1.4.7 资源控制(A2)

a) 当应用系统通信双方中的一方在一段时间内未作出任何响应,另一方应能够自动结束会话,如应用系统可在不超过 60min 的时间内自动终止超时会话;

b) 应能够对系统的最大并发会话连接数进行限制,如在中间件或 WEB 服务器中对最大连接数进行设置;

c) 应能够对单个账户的多重并发会话进行限制。

6.1.5 数据安全及备份恢复

6.1.5.1 数据完整性(S2)

应能够检测到用户鉴别信息和重要业务数据的完整性在传输过程中已经受到破坏,检测范围应包括网络设备操作系统、主机操作系统、数据库管理系统和应用系统的用户鉴别信息和重要业务数据等。

6.1.5.2 数据保密性(S2)

应采用加密或其他保护措施存储用户鉴别信息,保护范围应覆盖网络设备操作系统、主机操作系统、数据库管理系统和应用系统等。

6.1.5.3 备份和恢复(A2)

a) 应能够定期对重要信息进行备份和恢复,备份和恢复范围应覆盖主机操作系统、网络设备操作系统、数据库管理系统和应用系统配置文件和其他重要信息;

b) 应对关键网络设备、通信线路和数据处理系统的硬件进行冗余配置。

6.1.5.4 数据泄露防护(P2)

a) 应明确用户敏感信息的范围,对敏感信息的使用进行授权和审批;

b) 应在关键网络边界和关键应用上对敏感数据进行有效识别,并能够持续地对敏感数据的传输及使用进行监控和保护。

6.2 管理要求

6.2.1 安全管理制度

6.2.1.1 管理制度(G2)

a) 应制定信息系统安全工作的总体方针和安全策略,规定信息系统安全工作的总体目标、范围、原则和安全框架等;

b) 应针对重要的安全管理内容建立安全管理制度,管理制度应包括物理、网络、主机、应用、数据管理等内容;

c) 应建立安全操作规程,范围应覆盖安全主管、安全管理员、网络管理员、主机管理员、安全审计员、数据库管理员、应用管理员和介质管理员等岗位。

6.2.1.2 制定和发布(G2)

a) 应指定或授权专门的部门或人员负责安全管理制度的制定;

b) 应组织相关人员对安全管理制度进行论证和审定,保存安全管理制度评审记录,详细记录相关人员的评审意见;

c) 应将安全管理制度以纸质或电子版等方式发布到相关人员手中。

6.2.1.3 评审和修订(G2)

应每年或当技术基础架构和组织架构等发生变更时,对安全管理制度进行评审,对存在不足或需要改进的内容进行修订。

6.2.2 安全管理机构

6.2.2.1 岗位设置(G2)

a) 应设立负责信息系统安全管理工作的职能部门;

b) 应设立系统管理员、网络管理员、安全管理员等岗位,并明确各个岗位的职责。

6.2.2.2 人员配备(G2)

a) 应配备一定数量的系统管理员、网络管理员、安全管理员等;

b) 安全管理员不可兼任网络管理员、系统管理员、数据库管理员等。

6.2.2.3 授权和审批(G2)

a) 应根据各个部门和岗位的职责明确授权审批部门及批准人,对系统投入运行、网络系统接入和重要资源的访问、系统变更等关键活动进行审批;

b) 应针对关键活动建立审批流程,并由批准人签字确认。

6.2.2.4 沟通和合作(G2)

a) 应加强管理人员之间、内部组织机构之间以及信息系统安全管理职能部门之间的合作与沟通;

b) 应加强与同业单位、公安机关、安全机关、运营商的合作与沟通,明确合作内容和合作方式。

6.2.2.5 审核和检查(G2)

安全管理员应负责定期进行安全检查,检查内容包括系统日常运行、系统漏洞和数据备份等情况。

6.2.3 人员安全管理

6.2.3.1 人员录用(G2)

a) 应指定或授权专门的部门或人员负责人员录用;

b) 应规范人员录用过程,对被录用人的身份、背景、专业资格和资质等进行审查,对其所具有的技术技能进行考核,重点关注其在原工作单位是否存在信息安全违规和犯罪记录,保存审查和考核结果;

c) 应与从事关键岗位的人员签署保密协议,保密协议应明确保密范围、保密责任、违约责任和有效期限等内容。

6.2.3.2 人员离岗(G2)

a) 应规范人员离岗程序,及时终止离岗员工的所有访问权限,包括但不限于物理访问权限、网络设备访问权限、操作系统访问权限、数据库访问权限、应用系统访问权限、用户终端访问权限等;
b) 应取回各种身份证件、钥匙、徽章等以及机构提供的软硬件设备,详细记录交还情况;
c) 应办理严格的调离手续,并保存调离手续记录。

6.2.3.3 人员考核(G2)

应至少每年一次对各个岗位的人员进行安全认知、安全技能及信息系统安全等级保护相关内容的考核。

6.2.3.4 安全意识教育和培训(G2)

a) 应制定安全意识教育和培训计划,内容包括信息系统安全基础知识、岗位操作规程等;
b) 应至少每年一次对各类人员进行安全意识教育、岗位技能培训和相关安全技术培训;
c) 应告知相关人员安全责任和惩戒措施,对违反安全策略和规定的人员进行惩戒。

6.2.3.5 外部人员访问管理(G2)

外部人员在访问机房、重要服务器或设备区等受控区域前应获得授权或审批,由专人全程陪同或监督,并登记备案。

6.2.4 系统建设管理

6.2.4.1 系统定级(G2)

a) 应明确信息系统的边界和安全保护等级;
b) 应以书面的形式说明信息系统确定为某个安全保护等级的方法和理由;
c) 信息系统的定级结果应经过相关部门批准。

6.2.4.2 安全方案设计(G2)

a) 应根据系统的安全保护等级选择基本安全措施,并依据风险分析结果补充和调整安全措施;
b) 应以书面形式描述系统的安全保护要求、保护策略和安全措施等内容,形成系统的安全方案;
c) 应对安全方案进行细化,形成能指导安全系统建设、安全产品采购和使用的详细设计方案;
d) 应组织相关部门和有关技术专家对安全设计方案的合理性和正确性进行论证和审定,安全设计方案经过批准后才能正式实施。

6.2.4.3 产品采购和使用(G2)

a) 信息系统安全产品的采购和使用应符合国家有关规定,如根据信息系统安全需求选择使用相应等级的产品;
b) 密码产品的采购和使用应符合国家密码主管部门的要求,如系统中使用的密码产品应具有国家密码主管部门颁发的销售许可证;
c) 应指定或授权专门的部门负责信息系统安全产品采购。

6.2.4.4 自行软件开发(G2)

a) 开发环境应与实际运行环境物理分开;
b) 应制定软件开发管理制度,明确规定开发过程的控制方法和人员行为准则,明确应经过授权、审批的开发活动;
c) 应确保提供软件设计的相关文档和使用指南,并由专人负责保管。

6.2.4.5 外包软件开发(G2)

a) 应根据开发需求检测软件质量,检测范围应包括代码质量、软件功能和性能等;
b) 应在软件安装之前检测软件包中可能存在的恶意代码,并保存恶意代码检测报告;
c) 应确保开发单位提供软件设计的相关文档和使用指南;

d) 应要求开发单位提供软件源代码,并审查软件中可能存在的后门木马;若开发单位未能提供软件源代码,则应要求开发单位提供第三方机构出具的软件源代码审查报告。

6.2.4.6 工程实施(G2)

a) 应指定或授权专门的部门或人员负责工程实施过程管理;

b) 应制订详细的工程实施方案,工程实施方案应明确工程时间限制、进度控制和质量控制等内容。

6.2.4.7 测试验收(G2)

a) 应对系统进行安全性测试验收,并保存测试报告;

b) 在测试验收前应根据设计方案或合同要求等制定测试验收方案,测试验收方案应明确规定参与测试的部门、人员、测试验收内容、现场操作过程等内容,在测试验收过程中应详细记录测试验收结果,并形成测试验收报告;

c) 应组织相关部门和人员对测试验收报告进行审定,并签字确认。

6.2.4.8 系统交付(G2)

a) 应制定详细的系统交付清单,并根据交付清单对所交接的设备、软件和文档等进行清点;

b) 应对负责系统运行维护的技术人员进行相应的技能培训;

c) 应确保提供系统建设过程中的文档和指导用户进行系统运行维护的文档。

6.2.4.9 安全服务商选择(G2)

a) 安全服务商的选择应符合国家有关规定;

b) 应与选定的安全服务商签订安全协议,明确约定相关责任、保密范围、有效期限等内容;

c) 选定的安全服务商应提供技术培训和服务承诺,必要时与其签订服务合同,内容包括但不限于技术培训、服务承诺、服务期限等。

6.2.5 系统运维管理

6.2.5.1 环境管理(G2)

a) 应指定专门的部门或人员至少每季度对机房供配电、空调、温湿度控制等设施设备进行维护管理;

b) 应配备机房安全管理人员,对设备与人员进出机房、服务器的开关等工作进行管理;

c) 应建立机房安全管理制度,对有关人员进出机房,物品带进、带出机房和机房环境安全等作出规定;

d) 应加强对办公环境的保密性管理,包括工作人员调离办公室应立即交还办公室钥匙、登记在办公区接待来访人员情况等。

6.2.5.2 资产管理(G2)

a) 应建立资产管理制度,规定信息系统资产管理的责任部门和人员,规范资产使用和管理行为,明确资产使用、传输、存储、维护以及职责划分等内容;

b) 编制并保存与信息系统相关的资产清单,包括资产的重要程度、价值和类别、责任部门和所处位置等。

6.2.5.3 介质管理(G2)

a) 介质应存放在安全环境中,专人负责保护和管理各类介质;

b) 应根据所承载数据和软件的重要程度,对介质进行分类和标识,如粘贴纸质标签等;

c) 应对介质的归档和查询等过程进行记录,每季度根据介质存档清单进行检查;

d) 对需要送出维修或销毁的介质,应清除其中的敏感数据,防止非法泄露相关信息。

6.2.5.4 设备管理(G2)

a) 应指定专门的部门或人员定期对信息系统相关的各种设备、线路等进行维护管理;

b) 应建立设备安全管理制度,对信息系统中各种软硬件设备的选型、采购、发放和领用等作出规定；

c) 应对服务器、计算机终端、业务移动终端、网络等设备的操作和使用进行规范化管理，按照安全操作规程对主要设备进行启动、停止、加电、断电等操作；

d) 信息处理设备应经过审批才能带离机房或办公地点。

6.2.5.5 网络安全管理(G2)

a) 应指定人员对网络安全进行管理，负责运行日志和网络监控记录的日常维护，以及报警信息分析处理工作；

b) 应建立网络安全管理制度，对网络安全配置、日志保存时间、安全策略、升级与打补丁、口令更新周期等作出规定；

c) 应根据厂家提供的软件升级版本对网络设备进行更新，并在更新前对重要文件进行备份；

d) 应定期对网络系统进行漏洞扫描，及时对发现的安全漏洞进行修补。在实施漏洞扫描或漏洞修补前，应对可能的风险进行评估，并做好充分准备，如选择恰当时间、制定数据备份和回退方案。漏洞扫描或漏洞修补后应进行验证测试，以保证网络系统的正常运行；

e) 应定期对网络设备的配置文件进行备份；

f) 所有与外部系统的连接均应获得授权和批准。

6.2.5.6 系统安全管理(G2)

a) 应建立系统安全管理制度，对系统安全策略、安全配置、日志管理和日常操作流程等作出规定；

b) 应根据业务需求和系统安全分析，确定系统的访问控制策略，分配信息系统、文件及服务的访问权限；

c) 应定期进行漏洞扫描，及时对发现的系统安全漏洞进行修补。在实施漏洞扫描或漏洞修补前，应对可能的风险进行评估，并做好充分准备，如选择恰当时间、制订数据备份和回退方案。漏洞扫描或漏洞修补后应进行验证测试，以保证系统的正常运行；

d) 应安装最新的系统补丁程序。应首先在测试环境中测试通过系统补丁程序，并对重要文件进行备份后，方可安装系统补丁程序；

e) 应依据操作手册对系统进行维护，详细记录操作日志，包括重要的日常操作、运行维护记录、参数的设置和修改等，严禁进行未经授权的操作；

f) 应定期对运行日志和审计数据进行分析，以便及时发现异常行为。

6.2.5.7 恶意代码防范管理(G2)

a) 应提高所有用户的防病毒意识，及时告知防病毒软件版本。在读取移动存储设备上的数据以及网络上接收文件或邮件之前，先进行病毒检查，在外来计算机或存储设备接入网络系统之前也应进行病毒检查；

b) 应制定病毒防范管理制度，对防恶意代码软件的授权使用、恶意代码库的升级等作出明确规定；

c) 应指定专人对网络和主机进行恶意代码检测并保存检测记录，并及时对截获的危险病毒或恶意代码进行处理。

6.2.5.8 密码管理(G2)

应使用符合国家密码管理规定的密码技术和已获得商用密码产品销售许可证的密码产品。

6.2.5.9 变更管理(G2)

a) 应确认系统的重要变更事项，并制订相应的变更方案，明确变更类型、变更原因、变更过程、变更前评估、回退方式等内容；

b) 系统变更前应获得主管领导的批准，变更实施后应向相关人员通告变更情况。

6.2.5.10 备份与恢复管理(G2)

a) 应明确需要定期备份的重要业务信息、系统数据及软件系统等；

b) 应规定数据的备份方式、备份频率、存储介质和保存期等；

c) 应根据数据的重要性和数据对系统运行的影响程度,制定数据的备份策略和恢复策略。备份策略应指明备份数据的放置场所、文件命名规则、介质替换频率和将数据离站运输的方法。

6.2.5.11 安全事件处置(G2)

a) 应制定安全事件报告和处置管理制度,明确安全事件的类型、现场处理、事件报告和后期恢复等内容;

b) 应根据国家相关管理部门的计算机安全事件等级划分方法和安全事件对信息系统产生的影响,对信息系统计算机安全事件进行等级划分;

c) 应报告所发现的安全弱点和可疑事件,且在任何情况下均不应尝试或验证安全弱点;

d) 应记录并保存所有报告的安全弱点和可疑事件,分析事件原因,监视事态发展,采取措施避免安全事件发生。

6.2.5.12 应急预案管理(G2)

a) 应制订统一的应急预案框架,包括启动应急预案的条件、应急处理流程、系统恢复流程、事后教育和培训等内容;

b) 在统一的应急预案框架下,分别制订不同事件的应急预案;

c) 应至少每年一次对系统相关人员进行应急预案培训。

7 第三级基本要求

7.1 技术要求

7.1.1 物理安全

7.1.1.1 物理位置的选择(G3)

a) 机房和办公场地应选择在具备防震、防风和防雨等能力的建筑内;

b) 应具有机房或机房所在建筑物符合当地抗震要求的相关证明;

c) 机房场地不宜设在建筑物的高层。如不可避免,应在设备运输、管线铺设等方面采取有效的补救措施;机房场地不宜设在建筑物的地下室,如不可避免,应在管道泄漏和消防排水等方面采取有效的补救措施;机房场地不宜设在用水设备的下层或隔壁,如不可避免,应采取有效措施,防止水漫溢和渗漏。

7.1.1.2 物理访问控制(G3)

a) 机房出入口应安排专人负责管理。对没有配置电子门禁系统的机房,应有专人值守,对所有进出机房的人员进行控制、鉴别和记录,人员进出记录应至少保存90天;对配有电子门禁系统的机房,门禁系统的日志记录应至少保留90天;

b) 应采用监控设备将机房人员进出情况传输到值班点,监控记录应至少保留90天;

c) 来访人员应经申请和审批后方可进入机房,并限制和监控其活动范围;

d) 应对机房进行区域划分管理,区域和区域之间应设置物理隔离装置。在重要区域前应设置交付或安装等过渡区域;

e) 重要区域应配置电子门禁系统,控制、鉴别和记录进入人员,电子门禁系统日志记录应至少保存90天。

7.1.1.3 防盗窃和防破坏(G3)

a) 应将主要设备放置在机房内或其他不易被盗窃和破坏的可控范围内;

b) 应将设备或主要部件进行固定,并设置明显的不易除去的标记,如粘贴标签或铭牌等;

c) 应将通信线缆铺设在地下或管道中等隐蔽处,强弱电应隔离铺设并进行统一标识;

d) 应对介质进行分类标识和分类存放,存储在介质库或档案室中;

e） 应利用光、电等技术设置机房防盗报警系统。当发现异常现象时，可自动报警并保存报警记录，报警记录应至少保存90天；

f） 应对机房设置监控报警系统。当发现异常现象时，可自动报警并保存监控记录、报警记录，监控记录应至少保存90天。

7.1.1.4 防雷击（G3）

a） 机房建筑应设置避雷装置，防雷击措施至少应包括安装避雷针或避雷器；

b） 机房应设置交流电源地线；

c） 应设置防雷保安器，防止感应雷。

7.1.1.5 防火（G3）

a） 机房应设置火灾自动消防系统，能够自动检测火情、自动报警，并自动灭火；

b） 自动消防系统应有运行记录并定期进行巡检；

c） 机房及相关的工作房间和辅助用房应采用不低于二级耐火等级的建筑材料；

d） 机房应采取区域隔离防火措施，如安装防火门，将重要设备与其他设备隔离开；

e） 机房内所使用的磁带和胶卷等易燃物品，应放置在防火柜内；

f） 机房应设立具有显著标识的消防逃生通道。

7.1.1.6 防水和防潮（G3）

a） 水管的安装不宜穿过机房屋顶和活动地板下。如不可避免，应采取有效防护措施；

b） 应采取措施防止雨水通过机房窗户、屋顶和墙壁渗透；

c） 应采取措施防止机房内水蒸气结露和地下积水，如在机房地面修建地漏、泄水槽等；

d） 应安装水敏感检测仪表或元件，对机房进行防水检测，异常时报警。

7.1.1.7 防静电（G3）

a） 主要设备应采取必要的接地防静电措施；

b） 主机房和辅助区内的工作台面应采用导静电或静电耗散材料；

c） 机房应采用防静电地板。

7.1.1.8 温湿度控制（G3）

机房应设置温湿度自动调节设施，使机房温、湿度的变化控制在设备运行所要求的范围之内。设备开机时，机房温度应控制在18～26℃，相对湿度应控制在30%～50%。

7.1.1.9 电力供应（A3）

a） 应在机房供电线路上配置稳压器和过电压防护设备；

b） 应具有短期的备用电力供应，如配置UPS，至少满足主要设备在断电情况下正常运行2h以上；

c） 机房供电系统应采用单独的配电柜和独立于一般照明用电的专用供配电线路，配电容量应具备一定余量；

d） 应设置冗余或并行的电力电缆线路为计算机系统供电；

e） 机房供电系统应定期进行巡检，并保存巡检报告。

7.1.1.10 电磁防护（S3）

a） 电源线和通信线缆宜隔离铺设，铺设在不同的桥架或管道中，并使用交叉走线避免并排铺设。如不可避免，应采取相应的屏蔽措施；

b） 应采用接地方式防止外界电磁干扰和设备寄生耦合干扰；

c） 应对关键设备和磁介质实施电磁屏蔽，如将磁介质存放在具有电磁屏蔽功能的容器中。

7.1.2 网络安全

7.1.2.1 结构安全（G3）

a） 主要网络设备的业务处理能力应具备冗余空间，满足业务高峰期需要，关键网络设备近一年的

CPU 负载均值应小于 60%；

b） 接入网络和核心网络的带宽应满足业务高峰期需要，其占用均值均应低于 60%；

c） 应绘制与当前运行情况相符的网络拓扑结构图，拓扑结构图应包含网络设备名称、线路带宽类型、物理连线标识、设备端口名称、设备管理 IP、接口 IP 和各区域 IP 地址段等；

d） 应根据各部门的工作职能、重要性和所涉及信息的重要程度等因素，划分不同的子网或网段，并按照方便管理和控制的原则为各子网、网段分配地址段；

e） 应在业务终端与服务器之间进行路由控制，建立安全的访问路径；

f） 应避免将重要网段部署在网络边界处且直接连接外部信息系统，重要网段与其他网段之间采取可靠的技术手段隔离；

g） 应根据服务的重要次序指定带宽分配优先级别，网络发生拥堵时应优先保护重要主机。

7.1.2.2 访问控制（G3）

a） 应在网络边界部署访问控制设备，启用访问控制功能；

b） 应根据会话状态信息，允许/拒绝网络数据流的访问，控制粒度为端口级；

c） 应按用户和系统之间的访问规则，决定允许或拒绝用户对受控系统进行资源访问，控制粒度为单个用户；

d） 应限制具有拨号访问权限的用户数量；

e） 应对进出网络的信息内容进行过滤，实现对应用层 HTTP、FTP、TELNET、SMTP、POP3 等协议命令级的控制；

f） 应在会话处于非活跃一定时间或会话结束后终止网络连接；

g） 应限制网络最大流量数及网络连接数；

h） 重要网段应采取技术手段防止地址欺骗；

i） 关键业务应用和网络访问宜使用静态路由。如使用动态路由，应启用路由协议的安全认证机制，并控制路由信息的广播范围。

7.1.2.3 安全审计（G3）

a） 应对网络系统中的网络设备运行状况、网络流量、用户行为等进行日志记录；

b） 日志记录应包括事件的日期和时间、用户信息、事件类型、事件是否成功及其他相关信息；

c） 应能够对记录数据进行分析，并生成审计报表；

d） 应对日志记录进行保护，避免受到未预期的删除、修改或覆盖等操作，日志记录的保存时间应不少于 180 天。

7.1.2.4 边界完整性检查（S3）

a） 应能够对非授权设备私自联到内部网络的行为进行检查，准确定位，并对其进行有效阻断；

b） 应能够对内部网络用户私自联到外部网络的行为进行检查，准确定位，并对其进行有效阻断。

7.1.2.5 入侵防范（G3）

a） 应在网络边界处监视端口扫描、强力攻击、木马后门攻击、拒绝服务攻击、缓冲区溢出攻击、IP 碎片攻击和网络蠕虫攻击等行为；

b） 当检测到攻击行为时，记录攻击源 IP、攻击类型、攻击目的、攻击时间；在发生严重入侵事件时应通过声音、短信或邮件等方式进行报警。

7.1.2.6 恶意代码防范（G3）

a） 应在网络边界处对恶意代码进行检测和清除，如部署防病毒网关或 UTM、IPS 的防病毒模块等；

b） 应及时升级维护恶意代码库，并对更新情况进行检测。

7.1.2.7 网络设备防护（G3）

a） 应对登录网络设备的用户进行身份鉴别，删除默认用户或修改默认用户的口令。根据管理需要新开设用户账号时，不应使用缺省口令、空口令和弱口令；

b) 应对网络设备的管理员登录地址进行限制;
c) 网络设备用户的标识应唯一;
d) 身份鉴别信息应具有不易被冒用的特点。口令应有复杂度要求,包含数字、大写字母、小写字母和特殊字符,且长度应不少于8位;口令应定期更换,至少每90天更换一次;
e) 应具有登录失败处理功能,可采取结束会话、限制非法登录次数和网络登录连接超时自动退出等措施;
f) 当对网络设备进行远程管理时,应采取SSH、HTTPS等必要措施,防止用户鉴别信息在网络传输过程中被窃听;
g) 主要网络设备应采用两种或两种以上组合的鉴别技术,对同一用户身份进行鉴别;
h) 应实现网络设备特权用户的权限分离。

7.1.3 主机安全

7.1.3.1 身份鉴别(S3)

a) 应对登录操作系统和数据库系统的用户进行身份标识和鉴别,不应使用默认用户和默认口令;
b) 应为操作系统和数据库系统的不同用户分配不同的用户名,确保用户名具有唯一性;
c) 操作系统和数据库系统管理用户身份标识应具有不易被冒用的特点。口令应有复杂度要求,包含数字、字母和特殊字符,且长度应不少于10位;口令应定期更换,至少每90天更换一次,至少5次内不能重复;
d) 应启用登录失败处理功能,可采取结束会话、限制非法登录次数和自动退出等措施;
e) 当对服务器进行远程管理时,应采取SSH、HTTPS等必要措施,防止用户鉴别信息在网络传输过程中被窃听;
f) 应采用两种或两种以上组合的鉴别技术对管理用户进行身份鉴别,如通过远程方式登录主机系统时,应采用强化管理的口令、基于生物特征、基于数字证书以及其他具有相应安全强度的两种或两种以上组合鉴别机制进行用户身份鉴别。

7.1.3.2 访问控制(S3)

a) 应启用访问控制功能,依据安全策略控制用户对资源的访问,关闭系统默认共享功能;
b) 应实现操作系统和数据库系统特权用户的权限分离;
c) 应限制默认账户的访问权限,重新命名系统默认账户,修改这些账户的默认口令,如系统中的administrator账号;
d) 应及时删除多余的、过期的账户,避免共享账户的存在,如禁止多人共用一个相同的管理账户;
e) 应根据管理用户的角色分配权限,把系统管理员、系统安全员和审计员的权限合理分配给不同特权用户,实现管理用户的权限分离,且仅授予管理用户所需的最小权限;
f) 应对重要信息资源设置敏感标记;
g) 应严格控制用户对设有敏感标记重要信息资源的操作。

7.1.3.3 安全审计(G3)

a) 审计范围应覆盖到服务器和重要客户端上的每个操作系统用户和数据库用户;
b) 审计内容应包括重要用户行为、系统资源的异常使用和重要系统命令的使用等。如用户的添加和删除、审计功能的启动和关闭、审计策略的调整、权限变更、用户登录与退出等操作;
c) 审计记录应包括事件的日期、时间、类型、主体标识、客体标识和结果等;
d) 应保护审计记录,避免受到未预期的删除、修改或覆盖等操作,审计记录应至少保存180天;
e) 应能够对记录数据进行分析,并生成审计报表;
f) 应保护审计进程,避免受到未预期的中断。

7.1.3.4 剩余信息保护(S3)

a) 操作系统和数据库系统的用户鉴别信息所在的存储空间,无论是在硬盘上还是内存中,在被释放或再分配给其他用户前应完全清除。如再次登录系统时不显示前一次登录系统的用户名;

b) 系统内的文件、目录和数据库记录等资源所在的存储空间,在被释放或重新分配给其他用户前应完全清除。如在关闭系统前清除系统的虚拟内存页面。

7.1.3.5 入侵防范(G3)

a) 操作系统应遵循最小安装的原则,仅安装需要的组件和应用程序,并通过设置升级服务器等方式及时更新系统补丁;

b) 应能够检测到入侵重要服务器的行为,记录入侵的源 IP、攻击的类型、攻击的目的、攻击的时间,并在发生严重入侵事件时使用声音、短信或 Email 等进行报警;

c) 应能够对重要程序的完整性进行检测。在检测到重要程序的完整性受到破坏时,能够采取恢复措施。

7.1.3.6 恶意代码防范(G3)

a) 应安装防恶意代码软件,并及时更新防恶意代码软件版本和恶意代码库;

b) 应支持防恶意代码的统一管理,可进行统一更新、统一检测和查杀,且至少每月分析一次日志报告;

c) 主机防恶意代码产品应具有与网络防恶意代码产品不同的恶意代码库。

7.1.3.7 资源控制(A3)

a) 应通过设定终端接入方式、网络地址范围等条件限制终端登录;

b) 应根据安全策略设置登录终端的操作超时锁定功能;

c) 应限制单个用户对系统资源的最大或最小使用限度;

d) 应对重要服务器进行监视,包括服务器的 CPU、硬盘、内存、网络等资源的使用情况;

e) 应在检测到系统的服务水平降低到预先规定的最小值时,采取邮件或短信等方式进行报警。

7.1.3.8 业务移动终端安全(P3)

a) 应遵循最小安装的原则,仅安装需要的组件和应用程序,并通过设置服务器等方式及时更新系统补丁;

b) 应通过技术手段限制用户对不必要功能的使用,关闭非业务所需的无线、蓝牙、GPS 等;

c) 应保持安全的业务移动终端运行环境,具有安全输入、安全显示、安全存储等功能;

d) 系统启动时应直接进入应用程序登录界面,禁止用户直接登录操作系统;

e) 应对业务移动终端上的敏感数据进行加密存储;

f) 应设置业务移动终端日志审计功能,对终端的注册、激活、解除激活等重要操作进行日志记录。

7.1.4 应用安全

7.1.4.1 身份鉴别(S3)

a) 应具有专用的登录控制模块对登录用户进行身份标识和鉴别;

b) 应具有用户身份标识唯一性和用户鉴别信息复杂度检查功能,保证应用系统中不存在重复用户身份标识,身份鉴别信息不易被冒用,口令应包含数字、字母和特殊字符,长度应不少于 8 位,且至少每 90 天更换一次;

c) 应具有登录失败处理功能,可采取结束会话、限制非法登录次数和自动退出等措施;

d) 应启用身份鉴别、用户身份标识唯一性检查、用户身份鉴别信息复杂度检查以及登录失败处理功能,并根据安全策略配置相关参数;

e) 应采用两种或两种以上组合的鉴别技术,对同一用户身份进行鉴别;

f) 邮政行业核心营运类系统不应通过互联网进行远程管理。

7.1.4.2 访问控制(S3)

a) 应具有访问控制功能,依据安全策略控制用户对文件、数据库表等客体的访问,如数据的增加、删除、修改或查询等操作;

b) 访问控制的覆盖范围应包括与资源访问相关的主体、客体及相互之间的操作,应在用户界面屏蔽未授权功能的导航;

c) 应由授权主体配置访问控制策略,并严格限制默认账户的访问权限。应重新命名默认账户,如admin 等;及时删除或锁定多余无用的账户,如测试用账户等;

d) 应授予不同账户为完成各自任务所需的最小权限,并在相互之间形成制约关系;

e) 应具有对重要信息资源设置敏感标记的功能,邮政行业核心营运类系统应明确区分客户敏感信息与其他一般信息;

f) 应依据安全策略严格控制用户对重要信息资源的操作,如核心营运类系统应对客户敏感信息设置严格的访问控制策略。

7.1.4.3 安全审计(G3)

a) 应具有覆盖每个用户的安全审计功能,对应用系统重要安全事件进行审计,如对用户登录和退出、增加、修改、删除关键数据等操作及系统的异常事件进行日志记录;

b) 审计记录的内容至少应包括事件的日期、时间、发起者信息、类型、过程描述和结果等;

c) 应保证无法单独中断审计进程,无法删除、修改或覆盖审计记录,审计记录应至少保存 180 天;

d) 应具有对审计记录数据进行统计、查询、分析及生成审计报表的功能。

7.1.4.4 剩余信息保护(S3)

a) 用户鉴别信息所在的存储空间,无论是存放在硬盘还是内存中,在被释放或再分配给其他用户前应完全清除。如再次登录系统时不显示前一次登录系统的用户名、基于 WEB 的应用系统不在客户端上存储用户鉴别信息等;

b) 系统内的文件、目录和数据库记录等资源所在的存储空间,在被释放或重新分配给其他用户前应完全清除。如在用户退出应用系统后,立即清除使用过程中产生的临时文件等。

7.1.4.5 通信完整性(S3)

应采用密码技术保证通信过程中数据的完整性。

7.1.4.6 通信保密性(S3)

a) 在通信双方建立连接之前,应利用密码技术进行会话初始化验证;

b) 应对通信过程中的整个报文或会话过程进行加密。

7.1.4.7 抗抵赖(G3)

a) 应具有在请求的情况下为数据原发者或接收者提供数据原发证据的功能;

b) 应具有在请求的情况下为数据原发者或接收者提供数据接收证据的功能。

7.1.4.8 软件容错(A3)

a) 应具有数据有效性检验功能,通过人机接口输入或通过通信接口输入的数据格式或长度应符合系统设定要求,文件上传时应进行文件格式、内容检查,禁止恶意文件上传;

b) 在故障发生时,应用系统应能够继续提供部分功能,确保能够实施必要的补救措施。

7.1.4.9 资源控制(A3)

a) 当应用系统通信双方中的一方在一段时间内未作出任何响应,另一方应能够自动结束会话,如应用系统可在不超过 15min 的时间内自动终止超时会话;

b) 应能够对系统的最大并发会话连接数进行限制,如在中间件或 WEB 服务器中对最大连接数进行设置;

c) 应能够对单个账户的多重并发会话进行限制;

d) 应能够对一个时间段内可能的并发会话连接数进行限制;

e) 应能够对一个访问账户或一个请求进程占用的资源分配最大限额和最小限额；

f) 应能够在检测到系统服务水平降低到预先规定的最小值时进行报警；

g) 应具有服务优先级设定功能，并在安装后根据安全策略设定访问账户或请求进程的优先级，根据优先级分配系统资源。

7.1.4.10 源代码安全(P3)

a) 应在系统上线前、版本变更后等关键时间节点，检测软件源代码中可能存在的程序缺陷、可能存在的安全漏洞，找出应用系统的安全隐患；

b) 应采取访问控制措施对软件源代码进行控制，防止未授权访问。

7.1.5 数据安全及备份恢复

7.1.5.1 数据完整性(S3)

a) 应能够检测到系统管理数据、用户鉴别信息和重要业务数据的完整性在传输过程中已经受到破坏，并在检测到完整性错误时采取必要的恢复措施；检测范围应包括网络设备操作系统、主机操作系统、数据库管理系统和应用系统的系统管理数据、用户鉴别信息和重要业务数据等；

b) 应能够检测到系统管理数据、用户鉴别信息和重要业务数据的完整性在存储过程中已经受到破坏，并在检测到完整性错误时采取必要的恢复措施。

7.1.5.2 数据保密性(S3)

a) 应采用加密或其他保护措施存储系统管理数据、用户鉴别信息和重要业务数据，保护范围应覆盖网络设备操作系统、主机操作系统、数据库管理系统和应用系统等；

b) 应采用加密或其他有效措施传输系统管理数据、用户鉴别信息和重要业务数据，保护范围应覆盖网络设备操作系统、主机操作系统、数据库管理系统和应用系统等。

7.1.5.3 备份和恢复(A3)

a) 应具有本地数据备份与恢复功能，至少每天一次进行完全数据备份，备份介质应场外存放；

b) 应具有异地数据备份功能，利用通信网络将关键数据定时批量传送至备用场地，关键数据异地备份传输延迟应控制在 15min 以内；

c) 应采用冗余技术设计网络拓扑结构，避免关键节点存在单点故障；

d) 主要网络设备、通信线路和数据处理系统的硬件应冗余配置，硬件发生故障时应能够自动进行切换；

e) 应根据存储介质的使用寿命，制定存储介质数据恢复计划，避免数据丢失。

7.1.5.4 数据泄露防护(P3)

a) 应明确用户敏感信息的范围，对敏感信息的使用进行授权和审批；

b) 应在网络边界、关键应用、客户端上对敏感数据进行有效识别，并能够及时、持续地对敏感数据的传输及使用进行监控和保护；

c) 应明确不同等级信息系统间的敏感信息传递安全策略，防范敏感信息通过低级别信息系统进行非授权传递。

7.2 管理要求

7.2.1 安全管理制度

7.2.1.1 管理制度(G3)

a) 应制定信息系统安全工作的总体方针和安全策略，规定信息系统安全工作的总体目标、范围、原则和安全框架等；

b) 应针对各类安全管理内容建立安全管理制度，管理制度应包括但不限于物理、网络、主机、应用、数据、人员、建设和运维等内容；

c） 应建立安全操作规程，范围应覆盖安全主管、安全管理员、网络管理员、主机管理员、安全审计员、数据库管理员、应用管理员和介质管理员等岗位；

d） 应形成由安全策略、管理制度、操作规程等构成的全面的信息系统安全管理制度体系。

7.2.1.2 制定和发布（G3）

a） 应指定或授权专门的部门或人员负责安全管理制度的制定；

b） 应组织相关人员对制定的安全管理制度进行论证和审定，保存安全管理制度评审记录，详细记录相关人员的评审意见；

c） 应对安全管理制度设定统一格式并进行版本控制；

d） 应注明安全管理制度的发布范围，并记录和保存发布记录；

e） 安全管理制度应通过正式、有效的方式进行发布。

7.2.1.3 评审和修订（G3）

信息系统安全工作领导小组应至少每年，或当技术基础架构和组织架构等发生变更时，组织相关部门和相关人员对安全管理制度体系的合理性和适用性进行审定，保存评审记录，并对存在不足或需要改进的安全管理制度进行修订。

7.2.2 安全管理机构

7.2.2.1 岗位设置（G3）

a） 应设立负责信息系统安全管理工作的职能部门，以及安全主管、安全管理员等岗位，并明确各个岗位的职责；

b） 应设立系统管理员、网络管理员、数据库管理员等岗位，并明确各个工作岗位的职责；

c） 应成立信息系统安全工作领导小组，负责协调本单位及所辖范围的信息系统安全管理工作，决策本单位及所辖范围的信息系统安全重大事宜。领导小组最高领导应由单位主管领导委任或授权；

d） 应制定文件明确安全管理机构各个部门和岗位的职责分工和技能要求。

7.2.2.2 人员配备（G3）

a） 应配备一定数量的系统管理员、网络管理员、安全管理员等；

b） 安全管理员应为专职人员，不可兼任其他岗位；

c） 系统管理、网络管理、数据库管理等关键岗位应至少配备 2 人，实行共同管理。

7.2.2.3 授权和审批（G3）

a） 应根据各个部门和岗位的职责明确授权审批事项、审批部门及批准人。审批事项包括但不限于系统投入运行、网络系统接入和重要资源的访问等重要活动；

b） 应对重要活动建立逐级审批制度，应针对系统变更、重要操作、物理访问和系统接入等事项建立审批程序，按照审批程序执行审批过程；

c） 应至少每年一次审查审批事项，及时更新需授权和审批的项目、审批部门和审批人等信息，并保存审查记录；

d） 应记录审批过程并保存审批文档。

7.2.2.4 沟通和合作（G3）

a） 应加强管理人员之间、内部组织机构之间以及信息系统安全管理职能部门之间的合作与沟通，定期或不定期召开协调会议，共同协作处理信息系统安全问题；

b） 应加强与同业单位、公安机关、安全机关、运营商的合作与沟通，以文档形式明确合作内容和合作方式；

c） 应加强与供应商、业界专家、专业安全公司、安全组织的合作与沟通，以文档形式明确合作内容和合作方式；

d) 应建立外联单位联系列表，包括外联单位名称、合作内容、联系人和联系方式等信息，外联单位应包括公安机关、运营商、供电部门、专业安全公司、安全组织等；

e) 应聘请信息安全专家作为常年安全顾问，指导信息系统安全建设，参与安全规划和安全评审等工作。

7.2.2.5 审核和检查(G3)

a) 安全管理员应负责定期进行安全检查，检查内容包括系统日常运行、系统漏洞和数据备份等情况；

b) 应由内部人员或上级单位定期进行全面安全检查，检查内容包括现有安全技术措施的有效性、安全配置与安全策略的一致性、安全管理制度的执行情况等，并保存安全检查记录；

c) 应制定安全检查表格，汇总安全检查数据，形成安全检查报告，并对安全检查结果进行通报；

d) 应制定安全审核和安全检查制度，规范安全审核和安全检查工作，定期进行安全审核和安全检查活动。

7.2.3 人员安全管理

7.2.3.1 人员录用(G3)

a) 应指定或授权专门的部门或人员负责人员录用；

b) 应严格规范人员录用过程，对被录用人的身份、背景、专业资格和资质等进行审查，对其所具有的技术技能进行考核，重点关注其在原工作单位是否存在信息安全违规和犯罪记录，保存审查和考核结果；

c) 应签署保密协议，保密协议应明确保密范围、保密责任、违约责任和有效期限等内容；

d) 应从内部人员中选拔从事关键岗位的人员，并签署岗位安全协议。关键岗位包括但不限于数据库管理员、网络管理员、系统管理员、安全管理员等，安全协议包括但不限于安全责任、违约责任和有效期限等内容。

7.2.3.2 人员离岗(G3)

a) 应严格规范人员离岗程序，及时终止离岗员工的所有访问权限，包括但不限于物理访问权限、网络设备访问权限、操作系统访问权限、数据库访问权限、应用系统访问权限、用户终端访问权限等；

b) 应取回各种身份证件、钥匙、徽章等以及机构提供的软硬件设备，详细记录交还情况；

c) 应办理严格的调离手续并保存调离手续记录，关键岗位人员须在承诺调离后的保密义务后方可离开。

7.2.3.3 人员考核(G3)

a) 应至少每年一次对各个岗位的人员进行安全认知、安全技能及信息系统安全等级保护相关内容的考核；

b) 应至少每年一次对关键岗位的人员进行全面、严格的安全审查和技能考核；

c) 应对考核结果进行记录并保存，详细记录考核时间、考核内容和考核结果等内容。

7.2.3.4 安全意识教育和培训(G3)

a) 应对定期开展安全教育和培训进行书面规定，针对不同岗位制定不同的年度培训计划；

b) 应至少每年一次对各类人员进行安全意识教育、岗位技能培训和相关安全技术培训；

c) 应对安全教育和培训的情况和结果进行记录并归档保存；

d) 应对安全责任和惩戒措施进行书面规定并告知相关人员，对违反安全策略和规定的人员进行惩戒；

e) 应每年对专业人员进行信息系统安全技术提升培训，并对培训情况进行记录归档保存；信息系统安全专业人员晋升时，应进行安全专业技能考核。

7.2.3.5 外部人员访问管理(G3)

a) 对外部人员允许访问的区域、系统、设备、信息等，应进行书面规定并按照规定执行；

b) 外部人员在访问机房、重要服务器或设备区等受控区域前，应先提出书面申请，批准后由专人全程陪同或监督，并登记备案，详细记录外部人员访问重要区域的进入时间、离开时间、访问区域及陪同人等信息；

c) 应禁止外部来访人员的移动设备如U盘、移动硬盘、手机等直接接入到系统。

7.2.4 系统建设管理

7.2.4.1 系统定级(G3)

a) 应明确信息系统的边界和安全保护等级；

b) 应以书面的形式说明信息系统确定为某个安全保护等级的方法和理由；

c) 应组织相关部门和有关安全技术专家对信息系统定级结果的合理性和正确性进行论证和审定；

d) 信息系统的定级结果应经过相关部门批准。

7.2.4.2 安全方案设计(G3)

a) 应根据系统的安全保护等级选择基本安全措施，并依据风险分析结果补充和调整安全措施；

b) 应根据信息系统的等级划分情况，统一确定安全保障体系的总体安全策略、安全技术框架、安全管理策略、总体建设规划和详细设计方案，并形成配套文件；

c) 应指定和授权专门的部门对信息系统的安全建设进行总体规划，制定近期和远期安全建设工作计划，计划内容包括但不限于工作目标、建设内容和责任部门等；

d) 应组织相关部门和有关安全技术专家对总体安全策略、安全技术框架、安全管理策略、总体建设规划、详细设计方案等文件的合理性和正确性进行论证和审定，并经过批准后才能正式实施；

e) 应根据等级测评、安全评估结果定期调整和修订总体安全策略、安全技术框架、安全管理策略、总体建设规划、详细设计方案等文件。

7.2.4.3 产品采购和使用(G3)

a) 信息系统安全产品的采购和使用应符合国家有关规定，如根据信息系统安全需求选择使用相应等级的产品；

b) 密码产品的采购和使用应符合国家密码主管部门的要求，如系统中使用的密码产品应具有国家密码主管部门颁发的销售许可证；

c) 应指定或授权专门的部门负责信息系统安全产品采购；

d) 应预先对信息系统安全产品进行选型测试，确定产品的候选范围，并定期审定和更新候选产品名单。

7.2.4.4 自行软件开发(G3)

a) 开发环境应与实际运行环境物理分开，开发人员应与测试人员分离；

b) 应制定软件开发管理制度，明确规定开发过程的控制方法和人员行为准则，明确应经过授权、审批的开发活动；

c) 应确保提供软件设计的相关文档和使用指南，并由专人负责保管；

d) 应在软件开发的需求、设计、编码和测试等各个环节，引入安全的开发方法以提高软件安全性，减少软件的安全缺陷和漏洞；

e) 应制定代码编写安全规范，要求开发人员按照规范编写代码；

f) 应对程序资源库的修改、更新、发布进行授权和批准。

7.2.4.5 外包软件开发(G3)

a) 应根据开发需求检测软件质量，检测范围应包括代码质量、软件功能和性能等；

b） 应在软件安装之前检测软件包中可能存在的恶意代码，并保存恶意代码检测报告；

c） 应确保软件开发单位提供软件设计的相关文档和使用指南；

d） 应要求开发单位提供软件源代码，并审查软件中可能存在的后门木马；若开发单位未能提供软件源代码，则应要求开发单位提供第三方机构出具的软件源代码审查报告。

7.2.4.6 工程实施（G3）

a） 应指定或授权专门的部门或人员负责工程实施过程管理；

b） 应制订详细的工程实施方案，工程实施方案应明确工程时间限制、进度控制和质量控制等内容，并要求工程实施单位严格执行工程实施方案；

c） 应制定工程实施管理制度，明确规定实施过程的控制方法和人员行为准则。

7.2.4.7 测试验收（G3）

a） 在测试验收前应根据设计方案或合同要求等制定测试验收方案，测试验收方案应明确规定参与测试的部门、人员、测试验收内容、现场操作过程等内容，在测试验收过程中应详细记录测试验收结果，并形成测试验收报告；

b） 应委托第三方测试机构对系统进行安全性测试，并出具安全性测试报告。报告应具有第三方测试机构的签字和盖章，报告内容应包括但不限于测试时间、测试地点、测试人员、测试对象、测试方法、测试过程、测试中发现的安全问题、整改建议和测试结论；

c） 应组织相关部门和相关人员对系统测试验收报告进行审定，并签字确认；

d） 应对系统测试验收方法和人员行为准则进行书面规定；

e） 应指定或授权专门的部门负责系统测试验收的管理，并按照管理规定完成系统测试验收工作。

7.2.4.8 系统交付（G3）

a） 应制定详细的系统交付清单，并根据交付清单对所交接的设备、软件和文档等进行清点；

b） 应对负责系统运行维护的技术人员进行相应的技能培训；

c） 应确保提供系统建设过程中的文档和指导用户进行系统运行维护的文档；

d） 应对系统交付方法和人员行为准则进行书面规定；

e） 应指定或授权专门的部门负责系统交付管理，并按照管理规定完成系统交付工作。

7.2.4.9 系统备案（G3）

a） 应指定专门的部门或人员负责管理系统定级的相关材料；

b） 应将系统等级结果及相关材料报邮政管理部门备案，并保存相关备案记录；

c） 应将系统等级结果及相关材料报公安机关备案，并保存相关备案记录。

7.2.4.10 等级测评（G3）

a） 在系统运行过程中，应至少每年对系统进行一次等级测评，发现不符合相应等级保护标准要求的应及时整改；

b） 应在系统发生变更时及时对系统进行等级测评，级别发生变化的应及时进行安全改造，不符合相应等级保护标准要求的应及时整改；

c） 应选择具有国家相关技术资质和安全资质的测评单位进行等级测评；

d） 应指定或授权专门的部门或人员负责等级测评管理。

7.2.4.11 安全服务商选择（G3）

a） 安全服务商的选择应符合国家有关规定；

b） 应与选定的安全服务商签订安全协议，明确约定相关责任、保密范围、有效期限等内容；

c） 选定的安全服务商应提供技术培训和服务承诺，必要的与其签订服务合同，内容包括但不限于技术培训、服务承诺、服务期限等；

d） 在与安全服务商签订有效的服务合同之前，应评估安全服务商的引入风险，确保风险在可接受范围内。

7.2.5 系统运维管理

7.2.5.1 环境管理(G3)

a) 应指定专门的部门或人员至少每季度对机房供配电、空调、温湿度控制等设施设备进行维护管理；

b) 应指定专门的部门负责机房安全,配备机房安全管理人员,对设备与人员进出机房、服务器的开关等工作进行管理；

c) 应建立机房安全管理制度,对有关人员进出机房,物品带进、带出机房和机房环境安全等作出规定；

d) 应加强对办公环境的保密性管理,包括工作人员调离办公室应立即交还办公室钥匙、不在办公区接待来访人员、工作人员离开座位应确保终端计算机退出登录状态和桌面上不放含有敏感信息的纸质文件等。

7.2.5.2 资产管理(G3)

a) 应建立资产管理制度,规定信息系统资产管理的责任部门或人员,规范资产使用和管理行为,明确资产使用、传输、存储、维护以及职责划分等内容；

b) 应编制并保存与信息系统相关的资产清单,包括资产的重要程度、价值和类别、责任部门和所处位置等；

c) 应根据资产的重要程度对资产进行标识管理,根据资产的价值选择相应的管理措施。

7.2.5.3 介质管理(G3)

a) 应建立介质安全管理制度,对介质的存放环境、使用、维护和销毁等作出规定；

b) 介质应存放在安全环境中,专人负责保护和管理各类介质；

c) 应对介质在物理传输过程中的人员选择、打包、交付等情况进行管控,对介质归档和查询等过程进行记录,每季度应根据清单对介质的现状进行检查；

d) 应对存储介质的使用、送出维修及销毁等进行严格管理。对带出工作环境的存储介质应对内容进行加密并进行监控,对需要送出维修或销毁的介质应首先清除介质中的敏感数据,保密性要求较高的存储介质未经批准不应自行销毁；

e) 应根据数据备份的需要对某些介质实行异地存储,存储地的环境要求和管理方法应与本地相同；

f) 应对重要介质中的数据和软件采取加密存储,并根据所承载数据和软件的重要程度对介质进行分类和标识管理,如粘贴纸质标签等。

7.2.5.4 设备管理(G3)

a) 应指定专门的部门或人员定期对信息系统相关的各种设备、线路等进行维护管理；

b) 应建立设备安全管理制度,对信息系统各种软硬件设备的选型、采购、发放和领用等作出规定；

c) 应对服务器、计算机终端、业务移动终端、网络等设备的操作和使用进行规范化管理,按照操作规程实现设备的启动、停止、加电、断电等操作；

d) 信息处理设备应经过审批后才能带离机房或办公地点；

e) 应建立机房配套设备的维护管理制度,明确维护人员的责任、涉外维修和服务的审批、维修过程的监督等,并保存设备的涉外维修和服务过程的申请和审批记录。

7.2.5.5 监控管理和安全管理中心(G3)

a) 应建立安全管理中心,对设备状态、恶意代码、补丁升级、安全审计等安全相关事项进行集中管理；

b) 应对通信线路、主机、网络设备和应用软件的运行状况、网络流量、用户行为等进行监测,异常时报警,形成记录并妥善保存；

c) 应组织相关人员定期对监测和报警记录进行分析、评审,发现可疑行为,形成分析报告,并采取必要的应对措施;

d) 应部署运维审计设备,实现集中账户管理、集中认证、集中授权、集中访问控制、集中安全审计功能。

7.2.5.6 网络安全管理(G3)

a) 应指定人员对网络安全进行管理,负责运行日志和网络监控记录的日常维护,以及报警信息分析处理工作;

b) 应建立网络安全管理制度,对网络安全配置、日志保存时间、安全策略、升级与打补丁、口令更新周期等作出规定;

c) 应根据厂家提供的软件升级版本对网络设备进行更新,并在更新前对重要文件进行备份;

d) 应定期对网络系统进行漏洞扫描,及时对发现的安全漏洞进行修补。在实施漏洞扫描或漏洞修补前,应对可能的风险进行评估,做好充分准备,如选择恰当时间、制定数据备份和回退方案。在漏洞扫描或漏洞修补后应进行验证测试,以保证网络系统正常运行;

e) 应实现网络设备的最小服务配置,并对配置文件进行定期离线备份;

f) 所有与外部系统的连接均应得到授权和批准;

g) 应依据安全策略允许或者拒绝便携式和移动式设备接入网络;

h) 应定期检查违反规定拨号上网或其他违反网络安全策略的行为,并保存检查记录。

7.2.5.7 系统安全管理(G3)

a) 应建立系统安全管理制度,对系统安全策略、安全配置、日志管理和日常操作流程等作出规定;

b) 应根据业务需求和系统安全分析,确定系统的访问控制策略,分配信息系统、文件及服务的访问权限;

c) 应定期进行漏洞扫描,及时对发现的安全漏洞进行修补。在实施漏洞扫描或漏洞修补前,应对可能的风险进行评估,做好充分准备,如选择恰当时间、制订好数据备份和回退方案。在漏洞扫描或漏洞修补后应进行验证测试,以保证系统的正常运行;

d) 应安装最新的系统补丁程序。应首先在测试环境中测试通过系统补丁程序,并对重要文件进行备份后,方可实施系统补丁程序的安装;

e) 应依据操作手册对系统进行维护,详细记录操作日志,包括重要的日常操作、参数的设置和修改等内容,严禁进行未经授权的操作;

f) 应定期对运行日志和审计数据进行分析,及时发现异常行为;

g) 应指定专人对系统进行安全管理,划分系统管理员角色,明确各个角色的权限、责任和风险,权限设定应遵循最小授权原则。

7.2.5.8 恶意代码防范管理(G3)

a) 应提高所有用户的防病毒意识,及时告知防病毒软件版本。在读取移动存储设备上的数据以及网络上接收文件或邮件之前,先进行病毒检查,在外来计算机或存储设备接入网络系统之前也应进行病毒检查;

b) 应制定病毒防范管理制度,对防恶意代码软件的授权使用、恶意代码库升级等作出明确规定;

c) 应指定专人对网络和主机进行恶意代码检测并保存检测记录,及时对截获的危险病毒或恶意代码进行处理;

d) 应定期检查信息系统内各种产品的恶意代码库的升级情况并进行记录,及时对主机防病毒产品、防病毒网关和邮件防病毒网关上截获的危险病毒或恶意代码进行分析处理,并进行书面报告。

7.2.5.9 密码管理(G3)

应建立密码使用管理制度,明确密码产品和技术选型、采购、授权使用、日常维护、废弃等全生命周期管理内容;应采用符合国家密码管理规定的密码技术和已获得商用密码产品销售许可证的密码产品。

7.2.5.10 变更管理(G3)

a) 应明确系统的重要变更事项并制订相应的变更方案,明确变更类型、变更原因、变更过程、变更前评估、回退方式等内容;
b) 应建立变更管理制度。在变更系统前向主管领导申请,变更和变更方案经过评审、审批后方可实施,并在实施后向相关人员通告变更情况;
c) 应对变更影响进行分析,记录变更实施过程,并妥善保存所有文档和记录;
d) 应建立变更中止与变更失败恢复程序,明确过程控制方法和人员职责,必要时对恢复过程进行演练。

7.2.5.11 备份与恢复管理(G3)

a) 应明确需要定期备份的重要业务信息、系统数据及软件系统等;
b) 应建立备份与恢复安全管理制度,对备份信息的备份方式、备份频率、存储介质和保存期等作出规定;
c) 应根据数据的重要性和数据对系统运行的影响程度,制定数据的备份策略和恢复策略。备份策略应指明备份数据的放置场所、文件命名规则、介质替换频率和数据离站运输的方法;
d) 应建立数据备份和恢复过程控制程序,记录备份过程,所有文件和记录应妥善保存;
e) 应至少每年一次执行恢复程序,检查和测试备份介质的有效性,确保在规定的时间内完成备份恢复。

7.2.5.12 安全事件处置(G3)

a) 应制定安全事件报告和处置管理制度,明确安全事件的类型、现场处理、事件报告和后期恢复等内容;
b) 应根据国家相关管理部门的计算机安全事件等级划分方法和安全事件对系统产生的影响,对信息系统计算机安全事件进行等级划分,建立安全事件定级文档,明确安全事件的定义、等级划分原则、等级描述等内容;
c) 应制定安全事件报告和响应处理程序,确定事件的报告流程,响应和处置的范围、程度,以及处理方法等;
d) 应报告所发现的安全弱点和可疑事件,在任何情况下均不应尝试验证安全弱点;
e) 应在安全事件报告和响应处理过程中,分析和鉴定事件产生的原因,收集证据,记录处理过程,总结经验教训,制定补救措施,过程形成的所有文件和记录均应妥善保存;
f) 对造成系统中断和造成信息泄密的安全事件应采用不同的处理程序和报告程序,明确具体的报告方式、报告内容、报告人员和处理程序等内容。

7.2.5.13 应急预案管理(G3)

a) 应制订统一的应急预案框架,包括启动应急预案的条件、应急处理流程、系统恢复流程、事后教育和培训等内容;
b) 在统一的应急预案框架下,分别制订不同事件的应急预案;
c) 应至少每年一次对系统相关人员进行应急预案培训;
d) 应制定应急保障制度,从人力、技术、设备和财务等方面确保应急预案的执行;
e) 应定期对应急预案进行演练,并保存演练记录,记录应包括应急演练过程、审批过程、相关人员及签字、演练内容及结果等;应根据不同的应急恢复内容,确定演练周期,至少每年演练一次。在演练后对应急预案进行审查,保存审查记录;
f) 应规定应急预案中需要定期审查和更新的内容,并按照执行。

8 第四级基本要求

8.1 技术要求

8.1.1 物理安全

8.1.1.1 物理位置的选择(G4)

a) 机房和办公场地应选择在具备防震、防风和防雨等能力的建筑内;

b) 应具有机房或机房所在建筑物符合当地抗震要求的相关证明;

c) 机房场地不宜设在建筑物的高层。如不可避免,应在设备运输、管线铺设等方面采取有效的补救措施;机房场地不宜设在建筑物的地下室,如不可避免,应在管道泄漏和消防排水等方面采取有效的补救措施;机房场地不宜设在用水设备的下层或隔壁,如不可避免,应采取有效措施,防止水漫溢和渗漏;

d) 机房场地应避开火灾危险程度高的区域,周围 50m 内不应有加油站、煤气站等建筑。

8.1.1.2 物理访问控制(G4)

a) 机房出入口应安排专人值守并配置电子门禁系统,电子门禁系统的日志记录应至少保留 1 年;

b) 应采用监控设备将机房人员进出情况传输到值班点,监控记录应至少保留 1 年;

c) 来访人员应经申请和审批后方可进入机房,并限制和监控其活动范围;

d) 应对机房进行区域划分管理,区域和区域之间应设置物理隔离装置。在重要区域前应设置交付或安装等过渡区域;

e) 重要区域应设置第二道电子门禁系统,控制、鉴别和记录进入人员,电子门禁系统日志记录应至少保存 1 年。

8.1.1.3 防盗窃和防破坏(G4)

a) 应将主要设备放置在机房内或其他不易被盗窃和破坏的可控范围内;

b) 应将设备或主要部件进行固定,并设置明显的不易除去的标记,如粘贴标签或铭牌等;

c) 应将通信线缆铺设在地下或管道中等隐蔽处,强弱电应隔离铺设并进行统一标识;

d) 应对介质分类标识和分类存放,存储在介质库或档案室中;

e) 应利用光、电等技术设置机房防盗报警系统。当发现异常现象时,可自动报警并保存报警记录,报警记录应至少保存 1 年;

f) 应对机房设置监控报警系统。当发现异常现象时,可自动报警,并保存监控记录和报警记录,监控记录应至少保存 1 年。

8.1.1.4 防雷击(G4)

a) 机房建筑应设置避雷装置,防雷击措施至少应包括安装避雷针或避雷器;

b) 机房应设置交流电源地线;

c) 应设置防雷保安器,防止感应雷。

8.1.1.5 防火(G4)

a) 机房应设置火灾自动消防系统,能够自动检测火情、自动报警,并自动灭火;

b) 自动消防系统应有运行记录并定期进行巡检;

c) 机房及相关的工作房间和辅助房应采用不低于三级耐火等级的建筑材料;

d) 机房应采取区域隔离防火措施,如安装防火门,将重要设备与其他设备隔离开;

e) 机房内所使用的磁带和胶卷等易燃物品,应放置在防火柜内;

f) 机房应设置具有显著标识的消防逃生通道。

8.1.1.6　防水和防潮(G4)

a) 水管的安装不宜穿过机房屋顶和活动地板下。如不可避免,应采取有效防护措施;

b) 应采取措施防止雨水通过机房窗户、屋顶和墙壁渗透;

c) 应采取措施防止机房内水蒸气结露和地下积水,如在机房地面修建地漏、泄水槽等;

d) 应安装水敏感检测仪表或元件,对机房进行防水检测,发现异常时报警。

8.1.1.7　防静电(G4)

a) 主要设备应采用必要的接地防静电措施;

b) 主机房和辅助区内的工作台面应采用导静电或静电耗散材料;

c) 机房应采用防静电地板;

d) 机房应采用静电消除器等装置,减少静电的产生。

8.1.1.8　温湿度控制(G4)

机房应设置温湿度自动调节设施,使机房温、湿度的变化控制在设备运行所要求的范围之内。设备开机时,机房温度应控制在18~26℃,相对湿度应控制在30%~50%。

8.1.1.9　电力供应(A4)

a) 应在机房供电线路上配置稳压器和过电压防护设备;

b) 应具有短期的备用电力供应,如配置UPS,至少满足主要设备在断电情况下正常运行2h以上;

c) 机房供电系统应采用单独的配电柜和独立于一般照明用电的专用供配电线路,配电容量应具备一定余量;

d) 应设置冗余或并行的电力电缆线路为计算机系统供电;

e) 机房供电系统应定期进行巡检,并保存巡检报告。

8.1.1.10　电磁防护(S4)

a) 电源线和通信线缆应隔离铺设,铺设在不同的桥架或管道中,并使用交叉走线避免并排铺设。如不可避免,应采取相应的屏蔽措施;

b) 应采用接地方式防止外界电磁干扰和设备寄生耦合干扰;

c) 应对关键区域实施电磁屏蔽。

8.1.2　网络安全

8.1.2.1　结构安全(G4)

a) 主要网络设备的业务处理能力应具备冗余空间,满足业务高峰期需要,关键网络设备近一年的CPU负载均值应小于60%;

b) 接入网络和核心网络的带宽应满足业务高峰期需要,其占用均值均应低于60%;

c) 应绘制与当前运行情况相符的网络拓扑结构图,拓扑结构图应包含网络设备名称、线路带宽类型、物理连线标识、设备端口名称、设备管理IP、接口IP和各区域IP地址段等;

d) 应根据各部门的工作职能、重要性和所涉及信息的重要程度等因素,划分不同的子网或网段,并按照方便管理和控制的原则为各子网、网段分配地址段;

e) 应在业务终端与服务器之间进行路由控制,建立安全的访问路径;

f) 应避免将重要网段部署在网络边界处且直接连接外部信息系统,重要网段与其他网段之间采取可靠的技术手段隔离;

g) 应根据服务的重要次序指定带宽分配优先级别,网络发生拥堵时应优先保护重要主机。

8.1.2.2　访问控制(G4)

a) 应在网络边界部署访问控制设备,启用访问控制功能;

b) 应拒绝带通用协议的数据通过;

c) 应根据数据的敏感标记允许或拒绝数据通过;

d） 应关闭远程拨号访问功能；

e） 关键业务应用和网络访问宜使用静态路由。如果使用动态路由，应启用路由协议的安全认证机制，并控制路由信息的广播范围。

8.1.2.3 安全审计（G4）

a） 应对网络系统中的网络设备运行状况、网络流量、用户行为等进行日志记录；

b） 日志记录应包括事件的日期和时间、用户信息、事件类型、事件是否成功及其他相关信息；

c） 应能够根据记录数据进行分析，并生成审计报表；

d） 应对日志记录进行保护，避免受到未预期的删除、修改或覆盖等操作，日志记录的保存时间应不少于1年；

e） 应设定审计跟踪极限的阈值，当存储空间接近极限时采取必要措施进行调整，当存储空间被耗尽时终止可审计事件的发生；

f） 应根据信息系统的统一安全策略，实现集中审计，产生日志的机器时钟应与网络服务器的时钟保持同步。

8.1.2.4 边界完整性检查（S4）

a） 应能够对非授权设备私自联到内部网络的行为进行检查，准确定位，并对其进行有效阻断；

b） 应能够对内部网络用户私自联到外部网络的行为进行检查，准确定位，并对其进行有效阻断。

8.1.2.5 入侵防范（G4）

a） 应在网络边界处监视端口扫描、强力攻击、木马后门攻击、拒绝服务攻击、缓冲区溢出攻击、IP碎片攻击和网络蠕虫攻击等行为；

b） 当检测到攻击行为时，记录攻击源IP、攻击类型、攻击目的、攻击时间；在发生严重入侵事件时应通过声音、短信或邮件等方式进行报警。

8.1.2.6 恶意代码防范（G4）

a） 应在网络边界处对恶意代码进行检测和清除，如部署防病毒网关或UTM、IPS的防病毒模块等；

b） 应及时升级维护恶意代码库，并对更新情况进行检测。

8.1.2.7 网络设备防护（G4）

a） 应对登录网络设备的用户进行身份鉴别，删除默认用户或修改默认用户的口令。根据管理需要新开设用户账号时，不应使用缺省口令、空口令和弱口令；

b） 应对网络设备的管理员登录地址进行限制；

c） 网络设备用户的标识应唯一；

d） 身份鉴别信息应具有不易被冒用的特点。口令应有复杂度要求，包含数字、大写字母、小写字母和特殊字符，且长度应不少于8位；口令应定期更换，至少每30天更换一次；

e） 应具有登录失败处理功能，可采取结束会话、限制非法登录次数和网络登录连接超时自动退出等措施；

f） 当对网络设备进行远程管理时，应采取SSH、HTTPS等必要措施，防止用户鉴别信息在网络传输过程中被窃听；

g） 主要网络设备应采用两种或两种以上组合的鉴别技术，对同一用户身份进行鉴别；

h） 应实现网络设备特权用户的权限分离；

i） 网络设备用户的身份鉴别信息应至少有一种是不可伪造的。

8.1.3 主机安全

8.1.3.1 身份鉴别（S4）

a） 应对登录操作系统和数据库系统的用户进行身份标识和鉴别，不应使用默认用户和默认口令；

b） 应为操作系统和数据库系统的不同用户分配不同的用户名，确保用户名具有唯一性；

c) 操作系统和数据库系统管理用户身份标识应具有不易被冒用的特点。口令应有复杂度要求,包含数字、字母和特殊字符,且长度应不少于10位;口令应定期更换,至少每30天更换一次,至少5次内不能重复;

d) 应启用登录失败处理功能,可采取结束会话、限制非法登录次数和自动退出等措施;

e) 当对服务器进行远程管理时,应采取SSH、HTTPS等必要措施,防止用户鉴别信息在网络传输过程中被窃听;

f) 应采用两种或两种以上组合的鉴别技术对管理用户进行身份鉴别,且身份鉴别信息应至少有一种是不可伪造的。如通过远程方式登录主机系统时,应采用强化管理的口令、基于生物特征、基于数字证书及其他具有相应安全强度的两种或两种以上组合鉴别机制进行鉴别;

g) 应设置鉴别警示信息,提醒未授权访问可能导致的后果。

8.1.3.2 安全标记(S4)

应对所有主体和客体设置敏感标记。

8.1.3.3 访问控制(S4)

a) 应依据安全策略和所有主体、客体设置的敏感标记控制主体对客体的访问;

b) 主体访问控制的粒度应达到用户级或进程级,客体应达到文件、数据库表、记录和字段级;

c) 应实现操作系统和数据库系统特权用户的权限分离;

d) 应严格限制默认账户的访问权限,重新命名系统默认账户,修改这些账户的默认口令,如系统中的administrator账号;

e) 应及时删除多余的、过期的账户,避免共享账户的存在,如禁止多人共用一个相同的管理账户;

f) 应根据管理用户的角色分配权限,把系统管理员、系统安全员和审计员的权限合理分配给不同特权用户,实现管理用户的权限分离,且仅授予管理用户所需的最小权限。

8.1.3.4 可信路径(S4)

a) 在系统对用户进行身份鉴别时,系统与用户之间应能够建立一条安全的信息传输路径;

b) 在用户对系统进行访问时,系统与用户之间应能够建立一条安全的信息传输路径。

8.1.3.5 安全审计(G4)

a) 审计范围应覆盖到服务器和重要客户端上的每个操作系统用户和数据库用户;

b) 审计内容应包括重要用户行为、系统资源的异常使用和重要系统命令的使用等。如用户的添加和删除、审计功能的启动和关闭、审计策略的调整、权限变更、用户登录与退出等操作;

c) 审计记录应包括事件的日期、时间、类型、主体标识、客体标识和结果等;

d) 应保护审计记录,避免受到未预期的删除、修改或覆盖等操作,审计记录应至少保存1年;

e) 应能够对记录数据进行分析,并生成审计报表;

f) 应保护审计进程,避免受到未预期的中断;

g) 应能够根据信息系统的统一安全策略,实现集中审计。

8.1.3.6 剩余信息保护(S4)

a) 操作系统和数据库系统的用户鉴别信息所在的存储空间,无论是在硬盘上还是内存中,在被释放或再分配给其他用户前应完全清除。如再次登录系统时不显示前一次登录系统的用户名;

b) 系统内的文件、目录和数据库记录等资源所在的存储空间,在被释放或重新分配给其他用户前应完全清除。如在关闭系统前清除系统的虚拟内存页面。

8.1.3.7 入侵防范(G4)

a) 操作系统应遵循最小安装的原则,仅安装需要的组件和应用程序,并通过设置升级服务器等方式及时更新系统补丁;

b) 应能够检测到入侵重要服务器的行为,记录入侵的源IP、攻击的类型、攻击的目的、攻击的时间,并在发生严重入侵事件时使用声音、短信或Email等进行报警;

c） 应能够对重要程序的完整性进行检测。在检测到重要程序的完整性受到破坏时，能够采取恢复措施。

8.1.3.8 恶意代码防范（G4）

a） 应安装防恶意代码软件，并及时更新防恶意代码软件版本和恶意代码库；

b） 应支持防恶意代码的统一管理，可进行统一更新、统一检测和查杀，且至少每月分析一次日志报告；

c） 主机防恶意代码产品应具有与网络防恶意代码产品不同的恶意代码库。

8.1.3.9 资源控制（A4）

a） 应通过设定终端接入方式、网络地址范围等条件限制终端登录；

b） 应根据安全策略设置登录终端的操作超时锁定功能；

c） 应限制单个用户对系统资源的最大或最小使用限度；

d） 应对重要服务器进行监视，包括服务器的 CPU、硬盘、内存、网络等资源的使用情况；

e） 应在检测到系统的服务水平降低到预先规定的最小值时，采取邮件或短信等方式进行报警。

8.1.3.10 业务移动终端安全（P4）

a） 应遵循最小安装的原则，仅安装需要的组件和应用程序，并通过设置服务器等方式及时更新系统补丁；

b） 应通过技术手段限制用户对不必要功能的使用，关闭非业务所需的无线、蓝牙、GPS 等；

c） 应保持安全的业务移动终端运行环境，具有安全输入、安全显示、安全存储等功能；

d） 系统启动时应直接进入应用程序登录界面，禁止用户直接登录操作系统；

e） 应对业务移动终端上的敏感数据进行加密存储；

f） 应设置业务移动终端日志审计功能，对终端的注册、激活、解除激活等重要操作进行日志记录；

g） 应对业务移动终端进行身份认证，保证终端的合法性；

h） 应采取技术措施对已确认丢失终端的数据进行擦除。

8.1.4 应用安全

8.1.4.1 身份鉴别（S4）

a） 应具有专用的登录控制模块对登录用户进行身份标识和鉴别；

b） 应具有用户身份标识唯一性和用户鉴别信息复杂度检查功能，保证应用系统中不存在重复用户身份标识，身份鉴别信息不易被冒用，口令应包含数字、字母和特殊字符，长度应不少于 10 位，且至少每 30 天更换一次；

c） 应具有登录失败处理功能，可采取结束会话、限制非法登录次数和自动退出等措施；

d） 应启用身份鉴别、用户身份标识唯一性检查、用户身份鉴别信息复杂度检查以及登录失败处理功能，并根据安全策略配置相关参数；

e） 应采用两种或两种以上组合的鉴别技术，对同一用户身份进行鉴别，且其中一种是不可伪造的；

f） 邮政行业核心营运类系统不应通过互联网进行远程管理。

8.1.4.2 安全标记（S4）

应具有为主体和客体设置安全标记的功能，并在安装后启用；应用系统的设计或验收文档应对其进行描述说明。

8.1.4.3 访问控制（S4）

a） 应具有自主访问控制功能，依据安全策略控制用户对文件、数据库表等客体的访问，如数据的增加、删除、修改或查询等操作；

b） 访问控制的覆盖范围应包括与资源访问相关的主体、客体及相互之间的操作，应在用户界面屏蔽未授权的功能导航；

c） 应由授权主体配置访问控制策略，并禁止默认账户的访问；

d） 应授予不同账户为完成各自任务所需的最小权限，并在相互之间形成制约关系；

e） 应具有对重要信息资源设置敏感标记的功能，邮政行业核心营运类系统应明确区分客户敏感信息与其他一般信息；

f） 应通过对主体和客体安全标记的比较，确定授予或拒绝主体对客体的访问。

8.1.4.4 可信路径（S4）

a） 在应用系统对用户进行身份鉴别时，应能够建立一条安全的信息传输路径，并在应用系统的设计或验收文档中对其进行说明；

b） 在用户通过应用系统对资源进行访问时，应用系统应在被访问资源与用户之间建立一条安全的信息传输路径，并在应用系统的设计或验收文档中对其进行说明。

8.1.4.5 安全审计（G4）

a） 应具有覆盖到每个用户的安全审计功能，对应用系统重要安全事件进行审计，如对用户登录与退出、增加、修改、删除关键数据等操作及系统的异常事件提供日志记录；

b） 审计记录的内容至少应包括事件的日期、时间、发起者信息、类型、过程描述和结果等；

c） 应保证无法单独中断审计进程，无法删除、修改或覆盖审计记录，并采用日志服务器备份日志文件，审计记录应至少保存 1 年；

d） 应具有对审计记录数据进行统计、查询、分析及生成审计报表的功能；

e） 应根据统一的安全策略，提供集中审计接口。

8.1.4.6 剩余信息保护（S4）

a） 用户鉴别信息所在的存储空间，无论是存放在硬盘还是内存中，在被释放或再分配给其他用户前应完全清除。如再次登录系统时不显示前一次登录系统的用户名、基于 WEB 的应用系统不在客户端上存储用户鉴别信息等；

b） 系统内的文件、目录和数据库记录等资源所在的存储空间，在被释放或重新分配给其他用户前应完全清除。如在用户退出应用系统后，立即清除使用过程中产生的临时文件等。

8.1.4.7 通信完整性（S4）

应采用密码技术保证通信过程中数据的完整性。

8.1.4.8 通信保密性（S4）

a） 在通信双方建立连接之前，应利用密码技术进行会话初始化验证；

b） 应对通信过程中的整个报文或会话过程进行加密；

c） 应采用硬件设备对重要通信过程进行加解密运算和密钥管理。

8.1.4.9 抗抵赖（G4）

a） 应具有在请求的情况下为数据原发者或接收者提供数据原发证据的功能；

b） 应具有在请求的情况下为数据原发者或接收者提供数据接收证据的功能。

8.1.4.10 软件容错（A4）

a） 应具有数据有效性检验功能，通过人机接口输入或通过通信接口输入的数据格式或长度应符合系统设定要求，文件上传时应进行文件格式、内容检查，禁止恶意文件上传；

b） 应具有自动保护功能，当故障发生时自动保护当前所有状态；

c） 应具有自动恢复功能，当故障发生时立即自动启动新的进程，恢复原来的工作状态。

8.1.4.11 资源控制（A4）

a） 当应用系统通信双方中的一方在一段时间内未作出任何响应，另一方应能够自动结束会话，如应用系统可在不超过 15min 的时间内自动终止超时会话；

b） 应能够对系统的最大并发会话连接数进行限制，如在中间件或 WEB 服务器中对最大连接数进行设置；

c） 应能够对单个账户的多重并发会话进行限制；

d） 应能够对一个时间段内可能的并发会话连接数进行限制；

e） 应能够对一个访问账户或一个请求进程占用的资源分配最大限额和最小限额；

f） 应能够在检测到系统服务水平降低到预先规定的最小值时进行报警；

g） 应具有服务优先级设定功能，并在安装后根据安全策略设定访问账户或请求进程的优先级，根据优先级分配系统资源。

8.1.4.12 源代码安全（P4）

a） 应在系统上线前、版本变更后等关键时间节点，检测软件源代码中可能存在的程序缺陷、可能存在的安全漏洞，找出应用系统的安全隐患；

b） 应采取访问控制措施对软件源代码进行控制，防止未授权访问。

8.1.5 数据安全及备份恢复

8.1.5.1 数据完整性（S4）

a） 应能够检测到系统管理数据、用户鉴别信息和重要业务数据的完整性在传输过程中已经受到破坏，并在检测到完整性错误时采取必要的恢复措施；检测范围应包括网络设备操作系统、主机操作系统、数据库管理系统和应用系统的系统管理数据、用户鉴别信息和重要业务数据等；

b） 应能够检测到系统管理数据、用户鉴别信息和重要业务数据的完整性在存储过程中已经受到破坏，并在检测到完整性错误时采取必要的恢复措施；

c） 应对重要通信提供专用通信协议或安全通信协议服务，避免来自基于通用协议的攻击破坏数据的完整性。

8.1.5.2 数据保密性（S4）

a） 应采用加密或其他保护措施存储系统管理数据、用户鉴别信息和重要业务数据，保护范围应覆盖网络设备操作系统、主机操作系统、数据库管理系统和应用系统等；

b） 应采用加密或其他保护措施传输系统管理数据、用户鉴别信息和重要业务数据，保护范围应覆盖网络设备操作系统、主机操作系统、数据库管理系统和应用系统等；

c） 应对重要通信提供专用通信协议或安全通信协议服务，避免来自基于通用协议的攻击破坏数据的保密性。

8.1.5.3 备份和恢复（A4）

a） 应具有本地数据备份与恢复功能，至少每天一次进行完全数据备份，备份介质应场外存放；

b） 应建立异地灾难备份中心，配备灾难恢复所需的通信线路、网络设备和数据处理设备，提供业务应用系统的实时无缝切换；

c） 应具有异地实时备份功能，利用通信网络将数据实时备份至灾难备份中心；

d） 应采用冗余技术设计网络拓扑结构，避免关键节点存在单点故障；

e） 主要网络设备、通信线路和数据处理系统的硬件应冗余配置，硬件发生故障时应能够自动进行切换；

f） 应根据存储介质的使用寿命，制定数据恢复计划，避免数据丢失。

8.1.5.4 数据泄露防护（P4）

a） 应明确用户敏感信息的范围，对敏感信息的使用进行授权和审批；

b） 应在网络边界、关键应用、客户端上对敏感数据进行有效识别，并能够及时、持续地对敏感数据的传输及使用进行监控和保护；

c） 应明确不同等级信息系统间的敏感信息传递安全策略，防范敏感信息通过低级别信息系统进行非授权传递。

8.2 管理要求

8.2.1 安全管理制度

8.2.1.1 管理制度(G4)

a) 应制定信息系统安全工作的总体方针和安全策略,规定信息系统安全工作的总体目标、范围、原则和安全框架等;

b) 应针对各类安全管理内容建立安全管理制度,管理制度应包括但不限于物理、网络、主机、应用、数据、人员、建设和运维等内容;

c) 应建立安全操作规程,范围应覆盖安全主管、安全管理员、网络管理员、主机管理员、安全审计员、数据库管理员、应用管理员和介质管理员等岗位;

d) 应形成由安全策略、管理制度、操作规程等构成的全面的信息系统安全管理制度体系。

8.2.1.2 制定和发布(G4)

a) 应指定或授权专门的部门或人员负责安全管理制度的制定;

b) 应组织相关人员对制定的安全管理制度进行论证和审定,保存安全管理制度评审记录,详细记录相关人员的评审意见;

c) 应对安全管理制度设定统一格式并进行版本控制;

d) 应注明安全管理制度的发布范围,并记录和保存发布记录;

e) 安全管理制度应通过正式、有效的方式进行发布;

f) 设有密级的安全管理制度,应注明安全管理制度的密级,并进行密级管理。

8.2.1.3 评审和修订(G4)

a) 信息系统安全工作领导小组应至少每年,或当技术基础架构和组织架构等发生变更时,组织相关部门和相关人员对安全管理制度体系的合理性和适用性进行审定,保存评审记录,并对存在不足或需要改进的安全管理制度进行修订;

b) 应明确需要定期修订的安全管理制度并注明修订周期,指定部门或人员负责安全管理制度的日常维护;

c) 应根据安全管理制度的相应密级确定评审和修订的人员范围。

8.2.2 安全管理机构

8.2.2.1 岗位设置(G4)

a) 应设立负责信息系统安全管理工作的职能部门,以及安全主管、安全管理员等岗位,并明确各个岗位的职责;

b) 应设立系统管理员、网络管理员、数据库管理员等岗位,并明确各个工作岗位的职责;

c) 应成立信息系统安全工作领导小组,负责协调本单位及所辖范围的信息系统安全管理工作,决策本单位及所辖范围的信息系统安全重大事宜。领导小组最高领导应由单位主管领导委任或授权;

d) 应制定文件明确安全管理机构各个部门和岗位的职责分工和技能要求。

8.2.2.2 人员配备(G4)

a) 应配备一定数量的系统管理员、网络管理员、安全管理员等;

b) 安全管理员应为专职人员,不可兼任其他岗位;

c) 网络管理、系统管理、数据库管理等关键岗位应至少配备 2 人,实行共同管理。

8.2.2.3 授权和审批(G4)

a) 应根据各个部门和岗位的职责明确授权审批事项、审批部门及批准人。审批事项包括但不限于系统投入运行、网络系统接入和重要资源的访问等重要活动；

b) 应对重要活动建立逐级审批制度，应针对系统变更、重要操作、物理访问和系统接入等事项建立审批程序，按照审批程序执行审批过程；

c) 应至少每年一次审查审批事项，及时更新需授权和审批的项目、审批部门和审批人等信息，并保存审查记录；

d) 应记录审批过程并保存审批文档。

8.2.2.4 沟通和合作(G4)

a) 应加强管理人员之间、内部组织机构之间以及信息系统安全管理职能部门之间的合作与沟通，定期或不定期召开协调会议，共同协作处理信息系统安全问题；

b) 应加强与同业单位、公安机关、安全机关、运营商的合作与沟通，以文档形式明确合作内容和合作方式；

c) 应加强与供应商、业界专家、专业安全公司、安全组织的合作与沟通，以文档形式明确合作内容和合作方式；

d) 应建立外联单位联系列表，包括外联单位名称、合作内容、联系人和联系方式等信息，外联单位应包括公安机关、运营商、供电部门、专业安全公司、安全组织等；

e) 应聘请信息安全专家作为常年安全顾问，指导信息系统安全建设，参与安全规划和安全评审等工作。

8.2.2.5 审核和检查(G4)

a) 安全管理员应负责定期进行安全检查，检查内容包括系统日常运行、系统漏洞和数据备份等情况；

b) 应由内部人员或上级单位定期进行全面安全检查，检查内容包括现有安全技术措施的有效性、安全配置与安全策略的一致性、安全管理制度的执行情况等，并保存安全检查记录；

c) 应制定安全检查表格，汇总安全检查数据，形成安全检查报告，并对安全检查结果进行通报；

d) 应制定安全审核和安全检查制度，规范安全审核和安全检查工作，定期进行安全审核和安全检查活动。

8.2.3 人员安全管理

8.2.3.1 人员录用(G4)

a) 应指定或授权专门的部门或人员负责人员录用；

b) 应严格规范人员录用过程，对被录用人的身份、背景、专业资格和资质等进行审查，对其所具有的技术技能进行考核，重点关注其在原工作单位是否存在信息安全违规和犯罪记录，保存审查和考核结果；

c) 应签署保密协议，保密协议应明确保密范围、保密责任、违约责任和有效期限等内容；

d) 应从内部人员中选拔从事关键岗位的人员，并签署岗位安全协议。关键岗位包括但不限于数据库管理员、网络管理员、系统管理员、安全管理员等，安全协议包括但不限于安全责任、违约责任和有效期限等内容。

8.2.3.2 人员离岗(G4)

a) 应制定有关管理规范，严格规范人员离岗程序，及时终止离岗员工的所有访问权限，包括但不限于物理访问权限、网络设备访问权限、操作系统访问权限、数据库访问权限、应用系统访问权限、用户终端访问权限等；

b) 应取回各种身份证件、钥匙、徽章等以及机构提供的软硬件设备，详细记录交还情况；

c) 应办理严格的调离手续并保存调离手续记录，关键岗位人员须在承诺调离后的保密义务后方可离开。

8.2.3.3 人员考核(G4)

a) 应至少每年一次对各个岗位的人员进行安全认知、安全技能及信息系统安全等级保护相关内容的考核;
b) 应至少每年一次对关键岗位的人员进行全面、严格的安全审查和技能考核;
c) 应建立保密制度,并定期或不定期地对保密制度执行情况进行检查或考核;
d) 应对考核结果进行记录并保存,详细记录考核时间、考核内容和考核结果等内容。

8.2.3.4 安全意识教育和培训(G4)

a) 应对定期开展安全教育和培训进行书面规定,针对不同岗位制定不同的年度培训计划;
b) 应至少每年一次对各类人员进行安全意识教育、岗位技能培训和相关安全技术培训;
c) 应对安全教育和培训的情况和结果进行记录并归档保存;
d) 应对安全责任和惩戒措施进行书面规定并告知相关人员,对违反安全策略和规定的人员进行惩戒;
e) 应每年对专业人员进行信息系统安全技术提升培训,并对培训情况进行记录归档保存;信息系统安全专业人员晋升时,应进行安全专业技能考核。

8.2.3.5 外部人员访问管理(G4)

a) 对外部人员允许访问的区域、系统、设备、信息等,应进行书面规定并按照规定执行;
b) 外部人员在访问机房、重要服务器或设备区等受控区域前,应先提出书面申请,批准后由专人全程陪同或监督,并登记备案,详细记录外部人员访问重要区域的进入时间、离开时间、访问区域及陪同人等信息;
c) 应禁止外部来访人员的移动设备如 U 盘、移动硬盘、手机等直接接入到系统;
d) 关键区域不应允许外部人员访问。

8.2.4 系统建设管理

8.2.4.1 系统定级(G4)

a) 应明确信息系统的边界和安全保护等级;
b) 应以书面的形式说明信息系统确定为某个安全保护等级的方法和理由;
c) 应组织相关部门和有关安全技术专家对信息系统定级结果的合理性和正确性进行论证和审定;
d) 信息系统的定级结果应经过相关部门批准。

8.2.4.2 安全方案设计(G4)

a) 应根据系统的安全保护等级选择基本安全措施,并依据风险分析结果补充和调整安全措施;
b) 应根据信息系统的等级划分情况,统一确定安全保障体系的总体安全策略、安全技术框架、安全管理策略、总体建设规划和详细设计方案,并形成配套文件;
c) 应指定和授权专门的部门对信息系统的安全建设进行总体规划,制定近期和远期安全建设工作计划,计划内容包括但不限于工作目标、建设内容和责任部门等;
d) 应组织相关部门和有关安全技术专家对总体安全策略、安全技术框架、安全管理策略、总体建设规划、详细设计方案等文件的合理性和正确性进行论证和审定,并经过批准后才能正式实施;
e) 应根据等级测评、安全评估结果定期调整和修订总体安全策略、安全技术框架、安全管理策略、总体建设规划、详细设计方案等文件。

8.2.4.3 产品采购和使用(G4)

a) 信息系统安全产品的采购和使用应符合国家有关规定,如根据信息系统安全需求选择使用相应等级的产品;
b) 密码产品的采购和使用应符合国家密码主管部门的要求,如系统中使用的密码产品应具有国家密码主管部门颁发的销售许可证;

c） 应指定或授权专门的部门负责信息系统安全产品采购；

d） 应预先对信息系统安全产品进行选型测试，确定产品的候选范围，并定期审定和更新候选产品名单；

e） 应委托专业测评单位对重要信息系统安全产品进行专项测试，根据测试结果选用产品。

8.2.4.4 自行软件开发（G4）

a） 开发环境应与实际运行环境物理分开，开发人员应与测试人员分离；

b） 应制定软件开发管理制度，明确规定开发过程的控制方法和人员行为准则，明确应经过授权、审批的开发活动；

c） 应确保提供软件设计的相关文档和使用指南，并由专人负责保管；

d） 应在软件开发的需求、设计、编码和测试等各个环节，引入安全的开发方法以提高软件安全性，减少软件的安全缺陷和漏洞；

e） 应制定代码编写安全规范，要求开发人员按照规范编写代码；

f） 应对程序资源库的修改、更新、发布进行授权和批准；

g） 开发人员应为专职人员，开发人员的开发活动应受到有效的安全监控。

8.2.4.5 外包软件开发（G4）

a） 应根据开发需求检测软件质量，检测范围应包括代码质量、软件功能和性能等；

b） 应在软件安装之前检测软件包中可能存在的恶意代码，应保存恶意代码检测报告；

c） 应确保软件开发单位提供软件设计的相关文档和使用指南；

d） 应要求开发单位提供软件源代码，并审查软件中可能存在的后门木马和隐蔽信道；若开发单位未能提供软件源代码，则应要求开发单位提供第三方机构出具的软件源代码审查报告。

8.2.4.6 工程实施（G4）

a） 应指定或授权专门的部门或人员负责工程实施过程管理；

b） 应制订详细的工程实施方案，工程实施方案应明确工程时间限制、进度控制和质量控制等内容，并要求工程实施单位严格执行工程实施方案；

c） 应制定工程实施管理制度，明确规定实施过程的控制方法和人员行为准则；

d） 应通过第三方工程监理监控项目的实施过程。

8.2.4.7 测试验收（G4）

a） 在测试验收前应根据设计方案或合同要求等制定测试验收方案，测试验收方案应明确规定参与测试的部门、人员、测试验收内容、现场操作过程等内容，在测试验收过程中应详细记录测试验收结果，并形成测试验收报告；

b） 应委托第三方测试机构对系统进行安全性测试，并出具安全性测试报告。报告应具有第三方测试机构的签字和盖章，报告内容应包括但不限于测试时间、测试地点、测试人员、测试对象、测试方法、测试过程、测试中发现的安全问题、整改建议和测试结论；

c） 应组织相关部门和相关人员对系统测试验收报告进行审定，并签字确认；

d） 应对系统测试验收方法和人员行为准则进行书面规定；

e） 应指定或授权专门的部门负责系统测试验收的管理，并按照管理规定完成系统测试验收工作。

8.2.4.8 系统交付（G4）

a） 应制定详细的系统交付清单，并根据交付清单对所交接的设备、软件和文档等进行清点；

b） 应对负责系统运行维护的技术人员进行相应的技能培训；

c） 应确保提供系统建设过程中的文档和指导用户进行系统运行维护的文档；

d） 应对系统交付方法和人员行为准则进行书面规定；

e） 应指定或授权专门的部门负责系统交付管理，并按照管理规定完成系统交付工作。

8.2.4.9 系统备案(G4)

a) 应指定专门的部门或人员负责管理系统定级的相关材料;
b) 应将系统等级结果及相关材料报邮政管理部门备案,并保存相关备案记录;
c) 应将系统等级结果及相关材料报公安机关备案,并保存相关备案记录。

8.2.4.10 等级测评(G4)

a) 在系统运行过程中,应至少每半年对系统进行一次等级测评,发现不符合相应等级保护标准要求的及时整改;
b) 应在系统发生变更时及时对系统进行等级测评,级别发生变化的应及时进行安全改造,不符合相应等级保护标准要求的应及时整改;
c) 应选择具有国家相关技术资质和安全资质的测评单位进行等级测评;
d) 应指定或授权专门的部门或人员负责等级测评管理。

8.2.4.11 安全服务商选择(G4)

a) 安全服务商的选择应符合国家有关规定;
b) 应与选定的安全服务商签订安全协议,明确约定相关责任、保密范围、有效期限等内容;
c) 选定的安全服务商应提供技术培训和服务承诺,必要的与其签订服务合同,内容包括但不限于技术培训、服务承诺、服务期限等;
d) 在与安全服务商签订有效的服务合同之前,应评估安全服务商的引入风险,确保风险在可接受范围内。

8.2.5 系统运维管理

8.2.5.1 环境管理(G4)

a) 应指定专门的部门或人员至少每季度对机房供配电、空调、温湿度控制等设施设备进行维护管理;
b) 应指定专门的部门负责机房安全,配备机房安全管理人员,对设备与人员进出机房、服务器的开关等工作进行管理;
c) 应建立机房安全管理制度,对有关人员进出机房,物品带进、带出机房和机房环境安全等作出规定;
d) 应加强对办公环境的保密性管理,包括工作人员调离办公室应立即交还办公室钥匙、不在办公区接待来访人员、工作人员离开座位应确保终端计算机退出登录状态和桌面上不放含有敏感信息的纸质文件等;
e) 应对机房和办公环境实行统一安全管理,对出入人员进行相应级别的授权,实时监视和记录进入重要安全区域的活动。

8.2.5.2 资产管理(G4)

a) 应建立资产管理制度,规定信息系统资产管理的责任部门或人员,规范资产使用和管理行为,明确资产使用、传输、存储、维护以及职责划分等内容;
b) 应编制并保存与信息系统相关的资产清单,包括资产的重要程度、价值和类别、责任部门和所处位置等;
c) 应根据资产的重要程度对资产进行标识管理,根据资产的价值选择相应的管理措施。

8.2.5.3 介质管理(G4)

a) 应建立介质安全管理制度,对介质的存放环境、使用、维护和销毁等作出规定;
b) 介质应存放在安全环境中,专人负责保护和管理各类介质;
c) 应对介质在物理传输过程中的人员选择、打包、交付等情况进行管控,对介质归档和查询等过程进行记录,每季度应根据清单对介质的现状进行检查;

d) 应对存储介质的使用、送出维修以及销毁等进行严格管理。重要数据的存储介质带出工作环境应对内容进行加密并进行监控,对于需要送出维修或销毁的介质应采用多次读写方式覆盖、清除敏感或秘密数据,销毁无法执行删除操作的受损介质,保密性要求较高的信息存储介质应获得批准并在双人监控下才能销毁,销毁记录应妥善保存;
e) 应根据数据备份的需要对某些介质实行异地存储,存储地的环境要求和管理方法应与本地相同;
f) 应对重要介质中的数据和软件采取加密存储,并根据所承载数据和软件的重要程度对介质进行分类和标识管理,如粘贴纸质标签等。

8.2.5.4 设备管理(G4)

a) 应指定专门的部门或人员定期对信息系统相关的各种设备、线路等进行维护管理;
b) 应建立设备安全管理制度,对信息系统各种软硬件设备的选型、采购、发放和领用等作出规定;
c) 应对服务器、计算机终端、业务移动终端、网络等设备的操作和使用进行规范化管理,按照操作规程实现设备的启动、停止、加电、断电等操作;
d) 信息处理设备应经过审批后才能带离机房或办公地点;
e) 应建立机房配套设备的维护管理制度,明确维护人员的责任、涉外维修和服务的审批、维修过程的监督等,并保存设备的涉外维修和服务过程的申请和审批记录。

8.2.5.5 监控管理和安全管理中心(G4)

a) 应建立安全管理中心,对设备状态、恶意代码、补丁升级、安全审计等安全相关事项进行集中管理;
b) 应对通信线路、主机、网络设备和应用软件的运行状况、网络流量、用户行为等进行监测,发现异常时报警,形成记录并妥善保存;
c) 应组织相关人员定期对监测和报警记录进行分析、评审,发现可疑行为,形成分析报告,并采取必要的应对措施;
d) 应部署运维审计设备,实现集中账户管理、集中认证、集中授权、集中访问控制、集中安全审计功能。

8.2.5.6 网络安全管理(G4)

a) 应指定人员对网络安全进行管理,负责运行日志和网络监控记录的日常维护,以及报警信息的分析处理工作;
b) 应建立网络安全管理制度,对网络安全配置、日志保存时间、安全策略、升级与打补丁、口令更新周期等作出规定;
c) 应根据厂家提供的软件升级版本对网络设备进行更新,并在更新前对重要文件进行备份;
d) 应定期对网络系统进行漏洞扫描,及时对发现的安全漏洞进行修补。在实施漏洞扫描或漏洞修补前,应对可能的风险进行评估,做好充分准备,如选择恰当时间、制定数据备份和回退方案。在漏洞扫描或漏洞修补后应进行验证测试,以保证网络系统正常运行;
e) 应实现网络设备的最小服务配置,并对配置文件进行定期离线备份;
f) 所有与外部系统的连接均应得到授权和批准;
g) 应禁止便携式和移动式设备接入网络;
h) 应定期检查违反规定拨号上网或其他违反网络安全策略的行为,并保存检查记录;
i) 应严格控制网络管理用户的授权,授权应有两人在场并经双方认可后方可操作,操作过程应保留不可更改的日志记录。

8.2.5.7 系统安全管理(G4)

a) 应建立系统安全管理制度,对系统安全策略、安全配置、日志管理和日常操作流程等作出规定;
b) 应根据业务需求和系统安全分析,确定系统的访问控制策略,分配信息系统、文件及服务的访问权限；

c） 应定期进行漏洞扫描，及时对发现的安全漏洞进行修补。在实施漏洞扫描或漏洞修补前，应对可能的风险进行评估，做好充分准备，如选择恰当时间、制订好数据备份和回退方案。在漏洞扫描或漏洞修补后应进行验证测试，以保证系统的正常运行；

d） 应安装最新的系统补丁程序。应首先在测试环境中测试通过系统补丁程序，并对重要文件进行备份后，方可实施系统补丁程序的安装；

e） 应依据操作手册对系统进行维护，详细记录操作日志，包括重要的日常操作、参数的设置和修改等内容，严禁进行未经授权的操作；

f） 应定期对运行日志和审计数据进行分析，及时发现异常行为；

g） 应指定专人对系统进行安全管理，划分系统管理员角色，明确各个角色的权限、责任和风险，权限设定应遵循最小授权原则；

h） 应对系统资源的使用进行预测，以确保充足的处理速度和存储容量。管理人员应随时注意处理器、存储设备和输入设备等系统资源的使用情况。

8.2.5.8 恶意代码防范管理（G4）

a） 应提高所有用户的防病毒意识，及时告知防病毒软件版本。在读取移动存储设备上的数据以及网络上接收文件或邮件之前，先进行病毒检查，在外来计算机或存储设备接入网络系统之前也应进行病毒检查；

b） 应制定病毒防范管理制度，对防恶意代码软件的授权使用、恶意代码库升级等作出明确规定；

c） 应指定专人对网络和主机进行恶意代码检测并保存检测记录，及时对截获的危险病毒或恶意代码进行处理；

d） 应至少每月检查信息系统内各种产品的恶意代码库的升级情况并进行记录，及时对主机防病毒产品、防病毒网关和邮件防病毒网关上截获的危险病毒或恶意代码进行分析处理，并进行书面报告。

8.2.5.9 密码管理（G4）

应建立密码使用管理制度，明确密码产品和技术选型、采购、授权使用、日常维护、废弃等全生命周期管理内容；应采用符合国家密码管理规定的密码技术和已获得商用密码产品销售许可证的密码产品。

8.2.5.10 变更管理（G4）

a） 应明确系统的重要变更事项并制订相应的变更方案，明确变更类型、变更原因、变更过程、变更前评估、回退方式等内容；

b） 应建立变更管理制度。在变更系统前向主管领导申请，变更和变更方案经过评审、审批后方可实施，并在实施后向相关人员通告变更情况；

c） 应对变更影响进行分析，记录变更实施过程，并妥善保存所有文档和记录；

d） 应建立变更中止与变更失败恢复程序，明确过程控制方法和人员职责，必要时对恢复过程进行演练；

e） 应定期检查变更申报审批程序的执行情况，对系统现状与文档记录的一致性进行评估。

8.2.5.11 备份与恢复管理（G4）

a） 应明确需要定期备份的重要业务信息、系统数据及软件系统等；

b） 应建立备份与恢复安全管理制度，对备份信息的备份方式、备份频率、存储介质和保存期等作出规定；

c） 应根据数据的重要性和数据对系统运行的影响程度，制定数据的备份策略和恢复策略。备份策略应指明备份数据的放置场所、文件命名规则、介质替换频率和数据离站运输的方法；

d） 应建立数据备份和恢复过程控制程序，记录备份过程。对需要加密或进行数据隐藏处理的备份数据，在进行备份和加密操作时，应要求两名工作人员在场。所有文件和记录应妥善保存；

e) 应至少每年一次执行恢复程序，检查和测试备份介质的有效性，确保在规定的时间内完成备份恢复；

f) 应根据信息系统的备份要求，制订相应的灾难恢复计划，并对其进行测试以确保各个恢复规程的正确性和计划整体的有效性。测试内容包括运行系统恢复、备用系统性能测试、通信连接、人员协调等，根据测试结果对不适用的规定进行修改或更新。

8.2.5.12 安全事件处置(G4)

a) 应制定安全事件报告和处置管理制度，明确安全事件的类型、现场处理、事件报告和后期恢复等内容；

b) 应根据国家相关管理部门的计算机安全事件等级划分方法和安全事件对系统产生的影响，对信息系统计算机安全事件进行等级划分，建立安全事件定级文档，明确安全事件的定义、等级划分原则、等级描述等内容；

c) 应制定安全事件报告和响应处理程序，确定事件的报告流程，响应和处置的范围、程度，以及处理方法等；

d) 应报告所发现的安全弱点和可疑事件，在任何情况下均不应尝试验证安全弱点；

e) 应在安全事件报告和响应处理过程中，分析和鉴定事件产生的原因，收集证据，记录处理过程，总结经验教训，制定补救措施，过程形成的所有文件和记录均应妥善保存；

f) 对造成系统中断和造成信息泄密的安全事件应采用不同的处理程序和报告程序，明确具体的报告方式、报告内容、报告人员和处理程序等内容；

g) 发生可能涉及国家秘密的重大失密、泄密事件，应按照相关规定及时向保密等部门汇报；

h) 应严格控制参与涉及国家秘密事件处理和恢复的人员，重要操作要求至少两名工作人员在场并登记备案。

8.2.5.13 应急预案管理(G4)

a) 应制订统一的应急预案框架，包括启动应急预案的条件、应急处理流程、系统恢复流程、事后教育和培训等内容；

b) 在统一的应急预案框架下，分别制订不同事件的应急预案；

c) 应至少每年一次对系统相关人员进行应急预案培训；

d) 应制定应急保障制度，从人力、设备、技术和财务等方面确保应急预案的执行；

e) 应定期对应急预案进行演练，并保存演练记录，记录应包括应急演练过程、审批过程、相关人员及签字、演练内容及结果等；应根据不同的应急恢复内容，确定演练周期，至少每年演练一次。在演练后对应急预案进行审查，保存审查记录；

f) 应规定应急预案中需要定期审查和更新的内容，并按照执行；

g) 应根据信息系统的变更情况定期对原有的应急预案进行重新评估、修订完善，并保存评估和修订记录。

9 第五级基本要求

略。

附 录 A
(规范性附录)
基本要求的选择和使用

A.1 概述

不同安全保护等级的信息系统,对业务信息的安全性要求和系统服务的连续性要求可能存在差异,其安全保护等级由业务信息安全等级和系统服务保证等级较高者决定。因此,对某个定级后的信息系统的安全要求可以有多种组合。

A.2 定级组合

信息系统定级后,不同安全保护等级的信息系统可能形成的定级结果组合见表 A.1。

表 A.1 信息系统可能形成的定级结果组合

安全保护等级	信息系统可能形成的定级结果组合
第一级	S1A1G1P1
第二级	S1A2G2P2,S2A2G2P2,S2A1G2P2
第三级	S1A3G3P3,S2A3G3P3,S3A3G3P3,S3A2G3P3,S3A1G3P3
第四级	S1A4G4P4,S2A4G4P4,S3A4G4P4,S4A4G4P4,S4A3G4P4,S4A2G4P4,S4A1G4P4

本标准中的每级安全等级保护的基本安全要求按照业务信息安全等级和系统服务保证等级相同的情况来组织,即针对 S1A1G1P1、S2A2G2P2、S3A3GP33 和 S4A4G4P4 的情况给出。

A.3 选择和使用

对于确定了安全保护等级的信息系统,选择和使用基本安全要求时,可以按照以下过程进行:

a) 明确信息系统应该具有的安全保护能力,根据信息系统的安全保护等级选择基本安全要求,包括技术要求和管理要求。根据本标准,一级系统选择第一级基本安全要求,二级系统选择第二级基本安全要求,三级系统选择第三级基本安全要求,四级系统选择第四级基本安全要求,以此作为出发点;

b) 根据信息系统的定级结果对基本安全要求进行调整。根据系统服务安全等级选择相应等级的系统服务保证类(A 类)基本要求;根据业务信息安全等级选择相应等级的业务信息安全类(S 类)基本要求;

c) 针对信息系统的不同特点,分析可能在某些方面存在的特殊安全保护能力要求,由此选择较高级别的基本安全要求或补充基本安全要求;

d) 本标准中提出的基本安全要求无法实现的或另有更加有效的安全措施可以替代的,可以对基本安全要求进行调整,调整的原则是保证不降低信息系统的整体安全保护能力。

参 考 文 献

[1] GB/T 20269—2006 信息安全技术 信息系统安全管理要求
[2] GB/T 20270—2006 信息安全技术 网络基础安全技术要求
[3] GB/T 20271—2006 信息安全技术 信息系统通用安全技术要求
[4] GB/T 20272—2006 信息安全技术 操作系统安全技术要求
[5] GB/T 20273—2006 信息安全技术 数据库管理系统安全技术要求
[6] GB/T 202282—2006 信息安全技术 信息系统安全工程管理要求
[7] GB/T 18336.1—2015 信息技术 安全技术 信息技术安全评估准则 第1部分:简介和一般模型
[8] GB/T 18336.2—2015 信息技术 安全技术 信息技术安全评估准则 第2部分:安全功能组件
[9] GB/T 18336.3—2015 信息技术 安全技术 信息技术安全评估准则 第3部分:安全保障组件
[10] GB/T 22081—2008 信息技术 安全技术 信息安全管理实用规则
[11] SP 800-53 Recommended Security Controls fcr Federal Information Systems
[12] SP 800-82 Guide to Industrial Control Systems (ICS) Security
[13] SP 800-124 Rev.1 Guidelines for Managing the Security of Mobile Devices in the Enterprise

ICS 35.240.99
M 16
备案号:50665—2015

YZ

中华人民共和国邮政行业标准

YZ/T 0153—2016

快递末端投递服务信息交换规范

Specifications for terminal service in express information exchange

2016-11-02 发布　　2017-02-01 实施

国家邮政局　发布

目　次

前　　言

本标准按照 GB/T 1.1—2009 给出的规则起草。

本标准由国家邮政局提出。

本标准由全国邮政业标准化技术委员会(SAC/TC 462)归口。

本标准起草单位:邮政科学研究规划院。

本标准主要起草人:李蕾蕾、甄青坡、郑虹、李玮。

快递末端投递服务信息交换规范

1 范围

本标准规定了快递末端投递服务的信息交换类型、信息交换业务流程、通信接口、报文规范、安全控制等内容。

本标准适用于为完成快递末端投递服务而开展的信息交换工作。

2 规范性引用文件

下列文件对于本文件的应用是必不可少的。凡是注日期的引用文件,仅注日期的版本适用于本文件。凡是不注日期的引用文件,其最新版本(包括所有的修改单)适用于本文件。

GB/T 25061—2010　信息安全技术　公钥基础设施　XML 数字签名语法与处理规范
GB/T 27917.1—2011　快递服务　第 1 部分:基本术语
GB 32100—2015　法人和其他组织统一社会信用代码编码规则
YZ/T 0132—2013　邮政业机构代码编制规则
YZ/T 0133—2013　智能快件箱
YZ/T 0140—2015　邮件和快件投递状态分类与代码
YZ/T 0143—2015　快件基础数据元
YZ/T 0145—2015　快递末端投递服务规范

3 术语和定义

下列术语和定义适用于本文件。

3.1

快递末端投递服务　terminal service in express

快递服务组织及其委托的其他组织,在快递投递环节与用户接触所产生的活动过程及其结果。

[YZ/T 0145—2015,定义 3.1]

3.2

快递服务组织　express service organization

在中国境内依法注册的,提供快递服务的企业及其加盟企业、代理企业。

注:快递服务组织包括快递企业和邮政企业提供快递服务的机构。

[GB/T 27917.1—2011,定义 2.2]

3.3

快件编号　tracking number of express item

由一组阿拉伯数字和英文字母组成,印制在快递运单上用于标识快件的唯一代码。

[GB/T 27917.1—2011 ,定义 5.2.1]

3.4

智能快件箱　intelligent self-express service machine

设立在公共场合,可供寄递企业投递和用户提取快件的自助服务设备。

[YZ/T 0133—2013,定义 3.1]

3.5

统一社会信用代码 unified social credit identifier

每一个法人和其他组织在全国范围内唯一的、终身不变的法定身份识别码。

[GB 32100—2015,定义 3.5]

3.6

合作网点 cooperative site

快递服务组织通过与其他单位或组织合作,开展快递末端投递服务的场所。

4 概述

4.1 快递末端投递服务主要通过自有网点、合作网点和智能快件箱等服务渠道实现。

4.2 自有网点与其所属快递服务组织之间为完成快递末端投递服务而开展的信息交换内容和格式由各快递服务组织自行规定。

4.3 智能快件箱与快递服务组织之间为完成快递末端投递服务而开展的信息交换内容和格式应执行 YZ/T 0133 的有关规定。

4.4 合作网点与快递服务组织之间为完成快递末端投递服务而开展的信息交换内容和格式等应符合第 5 章到第 9 章的有关规定。

5 信息交换类型

合作网点末端投递服务信息交换类型见表 1。

表 1 合作网点末端投递服务信息交换类型

信息交换类型	交换信息	发送方	接收方	备注
快件信息	快件投递信息	快递服务组织信息系统	合作网点信息系统	必选信息
	快件状态信息	合作网点信息系统	快递服务组织信息系统	必选信息
	问题件报告	合作网点信息系统	快递服务组织信息系统	必选信息
	问题件处理意见	快递服务组织信息系统	合作网点信息系统	必选信息
合作网点信息	合作网点基础信息	合作网点信息系统	快递服务组织信息系统	必选信息
	合作网点设备信息	合作网点信息系统	快递服务组织信息系统	必选信息
结算信息	快递费账单核对请求	合作网点信息系统	快递服务组织信息系统	可选信息
	快递费账单核对结果	快递服务组织信息系统	合作网点信息系统	可选信息

6 信息交换业务流程

6.1 信息交换业务流程图

合作网点末端投递服务过程中的信息交换业务流程如图 1 所示。

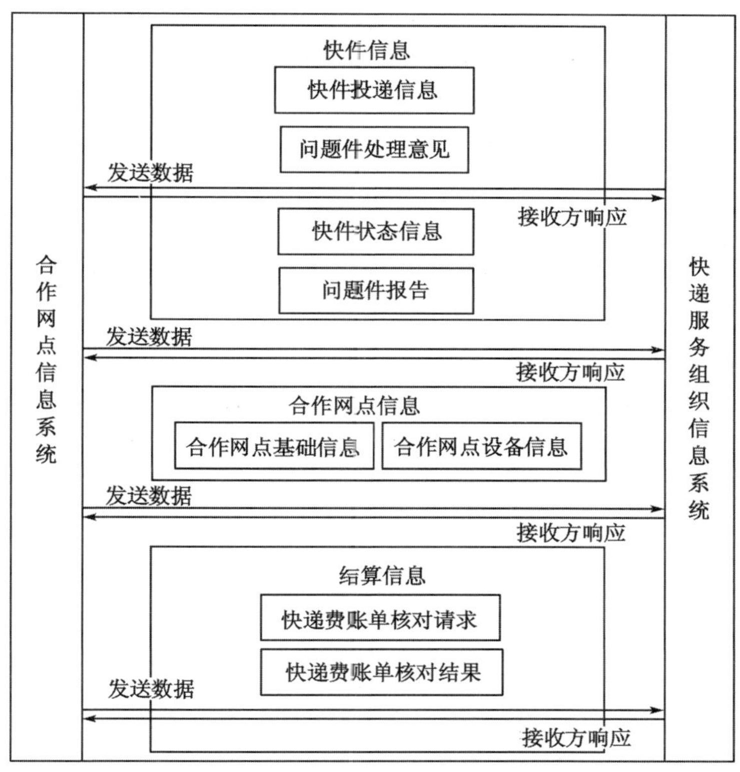

注:实线部分表示必选信息,虚线部分表示可选信息。

图1 信息交换业务流程图

6.2 信息交换流程说明

6.2.1 快件投递信息:快递服务组织信息系统将快件投递信息发送给合作网点信息系统。

6.2.2 快件状态信息:合作网点信息系统将签收成功或失败等快件投递状态信息发送给快递服务组织信息系统。

6.2.3 合作网点信息:合作网点信息系统将其基础信息和设备信息发送给快递服务组织信息系统。

6.2.4 问题件报告与处理:合作网点信息系统将有问题的快件信息发送给快递服务组织信息系统。快递服务组织信息系统接收问题件报告,并向合作网点信息系统返回问题件处理意见。

6.2.5 快递费账单核对请求与结果:合作网点信息系统定期将快递费账单核对请求信息发送给快递服务组织信息系统。快递服务组织信息系统接收快递费账单核对请求,并向合作网点信息系统返回快递费账单核对结果。

6.3 信息处理机制

6.3.1 正常处理机制

快递服务组织和合作网点在数据交换过程中、数据发送方发送交易报文,数据接收方在接收到数据后应及时返回成功响应代码。

6.3.2 异常处理机制

1) 快递服务组织和合作网点在数据交换过程中,如因网络异常等原因导致连接失败,处理超时,则由发送方内部程序自动报告错误;

2) 发送方未能在规定时间内收到接收方的响应,发送方应有报文重发机制。发送方在规定时间内收到接收方接收失败的响应信息也应重新进行数据发送，超时时间及重发频次由数据交换双方约定，超时时间可设置为 10min、30min 重发一次数据；

3）为避免报文重发给网络传输和应用系统造成过大压力，对于未能收到响应的报文应限制其每日最大重发次数，具体可由数据交换双方约定，一般设置为 50。

7 通信接口

7.1 通信协议

快递服务组织与合作网点之间的报文传输采用 HTTPS 协议，数据发送采用 POST 方式。

7.2 报文格式

快递服务组织与合作网点之间信息交换报文采用 XML 格式。

8 报文规范

8.1 报文种类

快递末端投递服务信息交换报文种类见表 2。

表 2 报文种类

报文代码	报文种类	发送方	接收方
1011	快件投递信息	快递服务组织信息系统	合作网点信息系统
1021	快件状态信息	合作网点信息系统	快递服务组织信息系统
1031	问题件报告	合作网点信息系统	快递服务组织信息系统
1032	问题件处理意见	快递服务组织信息系统	合作网点信息系统
2001	合作网点基础信息	合作网点信息系统	快递服务组织信息系统
2002	合作网点设备信息	合作网点信息系统	快递服务组织信息系统
3011	快递费账单核对请求	合作网点信息系统	快递服务组织信息系统
3012	快递费账单核对结果	快递服务组织信息系统	合作网点信息系统

8.2 数据类型说明

快递末端投递服务信息交换报文中使用的数据类型见表 3。

表 3 数据类型

数据类型	说明
String	字符串型
Int	整型
Date	日期型（YYYY－MM－DD）
DateTime	日期时间型，精确到时分秒（YYYY－MM－DD hh：mm：ss）
Double	双浮点数，本标准中的 Double 型数据未特殊说明均精确到小数点后两位
Boolean	布尔型，取值 true 或 false，长度不限制

8.3 报文接口

8.3.1 快件投递信息

8.3.1.1 描述

快递服务组织将快递运单号、收件人名称、内件名称、应收货款等信息发送至合作网点，合作网点应及时响应。

8.3.1.2 信息项说明

该信息涉及的业务数据项说明见表4。

表4 快件投递信息数据项

序号	字 段 名	中 文 名 称	数据类型	最大长度	可否为空	说 明
1	MessageNo	报文流水号	String	20	N	
2	MessageCode	报文代码	String	4	N	
3	CodeOfExpressSevice Organization	快递服务组织代码	String	30	N	见 YZ/T 0132
4	CodeOfCooperativeSiteType	合作网点组织代码类型	String	2	N	01 表示采用社会统一信用代码，具体代码应符合 GB 32100 有关规定； 02 表示代码由快递公司自定义
5	CodeOfCooperativeSite	合作网点组织代码	String	30	N	
6	ExpressWaybillNumber	快递运单号	String	35	N	见 YZ/T 0143 中 6.1.3
7	ExpressWaybillTypeCode	快递运单类型	String	2	N	见 YZ/T 0143 中 6.1.10
8	ReceiverAdministrative AreaCode	收件人行政区划代码	String	6	N	见 YZ/T 0143 中 6.5.5
9	ReceiverName	收件人名称	String	32	N	见 YZ/T 0143 中 6.5.1
10	ReceiverMobilePhone	收件人移动电话	String	32	N	见 YZ/T 0143 中 6.5.7
11	ReceiverTelephone	收件人固定电话	String	32	Y	包括区号、总机电话及分机号，中间用“-”分隔
12	ReceiverDetailAddress	收件人详细地址	String	256	N	见 YZ/T 0143 中 6.5.6
13	TypeOfInternals	内件类型	String	32	N	见 YZ/T 0143 中 6.3.2
14	NameOfInternals	内件名称	String	32	N	见 YZ/T 0143 中 6.3.1
15	TheStandardTimeLimit CodeOfExpressItem	快件标准时限代码	String	3	N	见 YZ/T 0143 中 6.4.2
16	SendingDate	寄件日期	Date	19	N	
17	VASType	增值服务类型	String	256	Y	有多种增值服务时，以逗号隔开，如：到付，回单等
18	DeliveryFee	应收快递费	Double	15,2	N	单位：元
19	LocalTime	当前时间	DateTime		N	
20	Remark	备注	String	256	Y	

8.3.2 快件状态信息

8.3.2.1 描述

快件投递状态发生变化，合作网点将快递运单号、投递状态和投递状态说明等信息发送至快递服务组织，快递服务组织应及时响应。

8.3.2.2 信息项说明

该信息涉及的业务数据项说明见表5。

表5 快件状态信息数据项

序号	字段名	中文名称	数据类型	最大长度	可否为空	说明
1	MessageNo	报文流水号	String	20	N	
2	MessageCode	报文代码	String	4	N	
3	CodeOfExpressSevice Organization	快递服务组织代码	String	10	N	见 YZ/T 0132
4	CodeOfCooperativeSiteType	合作网点组织代码类型	String	2	N	01 表示采用社会统一信用代码，具体代码应符合 GB 32100 有关规定； 02 表示代码由快递公司自定义
5	CodeOfCooperativeSite	合作网点组织代码	String	30	N	
6	ExpressWaybillNumber	快递运单号	String	35	N	见 YZ/T 0143 中 6.1.3
7	DeliveryStatus	投递状态	String	1	N	见 YZ/T 0140 中 5.1
8	DeliveryStatusDescription	投递状态说明	String	100	N	见 YZ/T 0140 中 5.2.3 或 5.3.3
9	SignatureDateTime	签收日期时间	String	19	Y	见 YZ/T 0143 中 6.6.11，当快件投递未成功时，该字段可为空
10	ReceiverName/Receiver AgentName	收件人姓名/代收人姓名	String	32	N	见 YZ/T 0143 中 6.5.1 或 6.5.37
11	ReceiverMobilePhone/ ReceiverAgentTelephone	收件人电话/代收人电话	String	32	N	见 YZ/T 0143 中 6.5.7 或 6.5.38
12	LocalTime	当前时间	DateTime		N	
13	Remark	备注	String	256	Y	事件备注或失败原因代码

8.3.3 问题件报告

8.3.3.1 描述

合作网点将快件投递过程产生问题件的时间、问题件代码和问题件描述等信息发送至快递服务组织，快递服务组织应及时响应。

8.3.3.2 信息项说明

该信息涉及的业务数据项说明见表6。

表6 问题件报告数据项

序号	字段名	中文名称	数据类型	最大长度	可否为空	说明
1	MessageNo	报文流水号	String	20	N	
2	MessageCode	报文代码	String	4	N	
3	CodeOfExpressSevice Organization	快递服务组织代码	String	10	N	见 YZ/T 0132
4	CodeOfCooperativeSiteType	合作网点组织代码类型	String	2	N	01 表示采用社会统一信用代码,具体代码应符合 GB 32100 有关规定; 02 表示代码由快递公司自定义
5	CodeOfCooperativeSite	合作网点组织代码	String	30	N	
6	ExpressWaybillNumber	快递运单号	String	35	N	见 YZ/T 0143 中 6.1.3
7	QECreateTime	问题件产生时间	DateTime		N	
8	QECode	问题件代码	String	2	N	见 YZ/T0140 中 5.3.3
9	QEDescribe	问题件描述	String	256	N	见 YZ/T0140 中 5.3.3
10	LocalTime	当前时间	DateTime		N	
11	Remark	备注	String	256	Y	

8.3.4 问题件处理意见

8.3.4.1 描述

快递服务组织接收问题件报告,并将问题件处理代码、问题件处理描述等信息发送至合作网点。

8.3.4.2 信息项说明

该信息涉及的业务数据项说明见表7。

表7 问题件处理意见数据项

序号	字段名	中文名称	数据类型	最大长度	可否为空	说明
1	MessageNo	报文流水号	String	20	N	
2	MessageCode	报文代码	String	4	N	
3	CodeOfExpressSevice Organization	快递服务组织代码	String	10	N	见 YZ/T 0132
4	CodeOfCooperativeSiteType	合作网点组织代码类型	String	2	N	01 表示采用社会统一信用代码,具体代码应符合 GB 32100 有关规定; 02 表示代码由快递公司自定义
5	CodeOfCooperativeSite	合作网点组织代码	String	30	N	
6	ExpressWaybillNumber	快递运单号	String	35	N	见 YZ/T 0143 中 6.1.3

表 7(续)

序号	字段名	中文名称	数据类型	最大长度	可否为空	说明
7	QEDealTime	问题件处理反馈时间	DateTime		N	
8	QEDealCode	问题件处理代码	String	2	N	见 YZ/T 0140 中 5.4
9	QEDealDescribe	问题件处理描述	String	256	N	见 YZ/T 0140 中 5.4
10	LocalTime	当前时间	DateTime		N	
11	Remark	备注	String	256	Y	

8.3.5 合作网点基础信息

8.3.5.1 描述

合作网点将其名称、面积、地址、营业时间、联系电话等基础信息发送至快递服务组织。

8.3.5.2 信息项说明

该信息涉及的业务数据项说明见表 8。

表 8 合作网点基础信息数据项

序号	字段名	中文名称	数据类型	最大长度	可否为空	说明
1	MessageNo	报文流水号	String	20	N	
2	MessageCode	报文代码	String	4	N	
3	CodeOfExpressSevice Organization	快递服务组织代码	String	10	N	见 YZ/T 0132
4	CodeOfCooperativeSiteType	合作网点组织代码类型	String	2	N	01 表示采用社会统一信用代码,具体代码应符合 GB 32100 有关规定; 02 表示代码由快递公司自定义
5	CodeOfCooperativeSite	合作网点组织代码	String	30	N	
6	CooperativeSiteName	合作网点名称	String	256	N	
7	BusinessLocation	地址	String	256	N	
8	BusinessArea	面积	Double	8,2	N	单位:平方米
9	BusinessHours	营业时间	String	256	N	如:周一至周五 9:00 – 21:00
10	ContactPerson	联系人	String	10	N	
11	ContactNumber	联系电话	String	32	N	
12	LocalTime	当前时间	DateTime		N	
13	Remark	备注	String	256	Y	

8.3.6 合作网点设备信息

8.3.6.1 描述

合作网点将其所配有的消防设备、监控设备、安检设备和报警设备的型号和数量等设备信息发送至快递服务组织。

8.3.6.2 信息项说明

该信息涉及的业务数据项说明见表9。

表9 合作网点设备信息数据项

序号	字段名	中文名称	数据类型	最大长度	可否为空	说明
1	MessageNo	报文流水号	String	20	N	
2	MessageCode	报文代码	String	4	N	
3	CodeOfExpressSevice Organization	快递服务组织代码	String	10	N	见 YZ/T 0132
4	CodeOfCooperativeSiteType	合作网点组织代码类型	String	2	N	01 表示采用社会统一信用代码，具体代码应符合 GB 32100 有关规定； 02 表示代码由快递公司自定义
5	CodeOfCooperativeSite	合作网点组织代码	String	30	N	
6	FireEquipmentNumber	消防设备数量	Int	4	N	
7	FireEquipmentType	消防设备型号	String	256	Y	消防设备数量大于零时，该项不能为空；多种消防设备型号以逗号隔开
8	MonitorEquipmentNumber	监控设备数量	Int	4	N	
9	MonitorEquipmentType	监控设备型号	String	256	Y	监控设备数量大于零时，该项不能为空；多种监控设备型号以逗号隔开
10	SecurityInspection EquipmentNumber	安检设备数量	Int	4	N	
11	SecurityInspection EquipmentType	安检设备型号	String	256	Y	安检设备数量大于零时，该项不能为空；多种安检设备型号以逗号隔开
12	AlarmEquipmentNumber	报警设备数量	Int	4	N	
13	AlarmEquipmentType	报警设备型号	String	256	Y	报警设备数量大于零时，该项不能为空；多种报警设备型号以逗号隔开
14	LocalTime	当前时间	DateTime		N	
15	Remark	备注	String	256	Y	

8.3.7 快递费账单核对请求

8.3.7.1 描述

合作网点将快递费账单核对请求的汇总信息（对账开始时间、对账结束时间、应收快递费和实收快递费等)和详情信息(快递运单号、应收快递费、实收快递费和支付方式等)发给快递服务组织进行对账。该类信息为可选信息,可根据合作网点与快递服务组织的约定进行发送。

8.3.7.2 信息项说明

该信息涉及的业务数据项说明见表10和表11。

表10 快递费账单核对请求—汇总信息数据项

序号	字段名	中文名称	数据类型	最大长度	可否为空	说明
1	MessageNo	报文流水号	String	20	N	
2	MessageCode	报文代码	String	4	N	
3	CodeOfExpressSevice Organization	快递服务组织代码	String	10	N	见YZ/T 0132
4	CodeOfCooperativeSiteType	合作网点组织代码类型	String	2	N	01表示采用社会统一信用代码,具体代码应符合GB 32100有关规定; 02表示代码由快递公司自定义
5	CodeOfCooperativeSite	合作网点组织代码	String	30	N	
6	StartTime	对账开始时间	DateTime		N	
7	EndTime	对账结束时间	DateTime		N	
8	DeliveryNumber	应投递快件数量	Int	4	N	对账时间段内应该投递的快递件数,单位为件
9	RealDeliveryNumber	实际妥投快件数量	Int	4	N	对账时间段内成功投递的快递件数,单位为件
10	DeliveryFee	应收快递费	Double	15,2	N	对账时间段内应该收取的快递费用,单位为元
11	RealDeliveryFee	实收快递费	Double	15,2	N	对账时间段内实际收取的快递费用,单位为元
12	LocalTime	当前时间	DateTime		N	
13	Remark	备注	String	256	Y	

表11 快递费账单核对请求—详情信息数据项

序号	字段名	中文名称	数据类型	最大长度	可否为空	说明
1	MessageNo	报文流水号	String	20	N	
2	MessageCode	报文代码	String	4	N	
3	CodeOfExpressSevice Organization	快递服务组织代码	String	10	N	见YZ/T 0132
4	CodeOfCooperativeSiteType	合作网点组织代码类型	String	2	N	01表示采用社会统一信用代码,具体代码应符合GB 32100有关规定; 02表示代码由快递公司自定义

表 11(续)

序号	字 段 名	中 文 名 称	数据类型	最大长度	可否为空	说 明
5	CodeOfCooperativeSite	合作网点组织代码	String	30	N	
6	ExpressWaybillNumber	快递运单号	String	35	N	见 YZ/T 0143 中 6.1.3
7	DeliveryFee	应收快递费	Double	15,2	N	应该收取的快递费用,单位为元
8	RealDeliveryFee	实收快递费	Double	15,2	N	实际收取的快递费用,单位为元
9	PaymentMeansCode	支付方式	String	2	N	见 YZ/T 0143 中 6.4.16
10	LocalTime	当前时间	DateTime		N	
11	Remark	备注	String	256	Y	

8.3.8 快递费账单核对结果

8.3.8.1 描述

快递服务组织接收快递费账单核对请求,并将确认过的快递费账单核对结果信息的汇总信息(对账开始时间、对账结束时间、应收快递费、实收快递费和快递费偏差值等)和详情信息(快递运单号、应收快递费、实收快递费、支付方式等)返回给合作网点。其中,对于出现偏差的快件还应返回快递费详情信息。该类信息为可选信息,可根据合作网点与快递服务组织的约定进行发送。

8.3.8.2 信息项说明

该信息涉及的业务数据项说明见表 12 和表 13。

表 12 快递费账单核对结果—汇总信息数据项

序号	字 段 名	中 文 名 称	数据类型	最大长度	可否为空	说 明
1	MessageNo	报文流水号	String	20	N	
2	MessageCode	报文代码	String	4	N	
3	CodeOfExpressSevice Organization	快递服务组织代码	String	10	N	见 YZ/T 0132
4	CodeOfCooperativeSiteType	合作网点组织代码类型	String	2	N	01 表示采用社会统一信用代码,具体代码应符合 GB 32100 有关规定; 02 表示代码由快递公司自定义
5	CodeOfCooperativeSite	合作网点组织代码	String	30	N	
6	StartTime	对账开始时间	DateTime		N	
7	EndTime	对账结束时间	DateTime		N	
8	DeliveryNumber	应投递快递件数	Int	4	N	对账时间段内应该投递的快递件数,单位为件
9	RealDeliveryNumber	实际投递快递件数	Int	4	N	对账时间段内成功投递的快递件数,单位为件

表 12(续)

序号	字段名	中文名称	数据类型	最大长度	可否为空	说明
10	DeliveryFee	应收快递费	Double	15,2	N	对账时间段内应该收取的快递费用,单位为元
11	RealDeliveryFee	实收快递费	Double	15,2	N	对账时间段内实际收取的快递费用,单位为元
12	LocalTime	当前时间	DateTime		N	
13	Remark	备注	String	256	Y	

表 13 快递费账单核对结果—详情信息数据项

序号	字段名	中文名称	数据类型	最大长度	可否为空	说明
1	MessageNo	报文流水号	String	20	N	
2	MessageCode	报文代码	String	4	N	
3	CodeOfExpressSevice Organization	快递服务组织代码	String	10	N	见 YZ/T 0132
4	CodeOfCooperativeSiteType	合作网点组织代码类型	String	2	N	01 表示采用社会统一信用代码,具体代码应符合 GB 32100 有关规定; 02 表示代码由快递公司自定义
5	CodeOfCooperativeSite	合作网点组织代码	String	30	N	
6	ExpressWaybillNumber	快递运单号	String	35	N	见 YZ/T 0143 中 6.1.3
7	DeliveryFee	应收快递费	Double	15,2	N	应该收取的快递费用,单位为元
8	RealDeliveryFee	实收快递费	Double	15,2	N	实际收取的快递费用,单位为元
9	PaymentMeansCode	支付方式	String	2	N	见 YZ/T 0143 中 6.4.16
10	LocalTime	当前时间	DateTime		N	
11	Remark	备注	String	256	Y	

8.3.9 应答报文

8.3.9.1 描述

在数据交换过程中,数据发送方发送交易报文,数据接收方在接收到数据后应及时回复相应的响应代码、响应说明和当前时间等应答信息。

8.3.9.2 信息项说明

应答响应信息数据项见表 14。

表 14　应答响应数据项

序号	字段名	中文名称	数据类型	最大长度	可否为空	说　　明
1	MessageNo	报文流水号	String	20	N	原发送报文的流水号
2	MessageCode	报文代码	String	4	N	原发送报文的代码
3	ResponseCode	响应代码	Int	4	N	成功(0);错误(1)
4	ResponseDescription	响应说明	String	256	N	
5	LocalTime	当前时间	DateTime		N	

9　安全控制

9.1　编码格式

为保证快递服务组织信息系统与合作网点信息系统之间信息编码的兼容性,数据发送方 HTTPS、POST 的编码格式应与数据接收方的编码方式保持一致。

9.2　数据完整性

信息交换应采用符合 GB/T 25061 规定的 XML 数字签名技术进行数据完整性控制,以确保交易发起方发出的报文和接收方收到的报文的一致性。

9.3　数据网络传输安全性

发送报文的传输网络应采取必要的安全访问控制,如采用 VPN 通道传输、两端添加必要的防火墙等技术防护。

附　录　A
（资料性附录）
XML Schema

A.1　XML Schema

```
<?xml version="1.0" encoding="UTF-8"?>
<xs:schema xmlns:lmd="http://tempuri.org/LMDService/XMLSchema" xmlns:xs="http://www.w3.org/2001/XMLSchema" targetNamespace="http://tempuri.org/LMDService/XMLSchema" elementFormDefault="qualified" attributeFormDefault="unqualified"/>
<xs:ComplexType name="ExpressDeliverInfo"/>
        <xs:sequence>
            <xs:element name="MessageNo" type="xs:string"/>
            <xs:element name="MessageCode" type="xs:string"/>
            <xs:element name="CodeOfExpressSeviceOrganization" type="xs:string"/>
            <xs:element name="CodeOfCooperativeSiteType" type="xs:string"/>
            <xs:element name="CodeOfCooperativeSite" type="xs:string"/>
            <xs:element name="ExpressWaybillNumber" type="xs:string"/>
            <xs:element name="ExpressWaybillTypeCode" type="xs:string"/>
            <xs:element name="ReceiverAdministrativeAreaCode" type="xs:string"/>
            <xs:element name="ReceiverName" type="xs:string"/>
            <xs:element name="ReceiverMobilePhone" type="xs:string"/>
            <xs:element name="ReceiverTelephone" type="xs:string"/>
            <xs:element name="ReceiverDetailAddress" type="xs:string"/>
            <xs:element name="TypeOfInternals" type="xs:string"/>
            <xs:element name="NameOfInternals" type="xs:string"/>
            <xs:element name="TheStandardTimeLimitCodeOfExpressItem" type="xs:string"/>
            <xs:element name="SendingDate" type="xs:date"/>
            <xs:element name="VASType" type="xs:string"/>
            <xs:element name="DeliveryFee" type="xs:double"/>
            <xs:element name="LocalTime" type="xs:dateTime"/>
            <xs:element name="Remark" type="xs:string"/>
        </xs:sequence>
    </xs:ComplexType>

<xs : ComplexTypename = " ExpressStatusInfo " >
      <xs:sequence>
            <xs:element name="MessageNo" type="xs:string"/>
            <xs:element name="MessageCode" type="xs:string"/>
            <xs:element name="CodeOfExpressSeviceOrganization" type="xs:string"/>
            <xs:element name="CodeOfCooperativeSiteType" type="xs:string"/>
            <xs:element name="CodeOfCooperativeSite" type="xs:string"/>
```

```
            < xs:element name = " ExpressWaybillNumber" type = " xs:string"/ >
            < xs:element name = " DeliveryStatus" type = " xs:string"/ >
            < xs:element name = " DeliveryStatusDescription" type = " xs:string"/ >
            < xs:element name = " SignatureDateTime" type = " xs:string"/ >
            < xs:element name = " ReceiverName/ReceiverAgentName" type = " xs:string"/ >
            < xs:element name = " ReceiverMobilePhone/ReceiverAgentTelephone" type = " xs:string"/ >
            < xs:element name = " LocalTime" type = " xs:dateTime"/ >
            < xs:element name = " Remark" type = " xs:string"/ >
    < /xs:sequence >
< /xs : ComplexType >

< xs : ComplexTypename = " QuestionExpressReport " >
    < xs:sequence >
            < xs:element name = " MessageNo" type = " xs:string"/ >
            < xs:element name = " MessageCode" type = " xs:string"/ >
            < xs:element name = " CodeOfExpressSeviceOrganization" type = " xs:string"/ >
            < xs:element name = " CodeOfCooperativeSiteType" type = " xs:string"/ >
            < xs:element name = " CodeOfCooperativeSite" type = " xs:string"/ >
            < xs:element name = " ExpressWaybillNumber" type = " xs:string"/ >
            < xs:element name = " QECreateTime" type = " xs:dateTime"/ >
            < xs:element name = " QECode" type = " xs:string"/ >
            < xs:element name = " QEDescribe" type = " xs:string"/ >
            < xs:element name = " LocalTime" type = " xs:dateTime"/ >
            < xs:element name = " Remark" type = " xs:string"/ >
    < /xs:sequence >
< /xs : ComplexType >

< xs : ComplexTypename = " QuestionExpressResponse " >
    < xs:sequence >
            < xs:element name = " MessageNo" type = " xs:string"/ >
            < xs:element name = " MessageCode" type = " xs:string"/ >
            < xs:element name = " CodeOfExpressSeviceOrganization" type = " xs:string"/ >
            < xs:element name = " CodeOfCooperativeSiteType" type = " xs:string"/ >
            < xs:element name = " CodeOfCooperativeSite" type = " xs:string"/ >
            < xs:element name = " ExpressWaybillNumber " type = " xs:string"/ >
            < xs:element name = " QEDealTime " type = " xs:dateTime"/ >
            < xs:element name = " QEDealCode" type = " xs:string"/ >
            < xs:element name = " QEDealDescribe" type = " xs:string"/ >
            < xs:element name = " LocalTime" type = " xs:dateTime"/ >
            < xs:element name = " Remark" type = " xs:string"/ >
    < /xs:sequence >
< /xs : ComplexType >
```

```
<xs : ComplexTypename = " BABasicInfo " >
    <xs:sequence >
        <xs:element name = " MessageNo" type = " xs:string"/ >
        <xs:element name = " MessageCode" type = " xs:string"/ >
        <xs:element name = " CodeOfExpressSeviceOrganization" type = " xs:string"/ >
        <xs:element name = " CodeOfCooperativeSiteType" type = " xs:string"/ >
        <xs:element name = " CodeOfCooperativeSite" type = " xs:string"/ >
        <xs:element name = " CooperativeSiteName" type = " xs:string"/ >
        <xs:element name = " BusinessLocation" type = " xs:string"/ >
        <xs:element name = " BusinessArea" type = " xs:double"/ >
        <xs:element name = " BusinessHours" type = " xs:string"/ >
        <xs:element name = " ContactPerson" type = " xs:string"/ >
        <xs:element name = " ContactNumber" type = " xs:string"/ >
        <xs:element name = " LocalTime" type = " xs:dateTime"/ >
        <xs:element name = " Remark" type = " xs:string"/ >
    </xs:sequence >
</xs : ComplexType >

<xs : ComplexTypename = " BAEquipmentInfo " >
    <xs:sequence >
        <xs:element name = " MessageNo " type = " xs:string"/ >
        <xs:element name = " MessageCode " type = " xs:string"/ >
        <xs:element name = " CodeOfExpressSeviceOrganization" type = " xs:string"/ >
        <xs:element name = " CodeOfCooperativeSiteType" type = " xs:string"/ >
        <xs:element name = " CodeOfCooperativeSite" type = " xs:string"/ >
        <xs:element name = " FireEquipmentNumber" type = " xs:int"/ >
        <xs:element name = " FireEquipmentType" type = " xs:string"/ >
        <xs:element name = " MonitorEquipmentNumber" type = " xs:int"/ >`
        <xs:element name = " MonitorEquipmentType" type = " xs:string"/ >`
        <xs:element name = " SecurityInspectionEquipmentNumber" type = " xs:int"/ >
        <xs:element name = " SecurityInspectionEquipmentType" type = " xs:string"/ >
        <xs:element name = " AlarmEquipmentNumber" type = " xs:int"/ >
        <xs:element name = " AlarmEquipmentType" type = " xs:string"/ >
        <xs:element name = " LocalTime" type = " xs:dateTime"/ >
        <xs:element name = " Remark" type = " xs:string"/ >
    </xs:sequence >
</xs : ComplexType >


<xs:ComplexType name = " DeliveryFeeCheckRequest" >
    <xs:sequence >
        <xs:element name = " MessageNo" type = " xs:string"/ >
        <xs:element name = " MessageCode" type = " xs:string"/ >
```

```
            <xs:element name="CodeOfExpressSeviceOrganization" type="xs:string"/>
            <xs:element name="CodeOfCooperativeSiteType" type="xs:string"/>
            <xs:element name="CodeOfCooperativeSite" type="xs:string"/>
            <xs:element name="StartTime" type="xs:dateTime"/>
            <xs:element name="EndTime " type="xs:dateTime"/>
            <xs:element name="DeliveryNumber" type="xs:int"/>
            <xs:element name="RealDeliveryNumber" type="xs:int"/>
            <xs:element name="DeliveryFee" type="xs:double"/>
            <xs:element name="RealDeliveryFee" type="xs:double"/>
            <xs:element name="LocalTime" type="xs:dateTime"/>
            <xs:element name="Remark" type="xs:string"/>
      </xs:sequence>
</xs:ComplexType>

<xs : ComplexTypename = " DeliveryFeeCheckRequestDetail " >
      <xs:sequence>
            <xs:element name="MessageNo" type="xs:string"/>
            <xs:element name="MessageCode" type="xs:string"/>
            <xs:element name="CodeOfExpressSeviceOrganization" type="xs:string"/>
            <xs:element name="CodeOfCooperativeSiteType" type="xs:string"/>
            <xs:element name="CodeOfCooperativeSite" type="xs:string"/>
            <xs:element name="ExpressWaybillNumber" type="xs:int"/>
            <xs:element name="DeliveryFee" type="xs:double"/>
            <xs:element name="RealDeliveryFee" type="xs: double"/>
            <xs:element name="PaymentMeansCode" type="xs:string"/>
            <xs:element name="LocalTime" type="xs:dateTime"/>
            <xs:element name="Remark " type="xs:string"/>
      </xs:sequence>
</xs : ComplexType>

<xs:ComplexType name="DeliveryFeeCheckResponse">
      <xs:sequence>
            <xs:element name="MessageNo" type="xs:string"/>
            <xs:element name="MessageCode" type="xs:string"/>
            <xs:element name="CodeOfExpressSeviceOrganization" type="xs:string"/>
            <xs:element name="CodeOfCooperativeSiteType" type="xs:string"/>
            <xs:element name="CodeOfCooperativeSite" type="xs:string"/>
            <xs:element name="StartTime" type="xs:dateTime"/>
            <xs:element name="EndTime" type="xs:dateTime"/>
            <xs:element name="DeliveryNumber" type="xs:int"/>
            <xs:element name="RealDeliveryNumber" type="xs:int"/>
            <xs:element name="DeliveryFee" type="xs:double"/>
            <xs:element name="RealDeliveryFee" type="xs:double"/>
```

```
            < xs:element name = "LocalTime" type = "xs:dateTime"/ >
            < xs:element name = "Remark" type = "xs:string"/ >
      </xs:sequence >
</xs:ComplexType >

< xs:ComplexType name = "DeliveryFeeCheckResponseDetail" >
      < xs:sequence >
            < xs:element name = "MessageNo" type = "xs:string"/ >
            < xs:element name = "MessageCode" type = "xs:string"/ >
            < xs:element name = "CodeOfExpressSeviceOrganization" type = "xs:string"/ >
            < xs:element name = "CodeOfCooperativeSiteType" type = "xs:string"/ >
            < xs:element name = "CodeOfCooperativeSite" type = "xs:string"/ >
            < xs:element name = "ExpressWaybillNumber" type = "xs:int"/ >
            < xs:element name = "DeliveryFee" type = "xs:double"/ >
            < xs:element name = "RealDeliveryFee" type = "xs:double"/ >
            < xs:element name = "PaymentMeansCode" type = "xs:string"/ >
            < xs:element name = "LocalTime" type = "xs:dateTime"/ >
            < xs:element name = " Remark " type = " xs:string "/ >
      </xs:sequence >
</xs:ComplexType >

< xs : ComplexTypename = " Response " >
      < xs:sequence >
            < xs:element name = "MessageNo" type = "xs:string"/ >
            < xs:element name = "MessageCode" type = "xs:string"/ >
            < xs:element name = "ResponseCode" type = "xs:int"/ >
            < xs:element name = "ResponseDescription" type = "xs:string"/ >
            < xs:element name = "LocalTime" type = "xs:dateTime"/ >
      </xs:sequence >
</xs : ComplexType >
```

后　　记

加强标准宣贯、推动标准实施是邮政业标准化工作的重要内容。为此，国家邮政局政策法规司组织编写了《邮政行业标准汇编（2012～2016年）》，作为行业标准化工作的基础性材料，供各级邮政管理部门、邮政企业、快递企业和从业人员学习掌握。

本书编写工作得到了国家邮政局政策法规司的大力支持，科技与标准处的同志就汇编方案提供了宝贵意见，并在繁忙工作之余参与书稿校对，特此致谢！

请各有关单位在使用本汇编时，将发现的问题和意见，及时反馈编辑部，联系人：张鑫（地址：北京市朝阳区安定门外外馆斜街3号；邮编：100011；电话：010－85285930；传真：010－85285838）。

人民交通出版社股份有限公司
2016年12月